·四川大学精品立项教材·

婚姻家庭继承法学

HUNYIN JIATING JICHENG FAXUE

主编　张晓远

四川大学出版社
SICHUAN UNIVERSITY PRESS

项目策划：徐丹红
责任编辑：徐丹红
责任校对：周　颖
封面设计：墨创文化
责任印制：王　炜

图书在版编目（CIP）数据

婚姻家庭继承法学 / 张晓远主编． — 成都：四川大学出版社，2022.1
四川大学精品立项教材
ISBN 978-7-5690-5122-3

Ⅰ．①婚… Ⅱ．①张… Ⅲ．①婚姻法－中国－高等学校－教材②继承法－中国－高等学校－教材 Ⅳ．① D923.5 ② D923.9

中国版本图书馆 CIP 数据核字（2021）第 231245 号

书　名	婚姻家庭继承法学
主　编	张晓远
出　版	四川大学出版社
地　址	成都市一环路南一段 24 号（610065）
发　行	四川大学出版社
书　号	ISBN 978-7-5690-5122-3
印前制作	四川胜翔数码印务设计有限公司
印　刷	四川盛图彩色印刷有限公司
成品尺寸	185mm×260mm
印　张	20
字　数	485 千字
版　次	2022 年 1 月第 1 版
印　次	2022 年 1 月第 1 次印刷
定　价	62.00 元

◆ 版权所有 ◆ 侵权必究

◆ 读者邮购本书，请与本社发行科联系。
　电话：(028)85408408/(028)85401670/(028)86408023　邮政编码：610065
◆ 本社图书如有印装质量问题，请寄回出版社调换。
◆ 网址：http://press.scu.edu.cn

四川大学出版社
微信公众号

作者简介

张晓远，法学博士，四川大学法学院副教授，民商法专业硕士生导师，中国法学会婚姻家庭法学研究会理事，四川大学法律大数据实验室副主任。主要研究方向为婚姻家庭法、合同法。主讲的《亲属继承法》2020年被教育部确定为"首批国家级线下一流本科课程"。

杨遂全，法学博士，四川大学法学院教授，民商法专业、法经济学专业博士生导师，中国法学会婚姻家庭法学研究会副会长，四川省学术带头人，国家社科基金重大项目首席专家。曾获首届中国法学会杰出青年法学家提名奖。在《法学研究》等国内外刊物发表学术论文200多篇。

韩玉斌，法学博士，西南民族大学法学院副教授，民商法专业硕士生导师。主要研究方向为婚姻法、物权法和公司法。

徐铁英，法学博士（罗马第二大学），四川大学法学院副教授，民商法专业硕士生导师。发表论文、译文30余篇，出版译著1部，主持国家社科基金项目1项、教育部人文社科项目1项、部委重点项目1项。

姚秋英，法学硕士，河南财经政法大学民商经济法学院副教授，河南省法学会婚姻家庭法学研究会常务理事，长期从事婚姻家庭法教学和研究。

吴爱辉，法学硕士，西南民族大学法学院副教授，民商法专业硕士生导师。四川省法学会民法学研究会理事，成都仲裁委员会仲裁员，四川省妇女联合会巾帼维权智囊团成员。

冯珂，四川大学法学院民商法博士生，担任《民法典关联法规与权威案例提要·婚姻家庭编、继承编》副主编和《一流课程方阵的建设与运行指南》副主编。

编写说明

2020年5月28日,《中华人民共和国民法典》(以下简称《民法典》)在中华人民共和国第十三届全国人大代表大会第三次会议上通过,并于2021年1月1日起施行。《民法典》将原《婚姻法》《收养法》合并编纂为第五编婚姻家庭编,将原《继承法》编纂为第六编继承编。2020年12月19日,最高人民法院颁布了司法解释《关于适用〈中华人民共和国民法典〉婚姻家庭编的解释(一)》和《关于适用〈中华人民共和国民法典〉继承编的解释(一)》。为反映最新的立法成果,便于读者及时学习《民法典》婚姻家庭编、继承编的内容,编写本书。

本书根据《民法典》及其最新的司法解释,结合我们长期从事婚姻家庭继承法的教学经验,尽可能广泛吸收最新的婚姻家庭继承法理论研究成果,系统介绍了婚姻家庭法和继承法的基本理论、基本制度和基本知识,并针对司法实务中的问题进行了积极的探讨。本书适合高等院校的法学专业本科生和硕士研究生使用,也可以作为法律实务工作者的学习参考书。

本书由张晓远任主编,拟定编写大纲,组织编写,并负责统稿和定稿。韩玉斌、徐铁英为副主编,参与审稿。参加编写的作者和具体分工如下(以撰写章节的先后为序):

杨遂全:第一章。
张晓远:第二章、第五章、第十四章。
徐铁英:第三章、第六章、第十章。
韩玉斌:第四章、第十一章、第十五章。
冯 珂:第七章、第十六章。
姚秋英:第八章、第十三章。
吴爱辉:第九章、第十二章。

本书在编写的过程中参考了大量的文献资料,并汲取了近年来出版的同类书籍的精华,在此向文献资料和图书的作者表示感谢。限于编者的经验和水平,书中难免存在疏漏和不妥之处,恳请广大读者不吝指正。

张晓远
2021年10月于四川大学

目　录

第一章　婚姻家庭法概述 …………………………………………………（ 1 ）
　第一节　婚姻家庭法学学科概念和研究对象 ………………………………（ 1 ）
　第二节　婚姻家庭法的概念及其演变 ………………………………………（ 2 ）
　第三节　婚姻家庭法的调整对象 ……………………………………………（ 4 ）
　第四节　婚姻家庭制度的历史演变 …………………………………………（ 9 ）
　第五节　我国婚姻家庭法的渊源及其与民法的关系 ………………………（ 12 ）
　第六节　婚姻家庭法的基本原则 ……………………………………………（ 16 ）

第二章　亲属通则 ……………………………………………………………（ 29 ）
　第一节　亲属概述 ……………………………………………………………（ 29 ）
　第二节　亲系和亲等 …………………………………………………………（ 33 ）
　第三节　亲属关系的发生和终止 ……………………………………………（ 36 ）
　第四节　亲属的法律效力 ……………………………………………………（ 39 ）

第三章　结婚制度 ……………………………………………………………（ 44 ）
　第一节　结婚制度概述 ………………………………………………………（ 44 ）
　第二节　婚约 …………………………………………………………………（ 46 ）
　第三节　结婚的条件 …………………………………………………………（ 48 ）
　第四节　结婚的程序 …………………………………………………………（ 51 ）
　第五节　无效婚姻和可撤销婚姻 ……………………………………………（ 52 ）
　第六节　事实婚姻与同性婚姻 ………………………………………………（ 60 ）

第四章　婚姻效力 ……………………………………………………………（ 65 ）
　第一节　婚姻效力概述 ………………………………………………………（ 65 ）
　第二节　夫妻人身关系 ………………………………………………………（ 67 ）
　第三节　夫妻财产关系 ………………………………………………………（ 74 ）
　第四节　夫妻的扶养义务和遗产继承权 ……………………………………（ 87 ）

第五章　亲子制度 ……………………………………………………………（ 90 ）
　第一节　亲子关系概述 ………………………………………………………（ 90 ）
　第二节　父母子女之间的权利义务 …………………………………………（ 92 ）
　第三节　婚生子女 ……………………………………………………………（ 96 ）
　第四节　非婚生子女 …………………………………………………………（ 99 ）
　第五节　继子女 ………………………………………………………………（105）

1

  第六节 人工生育子女……………………………………………(108)
  第七节 亲权………………………………………………………(114)

第六章 收养制度……………………………………………………(121)
  第一节 收养制度概述……………………………………………(121)
  第二节 收养关系的成立…………………………………………(126)
  第三节 收养关系的效力…………………………………………(133)
  第四节 收养关系的解除…………………………………………(136)

第七章 其他近亲属关系……………………………………………(140)
  第一节 祖孙关系…………………………………………………(140)
  第二节 兄弟姐妹关系……………………………………………(143)

第八章 离婚制度……………………………………………………(146)
  第一节 离婚制度概述……………………………………………(146)
  第二节 登记离婚…………………………………………………(151)
  第三节 诉讼离婚…………………………………………………(157)

第九章 离婚的效力…………………………………………………(167)
  第一节 离婚的夫妻人身效力……………………………………(167)
  第二节 离婚的夫妻财产效力……………………………………(168)
  第三节 离婚的亲子关系效力……………………………………(174)
  第四节 离婚的救济制度…………………………………………(179)

第十章 特殊婚姻家庭关系……………………………………………(185)
  第一节 涉外婚姻家庭关系的法律适用…………………………(185)
  第二节 涉侨、涉港澳台的婚姻和收养………………………(190)

第十一章 继承法概述………………………………………………(195)
  第一节 继承概说…………………………………………………(195)
  第二节 继承法概述………………………………………………(198)
  第三节 继承法的基本原则………………………………………(202)
  第四节 继承权……………………………………………………(205)
  第五节 遗产………………………………………………………(220)
  第六节 继承的开始………………………………………………(223)

第十二章 法定继承…………………………………………………(225)
  第一节 法定继承概述……………………………………………(225)
  第二节 代位继承…………………………………………………(230)
  第三节 转继承……………………………………………………(232)
  第四节 应继份与酌情分得遗产…………………………………(234)

第十三章 遗嘱继承 (238)
- 第一节 遗嘱继承概述 (238)
- 第二节 遗嘱与遗嘱能力 (242)
- 第三节 遗嘱的内容与形式 (244)
- 第四节 遗嘱有效与遗嘱生效 (251)
- 第五节 遗嘱的撤回和变更 (254)
- 第六节 遗嘱的执行 (256)

第十四章 遗赠与遗赠扶养协议 (260)
- 第一节 遗赠 (260)
- 第二节 遗赠扶养协议 (264)

第十五章 遗产的处理 (267)
- 第一节 遗产处理概述 (267)
- 第二节 遗产管理人 (272)
- 第三节 遗产债务的清偿 (277)
- 第四节 遗产的分割 (286)
- 第五节 无人承受遗产的处理 (295)

第十六章 涉外继承 (299)
- 第一节 涉外继承概述 (299)
- 第二节 涉外继承的法律适用 (301)

参考书目 (311)

第一章 婚姻家庭法概述

婚姻家庭法学科在新中国建立之后，即有其独特的学科原理和研究对象。在婚姻法纳入《民法典》之后，同样要首先认清和具体界定婚姻家庭法及其调整对象即婚姻、家庭和亲属相关社会制度的概念、本质。这都需要从总体上把握现代婚姻家庭亲属法的发展趋势。与此同时，在研究具体的婚姻家庭亲属制度之前，需要对我国婚姻家庭亲属法的法律渊源和适用原理以及婚姻家庭亲属法律关系的特性，有一个比较切合我国社会实际的理论认识。

第一节 婚姻家庭法学学科概念和研究对象

在人类命运共同体联系越来越紧密，人类文明和人们的生活方式越来越多元化的今天，法律的重要功能之一仍然是通过概念为人们提供明确的行为模式。首先，法学是以名称概念作为代表事物的符号进行思考的。所以，在司法实践和法学研究中首先是要准确定性法律概念的用语，区分清楚相互界限。学科的划分，乃至法律的命名亦是如此。其次，法律体系的安排和法学学科体系的安排，必须遵循一般的思维逻辑和法律逻辑。目前，我国许多婚姻家庭法学教材在没有具体阐明该学科是做什么的之前，首先研究具体的婚姻家庭概念，这是不合乎一般人的思维逻辑的。[1] 为此，本书首先简要地探讨婚姻家庭法学的学科概念和研究对象。

依照我国法学界最初公认的观点解释："婚姻法学（即婚姻家庭法学）是法学的一个分支学科，是研究婚姻法（即婚姻家庭法）和与此相关的法律现象的科学"。[2] 近30年来，这一概念一直为绝大多数学者和教材沿用，没有疑义。在《民法典》已经颁布实施的今天，法学界仍然都公开确认婚姻家庭法学有其独特性，与民法学的其他部分相比其归属关系没有那么紧密。

就其学科研究对象概括而言，学界普遍认为，"作为法学的分支学科之一，它至少应当包括下列内容：婚姻法的本质，婚姻法的历史发展，婚姻家庭法律关系，社会主义婚姻法的原则，婚姻法规定的各项具体制度，婚姻法在社会生活中的作用，司法实践中的婚姻家庭问题，外国法律和法学中的婚姻家庭问题，等等。"[3] 对此，学界目前基本上仍然没有太大的争议。只是随着对这门学科研究范围认识的加深，学界逐步在"婚姻

---

[1] 巫昌祯、夏吟兰主编：《婚姻家庭法学》，中国政法大学出版社2007年版，第1页。
[2] 杨大文主编：《婚姻法教程》，法律出版社1982年版，第26页。
[3] 杨大文主编：《婚姻法教程》，法律出版社1982年版，第27页。

法学"的名称中明确加入了"家庭"二字。① 有些学者则从更广泛的意义上考虑，将"婚姻法学"更名为"亲属法学"，但其主体内容与原来大同小异。考虑到名称的科学性和内容的涵盖面以及未来的适用性，我们将其称为"婚姻家庭法学"。

此外，考虑到我国各高等院校在讲授"民法学"课程的时候，课时往往不够，不少学校基本上略讲或不讲非常实用的财产继承法学的内容。前些年，许多学校开始尝试着逐步将"继承法学"的内容调整到了"婚姻家庭法学"的课程中。1999年教育部在组织编写成人教育规划教材的时候，将原来的"婚姻家庭法教程"改名为"婚姻家庭继承法学"。目前，接受这种学科体例的学校越来越多。基于课程编排的实用性考虑，同时也考虑到我国现实生活中的继承法律关系大多与亲属有关，《民法典》婚姻家庭编和继承编之间有着内在的密切联系，在课程内容上可以把婚姻家庭法学与继承法学合并在一起，课程名称也相应的称之为"婚姻家庭继承法学"。

第二节 婚姻家庭法的概念及其演变

一、婚姻家庭法的概念、特征

（一）婚姻家庭法的概念

依照我国婚姻家庭法学界普遍公认的观点解释："婚姻家庭法是规定婚姻家庭关系的发生和终止，以及由此产生的特定范围的亲属之间的权利义务关系的法律规范的总和。"② 婚姻家庭法从实质意义上理解，是各种调整婚姻家庭关系的法律规范的总和。新中国成立后一直将其简称为"婚姻法"。绝大多数成文法国家通常将主要调整婚姻家庭等亲属关系的法律以"家庭法""人与家庭""亲属法"或"亲属编"的名称放在《民法典》之中。我国在制定《民法典》时采用了"婚姻家庭编"的名称。所以，我们在学科研究内容确定的前提下，首先研究婚姻家庭法的概念。

（二）婚姻家庭法的特征

婚姻家庭法有以下几个特征：

（1）婚姻家庭法既调整婚姻关系，也调整婚姻关系以外的家庭关系；目前的《民法典》婚姻家庭编，事实上还调整婚姻家庭关系以外的其他近亲属关系。

（2）婚姻家庭法既指形式意义上的婚姻家庭法，即以婚姻家庭法（或编）命名的法律文件，也指实质意义上融合于其他法律文件中调整婚姻家庭关系的各种法律规范（如婚姻家庭编实施的司法解释）。

（3）婚姻家庭法是具有较强伦理性、强制性、普遍适用性的普通法，不是特别法。它是世界各国婚姻家庭社会制度或民事法律制度的主要组成部分。

---

① 杨遂全：《婚姻家庭亲属法学》，清华大学出版社2011年版，第2页。
② 张贤钰主编：《婚姻家庭继承法》，法律出版社2002年版，第20页。

二、婚姻家庭法名称的演变

我国1950年制定的《中华人民共和国婚姻法》（以下简称《婚姻法》）借鉴苏联的《婚姻家庭监护法》，调整范围与名称相距甚远。在1980年修改《婚姻法》时，由于"文化大革命"刚结束，新中国成立后几十年社会实际状况变化不大等，保留了原来婚姻法的名称，而没有采纳当时社会各界关于"婚姻法"更名为"婚姻家庭法"的建议。① 结果，许多超出婚姻家庭范围而又需要法律调整的亲属关系，后来只好由司法解释来补充调整。②

事实上，我国20世纪90年代颁布实施的调整各类亲属关系的单行法规也都没有再局限于婚姻家庭关系的范围内。比如，1992年实施的《收养法》明确规定的不同类型的收养条件和收养的法律效力都远远超出法律逻辑上和社会通常观念上的婚姻家庭关系的范畴。三代以内的旁系血亲特殊的收养条件，被收养人和收养人的"其他近亲属"（养祖孙或兄弟姐妹）之间权利义务的产生等规范，都远远超出了概念上的婚姻家庭的范围。其他法规对不同类型的亲属法律效力的规定也都远远超出婚姻家庭关系的范围。我国《公务员回避规定》规定的公务员任职，亲属回避的范围最广，涉及"三代以内的旁系姻亲"③，但如何计算三代内的旁系姻亲，则找不到任何有关的法律规定。

在2021年1月1日开始实施的《民法典》第五编是以"婚姻家庭编"命名的，"收养法"则并入其中。有的学者也认识到可能称之为婚姻家庭亲属编更准确。我国社会各界以前已经对调整婚姻家庭和其他亲属关系的法律规范的科学命名问题产生了较大的争论，且已经普遍认识到我国现行婚姻法"名实不符是一大问题""婚姻法不可能规定亲属体系的划分或亲等的计算等亲属法的基本规则"。④ 即使加上"家庭"二字，亦如此。有一些学者仍坚持认为改换"亲属法"容易让民众产生误解，而反对使用"亲属法"的概念或名称，主张以使用"婚姻家庭法的概念或名称"为妥。⑤

部分教材作者认为："亲属法是规定亲属身份关系的发生、变更和终止，以及基于上述身份关系而产生的权利义务关系的法律规范的总和。"⑥ 亲属法可以包含属于人格权法和财产法的内容，但举世公认它属于身份法。因此，在法律特征上，作为法律规范的总和，它不仅包括以婚姻家庭法或亲属法命名的法律文件，还涵盖了所有调整亲属关系的法律规范，如相关的地方法规、行政法规等。同时，我们还应该注意到，亲属法不同于其他调整亲属关系的社会行为规范，如政策、单位规章、乡规民约、道德、习惯、宗教教规等。

"至于英美法系的国家，亲属法是由一系列的单行法规组成的，如婚姻法、家庭法、离婚法、已婚妇女财产法、处理夫妻案件（诉讼程序）法、养子法等等。属于亲属法范

---

① 巫昌祯、杨大文主编：《走向21世纪的中国婚姻家庭》，吉林人民出版社1995年版，第17页。
② 杨遂全：《论婚姻法正名为亲属法的必要性与迫切性》，载《社会科学研究》1998年第3期。
③ 2011年12月12日中共中央组织部、人力资源社会保障部发布的《公务员回避规定》第五条。
④ 杨大文：《民法的法典化与婚姻家庭法制的全面完善——关于民法婚姻家庭编的总体构想》，载《中华女子学院学报》2002年第4期。
⑤ 王利明：《民法典体系研究》，中国人民大学出版社2008年版，第470页。
⑥ 杨大文主编：《亲属法》（第四版），法律出版社2004年版，第25页。

围的法律同样也被认为是民法的组成部分。"① 但世界各国的学者普遍认为婚姻法或家庭法绝不可能反过来包容整个亲属法的内容。

在我国历史上一直用亲属的概念概括称谓"户"和"婚"两类亲属关系。作为礼法合一的《礼记》专门有《昏义》命名的篇章，此后才定《释亲属》。我国古代立法也都是"户婚"合一或分立，从未只规定"婚律"，不规定"户律"的。在清朝及北洋政府时期以后是直接以《民律亲属编》或"《民法典》亲属编"立法的。② 在我国台湾地区目前的"民法"中第四编仍以"亲属编"命名。但是，它所规定的家长与家属之间已经没有法律上的权利义务，事实上已不在亲属法的范围之内，其中的家属的概念也失去实际意义。

对于目前我国大陆立法为什么不以亲属法的名称命名相关法律，或许是考虑亲属法的名称与婚姻法的名称相比带有太浓厚的传统意识；或许是因为亲属法的名称过于宽泛，实质上主要是调整婚姻家庭关系的，以婚姻法命名相关法律更能反映法律的根本目的。但是，这些理由或观点越来越受到社会现实和相关法律的挑战。2003年全国人民代表大会常务委员会审议了《中华人民共和国民法（草案）》，其中"婚姻法"和"收养法"分别列为两编，表明人们公认婚姻法至少不能涵盖收养等亲属关系。因此，《民法典》在原《婚姻法》的名称中增加了"家庭"二字，形成"婚姻家庭编"。

第三节　婚姻家庭法的调整对象

《民法典》第1040条规定："本编调整因婚姻家庭产生的民事关系。"这条规定限定了婚姻家庭法的概念和调整对象以及相应的范围。在动态上，它是指调整婚姻家庭亲属行为及婚姻家庭亲属关系产生、变更和终止的过程。目前，我国《民法典》多处出现"婚姻"和"家庭""婚姻家庭关系"的概念和用语，但是并未明确对这两个词下定义，只是原则性地规定保护这两种关系。为此，在学科上需要对"婚姻"和"家庭"这两个词科学地下定义。

一、婚姻家庭的本质

目前，一些人曲解了亲属关系的本质，将法律或社会意义上的亲属完全等同于生物意义上的亲属，将亲属关系理解为一种单纯的两性和血缘的自然关系或纯粹的私人关系，进而得出了反对国家和社会干预亲属关系的结论，以及性的绝对自由和消灭家庭的结论。③ 对此，我们应当有所警惕。

本书作者认为，亲属在本质上是自然人之间基于基因遗传、亲情精神寄托和共同生活需要而产生的一种社会关系。亲属关系的社会属性，是人与人之间的亲属关系与动物

---

① 杨大文主编：《婚姻法教程》，法律出版社1992年版，第17页。
② 陈顾远：《中国古代亲属法》，商务印书馆1943年版，第4页；杨怀英主编：《中国婚姻法论》，重庆出版社1989年版，第3页、第124页。
③ 杨遂全：《试论马克思的婚姻法学思想》，载《中国法学》1986年第4期；杨遂全主编：《第三人侵害婚姻家庭的认定与处理》，法律出版社2001年版，第105页。

之间的两性和血缘关系的根本区别的标志。特别是作为亲属关系的主要表现形式的婚姻家庭，其本质属性更是如此。

婚姻家庭既有自然属性，也有社会属性，社会属性是其本质属性，婚姻家庭本质上是一种基于两性和血缘以及共同生活需要产生的社会（伦理）关系。男女两性的差别和人类固有的性的本能，是婚姻在生理上的基础。家庭成员之间一般都有血缘上的联系。种的繁衍，是家庭的生物学上的功能。所以，无论任何时代、任何国家的法律，都不能无视婚姻家庭这种自然属性。然而，我们不能夸大自然属性对婚姻家庭的作用，更不能把它和作为社会关系的婚姻家庭本身混为一谈。两性结合和血缘联系普遍存在于一切高等动物之中，婚姻家庭社会关系则是人类所特有的。

深入理解亲属关系和婚姻家庭的本质属性，应从以下几个方面入手：①从婚姻家庭的主体来看，社会性是人类的根本属性，人是社会性的动物；离开了人类社会的"狼孩"要恢复人的本性必须回到人类社会。所以，作为人与人之间人身关系的婚姻家庭，毫无疑问，在本质上是一种社会关系。②从婚姻家庭关系的内容来看，包括其中物质的社会关系和思想的社会关系，是男女平等还是男尊女卑，是一夫一妻还是多夫多妻，都是由当时的社会发展状况决定的。而不是由其自然属性或当事人自身的意愿决定的。③从婚姻家庭的形式来看，什么样的男女两性结合构成婚姻，什么样的血缘共同体属于家庭，是由社会认可的。一对男女即使很想成为夫妻，但是如果以得不到社会认可的形式结合，仍然只是非婚结合。

婚姻家庭生活方式是人类社会生产方式发展到一定阶段的历史产物，由一定社会上层建筑和经济基础决定。婚姻家庭对社会的前进和倒退起着一定的促进和延缓作用。

二、婚姻家庭基本概念解析

（一）婚姻与终身同居的区别

在世界各国，除极少数国家将配偶关系（即婚姻关系在法律上的另一种称谓）与亲属关系并列以外，绝大多数国家都是将配偶关系作为亲属关系的一种来对待的。所以，在分析婚姻家庭法的调整对象时，必须首先对什么叫"婚姻"进行深入分析。在司法实践中，准确地定义什么是婚姻，直接关系到当事人的一系列权利和义务，以及是否构成重婚罪等问题。

按照通俗的说法："婚姻，结婚的事；因结婚而产生的夫妻关系。"[①] 前些年，法学界认为："婚姻是男女两性的结合，这种结合形成了为当时社会制度所确认的夫妻关系。"[②] 但是，由于它以"夫妻关系"来给婚姻下定义，造成了一种自身循环定义，即在解释什么叫夫妻关系时这些学者又不得不使用婚姻的概念。由此，近年许多学者认为："婚姻是男女两性结合的社会形式，这种结合形成了为当时社会制度所确认的互为

[①]《现代汉语词典》（2002年增补本），商务印书馆2003年版，第569页。
[②] 杨大文主编：《婚姻法教程》，法律出版社1992年版，第2页；巫昌祯、夏吟兰主编：《婚姻家庭法学》，中国政法大学出版社2007年版，第1页。

配偶的关系。"① 与前一定义一样，它也存在循环定义的问题。全面地从婚姻的内涵和本质分析，本书作者认为："婚姻是指一定社会制度认可的男女两性结合最普遍的社会形式；婚姻关系则是指基于这种两性结合形式所形成的男女之间的关系。"

正确界定婚姻的概念必须把握以下三个要素：①婚姻是一种男女两性结合的形式。即使目前部分国家承认同性婚姻，但大多数国家仍坚持认为婚姻是男女两性的结合。②婚姻中的两性结合是由一定社会制度认可的。通奸和姘居形式的两性结合是任何社会制度都未明确认可的。③婚姻是一种全社会可以普遍采用的两性结合形式。一些社会制度认可卖淫或非婚同居形式的两性结合，但均未认可这些两性结合形式为该社会人们可以普遍采取的两性结合形式。

即使在"终身只同居不结婚"的人口占1/3的某些西方发达国家，终身同居关系和婚姻关系在法律上的区别也是很明显的。首先，从形式上看，他们之间有类似于我国的事实婚和登记婚的区别。其次，从内容看，两者根本不同的是终身同居的当事人双方之间没有结婚的愿望；他们也不是短暂的试婚，他们只是不愿意受婚姻的约束。② 最后，事实婚的男女对外是要以夫妻相称的，同居者对外是以朋友相称的。诚然，一旦未来这种终身同居关系被该社会认可为人们可以普遍采取的两性结合形式，它也可以称之为婚姻了（类似于历史上的对偶婚时期）。

此外，一些学者还借用罗马法中的婚姻概念。他们认为，构成婚姻还必须男女双方"以永久共同生活为目的"③。本书作者认为，这对当前许多明确非以永久共同生活为目的登记结婚的夫妻来说，限定太狭隘了，不可作为界定现代婚姻概念的要素。并且，以此作为婚姻的法律特征，也会把我国一些少数民族的类似"走婚"形式④的非永久共同生活的合法婚姻排除在婚姻范畴之外。当然，我们反对"社会认可"必须是"法律认可"的说法，也反对婚姻必须具备现实的"婚姻合法性要素"⑤ 的说法。它不但会使司法实践中处罚事实重婚行为出现法律上的自我矛盾，而且会直接否定我国现实仍然存在的依据1950年《婚姻法》和当地自治区条例对习惯认可的少数民族（一妻多夫）婚姻的承认。

基于上述内容，在现实司法实践中，我们要准确把握婚姻的概念，必须严格区分事实婚姻关系与各种长期非婚同居关系。最高人民法院关于事实婚姻关系的司法解释，已经把上述关于婚姻概念的三要素，具体化为"以夫妻名义、男女共同生活、群众也认为他们是夫妻"的三个具体条件。对此，在结婚制度一章将详细分析。

（二）家庭与户的区别

根据《现代汉语词典》："家庭，以婚姻和其他血统关系为基础的社会单位，包括父

---

① 张贤钰主编：《婚姻家庭继承法》，法律出版社2002年版，第1页。
② 西方国家很多同居者双方固定同居几十年，且双方有几个子女。我国许多老年同居者也是不愿结婚只愿终身同居的。一些法官还是把子女干涉这类老人同居作为干涉恋爱自由处理的。
③ 王洪：《婚姻家庭法》，法律出版社2003年版，第61页。
④ 杨怀英主编：《中国婚姻法论》，重庆出版社1989年版，第75页。
⑤ 曹诗权主编：《婚姻家庭继承法学》，中国法制出版社2008年版，第2页。

母、子女和其他共同生活的亲属在内。"① 依照我国法学界普遍公认的观点解释："家庭是一定范围内的亲属所构成的共同生活单位。"② 家庭关系是指在这种亲属共同生活单位中发生的各种社会关系，其中包括婚姻关系。在婚姻和家庭的关系上，婚姻是产生家庭的前提，家庭是婚姻成立的结果，家庭的内涵和外延范围大于婚姻。因此，也有一些学者认为："家庭是以婚姻、血缘和共同生活为纽带而组成的亲属团体。"③ 不过，他们所下的这一定义很容易与家族的概念混淆。《民法典》第1045条从"家庭成员"的范围，侧面给家庭的内涵予以界定。

《民法典》第1045条第3款规定："配偶、父母、子女和其他共同生活的近亲属为家庭成员。"这一规定明确限定了我国家庭的范围。

基于上述规定，从家庭的概念来看，构成家庭必须具备以下几个要素：①家庭是一种同财共居的"共同生活"单位。为此，家庭成员之间通常相互有一定的扶养扶助义务或有共同的财产，在对方的生活场所有法定的居住权。就一般而言，子女结婚，与父母分家另住，不再"同财共居"④之后，就视为组成了新的家庭。因而，家庭绝不是一般的亲属团体。②家庭这种共同生活单位是由亲属或近亲属构成的，没有亲属关系的人即使共同生活在一起，也不能说是一个法律意义上的家庭，比如大学生的一个寝室生活单位。③家庭是由一定范围内的亲属所构成的。并非所有同财共居的亲属都构成家庭。在许多西方国家，家庭是一个免税或享受社会保障和福利的单位。所以，在西方国家，是否构成一个家庭，哪些范围的亲属共同生活可以构成家庭，是有严格法律限定的。在我国，已经分家分居的子女，视为一个新的家庭。

在法律上，家与户有时相同，有时还是有明显区分的。我国《民法典》第55条和第56条都使用了"个人""家庭"和"户"的概念，并且将"户"分之为"农户""承包经营户"和"个体工商户"。同时，规定了三者不同的财产权利和义务制度。现行《土地管理法》也是以"户"为单位界定宅基地使用权和城市房屋拆迁补偿的。户是户籍法上的概念，不必然是亲属共同生活单位。一户不等于就是一个家庭。户还有集体户和家庭户的区分。另外，同一家庭户中也有可能有非家庭成员在其中，比如朋友寄养的小孩或侄子女等远亲，甚至家政工落户于雇主户籍。国内外纳税计算家庭免征额是不考虑户籍的。我国在确定购买经济适用住房的身份时，则通常是按照共同居住的近亲属户籍计算的；如果孙子女的户籍和爷爷奶奶的户籍在一起是可以合并计算的，其父母如果户籍与爷爷奶奶户籍不在一起也不能合并计算或得到拆迁补偿。

三、婚姻家庭的历史必然性

婚姻家庭的存在是有其历史必然性的，婚姻家庭形式的历史使命是无法人为消灭的。在现代和未来一段历史时期内，婚姻家庭仍担负有以下几种历史使命。

---

① 《现代汉语词典》（2002年增补本），商务印书馆2003年版，第569页。
② 杨大文主编：《婚姻法教程》，法律出版社1992年版，第2页。
③ 张贤钰主编：《婚姻家庭继承法》，法律出版社2002年版，第1页。
④ 我国汉律和唐律疏议都限定家庭以亲属"同财共居"为要件。

1. 婚姻家庭是现代社会维持正常的人类基因遗传和种族延续所必需的，人口生产的全过程客观上仍需要婚姻家庭才能圆满完成

人类繁衍和人的基因遗传过程中有三个必不可少的环节，即生殖、对后代生理上的抚育和社会性的抚育。而人类繁衍过程中各个环节的具体性、复杂性、统一性和目前社会生产力发展水平，决定了只有家庭才具备独立圆满完成此项任务的各种条件。从心理学角度来看，完整、和谐的婚姻家庭有利于儿童形成健全的人格，父母和长辈作为儿童社会化模仿的对象，能引导儿童生理和心理上的进步。非婚姻的其他两性结合，即使有可能是临时同居生活，由于其身份不确定，子女的身份也无法确定，就不足以防止性混乱可能结成的乱伦和近亲生育的恶果。

婚姻虽是根据个人的意思自治成立并维持的成年人之间的自由关系，但它与一般的性行为不同，是不能完全根据个人功利而随意处置的。费孝通先生认为："在男女分工体系中，一个完整的抚育团体必须包括两性的合作。"两性分工和抚育作用加起来才发生长期性的男女结合，配成夫妇，组成家庭，夫妇不只是男女间的两性关系，而且还是共同向儿女负责的合作关系。在这个婚姻契约中同时缔结了两种相联的社会关系：夫妇和亲子。而"婚姻是人为的仪式，用以结合男女为夫妇，在社会的公认之下，约定以永久共处的方式来共同担负抚育子女的责任"[①]。社会发展到今天，男女两情相悦的需求突出了，以个体为本位的夫妇间的情感因素，成为婚姻家庭的重要成分。然而，体现为家庭上述功能的社会需求并未因此而减弱或丧失。

2. 婚姻在新的世纪仍是人类不可或缺的性行为规范模式，社会和谐稳定地发展离不开婚姻家庭

婚姻家庭形式是使人们两性生活秩序化、规范化的"红绿灯"或调节器。婚姻家庭对性爱的萌发有着因人而异的抑制、指导、支持或媒介作用；对性爱的维系有巩固、深化和保护的作用；当性爱关系出现裂痕时，它还有一种因事而异的弥合或加深作用。婚姻家庭正是通过这些作用，使人类性爱规范化。

在现代，人们很难设想一个社会完全缺少人类两性结合规范模式的后果会是什么样。即使在终身不婚的同居关系普遍化的西方国家，事实上的长期同居基本上类似于我国以前承认的事实婚姻关系，只不过双方故意人为地以契约的形式免除了某些负担太重的婚姻义务而已。一旦将来这种长期同居关系被社会认可为该社会最普遍的两性结合规范模式，它就事实上上升为婚姻关系了。

长达几个世纪的"消灭婚姻"的运动最终也没有实现。从反面证明了婚姻家庭生活方式存在的历史使命。

3. 婚姻家庭还是保障个人日常健康生活必需的社会机制

家庭成员间日常的相互陪伴和照顾是其他任何机构或个人无法替代的。社会不可能通过给每个公民配备一个保健医生与其日夜相随，来预防急病和猝死。家庭和亲属制度还有组织人们两性和血缘方面的精神生活的职能。天伦之乐是人生必要的精神营养。那

[①] 费孝通：《乡土中国生育制度》，北京大学出版社1998年版，第124页。

种完全否定亲情和人正常的基因遗传心理需要的"无根文化"是人类文明的一种倒退。

此外，现代家庭仍有组织消费和部分组织生产的职能，只要社会无力直接抚养所有的子女、赡养老人，家庭组织消费就是必然的。同时，家庭培育劳动力的职能也是任何经济机制必须考虑的。

第四节　婚姻家庭制度的历史演变

一、婚姻家庭法律与制度的关系

原始社会没有法律，当时的亲属制度主要由习俗和道德组成。因此，婚姻家庭法律与制度应区分开来。由于亲属存在的历史必然性，古往今来，世界各国无论是否颁布专门的法律，都建立有比较完备的亲属制度。

亲属制度在概念上大于亲属法。我国法学界公认，亲属制度（包括婚姻家庭制度）是指反映、确认和调整该社会中占统治地位的亲属关系的各种行为规范。亲属制度是社会制度的重要组成部分，是一定社会的上层建筑，它是由该社会的社会经济基础所决定的。

在阶级社会中，亲属法（包括婚姻家庭法）是构成亲属制度的主要因素；同时，调整亲属关系（主要是婚姻家庭关系）的政治、政策、道德、习惯、宗教等，也是一个社会的亲属制度的组成部分。这些制度对亲属法的制定、执行和修改，有着重大影响。

评价一个国家和社会的亲属制度或亲属法的先进与落后，主要是根据它是如何反映社会生产关系的，最终是看它对当时社会生产力的作用，是促进，还是阻碍；是给生活于其中的人民更多地带来幸福，还是带来痛苦。

二、原始社会的婚姻家庭制度

原始社会的婚姻家庭制度，曾先后经历过群婚制、对偶婚制、一夫一妻制等历史类型。阶级社会的一夫一妻制最初产生于私有财产继承的需要。法律（包括亲属法）诞生于私有制出现之后，且经历了不同的发展阶段。

根据马克思主义原理分析，人类两性关系和血缘关系发展到社会范畴的婚姻家庭形态，经过了漫长而复杂的历史过程。在人类诞生后的几百万年中，婚姻家庭只存在了几十万年。

人类最初在恶劣得无法定居的自然条件下，生活的群体随时可能被洪水猛兽冲散，只能过着杂乱的两性和血缘生活。我国古籍《管子·君臣下》记载："古者未有君臣上下之别，未有夫妇匹配之合，兽处群居，以力相征。"《论衡·书虚》记载："乱骨肉、犯亲戚，无上下之序者，禽兽之性，则乱不知伦理。"

随着火的使用，人类能够定居或稳定群居之后，产生了群婚制。群婚制是指在原始社会中一定范围的一群男子与一群女子互为配偶的婚姻形式。[①] 群婚制分血缘群婚和亚

---

① 参见《马克思恩格斯全集》第21卷，人民出版社1962年版，第45页。

血缘群婚两个阶段。血缘群婚是指原始蒙昧时代中期，在一个原始群体内根据辈份或年龄划分，排除了不同辈份的两性关系的集团。亚血缘群婚是指原始蒙昧时代后期，在不同原始群体之间排除了不同辈份和兄弟姐妹之间的两性关系的婚配集团。

随着弓箭等工具的使用，人类在蒙昧与野蛮时代交替的时期，能够相对偶居生活之后，产生了对偶婚制。对偶婚制是指成对男女或长或短相对稳定共同生活的婚姻形态。

随着铁器的使用，人类在野蛮时代后期，生产力水平大大提高，物质生产有了剩余。随着财富的积累和私有财产的继承，在人类文明时代，产生了一夫一妻制。一夫一妻制是指一男一女相对固定共同生活的婚姻形态。当然最初的一夫一妻制主要是针对妇女的。

三、我国古代的亲属制度

我国奴隶社会的亲属制度最初就是建立在与当时社会相适应的宗法制度基础之上的。宗法制度是原始社会父系氏族在阶级社会的转化形态，是通过血缘纽带来实现社会和阶级统治的一种手段。天子为大宗，子女分封为小宗。从天子到分封的诸侯，从家族的族长到族人，一层层地构成一个庞大的宗族和国家组织系统。家庭只是家族系统的一个细胞组织。当时的一夫一妻制事实上是奴隶主只有一个主妻，并可以同时占有奴隶和他们的妻女的制度。

我国封建社会的亲属制度继承了奴隶社会宗法制度下的亲属制度。它表现出如下特征：①包办买卖婚姻，"父母之命，媒妁之言"是缔结婚姻的合法形式。②封建的一夫一妻制主要是以封建主公开的多妻和统治阶级的一夫一妻制伴随特殊情况下的合法多妻为特征的婚姻亲属制度。③男尊女卑，夫权统治。"三从四德"是法律认可的准则。④家长专制，漠视子女利益。片面强调孝顺。⑤专权离婚，从一而终。当时只有男子休妻的制度。

我国半殖民地半封建社会中，统治者试图引进资本主义社会的亲属制度。作为当时合法的婚姻制度，其政策和法律上明确认其一夫一妻制是以通奸卖淫为补充的一夫一妻制，卖淫制度合法化。封建的亲属制度仍然在事实上统治着中国。

四、婚姻家庭法的立法沿革

就世界范围而言，亲属法的立法形式大致经历了三个阶段，即诸法合体时期的古代亲属法、完全附属于民法的近代亲属法、形成独立法律部门的现代亲属法。

（一）诸法合体时期的古代亲属法

在古代，中外各国立法形式上都是采取民、刑、诉不分，诸法合一的形式。当时，直接规定亲属和婚姻家庭的规范不多，直接通过行政、刑罚处罚违反亲属规范的条文居多。中国古代最典型的就是汉朝和唐朝的户婚律。古巴比伦王国的《汉谟拉比法典》、古罗马的《十二表法》《希伯来法》和《日耳曼法》，其中都有大量关于违反亲属法的处罚条文，都带有明显的诸法合体的特点。中国当时的亲属法，重礼轻法、详于礼略于法、以刑辅法的特点也十分明显。

（二）完全附属于民法的近代亲属法

至今仍然有效的 1804 年的《法国民法典》在第一编"人法"规定了较为详细的亲属规范。1896 年的《德国民法典》在第四编"亲属编"中规定了较为详细的亲属规范。还有《瑞士民法典》和《墨西哥民法典》设有"人与家庭编"。意大利、日本等国以上述某种模式为样板，都把亲属法纳入民法典之中。英美国家则是以诸多单行法的形式构成了自己的民事法律制度，其中关于亲属的规定也十分详尽。

我国在清朝晚期，清政府曾试图模仿西方资本主义国家的法律体系，颁布了《大清民律草案》，将亲属列为一编。国民党统治时期颁布的《中华民国民法典》将亲属编作为第四编。

近现代的资本主义国家的亲属法，普遍开始用婚姻家庭法或夫妻财产法等单行法规，以此补充他们民法典的不足。在内容上，与以前封建或资本主义初期的亲属法相比有以下特点：①立法形式上肯定了男女平等，扩大了已婚妇女的权利。②离婚表现出由限制主义向自由主义转变的趋向。③非婚生子女的地位有所提高。④为了维护其社会的正常发展，开始重视弱者的权益。

（三）形成独立法律部门的现代亲属法

1917 年苏联十月革命胜利后，依据马克思主义关于婚姻家庭等亲属关系的特性的论述，未将婚姻家庭和亲属这些"温情脉脉的关系"归入以"赤裸裸的金钱关系"[①]为调整对象的民法典之中，而是单独制定了《婚姻家庭和监护法》。直到 1996 年的《俄罗斯民法典》，仍基本上是把绝大部分婚姻家庭关系排除在外，部分纳入民法之中的。为此，俄罗斯在 1997 年又单独制定了《婚姻家庭法典》。[②] 罗马尼亚、朝鲜、越南等国家的社会主义民法典也都没有将亲属列入之中，而是将婚姻家庭法单独立法。

土地革命时期，革命根据地模仿苏联的婚姻家庭立法于 1931 年 12 月颁布了专门的《中华苏维埃共和国婚姻条例》分七章，共 23 条。1934 年 4 月重新颁布了《中华苏维埃共和国婚姻法》。这一法律成为我国新中国成立后婚姻法的蓝本，主要内容大致相仿。在抗日战争时期，1939 年革命根据地还专门颁布了《陕甘宁边区婚姻条例》。这些法律形成了独立于其他法律的婚姻家庭亲属法律部门。

我国在新中国成立后于 1950 年先于其他法律，颁布了中华人民共和国最早的《婚姻法》。毛泽东主席明确指出："婚姻法是有关一切男女利害的普遍性仅次于宪法的根本大法之一"，1953 年在全国开展了声势浩大的贯彻婚姻法的运动。1980 年的《婚姻法》在 1950 年《婚姻法》的基础上进行了大的修改。当时，尽管在司法实践中已明确把婚姻家庭案件当作民事案件对待，但是在立法上和理论界仍然认为，亲属和婚姻家庭法律是独立的法律部门。

---

① 参见《马克思恩格斯全集》第 4 卷，人民出版社 1956 年版，第 468 页。
② 《俄罗斯联邦民法典》，黄道秀等译，中国大百科全书出版社 1999 年版，第 121—259 页；中国法学会婚姻法学研究会编：《外国婚姻家庭法汇编》，群众出版社 2000 年版，第 465 页。

(四) 回归《民法典》的婚姻家庭法

我国在 20 世纪 80 年代初，制定《中华人民共和国民法通则》(以下简称《民法通则》) 之前，法学界还普遍认为"我国社会主义民法主要是调整商品关系"和"那些与财产关系有联系的人身关系"。亲属人身关系当然不属于民法的调整对象。"至于我国家庭成员之间因扶助、赡养、抚育而发生的财产关系，那是在家庭财产范围内的按需分配关系，它决定于社会主义家庭组织所承担的经济职能，其中既不体现等价有偿，也不属于按劳分配"。"所以，它们都不是民法调整的对象"。① 2021 年的《民法典》将原《婚姻法》《收养法》合并编纂为第五编婚姻家庭编，《婚姻法》被正式纳入《民法典》。

第五节 我国婚姻家庭法的渊源及其与民法的关系

《民法典》婚姻家庭编第 1040 条规定："本编调整因婚姻家庭产生的民事关系。"诚然，具体实施该编的这些基本准则，肯定必须大量地引用其他相关的法律法规。

在法学基本原理上，这些可以直接引用来处理婚姻家庭关系的法律规范，都是婚姻家庭法的渊源，是实质意义上的婚姻家庭法的有机组成部分。

法律渊源一般是指法律规范的表现形式。亲属法、婚姻家庭法的法律渊源就是婚姻家庭法借以存在和表现的形式。根据我国目前的立法体系、层次和规模，婚姻家庭法的渊源有宪法、法律、行政法规、地方性法规、最高人民法院的司法解释、我国缔结或参加的国际条约等几种。这几种形式、直接规定各种不同类型的婚姻家庭关系的规范，除宪法外，在司法操作中都可以直接在判决书中引用。

目前，可以作为婚姻家庭法直接渊源的法律可以分为四个大类：一是宪法，是一切法律的渊源。二是专门调整婚姻家庭关系的法律，如《民法典》婚姻家庭编，它们是我国婚姻家庭法集中和主要的法律渊源。三是专门保护婚姻家庭中社会弱势群体的社会立法，如《中华人民共和国母婴保健法》《中华人民共和国妇女权益保障法》(以下简称《妇女权益保障法》)《中华人民共和国未成年人保护法》(以下简称《未成年人保护法》)《中华人民共和国老年人权益保障法》(以下简称《老年人权益保障法》) 等。它们既具有专门法的立法地位和效力，又有涉及相关主体的婚姻家庭权益的内容，所以也是婚姻家庭法的渊源之一。四是其他构成独立法律部门的基本法，如刑法、行政法、诉讼法、国际私法等。在这些基本法中，均有一些涉及婚姻家庭关系的相关法律规范。在司法实践中，直接或间接引用这些涉及婚姻家庭关系的相关法律规范，必须遵守一定的司法规则。

一、婚姻家庭在宪法中的整体性保护

《中华人民共和国宪法》(以下简称《宪法》) 第 48 条规定："中华人民共和国妇女在政治的、经济的、文化的、社会的和家庭的生活等各个方面享有同男子平等的权利。

---

① 佟柔主编：《民法原理》，法律出版社 1983 年版，第 12 页。

国家保护妇女的权利和利益。"第49条规定："婚姻、家庭、母亲和儿童受国家的保护。夫妻双方有实行计划生育的义务。父母有抚养教育未成年子女的义务，成年子女有赡养扶助父母的义务。禁止破坏婚姻自由，禁止虐待老人、妇女和儿童。"① 很显然，我国《宪法》明确规定了"国家保护婚姻家庭"的宪法原则。但是，按照一般的司法原则，通常不能直接引用宪法来判案。为此，《民法典》将这一宪法原则直接置于它的婚姻家庭编"一般规定"中。《民法典》第1041条第1款明确规定："婚姻家庭受国家保护。"

宪法原则是一个国家立法的根本指导原则。既然《宪法》明确规定了国家保护婚姻家庭的宪法原则，各部门法就均应遵循此项原则，且不得制定与此相违背的法律法规条款。

目前，一些公民借口婚姻自由或个性解放，推脱家庭责任。一些法律法规对婚姻家庭的保护也很不完善。比如，对第三人与配偶一方共同侵害婚姻家庭的行为，就还没有按照共同侵权的基本法则进行处罚；我国的个人所得税纳税额起征点的确定，就还没有考虑扶养家庭成员的扣除因素等。

二、《民法典》婚姻家庭编和其他编相关规范的直接引用

根据《民法典》第2条的规定，民法是调整平等主体的自然人、法人和非法人组织之间的人身关系和财产关系的基本法。而婚姻家庭关系在抽象意义上是一种平等的人身关系。所以，婚姻家庭法是民法的重要组成部分。民法是一切民事活动的基本准则，我国《民法典》所确立的民事活动的共性原则，对于所有民事法律具有统管性。但是，鉴于婚姻家庭关系的特殊性，婚姻家庭法既遵循民法通则中一部分共性原则、又有其自己的基本原则。

《民法典》第112条规定："自然人因婚姻家庭关系等产生的人身权利受法律保护。"《民法典》第1001条规定："对自然人因婚姻家庭关系等产生的身份权利的保护，适用本法第一编、第五编和其他法律的相关规定；没有规定的，可以根据其性质参照适用本编人格权保护的有关规定。"

我国《民法典》除了在婚姻家庭编详细规定了公民享有婚姻自由权，禁止买卖、包办婚姻和其他干涉婚姻自由的行为，确立调整婚姻家庭关系的具体行为规范之外，在其他编和其他民事特别法还特别规定了"妇女享有同男子平等的民事权利""婚姻、家庭、老人、母亲和儿童受法律保护""中华人民共和国公民和外国人结婚适用婚姻缔结地法律，离婚适用受理案件的法院所在地法律"等。这些规定也直接构成婚姻家庭法的渊源。执行婚姻家庭法的司法过程中，必须遵守这些基本法则。

《民法典》总则编中的其他一般性规定，如关于公民的权利能力和行为能力、监护、宣告死亡、法定代理、财产所有权和共有、父母对未成年子女致人损害应承担的民事责任等，也同样应适用于婚姻家庭法领域。此外，婚姻家庭法同某些民事单行法也有密切关系，如婚姻家庭法确定的亲属身份是我国继承法确定和调整继承关系的基本依据，而婚姻家庭法关于亲属继承权的原则性规定在继承法中得到了明确的体现。但是，婚姻家

---

① 目前，《中华人民共和国宪法》还没有对计划生育的有关规定进行调整。

庭法和亲属法有其独特性，有些民法的规定不能直接引用来处理婚姻家庭关系，比如一般诉讼时效的规定等。

虽然社会主义市场经济的发展肯定要影响到婚姻家庭领域，但婚姻家庭领域毕竟不同于商品经济领域，市场经济规律不可能完全直接决定婚姻家庭关系。因此，司法实践中还必须注意到婚姻家庭法与狭义的民法其他分编的法律规范（即不包括调整亲属关系与劳动关系的民法体系）的区别。①

三、行政法、刑法、劳动法与婚姻家庭法实施的保障

（一）婚姻家庭的行政法保障

行政法是调整国家行政管理机关在实现其管理职能过程中所发生的各种社会关系的法律规范的总和。婚姻家庭领域有不少方面的行为要受到行政法规的直接调整。保障公民婚姻家庭权利时，必须运用这些法律规范。

首先，公民的结婚登记、离婚登记、复婚登记、收养登记和办理有关出生、死亡、婚姻状况和亲属关系的公证等均属于行政登记管理的范围。而民政部颁布的《婚姻登记管理条例》既属于行政法范畴，又是婚姻家庭法的重要内容之一，具有双重性。

其次，公民因出生、死亡、结婚、离婚和收养等身份变化引起家庭成员的户籍、住所的变更，必须进行户籍登记，按照户籍法规办理。

最后，对于违反婚姻家庭法规定尚未构成犯罪的行为，如殴打家庭成员，造成轻微伤害；虐待家庭成员，受虐待人要求处理的，依照有关行政法规如《中华人民共和国治安管理处罚法》等给予行政处罚。

目前，涉及婚姻家庭关系的行政法规，主要有国务院及其所属部门发布的涉及婚姻家庭的条例、规定、办法和决定等规范性文件。它们也是婚姻家庭法的重要渊源，对于贯彻宪法、法律有关婚姻家庭的规定起着重要的作用。这些规范性文件如民政部经国务院批准发布的《婚姻登记条例》（2003年8月8日），《中国公民收养子女登记办法》（1999年5月25日），《外国人在中华人民共和国收养子女登记办法》（1999年5月25日），国家计划生育委员会颁行的有关规范性文件等。

这些行政法规只要不与《民法典》婚姻家庭编相抵触，一概继续有效。如与《民法典》婚姻家庭编相冲突，有关行政部门必须进行修改，因为全国人大通过的法律，效力大于行政机关颁布实施的条例、规定、办法和决定等规范性文件。在执法的过程中发现此类问题，司法部门不能再引用这些行政条例、规定、办法和决定等规范性文件。

（二）婚姻家庭的刑法保障

刑法是规定有关犯罪和刑罚的法律，是维护社会秩序、保护公民人身权利、民主权利的有力武器。公民在婚姻家庭方面的合法权益，既受到婚姻家庭法的保护，也受到刑

---

① 杨大文主编：《亲属法》，法律出版社2000年版，第30页；李开国：《民法基本问题研究》，法律出版社1997年版，第49页。

法的保护。《中华人民共和国刑法》（以下简称《刑法》）分则的第四章对暴力干涉他人婚姻自由罪、重婚罪、破坏军人婚姻罪、虐待家庭成员罪、遗弃家庭成员罪等妨害婚姻家庭犯罪作了具体规定。刑法的这种通过惩罚以维护社会主义婚姻家庭制度的作用，成为婚姻家庭法的强力后盾，是其他法律所不能代替的。

（三）婚姻家庭的劳动法保障

劳动与社会保障法是调整各种类型的劳动关系及其派生的各种社会保障利益关系的法律。西方国家把这类法律称之为社会法。它们对保障劳动者及其家庭的生活是必不可少的。我国近年颁布实施了不少此类法规，诸如《企业职工生育保险办法》《因工死亡职工供养亲属范围规定》《女职工劳动保护规定》《未成年工特殊保护规定》《城市居民最低生活保障条例》《失业保险条例》等法规，都有涉及婚姻家庭关系特殊保护的规定。在分家析产、扶养、离婚或夫妻就业、丧假、顶替就业问题处理的过程中，应当注意不得违背这些法规。

四、诉讼法对婚姻家庭法实施的程序保障

婚姻家庭法与诉讼法的关系是实体法与程序法的关系。处理属于民事性质的婚姻家庭案件，在实体问题上适用婚姻家庭法的有关规定，在程序上适用《中华人民共和国民事诉讼法》（以下简称《民事诉讼法》）的有关规定。在处理有关妨害婚姻家庭刑事案件，如暴力干涉他人婚姻自由罪，重婚罪，虐待家庭成员罪，在实体问题上适用《刑法》的有关规定，在程序上适用《中华人民共和国刑事诉讼法》（以下简称《刑事诉讼法》）的有关规定。对于涉及婚姻家庭领域的行政管理登记机构的行政行为（如婚姻登记、收养登记、户籍登记和公证等行为）和行政处罚，产生争议或不服，当事人向人民法院起诉时，在程序上适用《中华人民共和国行政诉讼法》的有关规定。

目前，《民法典》取消了原《婚姻法》的"附则"部分概括规定的内容。但是，将婚姻家庭法的效力范围、违反婚姻家庭法的制裁办法以及涉及财产内容的判决和裁定的执行等内容，分解成各种具体的执行办法的规定。对拒不执行有关扶养费、抚养费、赡养费、财产分割和遗产继承等判决或裁定的，人民法院可依法强制执行。有关单位应负协助执行的责任。这都必须适用程序法的规定。总而言之，在处理夫妻和家庭成员共同生活的扶养问题，适用婚姻家庭法的过程中，必须遵守国家执法机关法定的职权范围和程序的规定。

五、婚姻家庭法的实施与相关国际条约的遵守

根据国家关于处理涉外婚姻家庭问题的规定，我国公民与外国公民之间的婚姻家庭关系，以及发生在我国境内的外国公民的婚姻家庭行为，都需遵守我国的法律规定。我国相关部门颁布了一些专门处理涉外婚姻家庭问题的法规。民政部于1983年8月颁布了《中国公民同外国人办理婚姻登记的几项规定》，对涉外婚姻的条件和程序作出了规定。此后，最高人民法院颁布了《关于人民法院受理申请承认外国法院离婚判决案件几个问题的意见》。我国专门颁布了《中华人民共和国涉外民事关系法律适用法》等涉外

法律，其中包含调整涉外婚姻家庭的法律规范，为涉外婚姻家庭法律问题的处理提供了法律依据。

1997年3月27日，外交部、司法部、民政部颁布了《关于驻外使、领馆就中国公民申请人民法院承认外国法院离婚判决书进行公证、认证的有关规定》，对我国涉外婚姻关系做了具体规定。

处理涉外关系时首先应适用我国缔结或参加的国际条约，在特定情况下，还可以适用国际惯例。因此，经我国批准生效的有关婚姻家庭的国际条例，如《维也纳领事关系公约》《消除对妇女一切形式歧视公约》等，也是我国婚姻家庭法的渊源。但是，适用的外国法律或者国际惯例，不得违背中华人民共和国的社会公共利益。婚姻当事人规避我国强制性或者禁止性法律规范的行为，不产生适用外国法律的效力。具体操作，见本书对涉外关系专章的论述。

婚姻家庭法的渊源是一个由不同形式的复合结构所组成的有机整体。因此，应当注意，作为婚姻家庭立法渊源的各种规范性文件，分别处于不同的层次，具有不同的法律效力，在适用时要有所区别。

第六节 婚姻家庭法的基本原则

我国《民法典》婚姻家庭编与其他国家的婚姻家庭法不同，我国特别以该编"一般规定"的形式确定了婚姻家庭法的基本原则。《民法典》第1041条规定："婚姻家庭受国家保护。实行婚姻自由、一夫一妻、男女平等的婚姻制度。保护妇女、未成年人、老年人、残疾人的合法权益。"第1042条规定："禁止包办、买卖婚姻和其他干涉婚姻自由的行为。禁止借婚姻索取财物。禁止重婚。禁止有配偶者与他人同居。禁止家庭暴力。禁止家庭成员间的虐待和遗弃。"

《民法典》第1043条规定："家庭应当树立优良家风，弘扬家庭美德，重视家庭文明建设。夫妻应当互相忠实，互相尊重，互相关爱；家庭成员应当敬老爱幼，互相帮助，维护平等、和睦、文明的婚姻家庭关系。"

基于上述这些原则性规定，在具体了解《民法典》婚姻家庭编具体的法律规范之前，有必要概括性地在基本原理的概述部分正确认识婚姻家庭法各项基本原则的各项内容，明确这些原则的立法理由以及在司法实践中如何具体操作运用这些法律原则。同时，还要切实把握好婚姻家庭法各细则为保障基本原则的贯彻实施，所采取的各项禁止性规定。

一、婚姻家庭法基本原则概述

（一）婚姻家庭法基本原则的概念

婚姻家庭法的基本原则是指我国以《民法典》婚姻家庭编命名的法律文件明确规定的调整我国婚姻家庭亲属关系各方面的总体概括性和原则性的一般规定。《民法典》不但从正面规定了几项基本原则，而且还以禁止性规范明确禁止了违反这些基本原则的各种行为,以保障基本原则的切实贯彻实施。

(二) 婚姻家庭法基本原则的价值

我国现行《民法典》婚姻家庭编以基本原则的形式概括规定普遍适用于各种婚姻家庭亲属关系的法律规范,具有十分重要的理论和实践指导意义与作用。

首先,它揭示了我国婚姻家庭亲属法律制度的本质。《民法典》婚姻家庭编的各项基本原则是我国自新民主主义革命以来婚姻家庭制度变革的实践成果和理论提升。它集中反映了具有中国特色的社会主义婚姻家庭社会制度的根本本质。

其次,它确立了社会主义国家婚姻家庭亲属立法的根本指导思想。《民法典》婚姻家庭编规定的各项基本原则是我国《宪法》确立的国家保护婚姻家庭的宪法原则体现和系统性、实体性规定。根据《宪法》第49条原则的要求,我国《民法典》具体详细地规定将这些原则作为我国婚姻家庭方面立法的纲要,事实上要求任何有关婚姻家庭亲属关系的实体性规范都不得与这些基本原则相背离。

最后,它是婚姻家庭亲属法律规范贯彻施行的基本准则和司法实际操作的方向性目标。它为公民守法指明了方向,同时也为司法部门在处理涉及婚姻家庭领域的纠纷提供了基本准则和司法实际操作的方向性目标。特别是在成文规范无具体规定或法条规定比较原则和具有较大弹性时,如何正确处理好婚姻家庭中的纠纷,依据这些基本原则进行裁量就是很有必要的。同时,它有助于克服成文法的局限性和社会现实的无限性之间的冲突。通过设定法律底线的途径,克服司法审判中的随意性,制约法官的自由裁量权。

(三) 对《民法典》第1043条的不同理解

对现行《民法典》第1043条的规定,很多学者认为,这种带有倡导性质的条款,在贯彻实施的时候,应特别需要注意掌握法律分寸和道德界限。鉴于目前对此类条款的理解和适用还有一个探讨的过程,《最高人民法院关于适用〈中华人民共和国民法典〉婚姻家庭编的解释(一)》(以下简称"《民法典婚姻家庭编司法解释(一)》")第4条特别规定:"当事人仅以民法典第一千零四十三条为依据提起诉讼的,人民法院不予受理;已经受理的,裁定驳回起诉。"该条司法解释明确规定了不能单独以第1043条作为诉讼的依据,即所谓的倡导性原则不得独立直接适用判案。虽然该司法解释的目的是防止混淆法律与道德的界限,防止道德诉讼的泛滥,但这种规定是否恰当,仍值得探讨。①

《民法典》第1043条事实上是对其前两条规定的法律基本原则的合理逻辑延伸。它不仅是倡导性的道德规范,也是法律明确规定的法律规范。它直接涉及夫妻忠诚协议的法律效力和家庭成员之间的救助义务,乃至遗弃罪的范围。目前,我国一些法院已经明确、直接承认以这一法律条款为依据的夫妻忠诚协议。在法理上,现代法律文明的表现即在于法定的民商制度供给多样化,法律不仅是禁止性或许可性规范,还可以采用奖励、鼓励、提倡的办法,限定或者优惠一些私法主体或公民的利益。况且,《民法典》

---

① 杨遂全、陈红莹、赵小平、张晓远等:《婚姻家庭法新论》,法律出版社2003年版,第26页;杨遂全:《婚姻家庭亲属法学》,清华大学出版社2011年版,第28页。

该条直接肯定的夫妻之间的忠实义务和家庭成员之间的救助义务,在其他国家都是明确此类婚姻家庭义务为法定义务。而夫妻忠实义务又是婚姻家庭法一夫一妻制原则的必然要求。我国是社会主义国家,更应当将一夫一妻制贯彻到底。有此法律要求,是广大人民群众的呼声,不是一般的道德倡导性要求。而救助义务在家庭成员之间是危急时刻的保命条款,是保护妇幼老合法权益和家庭成员互助的法律原则实施的必然要求。各国几乎都有家庭成员之间(包括无抚养义务的婆媳之间)的救助义务的明确规定。我国1980年之前的婚姻法对此有明确规定。司法实践中多有实际运用救助帮助条款处理此类纠纷的。否则,刑法上的虐待遗弃罪主体也就会从一般的家庭成员缩小到仅有抚养义务的亲属。

基于上述分析,我们建议,未来我国立法机关应当用更为明确的规定,扩大现行司法解释的限缩性解释,使《民法典》这一反映社会主义国家人民意志的法条真正发挥实际作用。

(四)婚姻家庭法基本原则与民法基本原则的关系

目前,由于我国已将《婚姻法》合在《民法典》中,对如何协调《民法典》总则基本原则与婚姻家庭编确立的基本原则的关系问题,仍在争论之中。目前,大部分学者认为,《民法典》各编各有其特有的一些原则,所以应该保留各编自己的一些基本原则,放在各编的开始。我们赞同大多数学者的意见,因为《民法典》的基本原则尚不能完全概括婚姻家庭领域中的一些特殊要求,婚姻家庭编的基本原则是《民法典》的一般原则精神之外特有的一些法律基本要求。它们是《民法典》总则确立的各项基本原则在亲属领域里的必要补充。

二、婚姻自由原则

婚姻自由是早期资产阶级革命提出的口号。在此之前,各国的婚姻基本上都是由父母做主。1791年法国宪法首次宣布:"法律视婚姻仅为民事契约",将婚姻从封建神权的束缚下解放出来。1804年《法国民法典》进一步规定:"未经合意不得成立婚姻",在法律上确立了婚姻自由的原则,实现了从"身份到契约"的转变。自此以后,婚姻自由相继为各资本主义国家亲属法所确认。资本主义国家的婚姻自由,从本质上讲是一种契约自由,它的滥用引发一系列严重的社会后果。

社会主义国家建立后,继承资产阶级革命的成果。马克思主义强调人类新型婚姻关系在本质上应当以当事人之间的爱情为基础,而当事人双方婚姻自由必然是社会主义社会婚姻关系的内在本质要求。

在我国现实,婚姻之所以必须是自由的,正是因为人类社会精神文明发展到今天,人们普遍建立了婚姻应当以爱情为基础的价值观。作为婚姻法追求的根本目标之一,爱情是非常个性化的高级性心理现象。局外人是很难判断的。所以,以爱情为基础的婚姻,必须把对象的选择权交给当事人自己。同时,这也是建立在社会主义公有制基础上的民主与法制精神的必然要求。

（一）婚姻自由原则的定义

婚姻自由是指公民有依照法律规定，自主决定自己的婚姻，且不受其他任何人的强制和干涉的权利。它既是国家的一项基本法律制度，又是公民个人的一项基本人身权利。在权利属性上，它首先是公民的人身自由权，受到《宪法》的保护，《宪法》第49条规定"禁止破坏婚姻自由"；其次，它又是公民的基本民事权利。在法理上，它属于公民人格权的范畴，而非身份权。

（二）婚姻自由原则的内容

完整的婚姻自由，在整体上，包括结婚自由和离婚自由两个方面。结婚自由是指公民有缔结婚姻关系的自主权。离婚自由是指公民有权依法解除婚姻关系。结婚自由是婚姻自由的主要方面，离婚自由是婚姻自由的必要补充，二者相辅相成，构成婚姻自由的完整内容。在实际生活中，结婚自由是几乎所有人都充分享有的权利和自由，在法律规定的范围内，任何人是否结婚、与谁结婚、何时结婚、以何方式结婚，都能充分体现个人的自主权。但离婚由于涉及配偶双方的权利，以及关系到子女利益，当事人享有的自由权就不能如结婚自由那样仅凭个人意志。相较于结婚自由，在处理离婚问题上，法律的调控作用显得更加突出和必要。

（三）婚姻自由权的具体行使及其限制

婚姻自由和其他任何自由权利一样，都不是绝对的，而是相对的。行使婚姻自由权，必须在法律规定的范围内进行，必须符合法律的规定和要求。就如马克思在《论离婚法草案》一文中指出："谁也不是被迫结婚的，但是任何人只要结了婚，那他就得服从婚姻法。"法国启蒙思想家孟德斯鸠也有类似论述："自由是做法律所许可的一切事情的权利。如果一个公民去做法律所禁止的事情，他就不再有自由了，因为其他的人也同样会有这个权利"[①]。因此，婚姻自由虽然是每个人所享有的基本权利，但也并不表示任何人在婚姻问题上可以为所欲为。在贯彻婚姻自由原则的同时，我们也要反对滥用婚姻自由权利的行为。无视社会正常运行的性行为规范，滥用婚姻自由的行为将自己的自由建立在损害他人权益的基础上，这会使他人的合法权益和整个社会公共利益无法真正实现。

（四）婚姻自由原则的贯彻实施

我国现行《民法典》在明确规定实行婚姻自由法律的同时，结合我国社会现实的实际状况，作了一些相应的禁止性规定，以保障这一原则的贯彻实施。

1. 禁止包办、买卖婚姻

根据最高人民法院第四次民事审判会议意见的明确解释，包办婚姻是指第三者（包括父母）违背当事人的意愿，强制其结婚或离婚的违法行为。买卖婚姻，是指第三者

---

① ［法］孟德斯鸠：《论法的精神》，许明龙译，商务印书馆2009年版，第184页。

（包括父母）以索取大量财物为目的，包办强迫他人婚姻的违法行为。包办婚姻与买卖婚姻的共同点，都是包办强迫他人婚姻；二者的区别是买卖婚姻以索取大量财物为目的，而包办婚姻则不一定索取大量财物。由此可见，包办婚姻不一定是买卖婚姻，而买卖婚姻必然是包办婚姻。这是干涉婚姻自由的两种主要形式，故婚姻家庭法明文加以禁止。

至于索取大量财物的数额界限，法律和司法解释都没有明文规定，应根据各地区的具体情况加以判断。另外，特别应注意买卖婚姻和借婚姻索取财物的区分。

包办和买卖婚姻是侵犯他人合法权利的行为，属于国家法律明文禁止的违法行为，除应承担民事责任外，如果情节严重，构成犯罪的，还应追究刑事责任。特别是同时采取了暴力的，《刑法》规定："以暴力干涉他人婚姻自由的，处二年以下有期徒刑或者拘役。"买卖婚姻中所涉财物，原则上应予以收缴。但应注意不要因此影响受害人的生活。

2. 禁止借婚姻索取财物

借婚姻索取财物是指婚姻当事人一方或其父母向另一方索取财物以作为结婚的前提条件的行为。在借婚姻索取财物的行为当中，当事人对婚姻本身是自愿的，不存在强迫包办的情节，这也是与买卖婚姻的根本区别点。但由于借婚姻索取财物行为也通过结婚获取了一定的财产，这又和买卖婚姻具有一定的相似性。

借婚姻索取财物和现实中的自愿赠与及送彩礼等行为是不同的。首先，要注意区分借婚姻索取财物与自愿赠与的界限。赠与是男女双方在交往的过程中发自内心的表达感情的方式，是基于自愿而给予的，一般不附赠与条件（有些暗含解除条件也是赠与行为）；而借婚姻索取财物，是一方主动索要，而且要以此作为结婚的先决条件。两者在性质上是不同的：前者是合法的民事行为，后者是违反国家法律禁止性规定的违法行为。

借婚姻索取财物与给彩礼的行为也不相同。彩礼是在我国部分地区和民族中形成的一种民间习俗，它不是基于一方的索取而给付的，而是基于当地普遍存在的婚姻习俗而给付。彩礼行为并没有为我国婚姻家庭法所禁止。这是与借婚姻索取财物主要的区别点。

借婚姻索取财物极其容易造成有情人难成眷属，或者给男方带来沉重的经济压力，或者在婚后使夫妻双方负债累累，更为严重的是引发刑事案件。根据最高人民法院1993年《关于人民法院审理离婚案件处理财产分割问题的若干具体意见》第19条规定："借婚姻索取的财物，离婚时，如结婚时间不长，或者因索要财物造成对方生活困难的，可酌情返还。对取得财物的性质是索取还是赠与难以认定的，可按赠与处理。"

3. 禁止其他干涉婚姻自由的行为

其他干涉婚姻自由的行为，是除包办、买卖婚姻以外的各种干涉他人结婚自由、离婚自由的违法行为的总称。主要有以女换媳的换亲、转亲。两家对换叫换亲，两家以上互换叫转亲。在某些边远地方还有订童婚、抱童养媳，以及儿女干涉父或母再婚、干涉男到女家落户、反对丧偶妇女带子女改嫁等现象。这些都是违背婚姻自由原则的，故属禁止之列。情节严重，构成犯罪的，应依法追究刑事责任。其他干涉婚姻自由的行为如果采取了暴力，构成我国《刑法》规定的暴力干涉他人婚姻自由罪。

（五）区分婚姻自由与滥用婚姻自由权

禁止严重违背公德、滥用婚姻自由权的行为，是民法在处理民事活动时必然遵循的基本原则，即"遵守社会公德"。有些严重违背公德、滥用婚姻自由权的行为，虽不直接侵害其他公民的个人利益，但侵害了公共利益，违反了社会公德，还是应该予以禁止。在禁止上述这种违法行为的条件下，才能真正全面落实婚姻自由原则。司法实践中具体把握处置界限，是有一定难度的。关键要考虑当时的社会背景和社会主义道德的基本要求。

对借婚姻自由之名，行类似聚众淫乱、互相交换配偶、妻妾同住等违背社会公德的结合，应该如何处理，目前我国婚姻家庭法还没有明确规定，这类行为是很难杜绝的。司法实践中各地做法也不太一致。有些人认为这些本来应是立法解决的问题，不应由执法者创制法律。学术界对这类违背社会公德滥用婚姻自由权的行为的处理意见也不统一。有的人主张在立法中增添一种结婚条件，即符合社会公德的要求。这样对交换夫妻、公公儿媳婚、老夫少妻等现象可以用立法的办法加以扼制。支持这种观点的人也有主张在婚姻法基本原则中关于禁止重婚、禁止虐待家庭成员的条款之前加上"禁止滥用婚姻自由权的行为"，以利全面正确地贯彻落实社会主义的婚姻自由。反对这种做法的人认为，空泛地规定一条："应符合社会公德"，或"禁止滥用婚姻自由权"，容易使一些因循守旧的人拿封建道德作为社会公德来要求人们遵守，妨碍人们的婚姻自由权的行使。

三、一夫一妻原则

由于我国传统的"温饱思淫"观念和西方"性解放、性自由"观念的影响，我国近年的重婚、通奸姘居问题成了一个比较严重的社会问题。《民法典》在婚姻家庭编一般规定中用两个条款肯定了一夫一妻原则。在结婚一章对结婚条件和婚姻无效做了具体要求。

（一）一夫一妻制的内涵

一夫一妻，是我国婚姻家庭法的基本原则，也是当今世界大多数国家的婚姻法律原则。它是指一男一女结为夫妻的婚姻制度，是适用于我国一切公民的基本法律制度，具有强制性。它的具体要求是：任何公民均不能同时拥有两个或两个以上的配偶，公民在配偶死亡或离婚发生效力之前均不得再行结婚，否则，即构成重婚，应受到法律的制裁。

（二）一夫一妻制的历史演变

一夫一妻制是人类摆脱愚昧原始状态进入文明社会以后，占主导地位的婚姻制度。但是，在奴隶社会和封建社会，所谓的"一夫一妻"，完全是片面的、只针对女子而言的法律制度。男子通过纳妾、多妻等形式可以公开拥有多个配偶。进入资本主义社会，公开的多妻制被卖淫嫖娼、通奸姘居等隐蔽形式所代替。目前，还有不少信奉伊斯兰教的国家在法律上仍不禁止一夫多妻制。历史证明，只有社会主义社会实行的是真正意义上的一夫一妻制。它不仅要求禁止任何公开形式的多偶制，并且反对卖淫嫖娼、姘居、通奸等一切破坏一夫一妻制的行为。同时，运用各种法律手段打击任何多偶行为。

（三）一夫一妻制的意义

一夫一妻制的意义主要包括以下三点：

首先，一夫一妻制是实现男女平等的重要途径。男女平等不仅表现在经济、政治地位上，也应反映在家庭伦理、两性关系上。

其次，一夫一妻制是以爱情为基础的婚姻关系的必然要求。爱情的专一性、排他性，要求夫妻必须在两性关系上相互忠实。

最后，一夫一妻制是建立现代和睦、平等、文明的婚姻家庭不可或缺的要素。目前，"婚外恋"造成的家庭解体、子女受害和家庭暴力恶性案件等结果，让人触目惊心。

为保障一夫一妻制原则的实施，我国法律旗帜鲜明地反对婚外性行为，2001年修改后的《婚姻法》在第4条中，增设了"夫妻应当互相忠实，互相尊重"的规定。这是我国婚姻法首次明文规定夫妻的忠实义务。《民法典婚姻家庭编司法解释（一）》第2条规定："民法典第一千零四十二条、第一千零七十九条、第一千零九十一条规定的'与他人同居'的情形，是指有配偶者与婚外异性，不以夫妻名义，持续、稳定地共同居住"。即学界通常所说的"姘居"。

在外国法中，规定夫妻忠实义务早已是普遍的法律现象。如《法国民法典》第212条规定："夫妻负相互忠实、帮助、救援的义务。"《瑞士民法典》第159条规定："配偶双方互负诚实及扶助的义务。"德国、意大利等国法律都有类似规定。这些国家不仅在法律上明确规定了夫妻的忠实义务，还同时规定了一方违背此义务应承担法律责任。比如允许无过错方向与另一方通奸之第三人提起妨害之诉，赋予无过错方向与另一方通奸之第三人要求损害赔偿之权。另外，还有国家规定过错方负有向他方作损害赔偿的责任。[①]

夫妻之间信守忠实和相互尊重，这是婚姻幸福的基础和家庭和睦的前提，它既是道德标准又是法律要求。在法律中增设这个条款，有利于指导公民尊重夫妻感情、珍惜婚姻、爱护家庭，也有利于抵制西方资产阶级腐朽思想，推动社会主义精神文明的发展。

（四）严惩重婚和姘居行为

依照最高人民法院有关司法解释，重婚是指有婚姻关系者又与他人缔结婚姻关系的违法行为。在我国，可分为法律上的重婚，即已有配偶者采用欺诈方法与他人办理结婚登记的行为；事实重婚，即已有配偶者与他人虽未登记，但确以夫妻名义公开同居生活的行为。

根据我国婚姻法和刑法的有关法律规定以及司法解释，重婚的法律后果有：一是民

---

① 李志敏：《比较家庭法》，北京大学出版社1988年版，第105页。

事后果。主要是重婚关系无效。申请重婚关系无效的，不受时效的限制。根据我国最高人民法院的司法解释，对在一审判决离婚后，在上诉或二审审理期间，一方当事人与第三者重婚的，应宣布重婚关系无效。如果上诉审人民法院维持原判决准予离婚，一方当事人仍愿意与第三者结婚，应再行办理结婚登记手续，以维护法律的严肃性。二是刑事后果。我国《刑法》第258条规定："有配偶而重婚的，或者明知他人有配偶而与之结婚的，处二年以下有期徒刑或者拘役。"由此可知，重婚罪的主体，是实施了重婚行为的有配偶者和明知故犯的无配偶者。不知他人有配偶而与之结婚，往往是受有配偶一方的欺骗而造成的，没有重婚罪的故意，因此不产生刑事后果。为了保护现役军人婚姻，《刑法》第259条还规定："明知是现役军人的配偶而与之同居或者结婚的，处3年以下有期徒刑或者拘役。"三是行政后果。重婚者如为职工和国家公务员的，应受相应的行政处分。

根据我国有关法律、政策和审判实践经验，在认定和处理重婚问题时，应当注意以下事项：

（1）要划清重婚与姘居（即《民法典》规定的"有配偶者与他人同居"在学术上的表述）的界限。在现实生活中，重婚以外的通奸姘居，也是影响一夫一妻原则实施的违法行为。姘居与重婚在同居方面具有某些共同性，故在认定和处理重婚问题时，必须划清二者的界限。由于姘居是临时性的同居，随时可以自由拆散；彼此以"姘头"相对，而不以夫妻名义长期共同生活，因此，只能认定姘居是单纯非法同居，不能认定是重婚。

（2）对于重婚，要区分重婚原因，分别情况，严肃处理，有的是基于喜新厌旧；有的是出于好逸恶劳，或"传宗接代"等剥削阶级思想而重婚的；有的是出于反抗包办强迫婚姻，或者一贯受虐待，要求离婚得不到支持而外出与人重婚的。尽管任何重婚都是违法的，但因重婚的原因不同，所以应当区别情况分别对待。

（3）重婚罪不属于亲告范围。依据我国《刑法》的规定，以暴力干涉他人婚姻自由的犯罪，告诉的才处理。但是，对于重婚罪，则没有这种限制性规定。那种认为重婚罪也实行不告不理原则，是不符合我国法律规定的。

（4）因重婚而提出离婚的，应当本着先刑事后民事的原则处理。首先由刑庭处理重婚问题。对离婚问题，要根据双方的婚姻基础、重婚原因、婚姻状况和子女利益等情况处理。

在具体处理重婚引起的离婚案件时，还要注意贯彻1979年2月2日《最高人民法院关于贯彻执行民事政策法律的意见》中关于重婚问题中的以下规定：①由于反抗包办强迫婚姻，或者一贯受虐待，夫妻未建立感情，坚决要求离婚，得不到有关方面的支持，反遭到迫害，而外出与人重婚的，可不按重婚对待。坚持要求与原夫离婚的，应做好工作，调解或者判决准予离婚。②因严重自然灾害等原因，外出与人重婚的，应严肃指出重婚是违法的，但一般可不按重婚论处。处理这类案件，原则上应维持原来的婚姻关系，尽量调解，促使与原夫和好。如原来夫妻感情不好，女方坚决不愿回去，或者外出重婚时间长，与后夫感情很好，已生育子女的，经动员教育无效，可说服原夫，调解或者判决离婚。但无论准离与不准离，都应做好工作，不能采取简单强制的办法让女方回原夫家。女方同意回去的，也应做好家庭和群众的工作，消除舆论障碍和女方的思想顾虑。要防止侵犯人身权利和抢婚、械斗事件的发生。③在上诉期间一方与第三者结婚的纠纷，应查明原因，分清责任，根据具体情况处理，不要一律按重婚对待。

（五）依法查处通奸姘居、卖淫嫖娼行为

通奸是指男女双方或一方已有配偶，自愿与其他人发生两性关系的行为。重婚与通奸的界限较为明显，因为通奸是秘密进行的，对外不以夫妻名义，双方也不同居生活。婚外同居，即姘居，是指非以夫妻名义而又无婚姻家庭关系的男女共同居住并发生两性关系的行为。姘居与重婚有许多相似之处，与重婚的区别在于是否以夫妻名义同居。

根据最高人民法院、最高人民检察院和公安部1983年《关于重婚案件管辖问题的通知》规定："公安机关发现有配偶的人与他人非法姘居的，应责令其立即结束姘居，并具结悔过；屡教不改的，可交由其所在单位给予行政处分，或者由公安机关酌情予以治安处罚；情节恶劣的，交由劳动教养机关实行劳动教养。"注意该规定中关于"由公安机关酌情予以治安处罚"的规定已经失效。1987年修正后的《中华人民共和国治安管理处罚条例》，取消了原条例关于通奸姘居予以治安处罚的规定。其他规定与现行政策不矛盾，仍然有效。

《民法典》尽管取消了草案中禁止"其他破坏一夫一妻制行为"的表述，代之以明确的"禁止有配偶者与他人同居"的正式规定。似乎通奸行为可以不负法律责任了。但是，在司法实践中，因通奸引起虐待、遗弃、重婚、伤害、凶杀等严重危害社会的行为，这些行为构成刑法上的不同犯罪时，可在依法分别定罪科刑时，将通奸情节作适当考虑。

实行一夫一妻制，维护公民的婚姻家庭权利，还必须禁止有配偶的人卖淫、嫖娼。近些年来，由于种种原因，一些地方的卖淫、嫖娼现象沉渣泛起，腐蚀、毒害人们的思想，败坏社会风气，扰乱社会治安，诱发各种刑事犯罪和民事纠纷，导致性病蔓延，损害妇女身心健康，不仅危及我国一夫一妻制婚姻和家庭，而且破坏我国改革开放以来的社会环境和法制秩序。不过，对这些行为的处理也应该实事求是，根据具体情节处理，不可一概而论。特别应注意区分未婚者的恋爱收受礼物发生两性关系与卖淫嫖娼的界限。

《民法典》实施的司法解释明确规定，有配偶者与他人同居的情形，是指有配偶者与婚外异性，不以夫妻名义，持续、稳定地共同居住。一些地区的司法部门为区别通奸与姘居，特别规定了持续、稳定地共同居住的期限。

四、男女平等与保护弱者原则

（一）男女平等与保护弱者的含义和意义

与政治和社会生活中的男女平等不同，《民法典》中的男女平等原则是指男女两性在婚姻关系和家庭关系以及亲属关系中处于完全平等的法律地位；依法享有平等的权利，同时平等地分担义务。它主要是指男女在人格上的独立和地位上的平等，不是在权

利义务上的绝对平均主义。

男女平等是我国的一项基本社会制度，它是《宪法》所确定的根本原则之一。我国《宪法》第33条第2款规定："中华人民共和国公民在法律面前一律平等。"第48条规定："中华人民共和国妇女在政治的、经济的、文化的、社会的和家庭的生活等各方面享有同男子平等的权利。"可见，《民法典》中的男女平等原则，是《宪法》原则的体现和贯彻。这些规定都体现出我国婚姻家庭法的男女平等、保护家庭中弱者的法律原则。

贯彻男女平等、保护家庭中的弱者原则，社会责任和单位责任是必不可少的。但是，更多的还是家庭的责任。我国《民法典》针对我国妇女的社会生活现状及妇女的生理特点，规定了对妇女婚姻家庭权利的特殊保护。同时，出于基本的人道主义，对家庭中的妇女、儿童和老人进行特殊保护。新中国成立后，国家特别重视对儿童的法律保护。鉴于儿童年幼，无自理能力，缺乏自我保护能力的状况，各法律部门都专门制定了保护儿童合法权益的法规。

（二）男女平等与保护弱者原则的实施

现行《民法典》贯彻男女平等、保护家庭中的弱者原则的主要内容有：在决定婚姻住处时，男女有平等的权利，可以男到女家落户。在离婚问题上，我国现行婚姻家庭法规定，女方在怀孕期间和分娩后一年内，男方不得提出离婚，女方提出离婚的不在此限。另外，在离婚时财产的分割及子女的抚养问题上要坚持照顾女方和子女利益的原则。

《妇女权益保障法》是我国全面保护妇女权益、加强保护妇女的里程碑。它标志着我国民主与法制建设又迈上了一个崭新阶梯。在"人身权利"一章，该法对妇女人身权做了专门具体的规定："国家保障妇女享有与男子平等的人身权利""妇女的生命健康不受侵犯""禁止歧视、虐待生育女婴的妇女和不育的妇女；禁止用迷信、暴力手段残害妇女。"

《妇女权益保障法》对妇女在婚姻家庭方面的权利，补充和增加了新的内容。对妇女的生育权利，离婚时住房的使用，子女的抚养等问题作了更为具体、明确的规定，有利于切实保护妇女的权益。主要内容有：①女方在怀孕期间、分娩后一年内或者终止妊娠后六个月内，男方不得提出离婚；女方提出离婚，或者人民法院认为确有必要受理男方离婚请求的，不在此限。②离婚时，夫妻共有的住房或共同租用的住房的归属或承租，由双方协议解决。协议不成，法院应按照照顾女方和子女的原则处理。夫妻居住男方单位的住房，离婚时，女方无房住的，男方有条件的，应当帮助解决。③离婚时，女方因施行绝育手术或者其他原因丧失生育能力的，处理子女的抚养问题时，应在有利子女权益的条件下照顾女方的合理要求。④妇女有按照国家有关规定生育子女的权利，也有不生育的自由。

特殊保护妇女的合法权益和男女平等的原则精神是一致的，都是使男女从法律上的平等向实际生活中的平等过渡的有力保障。男女平等是基础，是一般原则；保护妇女的合法权益是补充是特殊规定。两者互相配合，相辅相成。

《民法典》对儿童及未成年人的保护，主要体现在：法律规定了对儿童及未成年人的抚养、教育、管教和保护。加强了在父母离婚时对未成年人各种利益的特殊照顾，保障离婚后对子女的探视权等，以及对非婚生子女的法律地位及法定权利也作了规定，使无效婚姻中的子女在婚姻家庭中具有与婚生子女同等的权利。这些规定保障了儿童及未成年子女的生存权利。《未成年人保护法》《中华人民共和国预防未成年人犯罪法》也对保护未成年的合法权益作了全面规定，其中对未成年人在家庭中的权益的保护，主要有以下几方面的内容：①父母或其他监护人必须履行抚养义务和监护职责，不得虐待、遗弃未成年人，不得歧视女性和有残疾的未成年人。②父母或其他监护人必须保证未成年人接受义务教育的权利，不得使其中途辍学。这是婚姻法所规定的父母对子女的教育义务的具体体现。③父母或其他监护人应当以健康的思想、品行和正确的方法教育未成年人，使之树立良好的道德品质，预防和制止未成年人的不良习惯。这与婚姻家庭法中父母对子女的管教义务是一致的。④父母或其他监护人不得允许或迫使未成年人结婚。⑤非婚生子女享有与婚生子女同等的权利，任何人不得加以歧视和危害。

我国1980年《婚姻法》在1950年《婚姻法》确立的保护妇女、儿童合法权益的基本原则的基础上，增加了保护老人的合法权益的内容。2001年《婚姻法》开始在第4条特别规定，家庭成员间应当敬老爱幼，互相帮助。同时，在家庭关系一章对老年人再婚的保护还作了专项规定，要求子女不得因此影响对父母的赡养义务的履行。老年人为革命和建设以及抚养子女，操持家庭付出了毕生的精力，当他们年老、丧失劳动能力时，应当受到社会的尊重。《宪法》规定，在婚姻家庭生活中，成年子女有赡养扶助的义务；禁止虐待老人。赡养、扶助老人是每个公民的法定义务。毫无疑问，贯彻执行《老年人权益保障法》也是全社会，包括家庭成员的责任。

目前，国际上有《消除对妇女一切形式歧视公约》。我国是签约国之一，应当进行借鉴并履行我们的义务。

五、家庭成员互相帮助原则

根据《民法典》第1043条规定，不但有扶养义务的家庭成员有相互扶助的义务，即使没有法定扶养义务的家庭成员之间也应当"互相帮助"。家庭成员共同生活时，应当帮助而不帮助的是违反法定互助义务的行为，可能构成"软暴力"；经常性以谩骂、恐吓等方式实施的身体、精神等侵害行为是直接的家庭暴力行为；见死不救的构成遗弃罪。

家庭暴力的产生与受害者的社会和人身地位的低弱有直接关系。因此，有必要将家庭暴力纳入社会防范及社会措施调控的范畴。遏制家庭暴力是一项复杂的社会系统工程。必须在实际利益上平衡强弱不均的利益，全面提高和支持家庭内的弱者的自我保护能力，方能达到《中华人民共和国反家庭暴力法》（以下简称《反家庭暴力法》）禁止家庭暴力的根本目的。

《民法典》第1042条明确规定了禁止家庭暴力，禁止家庭成员间的虐待和遗弃的法律基本要求。《民法典婚姻家庭编司法解释（一）》第1条规定："持续性、经常性的家庭暴力，可以认定为民法典第一千零四十二条、第一千零七十九条、第一千零九十一条所称的'虐待'。"《反家庭暴力法》第2条规定："本法所称家庭暴力，是指家庭成员之间以殴打、捆绑、残害、限制人身自由以及经常性谩骂、恐吓等方式实施的身体、精神等侵害行为。"相关司法解释规定，所谓家庭暴力是指行为人以殴打、捆绑、残害、强行限制人身自由或者其他手段，给其家庭成员的身体、精神等方面造成一定伤害后果的行为。我国《刑法》规定，虐待家庭成员情况恶劣的，处二年以下有期徒刑、拘役或管制，引起被害人重伤、死亡的，处二年以上七年以下有期徒刑。同时规定，遗弃家庭成员情况恶劣的，处二年以下有期徒刑、拘役或管制，引起被害人重伤、死亡的，处二年以上七年以下有期徒刑。

由此可见，歧视、虐待、遗弃、残害妇女、儿童和老人的行为是我国法律明文禁止的，体现了立法对家庭暴力的态度。

我国家庭暴力尚难在短期内禁绝。所以在《妇女权益保障法》和《民法典》确立的、上述阐明的各类原则的同时，全国人民代表大会常务委员会制定了一部独立的、专门的《反家庭暴力法》。对此，我们根据现行各种不同类型的法律规定，从行政、刑法、家庭法、民法及社会综合治理等方面，提出如下具体应策。这些内容都可集中规定在专门的《反家庭暴力法》中。

首先，公安部门是家庭暴力受害人在寻求法律救济途径时的重要接触者，而且是许多家庭暴力法规的重要执行机关。依我国现行《刑事诉讼法》规定，警察在执行拘捕时应得到检察机关签发的逮捕证。警察在执行一般法律时，有拘捕或逮捕之权，却不负逮捕之义务。因此，一些警员因有家务事不介入的观念，对家庭暴力大多抱冷漠、轻视及拒绝逮捕的态度。接到报案时也迟迟不到现场处理。即使在现场目睹家庭暴力事件发生亦不愿逮捕嫌犯。其结果是，纵使家庭暴力事件因警员的淡漠而造成更大的伤亡或损害，受害人也很难向警员或公安机关追究责任。本书作者认为，多项法律已经明确规定，已使警察负有强制性拘捕的义务，使家庭暴力受害人有权对于违反此种义务的警官请求赔偿其所受损害。同时，若国家公务员违犯家庭暴力的禁止性规定，处以行政处分。

其次，法院法官对家庭暴力的预防和处置权力和义务。比如，法官可以用判决或书面通知，准许原告独立居住或免除同居义务，被告应远离原告或其家人之住居所、学校、工作场所、财产所在等地方，禁止被告为任何对于原告具有骚扰性的接触或通讯，准一方当事人得暂时保有特定动产或文件，命令被告对原告为损害赔偿、裁令剥夺对未成年子女之监护权或探亲权等。

关于暴力的婚内强奸罪的规定。由于尊重配偶已为不可逆转的时代潮流，虽然今后依新法推论夫妻互负在婚内同居之义务，但对婚内强奸罪，世界各国立法却有越来越加以肯定的大势。对于夫妻间是否能构成强奸罪，以及在何种情况下应成立强奸罪等问题，可借鉴外国法。夫妻采用暴力同居、证据确凿的，可以按强奸罪论处。一些法院已经对丈夫到妻子租屋强行同居的，判处强奸罪。

最后，依我国现行法律规定，法院在判决离婚时得为子女确定监护人，也要考虑家庭暴力可能发生的因素进行判决。有研究结果显示，暴力家庭的子女较非暴力家庭的子女更可能受其父母虐待。因此，为使子女免受暴力侵害并谋求其最佳利益，亦应进一步解释我国最高人民法院现行的子女监护规定。明定法官在审酌子女的最佳利益时应考虑家庭暴力因素，或推定将子女监护权判给施虐父母并非子女的最大利益，或推定有家庭暴力时不利于共同监护。有必要的情况下，可以为子女监护权的行使设置另外的监督人制度。以切实保障未成年人的健康成长。此外，还可以规定剥夺加害人的财产继承权、受扶养权、子女监护权，赋予受害者特殊的民事正当防卫权或紧急避险权、正当拒绝同居权、婚内损害赔偿的权利等。

《反家庭暴力法》规定了人身安全保护令制度。人身安全保护裁定是一种民事强制措施，是人民法院为了保护家庭暴力受害人及其子女和特定亲属的人身安全、确保民事诉讼程序的正常进行而做出的裁定。

人身安全保护裁定的主要内容可以包括下列内容中的一项或多项：

（1）禁止被申请人殴打、威胁申请人或申请人的亲友；

（2）禁止被申请人骚扰、跟踪申请人，或者与申请人或可能受到伤害的未成年子女进行不受欢迎的接触；

（3）人身安全保护裁定生效期间，一方不得擅自处理价值较大的夫妻共同财产；

（4）有必要的并且具备条件的，可以责令被申请人暂时搬出双方共同的住处；

（5）禁止被申请人在距离下列场所200米内活动：申请人的住处、学校、工作单位或其他申请人经常出入的场所；

（6）必要时，责令被申请人自费接受心理治疗；

（7）为保护申请人及其特定亲属人身安全的其他措施。

第二章 亲属通则

第一节 亲属概述

一、亲属的概念与特征

（一）亲属的概念

亲属是指因婚姻、血缘和法律拟制而产生的，相互之间具有法律上的权利义务内容的社会关系。亲属是人类最亲密、最重要的社会关系之一。

亲属有生物学上的亲属、法律意义的亲属和社会意义的亲属之分。生物学上的亲属，是指因基因遗传而自然形成的具有血缘关系的亲属，不包括拟制血亲和姻亲。理论上其范围无边无际、无始无终，可谓"举目皆亲"。法律意义的亲属，是指基于婚姻、血缘和法律拟制而产生的经由法律确认和调整的而在相互之间产生法律上的权利义务的亲属。社会意义的亲属，是指法律意义的亲属之外不具有法律上权利义务关系的社会伦理意义上的亲属，包括一定范围的血亲和姻亲，如通常所说的"亲戚"等。婚姻家庭法上的亲属是指法律意义的亲属。

亲属作为人们比较亲密的社会关系的外在表现和称谓，源自原始先民，基于生产、种族繁衍等性禁忌的需要，在有血缘关系的人之间创设一些不同的名称来相互称谓和分辨，逐渐就形成约定俗成的称谓，并通过一定的习惯等社会规范，赋予这种称谓一定的实体内容，是为亲属。正如恩格斯所言："父亲、子女、兄弟、姐妹等称谓，并不是简单的荣誉称号，而是一种负有完全确定的异常郑重的、相互义务的称呼。这种义务的总和便构成这些民族的社会制度的实质部分。"[①]

（二）亲属的特征

与其他社会关系相比，亲属具有如下的法律特征。

1. 基于特定的法律事实而产生

亲属关系是以婚姻和血缘为纽带的社会关系，只能基于婚姻、血缘和法律拟制而产生。因婚姻而产生配偶关系和姻亲关系；因血缘联系而产生自然血亲关系；因收养或再婚等法律行为或法律事实而产生拟制血亲关系。

---

① 《马克思恩格斯全集》第21卷，人民出版社1965年版，第40页。

2. 有固定的身份和称谓

亲属有固定的身份和称谓，除法律另有规定外，不得任意变更或解除，称谓是身份的表现形式，身份是人在社会关系中的地位。因血缘而形成的亲属身份和称谓，具有永久性和不变性。基于婚姻和法律拟制而产生的亲属，必须符合法律规定的条件和程序才能变更或解除。

3. 具有严格的法律内涵

一定范围的亲属经法律的调整而产生法律上的权利和义务，包括身份上和财产上的权利义务，其中亲属身份上的权利义务是基础，亲属财产上的权利义务具有从属性，是亲属身份性权利义务的表现。

（三）亲属与家属和家庭成员的区别

1. 亲属与家属

家属是家长的对称，中国古代实行家长制，共同生活在一个家庭中的成员分为家长和家属，家长之外均为家属，家属除共同生活的近亲属之外，还包括共同生活的奴婢等非亲属。家长和家属的地位是不平等的，家长对家属具有支配权。现代社会废除了家长制，家庭中所有共同生活的亲属都称为家庭成员，家庭成员法律地位一律平等。

2. 亲属与家庭成员

家庭成员是指同居一家共同生活并互有权利义务关系的近亲属。现代家庭成员一般是由配偶及父母子女等血缘关系较为密切的近亲属组成。家庭成员的范围要小于亲属，亲属不一定是家庭成员，家庭成员都具有亲属关系。我国《民法典》第1045条第3款规定："配偶、父母、子女和其他共同生活的近亲属为家庭成员。"由此可见，家庭成员包括两类人：一类是配偶、父母、子女，并不以共同生活为前提；一类是其他共同生活的近亲属，其他近亲属成为家庭成员的前提是同居一家共同生活。

二、亲属的种类

不同的时代、不同的国家，按不同的标准，对亲属的分类各不相同。

（一）中国古代亲属的分类

我国古代最早把亲属分为宗亲和外亲两种。从唐宋开始，逐渐将妻族从外亲中分离出来，亲属分为宗亲、外亲和妻亲。

1. 宗亲

宗亲，又称为内亲、本亲、本族，是指源于同一祖先的男系血亲、嫁来之女和未嫁之女。其主要包括三个部分：由同一祖先所出的男系血亲，如父亲、祖父、叔伯、兄弟、子孙等；已嫁入父宗的女子，即源于同一祖先的男系血亲的配偶，如母亲、祖母、伯母、婶母、嫂子、弟媳、儿媳、孙媳等；未外嫁的女子，如尚未出嫁的姑母、姐妹、女儿等，一旦出嫁，则入夫家的宗族，不再为本族宗亲。

2. 外亲

外亲，又称为女亲、外族或外姻，是指与女系血统相联系的亲属。其主要包括两个部分：以母亲血缘为联系的亲属，如外祖父母、姨、舅、姨表兄弟姐妹等；以出嫁之女所联系的亲属，如姑父、女婿、姐夫、妹夫、姑表兄弟姐妹等。

3. 妻亲

妻亲，又称为妻族，是指与妻子相联系的亲属。妻亲包括妻的父母、兄弟姐妹及其子女。

（二）现代亲属的分类

现代社会大多数国家把亲属分为三类：配偶、血亲和姻亲。也有一些国家将亲属分为血亲和姻亲两类，不包括配偶。我国《民法典》第1045条第1款规定："亲属包括配偶、血亲和姻亲。"

1. 配偶

配偶，即合法夫妻，是男女双方因结婚而产生的亲属关系。在婚姻关系存续期间，夫妻双方互为配偶。配偶是血亲关系的源泉和姻亲关系的基础，在亲属关系中起着承上启下的作用。但也有少数国家的法律认为，配偶之间无亲系可寻，亲等数为零，因此，配偶不是亲属，如德国和瑞士等。大多数国家认为，配偶是最亲密的社会关系，相互之间存在着亲属法上的权利和义务，应成为独立的一类亲属。

2. 血亲

血亲是指相互之间具有血缘联系的亲属。血亲是亲属的主要组成部分，分为自然血亲和拟制血亲。

（1）自然血亲。

自然血亲是指出自同一祖先，因出生而自然形成的具有血缘联系的亲属。如父母子女、祖父母与孙子女、外祖父母与外孙子女、叔伯、姑与侄子女、舅、姨与外甥、外甥女、兄弟姐妹、表兄弟姐妹、堂兄弟姐妹等，这些亲属无论是婚生还是非婚生，也不论是全血缘血亲（如同父同母的兄弟姐妹）还是半血缘血亲（如同父异母或同母异父的兄弟姐妹）在亲属法上都属于自然血亲的范围。

（2）拟制血亲。

拟制血亲是指本无该种血亲应具有的血缘联系，而由法律确认其与该种自然血亲具有同等权利义务的亲属。拟制血亲不是自然形成的，而是通过人为设定的，因此，又称为"准血亲"。拟制血亲并不仅仅以无血缘联系者为限，即使原来具有某种血亲关系，经依法拟制后则创设了另一种血亲关系，从而出现了亲属关系重复的现象，在这种情形下，其权利义务不是按照原来的亲属关系，而是按照所拟制的血亲关系来确定的。

我国《民法典》第1111条第1款规定："自收养关系成立之日起，养父母与养子女间的权利义务关系，适用本法关于父母子女关系的规定；养子女与养父母的近亲属间的权利义务关系，适用本法关于子女与父母的近亲属关系的规定。"第1072条第2款规定："继父或者继母和受其抚养教育的继子女间的权利义务关系，适用本法关于父母子女关系的规定。"由此可见，我国《民法典》所确认的拟制血亲有两种：一是因收养而产生的养父母与养子女、养子女与养父母的其他近亲属；二是事实上形成抚养教育关系的继父母与继子女。

3. 姻亲

姻亲，是指以婚姻为中介产生的亲属关系，即配偶一方与另一方的血亲之间为姻亲关系。姻亲一般包括以下几类：

（1）血亲的配偶。

它是指己身与自己的直系血亲和旁系血亲的配偶之间的关系，如儿媳、女婿、伯母、婶母、舅母、姨夫、姑父、嫂子、弟媳、姐夫、妹夫等。

（2）配偶的血亲。

它是指己身与自己配偶的直系血亲和旁系血亲之间的关系。如公婆、岳父母、丈夫的兄弟姐妹（大伯子、小叔子、小姑子）、妻子的兄弟姐妹（大舅子、小姨子等）。

（3）配偶的血亲的配偶。

它是指己身与自己配偶的血亲的配偶之间的关系。这是一种以两次婚姻关系为中介的间接姻亲关系。如两兄弟的配偶之间的关系，又称为妯娌；两姐妹的配偶之间的关系，又称为连襟。

（4）血亲的配偶的血亲。

它是指己身与自己血亲的配偶的血亲之间的关系。如自己与儿媳的父母之间的关系，即两亲家之间。因此种关系过于广泛，多数国家不承认此种姻亲关系。但少数国家则承认此种关系为姻亲，如韩国民法。

三、亲属的范围

亲属的范围非常广泛，法律没有必要，也没有可能将一切亲属关系均列入其调整范围，法律所调整的只是一定范围的亲属关系。

现代各国法律调整亲属范围的立法例，大体上主要有两种立法模式。一是总体概括限定立法模式，即法律从总体上概括限定亲属的范围，此范围之外的亲属不受法律调整。如《日本民法典》第725条规定："下列人为亲属：六亲等内的血亲；配偶；三亲等以内的姻亲。"韩国民法也属于此类立法模式。二是分别限定立法模式，即法律并不概括限定亲属的范围，而是在具体的亲属关系或法律事项上分别规定亲属的法律效力。如法律分别就禁婚亲、抚养、监护、继承等方面的亲属范围及其效力作出规定。世界上大多数国家采取分别限定的立法模式。我国现行立法对近亲属的范围作出了总体概括的限定，《民法典》第1045条第2款规定："配偶、父母、子女、兄弟姐妹、祖父母、外祖父母、孙子女、外孙子女为近亲属。"这里的近亲属实质上是指法律所调整的亲属范围，但该亲属范围明显过窄，应当根据我国国情予以扩充。

第二节 亲系和亲等

一、亲系

亲系,是指亲属间的血缘联系。亲属以婚姻、血缘为基础,相互交织构成复杂的亲属网络。在血亲之间当然存在着血缘联系,姻亲虽以婚姻为中介,但配偶与其血亲间也存在着血缘联系。因此,除配偶以外,其他亲属间都有一定的亲系可循。按照不同的联系标准,亲属可以分为不同的系列。

中国古代实行宗法制度,以男性为中心,亲系一般划分为男系亲与女系亲、父系亲与母系亲,其中男系亲与父系亲居于主要地位,而女系亲与母系亲居于次要地位。现代社会的婚姻家庭法,以男女平等为原则,亲系一般分为直系亲和旁系亲。又根据辈份不同分为长辈亲、平辈亲及晚辈亲。

(一) 父系亲与母系亲

父系亲是指通过父亲的血缘关系联络的亲属,如祖父母、伯、叔、姑等。母系亲是通过母亲的血缘关系联络的亲属,如外祖父母、舅、姨等。

(二) 男系亲与女系亲

男系亲是通过男子的血缘关系联络的亲属,女系亲是通过女子的血缘关系联络的亲属。我国古代社会的宗亲即为男系亲,外亲、妻亲为女系亲。

男系亲与女系亲的划分同父系亲与母系亲的划分,既有联系又有区别,有时也有重合。如自己与父亲兄弟之子女之间,即堂兄弟姐妹,是以父亲的血缘关系为中介联络的,因此属于父系亲,同时也是以男子的血缘关系为中介联络的,所以也属于男系亲。而自己与父亲姐妹之子女之间,即表兄弟姐妹,是以父亲的血缘关系为中介联络的,因此属于父系亲,同时也是以父亲之姐妹的血缘关系为中介联络的,所以属于女系亲,而非男系亲。

(三) 直系亲和旁系亲

血亲分为直系血亲与旁系血亲,姻亲分为直系姻亲和旁系姻亲。直系血亲与直系姻亲统称为直系亲,旁系血亲与旁系姻亲统称为旁系亲。

1. 直系血亲与旁系血亲

直系血亲,是指有直接血缘联系的亲属,即生育自己和自己所生育的上下各代血亲。如父母、祖父母、外祖父母、曾祖父母、外曾祖父母等为直系尊血亲,子女、孙子女、外孙子女、曾孙子女、曾外孙子女等为直系卑血亲。

旁系血亲,是指有间接血缘联系的亲属。除直系血亲外,在血缘上和自己同出一源的亲属,均为旁系血亲。如同源于父母的兄弟姐妹,同源于祖父母的伯、叔、堂兄弟姐妹,同源于外祖父母的舅、姨、表兄弟姐妹等。

2. 直系姻亲与旁系姻亲

直系姻亲，是指晚辈直系血亲的配偶和配偶的长辈直系血亲。如儿媳与公婆、女婿与岳父母是直系姻亲。

旁系姻亲，是指旁系血亲的配偶、配偶的旁系血亲以及配偶的旁系血亲的配偶。如伯母、婶母、姑父、舅母、姨父、嫂子、弟媳、大舅子、小姑子、连襟、妯娌等。

（四）长辈亲、同辈亲和晚辈亲

按辈份的不同，可以将亲属分为长辈亲、同辈亲和晚辈亲。辈份按世代来划分，以一世代为一辈份。辈份高于自己的亲属为长辈亲，又称为尊亲属，如父母、祖父母、外祖父母、伯、叔、姑、舅、姨等；同一世代者为同辈亲，如兄弟姐妹、堂兄弟姐妹、表兄弟姐妹等；辈份低于自己的亲属为晚辈亲，又称卑亲属，如子女、孙子女、外孙子女、侄子、侄女、外甥、外甥女等。

二、亲等

亲等，是指计算亲属关系亲疏远近的单位，亲属之间亲等数小表明亲属关系近，亲等数大，表明亲属关系远，即亲等数与亲属之间的亲密程度成反比例。亲等的计算往往以血亲为基础，准用于姻亲，配偶则无所谓亲等。世界各国主要有两种亲等计算法：罗马法亲等计算法和寺院法亲等计算法，我们国家则采用世代计算法。

（一）罗马法亲等计算法

罗马法亲等计算法是古罗马帝国的亲等计算方法，因其计算的科学性，在世界范围内为绝大多数国家的亲属法所采用。

1. 直系血亲的亲等计算法

从己身往上或往下数，以一世代为一亲等，世代数之和，即直系血亲的亲等数，但己身除外。如从己身往上数，与父母为一亲等，与祖父母、外祖父母为二亲等，与曾祖父母、外曾祖父母为三亲等；从己身往下数，与子女为一亲等，与孙子女、外孙子女为二亲等，与曾孙子女、曾外孙子女为三亲等，依此类推。

2. 旁系血亲的亲等计算法

首先从己身向上数至与所要计算的旁系血亲最近的共同直系尊血亲（最近同源祖先），得出亲等数，再从共同的直系尊血亲向下数至所要计算的旁系血亲，得出亲等数，两边亲等数之和，即为己身与所要计算的旁系血亲的亲等数。如要计算己身与舅舅的亲等数，首先找到己身与舅舅最近的共同直系尊血亲，为外祖父母，从己身往上数至外祖父母是二亲等，再从外祖父母向下数至舅舅是一亲等，两边亲等数之和为三，因此己身与舅舅是三亲等的旁系血亲。

姻亲的亲等数是以赖以发生姻亲的一方配偶与其血亲的亲等数为依据。如儿媳与公婆，因丈夫与其父母是一亲等的直系血亲，因此，儿媳与公婆是一亲等的直系姻亲。

（二）寺院法亲等计算法

寺院法亲等计算法是欧洲中世纪教会法的亲等计算方法，至今为少数国家所采用。

1. 直系血亲的亲等计算法

寺院法关于直系血亲的计算方法与罗马法完全相同。从己身往上或往下数，以一世代为一亲等，世代数之和，即直系血亲的亲等数。

2. 旁系血亲的亲等计算法

寺院法关于旁系血亲的计算方法与罗马法不同。首先从己身向上数至与所要计算的旁系血亲最近的共同直系尊血亲（最近同源祖先），得出亲等数，再从共同的直系尊血亲向下数至所要计算的旁系血亲，得出亲等数，如果两边的亲等数相同，则采用一边的亲等数作为旁系血亲的亲等数；如果两边的亲等数不同，则取亲等数值大的一边的亲等数作为旁系血亲的亲等数。如计算己身与舅舅的亲等数，按罗马法的亲等计算法，应该是三亲等，但要按照寺院法的亲等计算法，应该是二亲等。寺院法关于旁系血亲的计算方法，不能准确地反映亲属关系的亲疏远近，而罗马法的计算方法则更科学。

寺院法关于姻亲的计算方法与罗马法相似，也是以赖以发生姻亲的一方配偶与其血亲的亲等数为依据。

（三）我国亲属关系亲疏远近的计算法

我国一直以来没有采用亲等制，古代采用的是丧服制，现代法律采用的是代数的计算法。

1. 我国古代的丧服制计算法

丧服制，是指依照生者祭奠死者所穿丧服的差别、等级来表示亲属关系的亲疏远近。丧服分为五等，重轻有别。亲者、近者丧服重，疏者、远者丧服轻。五服以内的为有服亲，五服以外的为无服亲。丧服制是以男性为中心的宗法制度在亲属关系之上的具体表现。

第一等为斩衰，服期三年。丧服用最粗的麻布制作且不缝边称为斩，在丧服当心处连上一块长6寸、宽4寸的麻布以示悲戚称为衰。斩衰是最亲近的亲属，如儿子、未出嫁女儿为父母丧；嫡孙为祖父母丧；妻为夫丧等。

第二等为齐衰，服期长短有别。分为杖期（服期一年，需持丧杖）、不杖期（服期一年，不持丧杖）、五月、三月。丧服用稍粗的麻布制作，缝衣边。子为出母、嫁母丧、嫡子为庶母丧、夫（父母不在时）为妻丧，服齐衰杖期；孙为祖父母丧、出嫁女为父母丧、夫（父母在时）为妻丧，服齐衰不杖期；曾孙女（在室）为曾祖父母丧，服齐衰五月；玄孙、玄孙女（在室）为高祖父母丧，服齐衰三月。

第三等为大功，服期九月。丧服用粗熟布制作。妻为夫之祖父母丧、父母为众子妇丧等，服大功。

第四等为小功，服期五月。丧服用稍粗的熟布制作。自己为伯叔祖父母丧、妻为夫之伯叔父母丧等，服小功。

第五等为缌麻,服期三月。丧服用细熟布制作。夫为妻之父母丧,妻为夫之曾祖父母、高祖父母丧等,服缌麻。

丧服制等级并不仅仅以世数为依据,还受尊卑、性别、名分等因素的影响,不能准确表示亲属关系亲疏远近的程度,随着社会的发展,丧服制度已经成为历史的陈迹。

2. 我国《民法典》的代数计算法

我国《民法典》是以代数来表示亲属关系的亲疏远近。代是指世辈,从己身算起,一辈为一代。代数越多,越疏远,代数越少,越亲近。

直系血亲代数的计算。从己身开始,自己为一代,往上或往下数。往上数,父母为二代,祖父母外祖父为三代,曾祖父母、外曾祖父母为四代。往下数,子女为二代,孙子女、外孙子女为三代,曾孙子女、外曾孙子女为四代。

旁系血亲代数的计算。首先从己身向上数,至与所要计算的旁系血亲最近的共同直系尊血亲(最近同源祖先),得出代数,再从共同的直系尊血亲向下数至所要计算的旁系血亲,得出代数,如果两边的代数相同,则采用一边的代数作为旁系血亲的代数;如果两边的代数不同,则取代数值大的一边的代数作为旁系血亲的代数。如要计算己身与舅舅的代数,首先找到己身与舅舅最近的共同直系尊血亲,为外祖父母,从己身往上数至外祖父母是三代,再从外祖父母向下数至舅舅是两代,两边的代数不同,则以多的一边为准,因此,己身与舅舅是三代的旁系血亲。

我国《民法典》所采用的代数计算法,类似于寺院法亲等计算法,两者唯一的区别在于我国的代数计算法将己身算一代,而寺院法则排除了己身的世代。与寺院法的亲等计算法一样,我国的代数计算法不够精确,不能准确地反映亲属间的亲疏远近关系,因此,我国立法应该采用国际通行的罗马法的亲等计算法。

第三节 亲属关系的发生和终止

任何社会关系都处于产生、发展和变化之中。亲属关系因一定的原因而产生,也因一定的原因而终止,因亲属的种类不同,发生和终止的原因也不同。

一、配偶关系的发生和终止

(一)配偶关系的发生

配偶关系因男女依法结婚而发生。根据《民法典》第1049条的规定,完成结婚登记,即确立婚姻关系。依法结婚是男女产生配偶关系的唯一原因。如果结婚不符合法律规定的条件,导致无效婚姻或者可撤销婚姻的,根据《民法典》第1054条的规定,无效或者被撤销的婚姻自始没有法律约束力,当事人不具有夫妻的权利和义务。

(二)配偶关系的终止

配偶关系因婚姻的终止而终止。有两个法律事实会导致婚姻的终止:一是一方配偶的死亡,包括自然死亡或宣告死亡;二是配偶双方离婚。

根据我国《民法典》的规定，配偶一方自然死亡的，其死亡时间以死亡证明记载的时间为准，没有死亡证明的，以户籍登记或者其他有效身份登记记载的时间为准。有其他证据足以推翻以上记载时间的，以该证据证明的时间为准。配偶一方被宣告死亡的，人民法院宣告死亡的判决作出之日视为其死亡的日期；因意外事件下落不明宣告死亡的，意外事件发生之日视为其死亡的日期。被宣告死亡的人的婚姻关系自死亡宣告之日起消除。死亡宣告被撤销的，婚姻关系自撤销死亡宣告之日起自行恢复，但是其配偶再婚或者向婚姻登记机关书面声明不愿恢复的除外。配偶双方因离婚而终止配偶关系的，则自双方完成离婚登记或者离婚判决书、调解书生效即解除婚姻关系，配偶关系终止。

二、血亲关系的发生和终止

（一）自然血亲关系的发生与终止

1. 自然血亲关系的发生

自然血亲关系因出生而发生。出生是自然血亲关系发生的唯一原因。出生的事实一旦发生，无论是婚生还是非婚生，无论一方或双方认可还是不认可，出生者即与其父母和父母的自然血亲之间发生自然血亲关系。但在人工生育中，由他人供精实施人工生育而产生的自然血亲（供精者与人工生育子女）仅有法律明确规定的自然血亲关系之间禁婚的义务，并不必然产生法定的亲属权。

2. 自然血亲关系的终止

自然血亲关系因一方死亡而终止。死亡是自然血亲关系终止的唯一原因，不能因一方声明、双方协议或者法院判决等人为因素而终止。即使子女被他人收养，也仅仅是终止自然血亲之间的父母子女权利义务关系，因出生而形成的父母子女的身份和称谓、法律上的禁婚效力等仍然存在。

（二）拟制血亲关系的发生和终止

1. 拟制血亲关系的发生

拟制血亲是法律规定的血亲，基于某种法律事实的成立而发生。

养父母与养子女间的权利义务关系，自收养关系成立之日起发生，收养关系自收养登记之日起成立。收养关系成立，养子女与养父母的近亲属之间同时产生拟制血亲关系。

继父母与继子女之间的拟制血亲关系的发生原因有二：一是继子女的生父或生母与继母或继父结婚；二是继父或继母与继子女之间形成抚养教育关系。继父或继母没有抚养教育继子女的，继父母与继子女之间形成姻亲关系。

2. 拟制血亲关系的终止

拟制血亲关系除因一方死亡而终止外，还可因法律行为而终止。

养父母与养子女之间的拟制血亲关系，除因一方死亡而终止外，还可因收养解除而终止，收养关系解除后，养子女与养父母以及其他近亲属间的拟制血亲关系终止。

继父母与继子女之间的拟制血亲关系，除因继父母子女一方死亡而终止外，也可基于双方当事人自愿而协议解除，或由人民法院依法调解或判决解除。如果生父与继母或生母与继父离婚，继父或继母拒绝继续抚养继子女的，仍应由生父或者生母抚养，则继父或继母与继子女之间的拟制血亲关系终止。但如果继子女已被继父母抚养成年，则继子女与继父母之间的拟制血亲关系，仍然存在，不因生父与继母或生母与继父离婚而终止。

三、姻亲关系的发生和终止

（一）姻亲关系的发生

姻亲关系因婚姻的成立而发生。只有婚姻成立，才能以婚姻为中介，产生配偶一方与另一方的血亲或血亲的配偶之间的姻亲关系。因此，婚姻成立的时间即为姻亲关系发生的时间。

（二）姻亲关系的终止

姻亲关系因姻亲关系一方主体死亡而终止。但姻亲关系是否因离婚或配偶一方死亡而终止，各个国家有不同的规定。

1. 姻亲关系是否因离婚而终止

有的国家采取不消灭主义，如《德国民法典》第1590条第2款规定："即使建立姻亲关系的婚姻已经解除，姻亲关系仍继续存在。"《瑞士民法典》也有类似的规定。也有国家采取消灭主义，如《日本民法典》第728条第1款规定："姻亲关系因离婚而终止。"韩国民法也有类似的规定。我国《民法典》对姻亲关系是否因离婚而终止没有作出规定。但从我国的传统习惯和社会生活来看，配偶双方离婚后，姻亲关系的双方当事人一般不会再保持姻亲关系，姻亲关系因离婚而终止。

2. 姻亲关系是否因配偶一方死亡而终止

有的国家采取有条件不消灭主义，认为配偶一方的死亡并不当然终止姻亲关系，如《意大利民法典》第78条第3款规定："没有子女的姻亲关系，不因配偶一方的死亡而消灭，特别法律有规定的不在此限。"有的国家采取有条件消灭主义，认为如果配偶一方死亡而生存一方再婚或做出了消灭姻亲的意思表示时，姻亲关系归于消灭，如《日本民法典》第728条第2款规定："夫妻一方死亡，生存配偶表示终止姻亲关系的意思时，姻亲关系终止。"我国《民法典》没有明确规定姻亲关系是否因配偶一方死亡而终止，但根据《民法典》第1129条的规定，丧偶儿媳对公婆、丧偶女婿对岳父母，尽了主要赡养义务的，作为第一顺序继承人。由此可见，配偶一方死亡的，无论是否再婚，只要对公婆或岳父母尽了主要赡养义务，姻亲关系并不终止，而且还享有继承权。

四、亲属关系的重复

亲属关系的重复，又称为亲属关系的并存，是指有亲属关系的两人之间同时存在两种以上不同的亲属关系。亲属关系的重复主要是因为婚姻或法律拟制而形成的，也有可能是因为亲属之间的乱伦行为而形成。如叔侄之间成立收养关系，则在两人之间同时存在叔侄之间的旁系血亲关系和养父母子女关系。

亲属关系重复时，原则上各个亲属关系各自保持其固有的效力，不为其他亲属关系所吸收或排斥。如果一个亲属关系消灭，不影响另一亲属关系的存在。但是当亲属关系并存、相互独立时，其法律适用则采取"从近从重"原则，即适用亲属关系近者、权利义务重者的法律规定，发生该种亲属关系的效力，同时停止亲属关系远者、权利义务轻者的亲属效力。如叔侄之间的收养关系成立，则成立拟制的直系血亲关系，原来的旁系血亲关系则应当停止。

第四节　亲属的法律效力

亲属关系一经法律调整，便会在主体之间产生法律上的权利和义务。亲属的法律效力在许多法律中都有具体体现。

一、亲属在民法上的效力

（一）在婚姻家庭法上的效力

1. 禁止结婚的效力

根据《民法典》第1048条的规定，直系血亲或者三代以内的旁系血亲禁止结婚。

2. 互相扶养的义务

根据《民法典》的规定，一定范围内的亲属有互相扶养的义务。《民法典》第1059条规定："夫妻有相互扶养的义务。需要扶养的一方在另一方不履行扶养义务时，有要求其给付扶养费的权利。"《民法典》第1067条规定了父母与子女间的抚养赡养义务，父母不履行抚养义务的，未成年子女或者不能独立生活的成年子女，有要求父母给付抚养费的权利。成年子女不履行赡养义务的，缺乏劳动能力或者生活困难的父母有要求成年子女给付赡养费的权利。《民法典》第1074条规定了祖孙之间的抚养赡养义务，有负担能力的祖父母、外祖父，对于父母已经死亡或者父母无力抚养的未成年孙子女、外孙子女，有抚养的义务。有负担能力的孙子女、外孙子女，对于子女已经死亡或者子女无力赡养的祖父母、外祖父母，有赡养的义务。《民法典》第1075条规定了兄弟姐妹之间的扶养义务，有负担能力的兄、姐，对于父母已经死亡或者父母无力抚养的未成年弟、妹有扶养的义务。由兄、姐扶养长大的有负担能力的弟、妹，对于缺乏劳动能力又缺乏生活来源的兄、姐，有扶养义务。

3. 继承权

根据《民法典》的规定，一定范围内的亲属有互相继承的权利。《民法典》第1061条规定："夫妻有相互继承遗产的权利。"《民法典》第1070条规定："父母和子女有相互继承遗产的权利。"另外，兄弟姐妹之间，祖父母与孙子女、外祖父母与外孙子女之间，也有相互继承遗产的权利。

4. 共同财产权

根据《民法典》第1062条的规定，夫妻在婚姻关系存续期间所得的财产，法律另有规定或双方另有约定的除外，为夫妻共同财产，归夫妻共同所有。夫妻对共同财产有平等的处理权。

5. 请求确认婚姻无效的权利

婚姻当事人的近亲属有权依据《民法典》第1051条规定，向人民法院就已办理结婚登记的婚姻请求确认婚姻无效。以未到法定婚龄为由申请确认无效的主体，除当事人外，为未到法定婚龄者的近亲属。

6. 侵权替代责任的承担

根据《民法典》第1068条的规定，未成年子女造成他人损害的，父母应当依法承担民事责任。

7. 收养的特殊规定

根据《民法典》第1099条的规定，收养三代以内旁系同辈血亲的子女，可以不受被收养人是生父母有特殊困难无力抚养的子女、送养人是有特殊困难无力抚养子女的生父母的限制，以及不受无配偶者收养异性子女，收养人与被收养人的年龄应当相差四十周岁以上的限制。如果收养人是华侨，还可以不受收养人无子女或者只有一名子女的限制。

（二）在其他民事法律上的效力

1. 担任监护人

根据《民法典》第27条、第28条的规定，父母是未成年子女的监护人。未成年人的父母已经死亡或者没有监护能力的，由其祖父母、外祖父母、兄、姐按照顺序担任监护人。无民事行为能力或者限制民事行为能力的成年人，由配偶、父母、子女或其他近亲属按顺序担任监护人。根据《民法典》第34条的规定，监护人的职责是代理被监护人实施民事法律行为，保护被监护人的人身权利、财产权利以及其他合法权益等。监护人依法履行监护职责产生的权利，受法律保护。监护人不履行监护职责或者侵害被监护人合法权益的，应当承担法律责任。

2. 申请认定及恢复成年人的民事行为能力

根据《民法典》第24条的规定，不能辨认或者不能完全辨认自己行为的成年人，其利害关系人或者有关组织，可以向人民法院申请认定该成年人为无民事行为能力人或者限制民事行为能力人。被人民法院认定为无民事行为能力人或者限制民事行为能力人的，经本人、利害关系人或者有关组织申请，人民法院可以根据其智力、精神健康恢复的状况，认定该成年人恢复为限制民事行为能力人或者完全民事行为能力人。

3. 对失踪人申请宣告失踪或宣告死亡

根据《民法典》第40条、第42条、第45条和第46条的规定，自然人下落不明，达到法律规定的失踪时间的，近亲属可以向人民法院申请宣告该自然人失踪或宣告死亡。失踪人的财产由其配偶、成年子女、父母或者其他愿意担任财产代管人的人代管。失踪人或被宣告死亡的人重新出现，经本人或利害关系人的申请，人民法院应当撤销失踪宣告或死亡宣告。

4. 一定范围的亲属被确定为法定继承人

根据《民法典》第1127条的规定，配偶、子女、父母为第一顺序法定继承人，兄弟姐妹、祖父母、外祖父母为第二顺序法定继承人。根据《民法典》第1128条的规定，被继承人的子女的直系晚辈血亲和被继承人的兄弟姐妹的子女，有代位继承的权利。根据《民法典》第1129条的规定，丧偶儿媳对公婆，丧偶女婿对岳父母，尽了主要赡养义务的，作为第一顺序继承人。

二、亲属在刑法上的效力

1. 犯罪构成效力

某些犯罪的构成必须以有一定的亲属关系为条件，如《刑法》第260条规定的虐待罪，是指虐待家庭成员。第261条规定的遗弃罪，是指对于年老、年幼、患病或者其他没有独立生活能力的人，负有扶养义务而拒绝扶养。

2. 告诉才处理

某些犯罪必须由具有一定的亲属关系身份的人告诉，法院才能受理，即"不告不理"。如我国《刑法》第260条规定的虐待罪，属于告诉的才处理，但作为家庭成员的被害人没有能力告诉，或者因受到强制、威吓无法告诉的，人民检察院和被害人的近亲属也可以告诉。

三、亲属在诉讼法上的效力

1. 回避效力

根据《刑事诉讼法》第29条的规定，审判人员、检察人员、侦查人员、书记员、翻译人员和鉴定人是本案当事人的近亲属的，或者司法人员的近亲属与本案有利害关系的，应当回避。当事人及其法定代理人也有权要求他们回避。

根据《民事诉讼法》第44条的规定，审判人员、书记员、翻译人员、鉴定人、勘验人是本案当事人、诉讼代理人近亲属的，当事人有权申请其回避。

根据《行政诉讼法》第55条的规定，当事人认为审判人员与本案有利害关系或者有其他关系可能影响公正审判，有权申请审判人员回避。

2. 在诉讼中担任辩护人、代理人

根据《刑事诉讼法》第33条的规定，刑事案件的犯罪嫌疑人、被告人可以委托其监护人、亲友等亲属作为辩护人。

根据《民事诉讼法》第57条、第58条的规定，无诉讼行为能力人由他的监护人作为法定代理人代为诉讼。当事人、法定代理人可以委托其近亲属作为其诉讼代理人。

根据《行政诉讼法》第30条、第31条的规定，没有诉讼行为能力的公民，由其法定代理人代为诉讼。当事人、法定代理人，可以委托当事人的近亲属作为诉讼代理人。

3. 近亲属可以在公民死亡后提起行政诉讼

根据《行政诉讼法》第25条的规定，有权提起行政诉讼的公民死亡，其近亲属可以提起诉讼。

4. 近亲属为保护死者人格利益提起民事诉讼

对侵害死者遗体、遗骨以及姓名、肖像、名誉、荣誉、隐私等行为提起民事诉讼的，死者的近亲属为当事人。

四、亲属在劳动法上的效力

1. 近亲属在劳动者死亡后享受遗属津贴

根据《中华人民共和国劳动法》第73条规定，在劳动者死亡之后，其遗属依法享受遗属津贴。

2. 探亲权

在国家机关、人民团体和全民所有制企业、事业单位工作满一年的固定职工，与配偶不住在一起，又不能在公休假日团聚的，可以享受探望配偶的待遇；与父亲、母亲都不住在一起，又不能在公休假日团聚的，可以享受探望父母的待遇。

五、亲属在国籍法上的效力

在国籍法上，亲属具有取得国籍、入籍和退籍的法律效力。

1. 取得中国国籍

根据《中华人民共和国国籍法》（以下简称《国籍法》）第4条的规定："父母双方或一方为中国公民，本人出生在中国，具有中国国籍。"《国籍法》第5条规定："父母双方或一方为中国公民，本人出生在外国，具有中国国籍；但父母双方或一方为中国公民并定居在外国，本人出生时即具有外国国籍的，不具有中国国籍。"《国籍法》第6条规定："父母无国籍或国籍不明，定居在中国，本人出生在中国，具有中国国籍。"

2. 加入中国国籍

根据《国籍法》第7条的规定，外国人或无国籍人是中国人的近亲属的，在愿意遵守中国宪法和法律的前提下，可以经申请批准加入中国国籍。

3. 退出中国国籍

根据《国籍法》第10条规定，中国公民是外国人的近亲属的，可以经申请批准退出中国国籍。

六、亲属在其他法律上的效力

此外，在其他许多法律、法规中，如《中华人民共和国义务教育法》《中华人民共和国未成年人保护法》《中华人民共和国老年人权益保障法》《中华人民共和国残疾人保障法》等，均有涉及亲属关系效力的规定。《中华人民共和国义务教育法》规定，适龄儿童、少年的父母或者其他法定监护人应当依法保证其按时入学接受并完成义务教育；《中华人民共和国未成年人保护法》规定，未成年人的父母或者其他监护人依法对未成年人承担监护职责。未成年人的父母或者其他监护人应当学习家庭教育知识，接受家庭教育指导，创造良好、和睦、文明的家庭环境；《中华人民共和国老年人权益保障法》规定，赡养人应当履行对老年人经济上供养、生活上照料和精神上慰藉的义务，照顾老年人的特殊需要。《中华人民共和国残疾人保障法》规定，残疾人的扶养人必须对残疾人履行扶养义务。残疾人的监护人必须履行监护职责，尊重被监护人的意愿，维护被监护人的合法权益。残疾人的亲属、监护人应当鼓励和帮助残疾人增强自立能力等等，在此不一一列举。

第三章 结婚制度

第一节 结婚制度概述

一、结婚的概念和特征

（一）结婚的概念

结婚，亦称婚姻的成立，系指男女双方根据法律规定的条件和程序，以永久结合为目的而确立夫妻法律关系的民事法律行为。男方为夫，女方为妻，双方互为配偶，合称夫妻。在对外交往的时候，夫妻往往被视为一体。结婚可分为狭义的结婚与广义的结婚：前者指的是夫妻关系的确立，后者还包括婚约。

（二）结婚的特征

结婚具有如下四个方面特征。

1. 结婚的主体为男女双方

传统婚姻的成立以两性差异的客观存在为前提，以建立在此等差异之基础上的生育为归宿。至少在今后相当长的一段时期内，结婚就是一男一女组成的两人结合，既不能是男男结合，也不能是女女结合，也不能是二女一男或是二男一女的结合。

2. 结婚是民事法律行为

民事法律行为的核心是意思表示，是意思自治，这一点最真切地表征了现代婚姻制度的核心要求，即婚姻自由，当事人与谁结婚、何时结婚、是否办理宴会等仪式，均属婚姻当事人的自由。当然，结婚行为具有诸多不同于一般的民事法律行为之处。

3. 结婚具有身份法上的效力

结婚的后果是在男女双方之间创设夫妻法律关系，双方各自为对方的配偶。结婚后，夫与妻之间的权利义务当然也有财产上的内容，但是，这一切都是以二者之间存在合法的婚姻为前提。

4. 结婚是要式行为

不同国家、不同历史时期的婚姻制度对结婚的形式曾作出各种不同的要求。在我国，结婚须经登记，是一种要式民事法律行为。

婚姻成立后将产生一系列的效力，它们可能及于婚姻当事人即男女双方，也可能及于此外的第三人,前者称为婚姻的直接效力,后者则是间接效力。事实上,国家之所以深深地介入婚姻的成立,很大一部分原因就是婚姻的间接效力。尽管婚姻一眼看去,只是两个人之间两情相悦的结果,可是,如果将目光放远放深一点,它还涉及两人背后各自的原生家庭,将来的子女,乃至整个社会的总体人口情况。

二、结婚的要件

结婚是一种民事法律行为,必须符合法律规定的要件,方可发生当事人所欲发生的法律效果。一般认为,结婚的要件分为实质要件与形式要件,后者又称结婚的程序。

(一)结婚的实质要件

结婚的实质要件,是指男女双方各自的条件以及他们之间的关系必须符合法律规定的要求,这些要求包括必须具备的积极条件以及不得具备的禁止条件(禁婚条件),可以分为私益要件与公益要件。

(二)结婚的形式要件

结婚的形式要件,又称结婚的程序要件,是指婚姻成立的方式或者程序必须符合法律特别规定的条件。根据是否对结婚的形式作出要求,可以将婚姻分为事实婚与形式婚。所谓事实婚,是指当事人双方只要具有共同生活的意愿并且以夫妻名义共同生活的事实,婚姻便成立了,并且具有法律效力。所谓形式婚,是指结婚必须履行一定的程序、符合一定的仪式或者方式,这些程序、仪式、方式可能是宗教性的,也可能是世俗性的。在我国,随着1994年2月1日民政部颁布的《婚姻登记管理条例》发布并生效,结婚均须办理登记,结婚的形式要件就是男女双方亲自前往婚姻登记机关进行结婚登记。

三、结婚制度的历史沿革

(一)近现代以前的各种结婚制度

1. 个体婚制(一夫一妻制)形成初期的结婚[①]

(1)掠夺婚。掠夺婚即抢婚,是指男子以暴力掠夺女子为妻的结婚形式,在原始社会后期和奴隶社会初期较为普遍。

(2)有偿婚。有偿婚是指男方向女方家庭支付一定的代价为条件而缔结的婚姻,有买卖婚、互易婚、劳役婚多种形式。买卖婚,男方付出的是金钱、财物;互易婚,男方则是以一名女性(女儿或姐妹等)交给女方家庭作为交换条件缔结的婚姻;劳役婚,是男方为女方家庭提供一定劳役作为条件缔结的婚姻。

(3)无偿婚。无偿婚是指男方不需要向女方家庭支付代价即可缔结婚姻,包括赠与

[①] 余延满:《亲属法原论》,法律出版社2007年版,第137页;蒋月主编:《婚姻家庭与继承法》(第三版),厦门大学出版社2014年版,第91页。

婚、收继婚与强制婚。赠与婚指权力者或者父母将其可以支配的女子赠与他人为妻而缔结的婚姻；收继婚指女子在其丈夫亡故后，有义务在家庭内部转房而缔结的婚姻，如兄死后，弟收其嫂为妻的逆缘婚，姐死后妹嫁给姐夫的顺缘婚；强制婚指官府将罪人的妻女断配给他人为妻而缔结的婚姻。

2. 欧洲中世纪的宗教婚

在中世纪的欧洲，缔结婚姻的主要形式是按照天主教会的仪式完成的，被视为神的旨意，在教堂、由神职人员主持，方可成立有效。既然结婚是神的旨意，那么离婚便有违神的旨意，不被许可。

3. 中国古代的聘娶婚

聘娶婚是指男方以向女方交付聘礼、彩礼作为结婚条件的婚姻形式，由"纳采""问名""纳吉""纳征""请期""亲迎"构成，总称为六礼。

(二) 近现代的共诺婚

共诺婚是指男女双方基于结婚的合意而成立的婚姻，将婚姻看作男女双方之间以永久共同生活为内容的约定，或者说，是一项契约。法律以双方共同缔结婚姻关系的意思表示作为婚姻成立的基础和要件。① 共诺婚意味着男女双方缔结婚姻以意思而非财物为基础，以自己的意愿而非父母家庭或者神明的意志为基础，此外，婚姻既然可以以意思缔结，也可以以意思终结。

第二节 婚约

一、婚约的概念

婚约，是指男女双方以将来结婚为目的而作的约定，又称作订婚或者定婚，订婚后的男女双方互为未婚夫与未婚妻。订立婚约后，双方负有按照约定缔结婚姻的义务，尽管如此，这不意味着双方最终必然会结成夫妻。一方面，当婚约的一方当事人主张对方应当履行婚约时，法院不得强制对方履行婚约。另一方面，婚约虽不得强制履行，但是这不意味着违背婚约不会产生任何法律效果。

对于婚约的性质，学者有不同观点。有契约说、婚姻的预约说、民事事实行为说、非契约说等观点。这样的争鸣状况与我国此前的两部《婚姻法》均未规定婚约的立法传统有关，《民法典》同样对此保持沉默。不过，婚约在现实生活中可谓屡见不鲜。法律虽然没有直接规定婚约，但是它至少可以被认定为一种协议，其效力应当在个案中予以明确。本书作者认为，考虑到婚约是缔结婚姻的预备，那么，婚约至少应当大致符合婚姻的基本要求（即婚姻的实质要件），如男女结合、达到法定婚龄、意思表示一致，且不存在结婚的禁止条件。婚约未为法律明定，自然谈不上有登记的形式要件。当然，前

---

① 杨立新：《家事法》，法律出版社2013年版，第81页。

述实质要件中的年龄要件是否有调低的必要，是一个值得研究的问题。例如，年满18周岁的男女青年在达到法定婚龄前虽然无法缔结婚姻，但是对于他们作为完全民事行为能力人而缔结婚约的能力，似乎没有什么值得质疑的。反之，年满8周岁的男童女童的各自父母向来交好，为了将他们的情感传续下去，故为二人举行订婚仪式。对此情形，宜否定所谓的"订婚"具有任何法律效力，原因是身份行为不得代理。

二、我国对于婚约的态度

我国民事法律没有明确提及婚约或者订婚。新中国成立初期，中央人民政府法制委员会1950年6月26日公布的《有关婚姻法施行的若干问题的解答》中称："订婚不是结婚的必要手续。任何包办强迫的订婚，一律无效。男女自愿订婚者，听其订婚。订婚的最低年龄，男为十九岁，女为十七岁。一方自愿取消订婚者，得通知对方取消之。"1953年3月19日，中央人民政府法制委员会发布的新的《有关婚姻问题的若干解答》中指出："订婚不是结婚的必要手续。男女自愿订婚者，听其订婚，但别人不得强迫包办。"可见，我国对于婚约并未禁止，使其从民间习惯。当事人选择订婚的，之间会发生一定的权利义务关系，在不违背法律禁止性规定的情况下，宜尊重当事人通过订婚拟定的意思自治空间。尽管如此，我们可以从前述《解答》中摘取出婚约的几点值得注意之处：首先，订婚并非结婚的必经程序。是否订婚，取决于当事人的意愿，订婚可以，不订婚也行。其次，订婚/缔结婚姻的最低年龄低于法定婚龄，根据1950年《婚姻法》，后者为男20岁，女18岁。这与先订婚、再结婚的事物发展时间顺序是符合的。第三，订婚不得强迫，也不得包办。前述《解答》对订婚的最低年龄作了要求，说明订婚者需具备相当高的意思能力。循此精神，父母为未成年儿女举办的所谓订婚仪式，不宜认可其具有法律效力。最后，订婚原则上可以任意解除。

三、婚约的法律效果

合法订立的婚约使男女双方负担缔结婚姻也就是结婚的义务。一旦婚姻得以缔结，婚约的目的与使命已经达成，便告终结。关于婚约的法律纠纷，往往是一方甚至双方不愿意履行婚约，就此产生争议，其中最常见的，就是当一方当事人打算解除婚约时或者未按照约定结婚时发生的纠纷。婚约作为缔结婚姻的预备阶段，其所产生的法律效果必然小于等于婚姻可能发生的法律效果。虽然《民法典》没有明文规定婚约，但是依据事理之性质，我们可以参照法律和司法解释明文规定的婚姻与同居来处理婚约相关纠纷。

（一）婚约的解除

婚约原则上可以任意解除，既可以由任一方解除，也可以由双方共同解除。订立婚约时，双方可以约定解除婚约的条件，无论如何，当一方不愿履行婚约时，可以任意解除婚约。不履行婚约可能会发生财产法上的若干效果，但是，不应当在婚约的履行问题上进行任何强制。

(二) 婚约期间的赠与

订婚之后到结婚之前，男女双方所接受的来自对方或者对方父母及亲友按照习俗给付的财物，是对方自愿的赠与。通常情况下，与一般社交活动中的赠与并无不同，因为，给付财物的一方本应当意识到，从订婚到结婚之间存在的变数原则上属于社会交往中的一般风险。在对此等"风险"有所认识的情况下，是否给付财物、给付多少财物，皆出于本心，其效力应当按照《民法典》合同编的赠与合同章的规则判定。不过，如果收受赠与的一方在解除婚约或者未按约结婚的情况下，自愿退还财物而给付方接受的，收受一方事后又反悔的，不得以不当得利为由主张返还。

彩礼特别值得一提。彩礼源于我国古代婚礼程序之一，又称聘礼、聘财等。我国自古以来婚姻的缔结，就有男方在婚姻约定初步达成时向女方赠送彩礼的习俗。彩礼不同于一般的赠与。《民法典婚姻家庭编司法解释（一）》第5条规定："当事人请求返还按照习俗给付的彩礼的，如果查明属于以下情形，人民法院应当予以支持：（一）双方未办理结婚登记手续；（二）双方办理结婚登记手续但确未共同生活；（三）婚前给付并导致给付人生活困难。适用前款第二、第三项的规定，应当以双方离婚为条件。"

(三) 婚约期间的共同财产

订婚之后，婚约存续期间，男女双方因为资金的共同使用、共同投资等可能产生共同财产，如果顺利缔结婚姻，此等财产便转变为夫妻共同财产，属共同共有；如果未能在订婚后顺利缔结婚姻，则此等财产属于男女双方的共有财产，但是由于二人之间不存在共同关系，此等共有为按份共有，其分割按照按份共有财产的分割规则进行。

(四) 婚约解除的损害赔偿

婚约解除之后，当事人是否可以主张损害赔偿，学界有不同看法。如果将婚约理解为契约，那么因为自身过错而造成婚约解除的一方当事人，应当对他方因此而承受的财产损失承担赔偿责任。如果将婚约理解为事实行为，也不影响受损害一方在满足过错侵权构成要件的情况下请求对方承担侵权责任。至于当事人基于婚约的解除而主张所谓的青春损失费，与约定解除合同时应当支付的违约金具有一定的相似性，是否以及在多大程度上可获得法律的认可与保护，取决于其是否被认定为有违公序良俗；如果被认定为未违背公序良俗，那么，可以参照适用《民法典》第464条第2款的规定，判令另一方支付。

第三节 结婚的条件

一、结婚的必备条件

结婚的必备条件也称结婚的积极要件，当事人如欲结婚，这类要件缺一不可。从《民法典》婚姻家庭编的规定来看，我国法定的结婚必备条件有以下三项：一男一女结婚，达到法定婚龄，二人自愿合意结婚。在我国民法上，婚姻为两性的结合，同性恋人不得结婚。男女双方之所以可以结婚，是因为他们达到了法定婚龄（实际上指他们具备了婚姻行为能力），并且自愿合意结合，而非由于强迫等外在因素的干扰。

（一）男女结婚

结婚为一对男女之间的自由自愿的结合。首先，结婚为男性与女性之间的结合，男男之间、女女之间的结合，至少在当前社会发展阶段，不为民法所调整。这类同性恋人可以通过其他法律工具与制度缔结相互之间的权利义务关系。其次，婚姻为一男与一女之间的结合，这也是一夫一妻制度的要求。在现实生活中，确实存在一男与多名女性长期共同生活甚至产子的现象，但是，只要他们未违反法律的禁止性规定（例如构成重婚罪），则仅仅属于社会舆论与道德评价的范围。

（二）法定婚龄

法定婚龄就是男女可以作出同意结婚之意思表示的最低年龄。《民法典》第1047条规定："结婚年龄，男不得早于二十二周岁，女不得早于二十周岁。"结婚既具有法律属性，也具有自然属性与社会属性。事实上，从婚姻制度的发展历史来看，婚姻的法律属性是以其自然属性和社会属性为基础的。正是基于婚姻的自然属性，法律才规定，人只有达到了一定的年龄后，才具备相应的生理和心理素质来履行作为夫/妻的职责，承担起家庭的担子。此外，自然属性决定了男性与女性开始身体发育至发育成熟的年龄有异，《民法典》对男女的法定婚龄最低限制作了不同的安排，将男性定为22周岁，将女性定为20周岁。同时，基于婚姻的社会属性，不同国家乃至一个国家的不同阶段会对男女的法定婚龄做不同的安排。1950年我国《婚姻法》第4条规定的婚龄为男20岁、女18岁，1980年我国《婚姻法》将法定婚龄调整至男22周岁、女20周岁。由此可见，基于不同历史阶段的男女生长发育、国家生育政策和社会现实需要等方面的考虑，法律可以对法定婚龄进行适当调整。

（三）结婚的合意

结婚的合意，是指男女双方同意缔结婚姻关系互作夫妻的意思表示真实而一致，从而通过结婚这一法律行为结为一体，互享权利、互负义务。给出意思表示（作出法律行为）的前提是具备相应的行为能力，这也是《民法典》第1047条规定法定婚龄的原因所在。应当注意，《民法典》婚姻家庭编并未直接提及结婚的行为能力，我们可以从第1046条"完全自愿"中将其推演出来。因此，符合法定婚龄条件的当事人，不一定就必然具备结婚的能力，例如患有严重精神疾病的年满30周岁的人，或者陷入植物人状态的40岁的人。结婚自由一方面取决于当事人自己具有结婚行为能力，另一方面，此等自由不得为对方或者第三人所干涉。因此，第1046条还强调，"禁止任何一方对另一方加以强迫，禁止任何组织或者个人加以干涉。"

二、结婚的禁止条件

结婚的禁止条件,又称结婚障碍或结婚的消极条件,是指当事人在结婚时一旦具有便无法缔结婚姻的法定情形。结婚的禁止条件是对自然人结婚自由的极大限制,因此,应当明文规定、基础牢固并尽量谦抑。长期以来,我国婚姻法上存在两大类的禁婚规定,即禁婚亲与禁婚疾病。自2003年《婚姻登记条例》施行以来,强制婚检被取消,推行自愿婚检。在2018年提请全国人大常委会审议的《民法典》婚姻家庭编草案中,立法者考虑到禁婚疾病在实践中很难操作,于《民法典》的结婚禁止条件中将其删除,仅仅保留了禁婚亲的相关规定。① 须注意的是,在《民法典》时代,通过体系解释,若干疾病依然对于婚姻效力具有影响。例如,罹患严重的永久性的精神疾病的人,无法作出结婚的意思表示,无法缔结有效的婚姻。

所谓禁婚亲,是指当事人之间存在的一定范围内的亲属关系将阻碍他们缔结合法婚姻。《民法典》第1048条规定:"直系血亲或者三代以内的旁系血亲禁止结婚。"我国古代人民很早便意识到具有一定亲属关系的人之间如果缔结婚姻,会对后代产生不良影响。《左传》云:"男女同姓,其生不繁。"可见,禁婚亲的理由,一则在于优生优育,二则基于伦理道德要求,以免造成亲属身份的紊乱,进而带来一系列的家庭、社会问题。禁婚亲作为结婚的禁止条件,其存在可谓理所当然,问题在于,"一定范围内的亲属关系"应当止步于何处?

首先,《民法典》第1048条禁止直系血亲之间结婚,这是最符合人伦的,也是世界各国婚姻法制的通例。其次,该条还禁止三代以内旁系血亲之间结婚。所谓三代以内旁系血亲是指,从本人上溯三代,可以上溯至同一祖先(祖父母/外祖父母)的亲属。他们包括:(1)兄弟姐妹,含同父同母的全血缘兄弟姐妹、同父异母或者同母异父的半血缘兄弟姐妹。(2)伯、叔、姑与侄子、侄女,舅舅、姨与外甥、外甥女。(3)堂兄弟姐妹、表兄弟姐妹。② 近代以前,我国社会中姑表兄弟姐妹通婚并不少见,例如,在反映清代生活的作品《红楼梦》中,贾宝玉与薛宝钗就是姑表兄妹关系。可见,承继自原《婚姻法》的《民法典》相关规定也具有一定移风易俗的作用。最后,《民法典》仅规定了血亲之间的禁婚,而未规定姻亲之间的禁婚。不同于原《婚姻法》,《民法典》第1045条明确将姻亲规定为亲属的类型之一,因此,姻亲之间也具有法律上的权利义务关系。此处存在待填补的法律漏洞。

在法律解释的层面上,应当认为一定范围内的姻亲之间属于禁婚亲,以免发生有违伦常的婚姻,从而树立优良家风。我国台湾地区"民法"第983条规定:"与左列亲属,不得结婚:一、直系血亲及直系姻亲。二、旁系血亲在六亲等以内者。但因收养而成立之四亲等及六亲等旁系血亲,辈份相同者,不在此限。三、旁系姻亲在五亲等以内,辈分不相同者。前项直系姻亲结婚之限制,于姻亲关系消灭后,亦适用之。"此项禁忌在西方同样存在,例如《意大利民法典》第87条禁止直系姻亲之间、旁系二等姻亲之间

---

① 民法典各分编草案:体现民事权利保护的新进展,载 http://www.npc.gov.cn/npc/c35176/201808/5166fbe8c7ae4939854934915ed322cf.shtml,2021年8月10日访问。

② 杨大文、龙翼飞主编:《婚姻家庭法》(第八版),中国人民大学出版社2020年版,第87页。

结婚。由此可见，姻亲之间的禁婚亲要点有三：第一，直系姻亲之间禁止结婚。直系姻亲可分为两种：一种指配偶的直系血亲，如公婆、岳父母以及未形成抚养教育关系的继子女等；另一种指直系血亲的配偶，如儿媳、女婿、孙媳等。第二，一定范围内的旁系姻亲禁止结婚。易言之，在该范围之外的旁系姻亲结婚，并无问题。第三，直系姻亲之间的结婚禁止，哪怕在姻亲关系结束后，亦不解除；旁系姻亲之间的禁止，在姻亲关系后，可以解除。

关于拟制血亲之间的禁婚亲，《民法典》同样未作特别规定。我国民法上的拟制血亲有两种，即收养形成的拟制血亲，以及形成抚养教育关系的拟制血亲。拟制血亲一旦形成，便发生父母子女的权利义务关系，当然适用《民法典》第1048条的规定。但是，拟制血亲既然可以人为创制，也可以人为消解。原先存在拟制血亲关系的人在此等血亲关系消解之后，是否适用前述禁婚规定？本书作者认为，基于与姻亲关系结束后，直系姻亲之间的结婚禁止依然不解除的道理，同样适用于曾经具有拟制血亲关系的人。

第四节 结婚的程序

一、结婚程序的概念

结婚的程序，即结婚的形式要件，是指法律所规定的缔结合法婚姻必须履行的手续。结婚的程序与结婚的实质要件一起构成结婚的要件。《民法典》第1049条规定："要求结婚的男女双方应当亲自到婚姻登记机关申请结婚登记。符合本法规定的，予以登记，发给结婚证。完成结婚登记，即确立婚姻关系。未办理结婚登记的，应当补办登记。"由此可见，在我国民法上，完成结婚登记是确立婚姻关系的标志。

二、结婚登记的机关与程序

（一）结婚登记的机关

根据《婚姻登记条例》第2条的规定，内地居民办理婚姻登记的机关是县级人民政府民政部门或者乡（镇）人民政府，省、自治区、直辖市人民政府可以按照便民原则确定农村居民办理婚姻登记的具体机关。2019年，全国共有婚姻登记机关和场所5594个，其中婚姻登记机关1068个，全年依法办理结婚登记927.3万对。[①]

内地居民结婚，男女双方应当共同到一方当事人常住户口所在地的婚姻登记机关办理结婚登记。

（二）结婚登记的程序

1. 申请

要求结婚的男女双方，应当向婚姻登记机关提出结婚申请。内地居民办理婚姻登

[①] 民政部：《2019年民政事业发展统计公报》，载 http://images3.mca.gov.cn/www2017/file/202009/1601261242921.pdf，2021年7月14日访问。

记，男女双方应当亲自共同到婚姻登记机关提出结婚申请，不得由他人代理为之。办理结婚登记的内地居民应当出具下列证件和证明材料：①本人的户口簿、身份证；②本人无配偶以及与对方当事人没有直系血亲和三代以内旁系血亲关系的签字声明。申请结婚登记的男女双方应当如实向婚姻登记机关提供上述材料，不得隐瞒真实情况。从另一方面来说，婚姻登记机关则不得在上述材料之外再要求结婚登记的申请人提供其他材料。

2. 审查

审查是结婚登记程序的核心环节。婚姻登记机关应当对结婚登记当事人出具的证件、证明材料进行审查并询问相关情况。结婚申请中有不清楚之处的，婚姻登记机关应当向当事人补充询问。可见，婚姻登记机关对结婚申请的审查属于形式审查。

3. 登记

对当事人符合结婚条件的，应当当场予以登记，发给结婚证；对当事人不符合结婚条件不予登记的，应当向当事人说明理由。办理结婚登记的当事人有下列情形之一的，婚姻登记机关不予登记：（1）未到法定结婚年龄的；（2）非双方自愿的；（3）一方或者双方已有配偶的；（4）属于直系血亲或者三代以内旁系血亲的。此外，无论是男女双方补办结婚登记的，还是离婚的男女双方自愿恢复夫妻关系的，均适用该条例有关结婚登记的规定。

三、骗取结婚登记的法律后果

申请结婚登记的当事人如果弄虚作假、骗取结婚登记的，所骗取的结婚登记并无法律效力，但是，由谁来提出主张其无效的要求以及向谁提起，则是一个值得探讨的问题。此外，弄虚作假、欺骗的对象是婚姻登记机关而非另一方婚姻当事人。从民法的角度出发，结婚登记是结婚的形式要件；从行政管理的角度出发，结婚登记是国家对于自然人作出的一个具体行政行为。有观点认为，基于结婚登记的行政行为属性，在申请结婚登记的当事人弄虚作假、骗取结婚登记的情形下，婚姻登记机关应当撤销婚姻登记，并宣布婚姻关系无效，收回结婚证，并可以对当事人处以罚款。

第五节 无效婚姻和可撤销婚姻

一、无效婚姻和可撤销婚姻的概念比较

（一）无效婚姻和可撤销婚姻的概念

无效婚姻与可撤销婚姻都是我国民法上婚姻效力瑕疵的两种样态。无效婚姻，是指由于违反了法定的结婚要件而自始不能在他们之间产生合法的婚姻效力的男女结合，当事人与利害关系人可以向人民法院请求宣告无效。可撤销婚姻，是指已经成立的婚姻关系，因为欠缺特定的婚姻合意，受胁迫和就对方重大疾病受欺诈的一方当事人可以向人民法院请求予以撤销，撤销之后，婚姻归于无效的男女结合。在我国民法上，无效婚姻

与可撤销婚姻的原因法定、封闭。

（二）无效婚姻与可撤销婚姻的异同

无效婚姻和可撤销婚姻均非合法有效的婚姻，这是它们的共同点。此外，它们具有以下诸多差异。

1. 违法原因不同

无效婚姻违反的是法律的禁止性规定，是对结婚的公益要件的违反。可撤销婚姻则是对结婚的私益要件的违反，即阻碍了当事人形成真正的结婚合意。

2. 请求权人不同

由于无效婚姻违反的是结婚的公益要件，因此，可请求宣告其无效的人不限于当事人，利害关系人也可以提出申请。易言之，即便婚姻当事人不欲申请宣告无效，一旦利害关系人向人民法院请求确认婚姻无效并获得认可，婚姻即自始无效。可撤销婚姻违反的只是结婚的私益要件，是否提起撤销婚姻的请求，仅由享有撤销权的婚姻当事人决定，任何其他人无权干涉。

3. 请求的时限不同

由于无效婚姻违反的是结婚的公益要件，因此，主张其无效并无时间限制。要注意的是，当事人依据《民法典》第1051条规定向人民法院请求确认婚姻无效，法定的无效婚姻情形在提起诉讼时已经消失的，人民法院不予支持。不应当将这一限制看作对于宣告婚姻无效的时间限制，而是婚姻的无效原因已经不存在了，因此，宣告无效无从谈起，人民法院自然不予支持。可撤销婚姻违反的只是结婚的私益要件，仅仅涉及当事人的结婚意愿问题，享有撤销权的当事人可以选择撤销，也可以选择不撤销，但是选择应当尽快做出，以维护身份关系的明确与稳定。因此，法律专门设置了除斥期间来限制撤销权。

4. 法律后果不同

无效的或者被撤销的婚姻自始没有法律约束力，当事人不具有夫妻的权利和义务。无效婚姻被宣告无效后是自始无效、当然无效。可撤销婚姻则不然，如果受胁迫的一方当事人或者被对方隐瞒重大疾病的一方当事人行使撤销权的，可撤销婚姻一旦被撤销，自始无效；但是，如果享有撤销权的这一方当事人选择不行使撤销权，或者未在规定期限内行使，那么，此前曾经是可撤销的婚姻此后便作为有效婚姻继续存在。

二、比较法上的婚姻效力瑕疵立法例

我国民法上婚姻效力瑕疵的两种样态类型法定且封闭，效力瑕疵的各种具体原因与无效、可撤销的样态一一对应。对此现状，有两点值得特别注意：第一，一时的安排可能会在将来发生改变，正如此次编纂《民法典》对于疾病婚就进行了重大调整。第二，以原《婚姻法》为对象编纂而来的《民法典》婚姻家庭编的结婚制度，是否以及应该如何超越前民法典时代原《婚姻法》与原《民法通则》的分立所造成的问题。具言之，婚姻的效力瑕疵是限于《民法典》婚姻家庭编规定的那些原因，抑或，总则编规定的民事法律行为效力瑕疵类型也可以适用？例如，虚假行为可否作为婚姻无效的原因？重大疾病之外的欺骗可否作为撤销婚姻的原因？比较法例可以提供若干启示。现以在我国影响较大的德、日立法为例，简单揭示这些问题。

（一）德国的一元婚姻效力瑕疵体系

1998年德国《婚姻缔结法的新规定》的施行确立了德国法上的婚姻效力瑕疵的一元效力。也就是说，现行《德国民法典》第1313条至第1318条只规定了一种缔结婚姻的瑕疵类型，即可废止婚姻（Eheaufhebung）。根据《德国民法典》第1314条，无论是违背第1303条和第1304条（缔结婚姻的行为能力），还是违背第1306条（禁止重婚）或第1307条（禁止近亲结婚）的规定，甚或违背第1311条有关缔结婚姻的法律行为的特定形式的规定，以及因为双方当事人的意思表示瑕疵而导致婚姻缔结的瑕疵，都只产生婚姻可废止的法律效果。在《婚姻缔结法的新规定》之前，德国法上仍包含无效婚姻和可废止婚姻两种形态。法律改革之所以变二元体系为一元，原因有二：第一，基于公共利益的婚姻无效与基于个人利益的可废止婚姻，意味着对两者利益的差异化保护，而这一做法的正当性存疑；第二，大量例外规则意味着无效婚姻制度的法律效果只是向未来发生作用（ex nunc），这实际上掏空了无效制度的核心原则——法律行为无效意味着溯及既往的无效（ex tunc）。①

（二）日本的二元婚姻效力瑕疵体系

现行《日本民法典》第742条至第749条将婚姻的效力瑕疵分为婚姻的无效和婚姻的撤销二元体系。婚姻的无效的情形有：（1）因认错人及其他事由，当事人之间无结婚的意思；（2）当事人未提出婚姻登记的申请时，但是仅欠缺第739条第2款规定的方式的除外。婚姻的撤销情形有：（1）非法婚姻（违反婚姻年龄、重婚禁止、再婚禁止、近亲婚禁止、直系姻亲婚禁止、养父母子女间婚禁止）；（2）因欺诈胁迫而订立的婚姻。

三、无效婚姻

（一）婚姻无效的原因

《民法典》第1051条规定："有下列情形之一的，婚姻无效：（一）重婚；（二）有禁止结婚的亲属关系；（三）未到法定婚龄。"可见，在我国民法上，婚姻无效的原因有且只有三种，呈类型封闭的形态。这意味着，如果有人以第1051条规定的三种情形以外的事由申请宣告婚姻无效的，人民法院应当驳回当事人的诉讼请求。

1. 重婚

一夫一妻制是《民法典》第1041条的明确要求，也是近代以来婚姻家庭制度的根基所在，重婚则是对它的粗暴侵犯。所谓重婚，是指一名已婚者在婚姻存续期间再次缔

---

① 李昊、王文娜：《婚姻缔结行为的效力瑕疵——兼评民法典婚姻家庭编草案的相关规定》，载《法学研究》2019年第4期。

结婚姻，或者某人明知对方已经有配偶却与之结婚。重婚不仅构成民事违法，同时也属于犯罪行为。

重婚既可以是男女双方均有配偶，在婚姻关系存续期间又与对方缔结婚姻，还可能是一方无配偶，而与有配偶的另一方缔结婚姻。在前者，男女双方的主观恶意是显而易见的，因此双方均构成重婚罪；在后者，有配偶一方的主观恶意是显而易见的，构成重婚罪无疑义，无配偶一方须明知对方已经有配偶又与之结婚的，才构成重婚罪。反之，无配偶一方若非明知对方已经有配偶并与之结婚的，对该方而言，不构成重婚罪。但是，在以上各种情形中，作为民事法律行为的婚姻（结婚）都因为违反了法律的强制性规定而无效。

重婚的构成以有效婚姻的存在为前提，如果前婚已经归于消灭（一方配偶已死亡、双方已经离婚），那么前婚的主体再次缔结婚姻并无问题。死亡既包括自然死亡，也包括宣告死亡。宣告死亡有可能符合实际的状况，也可能与其有所偏离，此时，死亡宣告可以被撤销。一方在通过人民法院将自己下落不明且符合其他条件的配偶宣告死亡之后，再行缔结婚姻的，后婚为有效婚姻。即便死亡宣告被撤销，前述后婚依旧是有效的。

2. 有禁止结婚的亲属关系

在结婚的禁止条件部分，我们已经说明了设置禁婚亲的意义与功能。违反前述禁婚亲规定而缔结的婚姻并非合法婚姻，不发生婚姻的法律效力。《民法典》第1048条规定："直系血亲或者三代以内的旁系血亲禁止结婚。"此外，一定范围内的姻亲以及拟制血亲是否应当予以考虑的问题，前面章节已述。

3. 未到法定婚龄

《民法典》第1047条对男女两性的法定婚龄作了明确要求，违反此等要求所缔结的婚姻并非合法婚姻，不发生婚姻的法律效力。值得注意的是，与前两种禁止结婚的情形不同，未达法定婚龄的禁婚情形存在补正的可能性。也就是说，随着时间不可逆转地向前奔流，原本未达法定婚龄的当事人总有一天会满足法律在年龄方面的要求。如果他们之间不存在阻碍婚姻效力的其他事由，那么，他们之间的结合是有获得法律制度认可的可能性的。例如，张男与李女同岁，生于2000年1月初。2020年1月底，二人先在家乡办酒"结婚"，打算在年后的2月再去领证，熟料"新冠"疫情暴发，工作、生活受到极大影响，领证一事也就被放下。2023年1月底，二人才来到民政部门申请结婚登记并领取结婚证。在该案中，假设张男与李女在2020年2月按照原计划去办理结婚登记，由于张男未达法定婚龄（2022年1月初才满足），将无法登记。但是，尽管推迟至2023年1月底，二人才办理登记，他们的婚姻的效力并非自办理登记的2023年1月底起算，而是从双方均符合民法典所规定的结婚的实质要件时起算，即2022年1月初。

(二) 宣告婚姻无效的主体与程序

1. 请求宣告婚姻无效的主体

长期以来，我国司法实践就不同的婚姻无效的原因，区分了范围大小不同的请求权人的范围。《民法典婚姻家庭编司法解释（一）》第 9 条规定："有权依据民法典第一千零五十一条规定向人民法院就已办理结婚登记的婚姻请求确认婚姻无效的主体，包括婚姻当事人及利害关系人。其中，利害关系人包括：（一）以重婚为由的，为当事人的近亲属及基层组织；（二）以未到法定婚龄为由的，为未到法定婚龄者的近亲属；（三）以有禁止结婚的亲属关系为由的，为当事人的近亲属。"

请求确认婚姻无效的主体为"当事人及利害关系人"。"当事人"的切身利益与婚姻关系最为密切，自己可以请求人民法院宣告婚姻无效，属当然之理。"利害关系人"乃婚姻当事人以外的与婚姻无效与否具有利害关系的人，它的外延大小的确定，须基于国家社会特定时期的司法政策决定。由此可见，针对《民法典》第 1051 条规定的三种婚姻无效的情形，"利害关系人"的范围由宽至窄，这意味着法秩序对于当事人的纯粹"自由"的干涉范围是由大至小的。原因在于，这三种婚姻无效的情形均对社会公益造成侵害，但是，它们对公益的侵害程度是不同的，并呈现出递减态势。如前所述，重婚是对一夫一妻制及其背后的法秩序的粗暴侵犯，以至于，除了在民法上施以无效婚姻的制裁之外，还以刑事罪名重婚罪打击之。正因为如此，不仅当事人，其近亲属，乃至基层组织（居民委员会、村民委员会）均可向人民法院就已办理结婚登记的婚姻请求确认婚姻无效。未到法定婚龄的，如果双方均未达到法定婚龄，则双方当事人及其近亲属均可请求确认婚姻无效；若仅一方当事人未达到法定婚龄，仅该方未到法定婚龄的当事人及其近亲属可以请求宣告婚姻无效。首先，未达法定婚龄而结婚的，对公益的侵害不如重婚严重，而且随着时间流逝，这一违法情形终将消失。其次，法定婚龄制度保护的是未达年龄者的身心健康，如果一方已经达到法定婚龄，就不再属于该制度的保护对象，于是已经达到法定婚龄不得请求宣告婚姻无效。有禁止结婚的亲属关系的，一方的亲属也是另一方的亲属，当事人本人及其近亲属都可以请求宣告婚姻无效。

2. 确认婚姻无效的程序

无效婚姻的当事人往往通过各种方式完成了婚姻登记，从形式上看，通常具有合法婚姻的外观。我国的无效婚姻采取宣告无效制度，也就是说，在前述可请求宣告婚姻无效的主体向人民法院起诉并经过相关司法程序之后，已经登记的婚姻被宣告为无效婚姻，从此刻开始，不受法律保护。

可见，通过司法程序向人民法院请求确认婚姻无效，是婚姻无效的唯一程序，以判决方式结案。婚姻登记机关没有宣告婚姻无效的资质。婚姻登记机关收到人民法院宣告婚姻无效或者撤销婚姻的判决书副本后，应当将该判决书副本收入当事人的婚姻登记档案。人民法院受理离婚案件后，经审理确属无效婚姻的，应当将婚姻无效的情形告知当事人，并依法作出确认婚姻无效的判决。

在请求宣告婚姻无效的司法程序中，以下几点值得特别注意：①法定的无效婚姻情形在提起诉讼时已经消失。当事人依据《民法典》第1051条规定向人民法院请求确认婚姻无效，法定的无效婚姻情形在提起诉讼时已经消失的，人民法院不予支持。②不准许原告申请撤诉、不许调解。人民法院受理请求确认婚姻无效案件后，原告申请撤诉的，不予准许。对婚姻效力的审理不适用调解，应当依法作出判决。但是，涉及财产分割和子女抚养的，可以调解。调解达成协议的，另行制作调解书；未达成调解协议的，应当一并作出判决。③无效婚姻案件的审理优先于离婚案件。人民法院就同一婚姻关系分别受理了离婚和请求确认婚姻无效案件的，对于离婚案件的审理，应当待请求确认婚姻无效案件作出判决后进行。④死亡后的请求宣告无效。夫妻一方或者双方死亡后，生存一方或者利害关系人依据《民法典》第1051条的规定请求确认婚姻无效的，人民法院应当受理。

四、可撤销婚姻

（一）可撤销婚姻的原因

结婚是一种民事法律行为，可撤销婚姻与《民法典》总则编以及合同编规定的可撤销的民事法律行为/可撤销的合同虽有类似，但终归不同，具有自身的特殊性。长期以来，我国婚姻法上的可撤销婚姻的原因只有因受胁迫而主张撤销这一种。《民法典》新增因对方隐瞒重大疾病而主张撤销。因此，我国民法上的可撤销婚姻的原因类型是法定的，共计两种。

1. 因受胁迫

《民法典》第1052条规定："因胁迫结婚的，受胁迫的一方可以向人民法院请求撤销婚姻。请求撤销婚姻的，应当自胁迫行为终止之日起一年内提出。被非法限制人身自由的当事人请求撤销婚姻的，应当自恢复人身自由之日起一年内提出。"

婚姻自由不仅是宪法赋予国人的基本权利，也是婚姻法的首要原则。结婚自由要求男女双方各自作出与对方结婚的意思表示，两项意思表示一致，形成合意，婚姻方可缔结。如果婚姻当事人受到胁迫，那么他或她作出的结婚的意思表示便并非其真实意愿，法律赋予其撤销该婚姻的机会。《民法典》第1052条中的"胁迫"指的是行为人以给另一方当事人或者其近亲属的生命、身体、健康、名誉、财产等方面造成损害为要挟，迫使另一方当事人违背真实意愿结婚。因受胁迫而请求撤销婚姻的，只能是受胁迫一方的婚姻关系当事人本人。从《民法典婚姻家庭编司法解释（一）》第18条来看，受胁迫而主张撤销婚姻中的"胁迫"仅指一方当事人对另一方当事人或其近亲属实施的胁迫。该条规定承袭自《最高人民法院关于适用〈中华人民共和国婚姻法〉若干问题的解释（一）》（法释〔2001〕30号）（以下简称《婚姻法司法解释（一）》）第10条，由于成文年代较早，未包含编纂民法典时新设的第三人胁迫制度。正如有学者指出的那样，在现实生活中，胁迫结婚的不限于一方对另一方，也有可能双方均受到胁迫。① 在解释上，宜认为受到胁迫的双方中的任何一方，都可以起诉请求撤销婚姻。

---

① 杨大文、龙翼飞主编：《婚姻家庭法》（第八版），中国人民大学出版社2020年版，第99页。

2. 因对方隐瞒重大疾病

《民法典》第 1053 条规定:"一方患有重大疾病的,应当在结婚登记前如实告知另一方;不如实告知的,另一方可以向人民法院请求撤销婚姻。请求撤销婚姻的,应当自知道或者应当知道撤销事由之日起一年内提出。"

本条是《民法典》的新增条款,对它的理解应当基于疾病之于婚姻家庭法甚至整个民法的意义之上。1980 年及之前的《婚姻法》的两个版本均提及了疾病。1980 年《婚姻法》第 6 条第 2 项将"患麻风病未经治愈或患其他在医学上认为不应当结婚的疾病"规定为禁婚事由(禁婚疾病),该条文在 2001 年经修正后转变成第 7 条第 2 项"患有医学上认为不应当结婚的疾病",不过该规定留有变通的余地:如果婚前患有医学上认为不应当结婚的疾病,但是婚后已经治愈了的,不再属于婚姻无效的情形。《民法典》第 1053 条就疾病对于婚姻效力的影响作了三点较大的变更。第一,变"患有医学上认为不应当结婚的疾病"为"重大疾病",前者一度有强调疾病具有传染性[①]以至于"不应当结婚"(严重性)的意味,后者只是强调疾病的严重程度须达到"重大"的地步。这就将一些算不上重大的、甚至具有一定传染性的疾病排除出去。毕竟,人生在世,难免得病,不宜扩张"重大疾病"的外延。第二,变疾病对婚姻效力的影响从绝对无效到相对无效(依申请撤销)。第三,对方须隐瞒重大疾病。一方患有重大疾病不如实告知的,侵犯的是对方的结婚自由。可是,如果在登记前如实告知了,而另一方不介意并与之结婚,婚姻乃合法成立的,效力并无瑕疵。

(二)撤销的主体与程序

1. 撤销的主体

《民法典》第 1052 条与第 1053 条的文意清楚地规定了,得向人民法院请求撤销婚姻的只能是当事人,其他近亲属及基层组织不得提出请求,而且,只能是结婚自由受到侵犯的一方当事人可以提出撤销的请求。易言之,向对方实施了胁迫或隐瞒重大疾病的一方当事人,不得向人民法院请求撤销婚姻。

2. 撤销的程序

婚姻当事人请求撤销婚姻的,只能通过向人民法院起诉的方式完成,仅向婚姻的相对人作出撤销的意思表示,不能发生婚姻被撤销的结果。通过司法程序向人民法院请求撤销婚姻,是婚姻被撤销的唯一程序,以判决方式结案。人民法院根据当事人的请求,依法确认婚姻无效或者撤销婚姻的,应当收缴双方的结婚证书并将生效的判决书寄送当地婚姻登记管理机关。

(三)撤销权行使期间

可撤销婚姻制度与无效婚姻制度的重大差异在于,在前者,结婚自由受侵犯的一方

[①] 正是因为麻风病被重新认识为是一种普通的慢性传染病,2001 年修正《婚姻法》时才删去了有关麻风病的规定。胡康生:关于《中华人民共和国婚姻法修正案(草案)》的说明,载 http://www.npc.gov.cn/wxzl/gongbao/2001-06/01/content_5136917.htm,2021 年 7 月 27 日访问。

当事人拥有选择权,既可以选择维持现状,也可以选择撤销婚姻;在后者,法秩序未给予当事人选择的自由,直接作出一律无效的判断。但是,在身份关系领域,应当尽量避免身份长期处于不稳定的状态,因此撤销权的行使期间应当有限制。《民法典》第1052条与第1053条将这一期间规定为1年,性质上属于除斥期间。受胁迫或者被非法限制人身自由的当事人请求撤销婚姻的1年的期间,不适用诉讼时效中止、中断或者延长的规定,也不适用《民法典》第152条的5年的撤销权行使最长期间的规定。

一年的期间为两种可撤销婚姻的共同点,二者的差异则在于起算点的不同。因胁迫请求撤销婚姻的,应当自胁迫行为终止之日起1年内提出。被非法限制人身自由的当事人请求撤销婚姻的,应当自恢复人身自由之日起1年内提出。因对方隐瞒重大疾病请求撤销婚姻的,应当自知道或者应当知道撤销事由之日起1年内提出。在1年的除斥期间经过之后,当事人如果不愿维系婚姻效力的,只得考虑通过离婚的途径来终结它。

五、婚姻无效或被撤销的法律后果

婚姻被宣告无效或者被撤销,意味着当事人之前已经在婚姻登记机关登记的婚姻不能取得使其结为合法夫妻的法律效果。但是,自结婚登记的那一刻起,如今已经被宣告无效或者被撤销的婚姻一度呈现出合法婚姻的表象,在其被宣告无效或者被撤销之后,还应当处理因其缔结发生的法律关系变动,并令违法的当事人承担起相应的法律责任。

《民法典》第1054条规定:"无效的或者被撤销的婚姻自始没有法律约束力,当事人不具有夫妻的权利和义务。同居期间所得的财产,由当事人协议处理;协议不成的,由人民法院根据照顾无过错方的原则判决。对重婚导致的无效婚姻的财产处理,不得侵害合法婚姻当事人的财产权益。当事人所生的子女,适用本法关于父母子女的规定。婚姻无效或者被撤销的,无过错方有权请求损害赔偿。"此外,该条所规定的"自始没有法律约束力",是指无效婚姻或者可撤销婚姻在依法被确认无效或者被撤销时,才确定该婚姻自始不受法律保护。该条规定强调的是婚姻被宣告无效或者被撤销必须经过司法程序确认,只不过,此等诉法程序确认的结果具有溯及既往的效力。

(一)对当事人的法律后果

1. 夫妻人身关系自始不存在

合法婚姻使得结婚的男女双方之间形成夫妻的身份关系,互享妻与夫的权利义务。婚姻被宣告无效或者被撤销之后,当事人之间原先基于夫妻身份关系而享有的权利、负担的义务均不再存在,例如,夫妻双方各自使用自己的姓名的权利、各自参加生产、工作、学习和社会活动的自由。

2. 共同财产的分割

(1)同居期间所得的财产不属于夫妻共同财产。婚姻被宣告无效或者被撤销之前的同居期间,男女双方可能以夫妻关系的存在为前提取得了财产。同居期间所得的财产,由当事人协议处理;协议不成的,由人民法院根据照顾无过错方的原则判决。当事人同居期间所得的财产,原则上按共同共有处理,除非有证据证明为当事人一方所有。当事人因同居期间财产分割或者子女抚养纠纷提起诉讼的，人民法院应当受理。

（2）对重婚导致的无效婚姻的财产处理，不得侵害合法婚姻当事人的财产权益。因此，人民法院审理重婚导致的无效婚姻案件时，涉及财产处理的，应当准许合法婚姻当事人作为有独立请求权的第三人参加诉讼。值得注意的是，在重婚导致婚姻无效的情形中，"由人民法院根据照顾无过错方的原则判决"与"对重婚导致的无效婚姻的财产处理，不得侵害合法婚姻当事人的财产权益"的关系应如何理解。重婚导致的无效婚姻中的无过错方可以多分得财产，但是，不得侵害有过错方的合法配偶的财产权益。例如，甲已有配偶，又与乙登记结婚，人民法院根据照顾无过错方的原则，在分割甲乙于无效婚姻期间所得财产时，不得将甲的合法婚姻中的夫妻共同财产分给乙。①

（二）对子女的法律后果

婚姻被宣告无效或者被撤销之后，男女双方之间一度存在的夫妻关系溯及既往地消灭，但是，在此期间出生的子女与他们两方之间的父母子女关系属于自然血亲，不受婚姻效力的影响。我国民法上，非婚生子女享有与婚生子女同等的权利，任何组织或者个人不得加以危害和歧视。不直接抚养非婚生子女的生父或者生母，应当负担未成年子女或者不能独立生活的成年子女的抚养费。

（三）违法者的法律责任

《民法典》第1054条第2款规定："婚姻无效或者被撤销的，无过错方有权请求损害赔偿。"这是《民法典》的新增规定。在此之前，我国法律中既无对无效婚姻中诚信方的保护，也无对无过失方的保护，是一个必须填补的法律漏洞。②对于《民法典》第1054条第2款的理解，应当注意以下几点：第一，赔偿请求权的主体只能是无过错方。第二，赔偿责任者只能是导致婚姻被宣告无效或者被撤销的有过错方。第三，就赔偿范围而言，包括财产损害和精神损害的赔偿。③

第六节　事实婚姻与同性婚姻

一、事实婚姻

（一）事实婚姻的含义

事实婚姻是法律婚姻的对称，可以有广义和狭义两种理解。我国司法实践长期采纳狭义说。《民法典婚姻家庭编司法解释（一）》第7条规定："未依据民法典第一千零四十九条规定办理结婚登记而以夫妻名义共同生活的男女，提起诉讼要求离婚的，应当区别对待：（一）1994年2月1日民政部《婚姻登记管理条例》公布实施以前，男女双方

---

① 黄薇主编：《中华人民共和国民法典释义及适用指南（下）》，中国民主法制出版社2020年版，第1587页。
② 徐国栋：《无效与可撤销婚姻中诚信当事人的保护》，载《中国法学》2013年第5期。
③ 薛宁兰、谢鸿飞主编：《民法典评注婚姻家庭编》，中国法制出版社2020年版，第101页。

已经符合结婚实质要件的,按事实婚姻处理。(二)1994年2月1日民政部《婚姻登记管理条例》公布实施以后,男女双方符合结婚实质要件的,人民法院应当告知其补办结婚登记。未补办结婚登记的,依据本解释第三条规定处理。"根据该条规定,事实婚姻仅仅指男女双方已经符合结婚实质要件,且婚姻登记制度已经建立起来之后,却没有办理婚姻登记的情形。与《民法典婚姻家庭编司法解释(一)》第7条意义上的事实婚姻相对的为广义的事实婚姻,也就是说,当事人肯定未办理结婚登记,但是结婚的实质要件是否符合,存在不确定性。例如,男女双方中一人或者二人都未达法定婚龄,并且未办理登记,却以夫妻名义公开同居生活。对此种情形,《民法典婚姻家庭编司法解释(一)》第6条规定:"男女双方依据民法典第一千零四十九条规定补办结婚登记的,婚姻关系的效力从双方均符合《民法典》所规定的结婚的实质要件时起算。"

(二)事实婚姻的成立

总之,是否进行结婚登记,是事实婚姻(广义与狭义)与法律婚姻的根本差异。由于无法从法定的公示方法上查知婚姻是否构成,对于事实婚姻而言,须寻找其他客观上的、外在的事实依据,将它与通奸、姘居区别开,这就是身份生活的事实,它也是事实婚姻的特殊成立要件。①《民法典婚姻家庭编司法解释(一)》第7条和第8条用"以夫妻名义共同生活"表述它。长期以来,我国司法政策性文件和司法解释都从这个角度判断事实婚姻是否成立。总括而言,可以将事实婚姻的要件表述如下:第一,共同生活。共同生活是同居的事实,没有这一事实,不可能构成事实婚姻,这也是事实婚姻与法律婚姻的重大差异。正是有了这种共同生活的既成事实,法律制度才(结合其他条件)考虑对未经登记的事实婚姻提供等同于法律婚姻的保护。至于共同生活的事实维系多长时间,并非重要因素。与之相反,在法律婚姻中,是否构成婚姻全看是否完成了结婚登记,一旦完成,哪怕男女双方各奔东西没有同居生活过一天,婚姻已经缔结是没有疑义的。第二,以夫妻名义共同生活。易言之,男女双方不仅有共同生活的事实,而且以夫妻名义共同生活,以至于周围的群众认为他们是夫妻。

(三)事实婚姻的法律效力

《民法典婚姻家庭编司法解释(一)》第6条、第7条和第8条比较全面地规制了事实婚姻相关问题的法律效果,现综述如下:①以夫妻名义共同生活的男女未依据《民法典》第1049条规定办理结婚登记,而提起诉讼要求离婚的,如果他们在1994年2月1日民政部《婚姻登记管理条例》公布实施以前,双方已经符合结婚实质要件的,构成事实婚姻,与法律婚姻具有相同效力。②以夫妻名义共同生活的男女未依据《民法典》第1049条规定办理结婚登记,而提起诉讼要求离婚的,如果他们在1994年2月1日民政部《婚姻登记管理条例》公布实施以后,双方已经符合结婚实质要件的,人民法院应当告知其补办结婚登记。补办结婚登记后,婚姻关系的效力从双方均符合《民法典》所规定的结婚的实质要件时起算。此时,可以提起诉讼要求离婚。③如果双方未补办登记

---

① 余延满:《亲属法原论》,法律出版社2007年版,第149页。

的，当事人提起诉讼仅请求解除同居关系的，人民法院不予受理；已经受理的，裁定驳回起诉。当事人因同居期间财产分割或者子女抚养纠纷提起诉讼的，人民法院应当受理。

二、同性婚姻

（一）同性婚姻及争议

同性婚姻问题是同性恋者希望能够与其同性恋人缔结具有法律效力的婚姻的诉求所产生的相关法律问题，因为它与"男婚女嫁"的传统观念矛盾，所以争议较大。传统上，婚姻仅限于男女之间的异性结合。用大陆法系的伟大立法者优士丁尼的话来说，"我们称为婚姻的男女的结合，由它产生了生殖和养育子女"产生于自然法，且不限于人类，而为所有诞生在天空、陆地或海洋的动物所享有。只不过，现代社会，价值多元，许多传统观念遭遇挑战。[①] 2001年，荷兰正式将同性婚姻合法化，成为世界上第一个合法化同性婚姻的国家。目前，全球已有近30个国家承认了同性婚姻，如果将统计的层级下放至一国中的部分区域，这一数字还将大大增加。可见，同性婚姻确实已成为一个需要认真面对的现实问题。

近年来，台湾地区已经将同性婚姻合"法"化，也就是说，同性之间可以根据台湾地区的"民法"结婚。香港地区也出现了若干认可同性间结合的具有法律效力的判决。在内地，同性婚姻合法化的诉求也被频频提起，引发社会较强关注。2016年4月，全国"同性恋婚姻登记第一案"在湖南长沙芙蓉区人民法院开庭审理，作为原告的二位男士由于长沙市芙蓉区民政局拒绝为他们办理结婚登记而对后者提起行政诉讼。长沙市芙蓉区法院审理认为，根据《婚姻法》第2条、第5条以及《婚姻登记条例》相关条款的规定，一夫一妻即缔结婚姻关系的两人需为一男一女，现行法律没有为同性恋登记婚姻的规定，行政机关只能依据法律行政，因此芙蓉区民政局做出的行政行为程序合法，适用法律正确，据此驳回了原告的诉讼请求。[②] 在编纂《民法典》的过程中，人们对同性婚姻有相当多的关注，但是，立法者在经过审慎考虑之后，明确否定了同性婚姻合法化的意见。[③]

不论是中国人的传统观念，还是《民法典》条款文义（一夫一妻、男女平等；结婚应当男女双方完全自愿，等等）都表明，我国的婚姻制度是以男女之间基于自然差异的两性的结合为基础而构造、设立、运行的。男女结合以及随之而来的家庭、生育，是婚姻家庭亲属法上的人身关系与财产关系的权利义务得以展开的自然基础，而且其法律效力甚至会逸出私法，涉及更多问题，例如"夫夫"/"妻妻"组成的"家庭"是否享受

---

① ［古罗马］优士丁尼主编，徐国栋译，《法学阶梯》（第三版），商务印书馆2021年版，第33页。
② "同性恋婚姻登记第一案"在长沙宣判：民政局拒办登记合法，https://www.thepaper.cn/newsDetail_forward_1455824，2021年10月4日访问。
③ 全国人大法工委新闻发言人臧铁伟在答记者问时回应：我国现行婚姻法规定的一夫一妻制是建立在一男一女结为夫妻基础上的婚姻制度，这个规定是符合我国的国情和历史文化传统的。据我所知，目前世界上绝大多数国家都不承认同性婚姻的合法性，因此民法典婚姻家庭编草案也维持了现行婚姻法规定的一夫一妻制，这个草案已经在中国人大网全文公布，向社会征求意见。全国人大常委会法工委举行第一次记者会，载http://www.scio.gov.cn/xwfbh/qyxwfbh/Document/1662461/1662461.htm，2021年8月8日访问。

税收的减免？一方可否以团圆名义投奔另一方落户？在相当长的一段时期内，传统婚姻涉及的这些基本情况不会发生重大变化，如果要考虑对同性婚姻的合法化，也不得不虑及这些因素。

（二）同性婚姻与民事结合

民事结合（civil union）是一种时常伴随同性婚姻出现的表述，它在一些国家已经成为正式的法律制度。民事结合是指由法律所确立并保护的与婚姻类似的结合关系，使得关系的两方当事人之间发生特定的法律上权利义务关系，但是特别地绕过"婚姻"的表述，以此与传统的男女结合区别开。民事结合中的"民事"有世俗的、非宗教的意味在内，这一点在我国这类政教分离的国家尚不明显，而在一些宗教氛围浓郁的国家，传统的婚姻多在教堂等宗教场所缔结，民事结合的称谓可将其与同性婚姻作区分。

法国 1999 年设立的民事互助协议（pacte civil de solidarité，PACS）就是一种比较典型的民事结合。它可以由两名成年人设立以组织他们的共同生活。它赋予此二人以传统婚姻的某些法律效果，既有积极方面的，例如，作为一个单位抵扣税收、在一方失业与身患疾病时给予对方实质的帮助、拥有共同的居所、可以约定个人财产与共同财产的范围、一方对他方与第三人因日常生活所需而欠付的债务承担责任，等等；又有消极方面的效力，例如不得在直系亲属之间缔结民事互助协议，也不能与已经与他人缔结过民事互助协议的人再行缔结此等协议。但是，民事互助协议的双方不相互享有继承权，也不能实施收养，这也是它与婚姻的主要区别。民事互助协议非经登记不生效力。

值得注意的是，虽然在设计民事互助协议之初，立法者的主要意图在于为同性恋人实现平权，为他们缔结与传统婚姻类似的法律关系提供一种方案。但是，由于此等协议既可以在同性之间缔结，也可以在异性之间缔结，以至在实践中，异性之间缔结的民事互助协议占据绝大多数，异性恋人往往将它作为通往婚姻的中转站，视情况决定是否最终缔结婚姻，毕竟，民事互助协议的解除较传统婚姻更为方便、负担也较传统婚姻为轻。

（三）同性婚姻问题的可能解决方案

作为民事法律行为的结婚所发生的效果是在结婚的男女双方之间发生一定的权利义务关系，这些权利义务关系可分为人身方面的和财产方面的。同性恋者所追求的同性婚姻合法化的目标，无外乎是希望同性之间的结合可以获得以上两大方面的法律效果。与一夫一妻的个体婚的性爱功能、生育功能、扶助功能三大功能[①]相比，同性结合具备第一项功能，不具备第二项功能，第三项功能则部分地可以借助现行民法制度来展开。例如，《民法典》第 33 条规定："具有完全民事行为能力的成年人，可以与其近亲属、其他愿意担任监护人的个人或者组织事先协商，以书面形式确定自己的监护人，在自己丧失或者部分丧失民事行为能力时，由该监护人履行监护职责。"同性恋人可借助该条规定的成年人预先确认将来的监护人制度，来满足自己失能失智之后的扶助、照护需求。

[①] 杨大文，龙翼飞主编：《婚姻家庭法》（第八版），中国人民大学出版社 2020 年版，第 106 页。

在财产关系方面,即便是在缔结了婚姻的男女两性之间,约定财产制相较于法定的夫妻共同财产制也具有优先性。同性恋人可以通过约定共同经营、管理、享有各类财产,以满足共同生活的需求。

是否可以实施收养也是同性婚姻及类似结合中的重大争议问题。如前所述,收养与婚姻一样,都是建立家庭的法律机制。如果说,"两情相悦"是同性婚姻正当化的重要理由,将与此等情感无关的未成年人牵涉进来,还需要进一步的论证。

第四章　婚姻效力

第一节　婚姻效力概述

一、婚姻效力的概念

婚姻效力是男女双方因结婚而在法律上产生的权利义务关系。婚姻效力是男女双方实施有效结婚行为的法律后果，它随婚姻关系的成立而发生，随婚姻关系的解除而终止。

婚姻效力有广义和狭义之分。广义的婚姻效力是指婚姻成立后在婚姻家庭法以及其他相关部门法中产生的法律后果，例如在我国的《民法典》《民事诉讼法》《劳动法》《刑法》《国籍法》等部门法中皆有关于婚姻效力的规定。狭义的婚姻效力，是指婚姻在《民法典》婚姻家庭编中的法律效力，囊括人身与财产两个方面的内容。

《民法典》关于婚姻效力的规定集中于婚姻家庭编第三章，以"家庭关系"之名框定了婚姻对男女双方当事人的直接效力和及于第三人的间接效力。婚姻的直接效力指因婚姻而产生的夫妻间的权利义务关系，包括夫妻的姓名权、住所约定权、日常家事代理权、继承权、忠实义务、扶养义务等内容。婚姻的间接效力指因结婚引起的其他亲属间的权利和义务，包括父母子女关系和其他近亲属关系。本章仅讨论婚姻的直接效力，即夫妻间的权利义务关系。

在大陆法系中，关于婚姻的直接效力有两种不同的立法例。一种是以《法国民法典》为代表的总分模式，即在婚姻编中仅规定"婚姻产生的义务"以及"夫妻相互的权利义务"，至于夫妻间具体的财产关系则散见于此后与财产有关的各编之中。另一种是以《德国民法典》为代表的二分模式，即在亲属法编婚姻一章中同时规定"婚姻的一般效果"和"夫妻财产制"，瑞士、日本、意大利等国皆采用此种立法模式。我国《民法典》则采用一体立法模式，即在婚姻家庭编第三章第一节中把夫妻人身关系和夫妻财产关系统为一体，统称为夫妻关系，只不过人身关系规定在前，财产关系规定在后。

二、夫妻关系的概念

夫妻关系是指夫妻之间在法律上的权利与义务关系总和。夫妻双方所具有的特定身份决定了夫妻关系与其他两性关系的本质区别，即夫妻关系必须是男女两性合法的结合。男女双方符合法律规定的结婚条件，并履行了法定的结婚手续，才能形成法律认可的夫妻关系。男女两性间其他形式的结合，如重婚、同居等，都不是夫妻关系。夫妻关系是一切亲属关系的本源，在《民法典》规定的各种家庭关系中，夫妻关系处于核心地位，在家庭中承担着承上启下、养老育幼的特殊作用。

夫妻关系的内容十分广泛，分为人身关系和财产关系两个方面。夫妻人身关系是指与夫妻的身份相联系而不具有经济内容的权利义务关系，如夫妻的姓名权、同居义务和忠实义务等。夫妻财产关系是指夫妻间具有经济内容的权利义务关系，如夫妻财产制、夫妻间的扶养关系、夫妻继承权等。夫妻人身关系与夫妻财产关系之间具有密切联系，夫妻人身关系决定了夫妻财产关系，夫妻财产关系从属于夫妻人身关系。

三、夫妻关系的立法例

夫妻关系是男女两性社会地位在婚姻家庭中的集中表现。夫妻关系的性质和内容归根结底受制于当时的社会经济基础，如果一个国家的社会经济基础发生变化，那么与之相适应的夫妻权利义务关系也会随之变化。从立法例上看，夫妻关系主要有以下三种类型。

1. 夫妻一体主义

夫妻一体主义也称夫妻同体主义，是指男女结婚后人格相互吸收，合为一体。从表面看，一体化下的夫妻在法律地位上是平等的，但通常只是妻子的人格被丈夫所吸收，成为无行为能力人或限制行为能力人，妻子处于夫权的支配之下，故夫妻一体主义一说只不过是对夫权主义的美化。夫妻一体主义多为奴隶社会和封建社会的婚姻家庭法所采用，在早期资本主义社会中也有一定的残留，但已为现代法制所不采。

2. 夫妻别体主义

夫妻别体主义也称夫妻分立主义，是指男女双方结婚后仍各自保持独立人格，享有平等的人身权利和财产权利，承担平等的义务。在夫妻别体主义下，夫妻双方虽然都受婚姻效力的约束，但各自仍然拥有民事权利能力和法律行为能力，享有各种具体的人身权利和财产权利。这种立法主义是以个体为本位的，它最早产生于古罗马万民法的无夫权婚姻，近现代各国民法典相继予以采纳，夫妻关系据此在形式上逐渐趋于平等。

3. 夫妻共同体主义

夫妻共同体主义是指男女双方因结婚而组成生活共同体或者夫妻团体，其中，夫或妻仍然作为独立主体，各自保持相对独立性。夫妻共同体主义的法律依据是婚后所得共同制，从功能主义角度，夫妻共同体主义有利于促进婚姻和谐与家庭稳定，增进夫妻家庭地位平等。婚姻家庭法律制度既要维护男女平等与婚姻自由，又要塑造温暖亲密的夫妻关系，夫妻之间广泛存在着利他主义，男女结婚并非仅仅彼此成为配偶，更要组建共同生活的家庭，虽然有学者提出的夫妻命运共同体说[①]和夫妻合伙契约说[②]还有待商榷，但夫妻共同体的伦理属性和经济理性已为越来越多的人所接受。实际上，婚姻既存在夫

[①] 夫妻命运共同体说，是指夫妻在婚姻存续期间应当休戚相关、祸福与共。具体参见金眉：《婚姻家庭立法的同一性原理——以婚姻家庭理念、形态与财产法律结构为中心》，载《法学研究》2017年第4期，第49页。

[②] 夫妻契约说，是把婚姻类比为合伙，夫妻双方分工协作，以各自资源投入到婚姻家庭中去，共享婚姻所得收益。

妻共同利益，又保持夫妻个体独立，是夫妻别体与夫妻共同体的有机结合。

四、夫妻法律地位

我国《民法典》第1055条规定："夫妻在婚姻家庭中地位平等。"这是对夫妻法律地位的原则性规定，反映了男女平等原则的基本要求。根据该条规定，夫妻在人身关系和财产关系两个方面的权利和义务都是完全平等的。

夫妻在婚姻家庭中地位平等，既是确定夫妻间权利和义务的立法原则，也是处理夫妻间权利和义务纠纷的基本依据。对于夫妻间的权利和义务纠纷，《民法典》有具体规定的，应依照具体规定处理；无具体规定的，则应按照夫妻在婚姻家庭中地位平等原则的精神予以处理。

第二节　夫妻人身关系

夫妻人身关系是与夫妻不可分离的，不以直接的经济利益为内容的特定精神利益关系。对于夫妻人身关系，1980年我国《婚姻法》主要规定了夫妻姓名权、夫妻人身自由权、婚姻住所商定权、计划生育义务等内容，同时间接肯定了夫妻同居义务。2001年我国《婚姻法》新增了夫妻忠实义务，同年《婚姻法司法解释（一）》间接确认了日常家事代理权。2011年《最高人民法院关于适用〈中华人民共和国婚姻法〉若干问题的解释（三）》（以下简称《婚姻法司法解释（三）》）对夫妻生育纠纷明确了裁判规则，2015年《中华人民共和国人口与计划生育法》规定了包括夫妻在内的公民生育权。《民法典》婚姻家庭编新增了夫妻互相尊重、互相关爱义务，同时间接肯定了夫妻同居的权利和义务。

一、夫妻姓名权

姓氏是对父系或母系的血缘集团的称呼，是对亲属团体有同一认识的名称。姓氏表示的是家族或家族系统的符号，体现每个人所属的亲属集团。在有些国家，姓氏有出生姓氏和婚姻姓氏之分。出生姓氏是一个自然人出生时依血统关系而取得的姓氏。婚姻姓氏是一个自然人因婚姻而取得的姓氏。男女双方婚前各有自己的姓氏，结婚后其姓氏是否应做变更，直接涉及男女两性的社会地位如何以及独立人格的有无，是否发生新的从属关系，因而在各国立法中夫妻姓名权均是婚姻效力的重要内容。

封建社会男尊女卑，妻从夫姓是古代社会的通例，妻子在本姓之前冠以夫姓，标志着妻子从此归属于丈夫亲族之内，置于夫权之下。新中国成立后我国实现了男女平等，"妻以其本姓冠以夫姓，赘夫以其本姓冠以妻姓"的封建残余不复存在。

姓名权是人格权的重要组成部分，是一项重要的人身权利。《民法典》第1012条规定，自然人享有姓名权，有权依法决定、使用、变更或者许可他人使用自己的姓名。男女双方结婚以后，根据《民法典》第1056条的规定，夫妻双方都有各自使用自己姓名的权利。这意味着夫妻双方的姓名不因婚姻成立而发生变化，是男女平等、夫妻平等的基本原则在姓名问题上的具体表现。

夫妻各自享有平等的姓名权还体现在子女姓氏的确定上。《民法典》第 1015 条规定，自然人应当随父姓或者母姓。至于子女姓氏的最终确定，需要父母双方共同协商，合意决定。子女的姓氏确定后即保持稳定性，非有必要不得随意变更，若要变更，不满 8 周岁的需要父母双方协商一致才能变更，年满 8 周岁的未成年子女姓氏变更还应尊重本人的真实意愿。

《民法典》第 1015 条对于子女的姓氏确定具有较大的包容性，在三种情况下可以在父姓和母姓之外选取姓氏：①经过父母双方协商同意，可以选取其他直系长辈血亲的姓氏；②因由法定扶养人以外的人扶养而选取扶养人姓氏；③有不违背公序良俗的其他正当理由。此外，少数民族自然人的姓氏可以遵从本民族的文化传统和风俗习惯。

二、夫妻人身自由权

人身自由权，是指自然人依法享有的其人身和行为完全由自己支配，不受任何组织或个人非法限制或侵害的权利。人身自由权是自然人最基本的权利，也是自然人参加政治、社会、经济、文体等活动和行使其他权利的先决条件。《民法典》第 109 条规定："自然人的人身自由、人格尊严受法律保护。"

夫妻人身自由权，是在婚姻关系存续期间，夫妻双方享有独立的人格和平等地位，有权按照本人意愿依法决定从事社会的生产、工作、学习和社会活动的自由。夫妻双方享有人身自由权是夫妻家庭地位平等的重要标志，夫妻有无人身自由权取决于男女两性的社会地位，从历史上看，夫妻人身自由权的实质在于已婚妇女是否享有与丈夫同等的社会活动中的各项权利。在古代社会，"三从四德""男外女内"等封建礼教把妻子禁锢在小家庭的牢笼之内，妻子成为家庭奴隶，只能从事家务劳动，她们被排除于社会生活之外，无权过问家庭以外之事，无权参加工作和社会活动，至于参与管理社会公共事务则更无从谈起了。

中华人民共和国成立后，1950 年我国《婚姻法》第 9 条规定："夫妻双方均有选择职业、参加工作和参加社会活动的自由。"1980 年我国《婚姻法》第 11 条进一步规定："夫妻双方都有参加生产、工作、学习和社会活动的自由，一方不得对他方加以限制或干涉。"2001 年我国《婚姻法》第 15 条和《民法典》第 1057 条，仍坚持这一规定。这些规定是夫妻地位平等的标志，为夫妻平等参与各种社会活动提供了法律保障。

我国夫妻人身自由权的主要内容有以下三个方面。

1. 夫妻双方都有参加生产、工作的自由

这里的生产泛指一切正当的生产经营活动。这里的工作主要指从事一定的社会职业，也泛指一切合法的社会性劳动。凡是能够获得劳动报酬或者收入的一切社会性劳动以及义务性的社会性工作，如义工等，皆属这里所讲的生产、工作范畴之内。我国宪法、劳动法等法律中都有保障公民劳动就业的规定，公民享有劳动就业的合法权益不因婚姻缔结而被剥夺。

2. 夫妻双方都有参加学习的自由

学习是指为提高个人能力和素质而接受各种方式的教育、训练，以及通过各种渠道进行自我提高。它既包括接受正规的学校教育,也包括业余学习;既包括接受系统的教育,也包括接受扫盲学习或者职业技能培训;既包括集体性、系统性的学习,也包括个人自学。夫妻双方的学习自由是夫妻素质提升也是职业提高的重要途径和基本保障。

3. 夫妻双方都有参加社会活动的自由

社会活动,是指参政、议政活动,科学、技术、文化、艺术等文化活动,各种群众组织、社会团体的活动,以及多种形式的公益活动等。参加社会活动是我国公民依法享有的民主权利,男女不会因为缔结婚姻而被限制或者剥夺这一民主权利。参加社会活动是夫妻双方的自由,但就其针对性而言,主要是为了保障已婚妇女享有参加社会活动的自由和权利,丈夫必须予以尊重并给予协助。当然,法律赋予夫妻双方参加社会活动的自由并不意味着鼓励夫妻不顾一切地参加各种社会活动,只有以不影响家庭正常生活和对子女教育、父母赡养为前提,才是夫妻双方参加社会活动自由的恰当实现方式。

夫妻双方应相互尊重,任何一方都不得限制或干涉他方的人身自由。但应注意的是,夫妻各方实现人身自由时必须符合法律规定,不得滥用权利损害他方和家庭的利益。任何一方在行使该项权利时,都必须同时履行法律规定的自己对婚姻、家庭所应承担的义务。如果夫妻任何一方不当行使该项权利,对方有权提出意见,进行必要的劝阻。

三、婚姻住所商定权

婚姻住所,是指夫妻婚后共同居住和共同生活的主要住所地。婚姻是男女双方当事人创设的重要私人关系,夫妻在一定的住所同居生活构成夫妻关系最核心的内容。婚姻住所是维持婚姻关系的基本条件,是夫妻行使权利并履行法定义务的主要场所,也是夫妻财产的主要聚集地和未成年子女的主要生活地。

婚姻住所商定权,又称婚姻住所选定权,是指夫妻选择、决定婚后共同生活住所的权利。对于夫妻婚后共同生活的住所由谁决定,古今中外立法有所不同。在实行夫妻一体主义立法的古代社会,夫妻关系是男尊女卑,夫为妻纲,妻子从属于丈夫,因而婚姻住所的决定权专属于丈夫,实行"妻从夫居"的婚居方式。在现代社会,随着男女平权观念的倡导和女权运动的发展,夫妻双方平等地享有婚姻住所决定权。[①]

我国1950年《婚姻法》未对夫妻婚姻住所商定做出明文规定。1980年我国《婚姻法》第8条规定:"登记结婚后,根据男女双方约定,女方可以成为男方家庭的成员,男方也可以成为女方家庭的成员。"2001年我国《婚姻法》第9条也坚持此种规定,《民法典》第1050条也有类似规定,只不过把其中的"根据"修改为"按照",在措辞使用上更加严谨。

对于婚姻住所商定权,学界观点各异。肯定说认为,婚姻住所商定权的法律依据是《民法典》第1050条,根据该条规定,登记结婚后,按照男女双方约定,女方可以成为男方家庭的成员,男方可以成为女方家庭的成员。成为一方家庭成员后,家庭所在即婚姻住所。否定说认为,男女双方可以通过约定成为一方家庭成员的法律条款,并不是婚

---

① 蒋月:《夫妻的权利与义务》,法律出版社2001年版,第52页。

姻住所的直接规定，① 在迁移率较高的现代社会，夫妻一方的原生家庭所在并不一定是其实际居住场所，加入一方家庭只是身份关系上的概念，而婚姻住所却是个空间地理概念，二者之间不能画等号。本书作者认为，《民法典》第1050条赋予了夫妻双方平等的婚姻住所商定权，对于破除男娶女嫁、妇从夫居的传统具有积极意义。由于婚姻住所是夫妻共同生活的依托，纯粹的自由主义极易造成纷争，② 采用协商主义更有利于维护夫妻共同生活的一体性。

四、夫妻同居的权利与义务

夫妻同居是夫妻双方以配偶身份共同生活，包括物质生活、精神生活和性生活等方面内容。男女结婚后应相互尊重、相互理解、相互安慰，夫妻应当在一起共同生活，相互扶助，共同承担家庭生活的责任。

婚姻乃男女两性的结合，同居是夫妻共同生活不可缺少的内容。从各国婚姻家庭法律发展史看，同居先后经历了两个不同的历史发展阶段。在资本主义早期以及以前，同居是对妻子单方面的义务要求。以法国为例，1804年《法国民法典》第214条规定，妻负与夫同居的义务。自20世纪40年代末开始，女权运动的发展促使妇女参加社会活动日渐增多，经过几十年的孕育发展，法国为顺应男女平等的要求开始修订婚姻立法，1970年《法国民法典》第215条第1款规定，夫妻相互负共同生活的义务。至此，夫妻同居由纯粹女方的义务变为男女双方的共同生活。

对于同居的法律性质，学界有义务说和权利义务说两种观点。义务说认为，同居是男女双方婚后以配偶身份共同生活的义务，是男女结婚的一种承诺。③ 权利义务说认为，同居是夫妻共同的权利，也是夫妻共同的义务。作为权利，夫妻一方有权要求与另一方共同生活；作为义务，夫妻任何一方都有义务与对方共同生活。④ 本书作者认为，夫妻同居既是权利，也是义务，但同居涉及人身自由，《民法典》第109条规定："自然人的人身自由、人格尊严受法律保护。"因此，同居权利不得强制要求，同居义务不得强制履行，夫妻同居的权利和义务只能通过协商才能实现。

我国1950年《婚姻法》第7条曾对夫妻同居的权利和义务做出明确规定，即"夫妻为共同生活的伴侣，在家庭中地位平等"。但此后我国的1980年《婚姻法》和2001年《婚姻法》都没有关于夫妻同居的直接规定。《民法典》依然没有关于夫妻同居的正面规定，但第1042条第2款规定"禁止有配偶者与他人同居"；第1079条第3款中的规定"因感情不和分居满二年"经调解无效应当准予离婚，婚姻关系准予解除。这些规定实际上间接承认了夫妻同居的权利和义务。

夫妻同居的权利和义务，其内容主要包括夫妻同床共枕⑤、同桌进餐⑥、共同居

---

① 余延满：《亲属法原论》，法律出版社2007年版，第245页。
② 杨立新：《人身权法论》，人民法院出版社2002年版，第777页。
③ 杨立新：《人身权法论》，人民法院出版社2002年版，第777页。
④ 房绍坤等：《婚姻家庭继承法》（第六版），中国人民大学出版社2020年版，第56页。
⑤ ［葡］威廉·德奥利维拉、弗朗西斯科、佩雷拉、科埃略：《亲属法教程》，林笑云译，中国法律图书有限公司2019年版，第330—331页。
⑥ 余延满：《亲属法原论》，法律出版社2007年版，第227页。

住①、相互协助②等方面。夫妻同居义务并非绝对的，也不是无条件的，夫妻一方有不能同居生活的正当理由时，可中止同居义务。夫妻一方停止同居主要有两种情形：一是因正常理由而暂时中止同居，如一方为处理公私事务需要长时间离家，又如一方因生理原因不能履行全部或部分同居义务等；二是因法定事由而停止同居，如一方擅自迁至不适当的地点定居，又如一方因夫妻共同生活而在健康、名誉或经济等方面受到严重损害，再如一方认为感情破裂提起离婚诉讼。夫妻同居中止不会对婚姻关系产生实质性影响，待中止的事由消除后，夫妻同居的权利和义务便自然恢复。

五、夫妻忠实义务

夫妻忠实义务有狭义和广义之分。狭义的夫妻忠实义务又称夫妻贞操义务，是夫妻婚后互相负有专一性生活的义务，不得与第三人为婚外性行为。广义的夫妻忠实义务除夫妻贞操义务外，还包括不得恶意遗弃配偶，不得为第三人利益而损害甚至牺牲配偶他方的利益。

婚姻稳定与家庭和睦在很大程度上取决于夫妻双方是否相互忠实，婚外性行为将危及婚姻幸福与子女身心健康，为世界各国法律所不容。在古代社会的父权家长制下，出于维护男系血缘的需要，法律对于妻子的贞操要求极其严格，而对于丈夫的贞操要求则持宽容态度。现代社会强调男女平等，各国法律皆把忠实义务界定为夫妻双方互相负有的义务。③

我国《民法典》第1043条第2款规定："夫妻应当互相忠实。"夫妻忠实义务是人类社会发展所崇尚的美德，是对一夫一妻原则的具体落实，是婚姻当事人共同一致的真实要求，也为制裁配偶的违法行为提供了法律依据。如果夫妻一方有重婚或与他人同居等违反忠实义务的行为，法院可根据《民法典》第1079条第3款判决准予离婚，无过错方还有权根据《民法典》第1091条请求损害赔偿。

六、夫妻生育权

夫妻生育权，是指在婚姻关系存续期间，夫妻双方依照法律规定享有自主决定是否生育、生育时间以及生育次数的权利。人类社会的正常存续必须保证一定的人口再生产，而人类繁衍必须借助生育，因而生育权在某种意义上是一种自然权利。婚姻通常是生育的前提和起点，生育通常是婚姻的追求目标之一。

我国关于夫妻生育权的立法，最早见于1992年《妇女权益保障法》第47条，即妇女有按照国家有关规定生育子女的权利，也有不生育的自由。根据该条规定，生育是妇女的权利。2001年《人口与计划生育法》第17条规定："公民有生育的权利，也有依法实行计划生育的义务，夫妻双方在实行计划生育中负有共同的责任。"至此生育权不分男女，只要是中国公民皆依法享有生育的权利。2018年《妇女权益保障法》第51条保留了1992年《妇女权益保障法》第47条的相关规定，2015年《人口与计划生育法》

---

① 戴炎辉、戴东雄：《中国亲属法》，中国台湾顺清文化事业有限公司2000年版，第159页。
② 史尚宽：《亲属法论》，中国政法大学出版社2000年版，第303页。
③ 林秀雄：《婚姻家庭法之研究》，中国政法大学出版社2001年版，第146页。

第17条则完全延续了2001年《人口与计划生育法》第17条的规定。

对于夫妻生育权,我们应当从四个方面加以理解:第一,夫妻生育权并不是完全自由的,夫妻双方仍然负有实行计划生育的义务;第二,夫妻生育权的具体内容是全面的,包括是否生育、生育时间、生育次数和中止妊娠等内容;第三,夫妻生育权是夫妻双方的权利,需要夫妻双方共同行使,如果夫妻双方在是否生育以及生育时间等方面不能达成一致意见,应以女方的意见为准,因为妇女在生育过程中付出更多;第四,夫妻生育权纠纷不能独立成诉,夫妻双方因是否生育发生纠纷,致使感情确已破裂,一方请求离婚的,人民法院经调解无效,应依照《民法典》第1079条第3款第5项的规定准予离婚。

七、夫妻互相尊重、互相关爱义务

婚姻是以男女两性关系为自然条件而形成的社会关系,是人类社会得以延续和发展的基本人伦关系和社会基础,伦理性是婚姻家庭法律规范的显明特征。婚姻家庭关系的伦理性是性爱与亲情的自然人伦关系受到社会认可并得到社会保护而确立的亲属身份关系的规则和行为规范,它是由婚姻家庭的自然属性与社会属性共同决定的。[①] 婚姻家庭法之所以把伦理道德规范转化为法律规范,其目的是为提高婚姻生活质量,增进夫妻之间密切关系。

夫妻相互尊重、相互关爱的义务,是现代婚姻家庭法律的共同要求。《法国民法典》第212条中规定,夫妻应相互帮助与救援。《葡萄牙民法典》第1672条规定,配偶之间受尊重、忠实、合作和帮助义务之相互拘束。《墨西哥民法典》第162条规定,配偶各方相互负有为结婚对象出力和相互帮助的义务。夫妻相互尊重和相互帮助是夫妻共同生活的基本前提,也是夫妻共同生活的基本保障。

我国婚姻家庭法律规范中蕴含了主流社会所认可的伦理价值规范。《民法典》第1043条规定:"家庭应当树立优良家风,弘扬家庭美德,重视家庭文明建设。夫妻应当互相忠实,互相尊重,互相关爱;家庭成员应当敬老爱幼,互相帮助,维护平等、和睦、文明的婚姻家庭关系。"夫妻相互尊重、相互关爱的义务首先是倡导性规定,在立法上肯定了夫妻相互尊重、相互关爱的伦理道德观念,以便引领社会婚姻伦理道德观念沿着正确的导向发展。另一方面,夫妻相互尊重、相互关爱的义务也是拘束性规范,夫妻双方有互相协助、互相救援的义务,彼此之间不得遗弃,夫妻一方遇有困难时另一方应当予以适当帮助,否则就要承担相应法律责任。

八、夫妻日常家事代理权

夫妻日常家事代理权又称夫妻相互代理权,是指夫妻因日常家庭事务和日常共同生活与第三人为一定法律行为时,得互为代理人、互有代理权,被代理方须对代理方从事日常家事行为所产生的民事法律后果承担连带责任。日常家事的范围,通常包括购买必要日用品、医疗医药服务、合理的保健与锻炼、文化消费与娱乐、子女教育、家庭用工

---

① 夏吟兰:《婚姻家庭编入典之变与不变》,载《人民法院报》2020年9月17日,第7版。

雇佣等维持和保障家庭共同生活所必要的事务。对于夫妻日常家事代理权，有学者将其归入夫妻人身关系，还有学者将其纳入夫妻财产关系的范畴。本书作者认为，夫妻日常家事代理权既包括非财产性的日常家事代理事宜，也包括财产性的费用支付和债务承担，但总体上是以日常家事代理为主，以债务承担为辅，因而将其归入夫妻人身关系更为合适。

关于日常家事代理权的法律性质，主要有两种学说：①委任说，即妻子的日常家事代理权是根据丈夫的委任产生的，该种学说源于古罗马，当时的妇女不具有完全权利能力，妻子没有缔结契约并自行承担债务的能力，只有在丈夫委任之下才具有一定的民事行为能力，为共同生活的便利处理日常家事。现代婚姻家庭法赋予妻子与丈夫同等的权利，但是委任制的学说却保留了下来。英美法系国家的家事代理表述为不容否认的代理（Agency by estoppel）或者必要的代理（Agency of necessity），妻子在必要时可以丈夫的信用购买生活必需品，可见罗马法上的委任说对后世影响之深远。②婚姻效力说，即夫妻作为婚姻共同体的成员，彼此享有日常家事代理权是婚姻的当然效力。据此理论，《德国民法典》认为夫妻日常家事代理权是一种法定代理权，《瑞士民法典》认为夫妻日常家事代理权属于婚姻团体的法定代表权。本书作者认为，夫妻日常家事代理权属于法定代理权。

夫妻在共同生活中需要处理的事务琐碎繁多，若对每一件琐事都要求夫妻各自亲力亲为，日常生活必有诸多不便，如夫妻一方去菜市场买菜时需要出示配偶他方的授权委托书就显得十分滑稽，因而彼此之间确有相互代理的需要。赋予夫妻以日常家事代理权是对婚姻当事人的真实意思推定，符合夫妻双方的本人利益。此外，确认夫妻互享日常家事代理权有利于维护简单的民事交易活动，维护第三人的合法利益。

我国《民法典》第1060条规定："夫妻一方因家庭日常生活需要而实施的民事法律行为，对夫妻双方发生效力，但是夫妻一方与相对人另有约定的除外。夫妻之间对一方可以实施的民事法律行为范围的限制，不得对抗善意相对人。"该规定明确了夫妻的日常家事代理权。

对于夫妻日常家事代理权，我们应当从以下几个方面加以把握：

第一，夫妻日常家事代理权属于法定代理权，无需夫妻事前特别授权即可享有。

第二，夫妻日常家事代理权的取得虽属法定，但其范围具有一定的灵活性，夫妻双方可根据自身的实际情况对其内容进行特别约定。夫妻之间对于日常家事代理权的约定属于婚姻团体的内部约定，不得对抗善意第三人。

第三，夫妻日常家事代理权仅限于为共同生活的日常家事范畴，处分不动产、处分具有较大价值的其他财产、处理领取劳动报酬等与配偶他方人身有密切关联的事务等，均不属于日常家事，不得以行使夫妻日常家事代理权的方式处理。

第四，夫妻日常家事代理权的行使方式，不必如普通代理那样必须以被代理人的名义，在司法实践中，夫妻间处理日常家事时，既可以配偶他方的名义，也可以夫妻双方的名义，还可以夫妻自己一方的名义，只要所处理的事务属于日常家事的范畴，皆属夫妻日常家事代理权的合法行使方式。

第三节 夫妻财产关系

夫妻财产关系是以夫妻人身关系为基础的,既有其他领域民事主体财产关系的若干共性,又有自身的独特性。

一、夫妻财产制的概念

夫妻财产制又称婚姻财产制,是指规范夫妻财产关系的法律制度,包括各种夫妻财产制的设立、变更与终止等内容。夫妻财产制的范围广泛,涵盖夫妻婚前财产和婚后所得财产的归属、管理、使用、收益和处分,家庭生活费用的负担,夫妻债务的清偿,婚姻终止时夫妻财产的分割和清算等诸多方面。

夫妻财产制主要包括以下内容:①所有权关系,即夫妻双方婚前财产和婚后财产的所有权归属问题,这是夫妻财产制的核心所在;②管理权与处分权关系,即夫妻双方的财产于结婚后的管理权和处分权归属问题;③债务关系,即夫妻双方所负的债务应如何承担;④清算关系,即夫妻财产关系于夫妻关系终止后应如何清算和承担。

男女因结婚而创设的夫妻关系是特殊的身份关系,夫妻互相负有同居、忠实、扶养等义务,并享有日常家事代理权。为保证夫妻关系的客观存在和正常维系,法律必须在婚姻效力上明确规定夫妻财产关系,为夫妻关系提供必要的物质保障。然而夫妻关系不同于物权法上的共有关系和债法上的合伙关系,普通物权或债权法律规范难以合理调整以身份为基础的夫妻财产关系,[①] 因而在立法上有特别规定的必要。

二、夫妻财产制的种类

夫妻财产制与男女两性社会地位、夫妻法律地位紧密相关,不同历史阶段或同一历史阶段的不同国家,其政治、经济、文化、社会、习俗等因素各不相同,因而夫妻财产制也呈现出不同样态。根据不同的划分标准,夫妻财产制可以分为不同的种类。

(一)法定财产制与约定财产制

依发生根据不同,夫妻财产制可分为法定财产制和约定财产制。

1. 法定财产制

法定财产制是指夫妻婚前或婚后均未就夫妻财产关系作出约定,或所作约定无效时,依法律规定而直接适用的夫妻财产制。由于各国的具体国情各不同,不同时代、不同国家的法定财产制形式也不尽相同。

法定财产制根据其适用情况不同,又分为普通法定财产制和特别法定财产制两种。普通法定财产制,是指在通常情况下,夫妻双方未订有夫妻财产协议或者协议无效时,根据法律规定而直接适用的财产制。普通法定财产制是夫妻财产制的补充性制度,并不具有优先适用的效力。特别法定财产制又称非常法定财产制,是指在婚姻关系存续期

[①] 戴炎辉、戴东雄:《中国亲属法》,中国台湾顺清文化事业有限公司2000年版,第170页。

间，夫妻一方的财产或财产行为发生破绽，致使难以维持夫妻关系时，法律直接规定或者经法院判决宣告另一种财产制为特别的夫妻财产制。特别法定财产制旨在保护夫妻一方的合法权益和第三人的债权安全，如《意大利民法典》第191条第1款规定，在配偶一方被宣告失踪、破产以及分居等情况下，夫妻共有关系终止，改为夫妻分别财产制。

2. 约定财产制

约定财产制是指由婚姻当事人以约定的方式，选择决定夫妻财产制形式的法律制度。约定财产制是婚姻当事人双方对夫妻财产关系的自我安排，基于意思自治原则，约定财产制具有优于法定财产制适用的法律效力。

许多国家的婚姻家庭法都规定了约定财产制，但各国的立法内容不尽相同，有详略之分和宽严之别。从立法限制的宽严程度看，约定财产制又分为自由式约定财产制和选择式约定财产制两种。自由式约定财产制，是指法律不对夫妻财产制作任何限制，只要不违反法律的效力性强制规定，婚姻当事人均可自由选择或创设夫妻财产制类型，法律并未对夫妻约定财产制的内容和形式作特别限制。英国和日本采用此种立法模式。选择式约定财产制，是指法律只允许婚姻当事人以书面合同的方式在法律明确规定的若干财产制中选择其一。德国、法国、瑞士采用此种立法模式。

（二）夫妻特有财产制与夫妻共同财产制

依财产范围不同，夫妻财产制可分为夫妻特有财产制与夫妻共同财产制。

1. 夫妻特有财产制

夫妻特有财产制，又称夫妻保留财产制或夫妻个人财产制，是指婚姻当事人在实行夫妻共同财产制的同时，依照法律规定或者婚姻当事人约定，夫妻各自保留一定范围个人所有财产的制度。夫妻特有财产制是对夫妻共同财产制和夫妻约定财产制的限缩，其目的是为维护夫或妻作为相对独立存在的个体所必需的物质条件。

在国外立法中，夫妻特有财产可分为法定的特有财产和约定的特有财产两种。法定的特有财产，是依照法律规定，夫妻婚后双方各自保留的个人财产，其范围大致包括：夫妻个人日常生活用品和职业必需用品；具有人身性质的财产和财产权，如人身损害赔偿和精神损害赔偿金、补助金、不可让与的物及债权等；夫妻一方因指定继承或受赠而无偿取得的财产；由特有财产所生的孳息及代位物等。约定的特有财产，是夫妻双方以协议约定归夫妻一方个人所有的财产。

夫妻特有财产为婚姻当事人于婚姻关系存续期间分别保留的个人财产，它独立于夫妻共同财产之外，夫妻各方对其特有财产享有独立的占有、使用、收益及处分等权利，他人不得干涉。但对于家庭共同生活费用之负担，在夫妻共同财产不足时，夫妻得以各自的特有财产进行分担。

2. 夫妻共同财产制

夫妻共同财产制，是指除特有财产外，夫妻的全部财产或部分财产归双方共同所有。

依共有财产的范围不同，夫妻共同财产制又分为以下几种类型：

(1) 一般共同制，即无论是夫妻婚前财产还是婚后所得财产，无论是动产还是不动产，均为夫妻共同所有。一般共同制是葡萄牙的法定财产制，德国、瑞士等国将其列入约定财产制的一种。

(2) 限制的一般共同财产制，即除法定的特有财产外，无论是夫妻婚前财产还是婚后所得财产，无论是动产还是不动产，均为夫妻共同所有。我国台湾地区将限制的一般共同财产制列入约定财产制的一种。

(3) 动产及所得共同制，即夫妻婚前的动产、婚后所得的财产（无偿取得者除外）、婚姻关系存续期间夫妻特有财产所生的收益以及夫妻劳动收入，均为夫妻共有财产。《法国民法典》把动产及所得共同制规定为法定财产制。

(4) 所得共同制，即婚姻关系存续期间夫妻所得的财产均为夫妻共有财产。西班牙将其规定为法定财产制，德国、瑞士、我国台湾地区将其规定为约定财产制的一种。

(5) 劳动所得共同制，即夫妻婚后劳动、经营所得的财产为夫妻共同共有，非劳动所得的财产，如继承、受赠所得等，则归夫妻各自所有。

（三）统一财产制、联合财产制、共同财产制、剩余共同财产制和分别财产制

依内容不同，夫妻财产制可分为统一财产制、联合财产制、共同财产制、剩余共同财产制和分别财产制五种。

1. 统一财产制

统一财产制，是指男女婚后除特有财产外，将妻子的婚前财产估定价额，转归丈夫所有，妻子则保留在婚姻关系终止时，对此项财产原物或价金的返还请求权。统一财产制法源于罗马法，直至资本主义早期仍为一些国家的法律所采用，该制度有悖男女平等原则，故现代国家少有采用。

2. 联合财产制

联合财产制又称管理共同制，是指婚后夫妻的婚前财产和婚后所得财产仍归各自所有，除特有财产外，将夫妻财产联合在一起，由丈夫管理。在联合财产制下，丈夫对妻子的原有财产享有占有、使用、管理、收益等权利，在必要时还享有处分权，丈夫负责家庭生活费用和财产管理费用，妻子实际上以财产收益承担了家庭生活费用。婚姻关系终止时，妻子的财产由其本人收回或由其继承人继承。联合财产制源于中世纪日耳曼法，为近现代资本主义国家所沿用并发展，它虽较统一财产制有明显进步，但夫妻关系仍不平等，故现代国家已改行新制。

3. 共同财产制

共同财产制，是指除特有财产外，夫妻的全部财产或部分财产归双方共同所有。具体内容见上文。

4. 剩余共同财产制

剩余共同财产制又称净益共同制，是指夫妻的婚前财产和婚后所得的财产，均为个人财产，夫妻各自独立经营管理，但处分权受到一定限制，在婚姻关系或夫妻财产制终

止时，以夫妻双方财产的增值部分（即净益）为夫妻双方共同所有。《德国民法典》将其规定为法定财产制，《法国民法典》将其规定为约定财产制的一种。

5. 分别财产制

分别财产制，是指夫妻对于自己婚前财产以及婚后所得的财产，均归各自所有，各自独立经营管理。英美法系的多数国家以及大陆法系的日本以分别财产制为法定财产制。

分别财产制下，男女双方不因结婚而发生财产归属上的变化，适合多变的社会。但也要看到，当代社会中男女两性的经济地位事实上仍存在差距，女方的就业机会和经济收入大多不如男方，同时女方一般还要承担较多的家庭劳务和子女抚养义务，这往往会影响其经济收入。在这种情况下，实行分别财产制往往会造成事实上夫妻家庭地位不平等。故一些实行分别财产制的国家已引入部分共同财产制的因素，以补救其缺陷。在澳大利亚，离婚诉讼中法院可以根据公平、平等原则作出变更婚姻当事人财产权益的命令，使家务劳动能够获得经济补偿。① 在加拿大安大略省，离婚时法院可对夫妻一方在婚姻关系存续期间取得的财产进行公平分配。在美国，大部分州的法律都授予法院自由裁量权，以便公平分配婚姻财产或共同财产。② 在日本，离婚时夫妻一方可向他方请求分配其在婚姻期间所取得的财产。

三、夫妻财产制的基本原则

夫妻财产制是维系夫妻关系的物质基础，从世界各个国家和地区的有关立法及司法实践来看，其立法设计和制度建构应当坚持以下几个基本原则。

1. 促进夫妻平等

男女平等是现代国家的基本立法理念，夫妻平等更应为婚姻家庭法所维护，因而促进夫妻平等就成为现代国家夫妻财产制立法的出发点，国家在立法上对于采取何种夫妻财产制为法定财产制，往往首先会就本国的实际情况考虑该种财产制是否有利于实现男女平等。以德国为例，该国在20世纪前半叶采取联合财产制为法定财产制，第二次世界大战后男女平等精神逐渐兴起，鉴于此种财产制有违男女平等原则，遂于1953年改采分别财产制为其法定财产制。嗣后发现分别财产制对于家庭妇女极其不利，而于1957年改采净益共同制为其法定财产制，并延续至今。再以瑞士为例，该国原先也采联合财产制为法定财产制，第二次世界大战以后随着家庭结构小型化和妇女就业率的提高，妇女对联合财产制逐渐不满，于1979年改采所得参与制为法定财产制。

2. 保障婚姻共同生活

婚姻关系实质上是一种社会结合关系，夫妻双方不仅要在精神上结为一体，而且还要在经济上结成同盟，使夫妻的经济生活与其身份生活保持一致。现代夫妻财产制的本质在于贯彻婚姻共同生活的目的，为构建和谐稳定的婚姻家庭关系奠定物质基础，即便

---

① 陈苇：《澳大利亚家庭法》，群众出版社2009年版，第244—245页。
② ［美］哈里·D.格劳斯、大卫·D.梅耶：《美国家庭法精要：第五版》，陈苇等译，中国政法大学出版社2010年版，第218页。

是那些采用分别财产制的国家（地区），也引入了共同财产制的一些内容，在客观上也形成了夫妻法定财产制的复合形态。

3. 保护弱势方合法权益

作为婚姻共同生活体的当事人，夫妻双方须分工协作，同舟共济，守望相助。然婚姻共同生活不仅是夫妻本人之事，还与家务劳动、子女抚养、老人赡养、职业事业等休戚相关。在夫妻之间，双方可能存在着分工，通常情况下是"夫主外，妻主内"的生活样态，承担家务劳动的妻子收入较少甚至没有任何经济收入，其在家庭中的地位难免较低。在现实生活中，配偶一方经常在没有报酬或直接认可的情况下，幕后参与到另一方的事业中，①夫妻一方的幕后工作应当在夫妻财产制中得到体现。此外，在婚姻关系存续期间，夫妻的经济收入获得能力是动态变化的，配偶一方可能因为患染疾病、遭受伤害、职场失业、事业失败等原因而使自己陷入窘迫状态。因此，保护弱势方利益是夫妻财产关系的伦理特征，也是家庭职能的内在要求。②

4. 兼顾交易安全

婚姻家庭不仅是个基本生活单位，也可能是个生产经营单位，夫妻双方对外交往难免会发生各种债务。鉴于夫妻财产制直接决定着夫妻对外承担债务的财产范围，为保护债权人的合法权益，夫妻对其财产制的约定或变更，须有一定形式并经一定程序，否则便不得对抗善意第三人。夫妻财产约定对外效力的公示性要求、夫妻对共同债务的连带责任、第三人的撤销权等，都是现代国家保护交易安全的主要措施。③

四、我国的夫妻财产制

《民法典》对于夫妻财产制在总体上建构了法定财产制与约定财产制相结合、在法定财产制中共同财产制与个人特有财产制相结合的制度体系。

（一）夫妻共同财产制

根据《民法典》第1062条规定，夫妻婚后所得共同制是我国的法定财产制，即夫妻双方在婚姻关系存续期间所取得的财产，如果没有约定、约定不明、约定无效或者约定被撤销时，只要不属于夫妻个人的特有财产，均归夫妻共同所有。对于夫妻婚后所得共同制，我国习惯将之称为夫妻共同财产制。

1. 《民法典》采夫妻共同财产制为法定财产制的理由

夫妻关系是一种最为密切的社会关系，男女双方于婚后朝夕相处，所得财产难以区分清楚。况且，配偶一方在婚姻关系存续期间所取得的财产常常是夫妻双方互相支持互相协助的结果，人们无法判断配偶一方在获得财产利益时，另一方到底提供了多少帮助。夫妻共同财产制最能体现婚姻伦理，有助于增强婚姻家庭凝聚力，也与我国男女两

---

① ［美］尼霍尔·本诺克拉蒂斯：《婚姻家庭社会学》，严念慈译，中国人民大学出版社2021年版，第263页。
② 张华贵：《夫妻财产关系法研究》，群众出版社2017年版，第102页。
③ 陆静：《大陆法系夫妻财产制研究》，法律出版社2011年版，第175页。

性的社会地位和当前的经济发展水平相适应，能够满足人们对婚姻家庭的心理需求，是绝大多数婚姻当事人最愿意采用的夫妻财产制类型。

2. 夫妻共同财产的范围界定

根据《民法典》第1062条第1款规定，夫妻共同财产的范围应当从以下几个方面加以把握。

第一，夫妻共同财产是夫妻在婚姻关系存续期间所得的财产。此处的"婚姻关系存续期间"，是指婚姻关系的效力发生期间，即从完成结婚登记起到离婚法律文书生效之日或夫妻一方死亡之日止。凡是在此期间所取得的财产，只要没有法律规定或者夫妻特别约定，均为夫妻共同所有。

第二，夫妻共同财产来自夫妻所得，既包括夫妻一方所得的财产，也包括夫妻双方共同所得的财产。

第三，夫妻共同财产是夫妻所得的财产，既包括实际取得的财产，也包括已经明确可以取得的财产，还包括应当取得而暂时尚未实际所得的财产，但孳息和自然增值的除外。

第四，夫妻共同财产实际指的是夫妻共同财产权利，夫妻在婚姻关系存续期间取得的所有权、用益物权、担保物权、债权、知识产权中的财产权益等，皆是夫妻共同财产。

第五，夫妻共同财产强调夫妻财产权益的实际性归属，不受权属登记的影响。由一方婚前承租、婚后用共同财产购买的房屋，登记在一方名下的，是夫妻共同财产。

3. 夫妻共同财产的主要类型

根据《民法典》第1062条规定第1款规定，夫妻共同财产主要有以下几种类型：

（1）工资、奖金、劳务报酬。工资、奖金是我国普遍实行的劳动报酬形式，主要是指夫妻一方或双方的劳动报酬所得。除工资、奖金外，其他形式的补贴、福利或一定范围内的实物分配等劳务报酬，也应属夫妻共同所有。

（2）生产、经营、投资的收益。这类收益既包括农民的生产劳动收入，也包括工业、服务业、信息业等行业的生产、经营、投资收益。凡是在婚后从事生产、经营、投资活动的收益，无论是一方个人财产所产生的还是夫妻共同财产所产生的，都应作为生产、经营、投资的收益，归夫妻共同所有。

（3）知识产权的收益。知识产权收益是指夫妻在婚姻关系存续期间，通过知识产权转让或许可他人使用等方式实际取得或者已经明确可以取得的财产性收益。关于知识产权的收益，有两个问题值得思考：其一，婚前取得的知识产权，但于婚后取得收益，是否应认定为夫妻共同财产？其二，夫妻一方虽然在婚姻关系存续期间获得知识产权，但其收益发生在婚姻关系终止以后，是否应认定为夫妻共同财产？对上述两个问题，学界一直存在肯定说与否定说两种观点。对此，《民法典婚姻家庭编司法解释（一）》第24条规定，《民法典》第1062条第1款第3项所规定的"知识产权的收益"，是指婚姻关系存续期间，实际取得或者已经明确可以取得的财产性收益。根据该条规定，婚前取得的知识产权，但于婚后实际取得或者已经明确可以取得的财产性收益，属于夫妻共同财产；婚后取得的知识产权，但于婚姻关系终止后实际取得或者已经明确可以取得的财产性收益，不属于夫妻共同财产。

（4）继承或者受赠时，未确定只归夫妻一方的财产。因继承所得的财产是指依据《民法典》所继承的积极财产，即以遗产清偿被继承人所欠的税款和债务后所剩余的财产。因赠与所得的财产是指基于赠与合同而取得的财产。但是，并非所有因继承或赠与所得的财产都是夫妻共同财产，如果遗嘱或赠与合同中确定只归夫妻一方所有的财产，则属于该方个人所有。

（5）其他应当归共同所有的财产。根据《民法典婚姻家庭编司法解释（一）》第25条规定，婚姻关系存续期间，下列财产属于《民法典》第1062条规定的"其他应当归共同所有的财产"：一方以个人财产投资取得的收益；男女双方实际取得或者应当取得的住房补贴、住房公积金；男女双方实际取得或者应当取得的基本养老金、破产安置补偿费。

4. 夫妻共同财产制的法律效力

夫妻共同财产制具有以下两种法律效力：

（1）夫妻的共同财产归夫妻共同所有，是夫妻关系的物质基础，在婚姻关系存续期间，夫妻一方非依法定事由不得请求分割，只有在离婚或夫妻一方死亡时方可分割夫妻共同财产。但根据《民法典》第1066条规定，婚姻关系存续期间，一方有隐藏、转移、变卖、毁损、挥霍夫妻共同财产或者伪造夫妻共同债务等严重损害夫妻共同财产利益的行为，或者一方负有法定扶养义务的人患重大疾病需要医治而另一方不同意支付相关医疗费用，夫妻一方可以向人民法院请求分割共同财产。

（2）夫妻对共同财产享有平等的处理权。首先，夫或妻在处理夫妻共同财产上的权利是平等的，因家庭日常生活需要而处理夫妻共同财产的，任何一方均有权决定，但是夫妻一方与相对人另有约定的除外；夫妻之间对于一方可以实施的财产处分行为范围的限制，不得对抗善意第三人。其次，夫或妻非因日常生活需要对夫妻共同财产作重要处理决定，夫妻双方应平等协商，取得一致意见。他人有理由相信其为夫妻双方共同意思表示的，另一方不得以不同意或不知道为由对抗善意第三人，由此给配偶造成的损失，应由擅自处分财产的一方承担赔偿责任。

（二）夫妻个人特有财产制

夫妻个人财产是指夫妻在婚后实行共同财产制时，依照法律规定或者夫妻双方约定，夫妻保有个人特有财产的所有权。夫妻个人特有财产制是夫妻分别财产制的一种体现，是夫妻双方婚后保持独立人格的物质保障，它与夫妻共同财产制一起组成了我国法定财产制的制度体系。

夫妻个人特有财产是指夫妻一方婚前个人享有所有权的财产和婚姻关系存续期间取得的并依法应当归夫妻一方所有的特别财产，其具体范围由《民法典》第1063条所规定。

1. 夫妻一方的婚前财产

夫妻一方的婚前财产，是指夫妻一方在结婚以前就已经享有所有权或其他财产权益的财产,既包括夫妻一方婚前单独所有的财产,也包括夫妻一方婚前与他人共同所有的财产。夫妻一方婚前财产的具体形式多种多样,凡是在婚前取得的不动产、动产、有价证券、债权、知识产权等财产权益,皆属于夫妻个人特有财产。此外,夫妻一方婚前财产在婚后所产生的孳息和自然增值,也属于夫妻个人特有财产。

2. 夫妻一方因受到人身损害获得的赔偿和补偿

自然人的生命权、健康权属于人格权的一种,与自然人个人的人身具有密不可分性,因此一旦自然人的人身受到损害,受害者本人有权要求侵害行为人承担民事赔偿责任,依法获得相应的医疗费、残疾赔偿金等费用。同时,在法律规定的特殊情况下,自然人受到人身损害的,也有权获得补偿。这类费用是自然人因个人生命权、健康权受到损害所依法获得的赔偿或补偿,当然归受到伤害的自然人个人所享有。在婚姻关系存续期间,夫妻一方受到人身损害的,依法获得的赔偿或补偿的费用,同样只能归受到损害的人所有。根据《民法典》第1179条规定,一方因受到人身损害获得的赔偿和补偿费用主要包括医疗费、护理费、交通费、营养费、住院伙食补助费等为治疗和康复支出的合理费用,因误工减少的收入,造成残疾的还应当赔偿辅助器具费和残疾赔偿金,造成死亡的还应当赔偿丧葬费和死亡赔偿金。《民法典婚姻家庭编司法解释(一)》第30条规定,军人的伤亡保险金、伤残补助金、医药生活补助费也属于个人财产。

3. 遗嘱或者赠与合同中确定只归夫妻一方的财产

《民法典》第1133条规定,自然人既可以立遗嘱将个人财产指定由法定继承人中的一人或者数人继承,也可以立遗嘱将个人财产赠与国家、集体或者法定继承人以外的组织、个人。按照该条规定,作为被继承人的自然人在生前可以按照其个人意愿依法以遗嘱方式处分其个人财产,指定遗嘱继承人或受遗赠人。如果被继承人或遗赠人在遗嘱中指明了其遗产只归已婚的夫或妻一方继承或受遗赠,这种指定是合法有效的。基于此遗嘱内容的法律效力,夫或妻一方便享有所继承或受遗赠财产的所有权。

《民法典》第657条规定:"赠与合同是赠与人将自己的财产无偿给予受赠人,受赠人表示接受赠与的合同。"由于赠与合同是赠与人与特定的受赠人之间达成的协议,所赠与财产的所有权只能转移给特定的受赠人,因此,如果赠与人在赠与合同中明确表示赠与已婚的夫或妻一方的某项财产所有权仅归该受赠人,则所赠与的财产就应属于夫或妻一方的个人财产。

在夫妻财产中有一项十分特殊并且特别重大的财产,那就是夫妻婚房或者房屋。在房价高昂、购房款来源复杂和离婚率持续攀升的情况下,如何界定房屋产权归属就成为家事审判的难点之一。《民法典婚姻家庭编司法解释(一)》第29条规定,婚姻当事人结婚前,父母为双方购置房屋出资的,该出资应当认定为对自己子女个人的赠与,但父母明确表示赠与双方的除外。婚姻当事人结婚后,父母为双方购置房屋出资的,依照约定处理;没有约定或者约定不明确的,视为未确定只归夫妻一方财产的赠与,归夫妻双方共同所有。

4. 夫妻一方专用的生活用品

夫妻一方专用的生活用品,是指婚后以夫妻共同财产购置的供丈夫或妻子个人使用的生活消费品，如衣物、饰物等。由于这类财产在使用价值方面具有特殊性，不是夫妻双方通用或者共用的生活用品，所以应属于夫或妻一方个人所有。婚后购置的图书资料以及汽车等生活、生产资料，虽属个人使用，但不属一方专用的生活用品。

5. 其他应当归夫妻一方的财产

其他应当归夫妻一方的财产，是指依照财产的属性和其他有关规定而由特定人本人享有所有权的财产。这类财产主要包括军人复员费、自主择业费中夫妻共同所有之外的部分，夫妻一方在文体活动中取得的奖杯、奖牌等。

在我国的司法实践中，还有几类财产是否应属夫妻个人特有财产，颇为值得研究。①夫妻一方职业所需的专用物品。夫妻一方因工作或职业所需的机器、设备、工具、场所等，如画家的画具、程序员的电脑、出租车司机的出租车等，学术界和司法界对其权利归属一直存有争议。有学者认为，只有价值不大的职业专用物品才属于夫妻个人财产，用夫妻共同财产购置的价值较大的财产应为夫妻双方共同所有。[①] 基于对夫妻职业专用物品来源和使用的合理性考量，本书支持此种观点。②夫妻分居期间取得的财产。夫妻双方在分居期间虽然保持着身份关系，但是各自所得财产属于分离状态，有学者认为应归夫妻个人财产。但我国《民法典》并未规定分居制度，夫妻一方在分居期间取得的财产在权利归属上仍应属于夫妻共同财产，[②] 只是夫妻分别管理而已，但在离婚时各方有优先分割自己所管理的财产的权利。③买断工龄款。夫妻一方在婚姻关系存续期间因买断工龄所得财产的归属问题，学界有夫妻个人所有说、夫妻共同所有说和夫妻按份所有说等三种观点，本书作者认为，买断工龄款实属工龄工资，应属夫妻共同财产。

夫妻一方对其个人特有财产可依自己的意愿独立行使权利，无须征得配偶他方的同意。此处有两个问题须应注意：第一，夫妻一方所有的财产，只是不因婚姻关系的延续或共同使用关系而依照法律规定转化为夫妻共同财产，但夫妻双方可通过约定的形式，把个人财产转化为夫妻共同财产；第二，夫妻一方将婚前个人财产投入夫妻共同生活中去，并且已被消耗完尽或者被毁损、灭失的，不得主张用夫妻共同财产予以补偿。

（三）夫妻约定财产制

夫妻约定财产制，是指婚姻当事人依法以协议的方式，约定夫妻财产的归属，并排除法定财产制适用的制度。《民法典》规定夫妻约定财产制的原因，在于其更能体现夫妻的财产个性。在现代社会，夫妻财产关系因夫妻财产状况和家庭经济生活的差异而呈现出多样性，单一的法定财产制不能适于所有婚姻当事人的需求，为尊重夫妻意思自治以及应对婚姻生活的个性，各国法律大都承认夫妻约定财产制。这对保护夫妻财产权益，维护和睦家庭关系，具有重要意义。

1. 夫妻约定财产制的立法模式

根据世界各国（地区）的婚姻家庭法律制度，夫妻约定财产制主要有以下几种立法模式：

---

① 杨遂全、陈红莹、赵小平、张晓远等：《婚姻家庭法新论》，法律出版社2003年版，第278页。
② 杨立新：《中华人民共和国民法典释义与案例评注·婚姻家庭编》，中国法制出版社2020年版，第116页。

(1) 独创式夫妻约定财产制。独创式夫妻约定财产制又称排斥性夫妻约定财产制，是指婚姻当事人可以自由约定夫妻财产关系的内容，只要不违反公序良俗和法律的一般禁止性规定，听任当事人自由约定，法律不加以限制。《法国民法典》第 1387 条规定，夫妻之间对财产关系的特别约定，只要不违反善良风俗和民法的一般性条款，得随其意愿订立之。独创式夫妻约定财产制更能体现夫妻的个性和特殊性需要，但也会使夫妻财产制陷入混乱，且对第三人权益保护不利。

(2) 选择式夫妻约定财产制。选择式夫妻约定财产制又称确定式夫妻约定财产制，是指民法上设置几种典型的夫妻财产制，婚姻当事人虽可通过夫妻财产约定的方式排除适用法定财产制，但也只能在法律所规定的夫妻财产制中选择其中一种，并且不得对选择的财产制内容加以变更。《德国民法典》第 1408 条、第 1416 条、第 1417 条和第 1418 条的规定，婚姻双方可以通过婚姻合同规定其婚姻财产制关系，可以约定的财产制类型有夫妻共有财产、个人特别财产和个人保留财产。《意大利民法典》第 210 条规定，在不违反法律和惯例的情况下，夫妻双方可以协议的方式修改夫妻共有关系，可约定的财产制包括约定共同制和约定分别财产制两种。选择式夫妻约定财产制旨在实现夫妻财产约定的单纯化和容易化，有利于保护夫妻弱势一方的合法权益，维护交易安全。

根据《民法典》第 1065 条第 1 款的规定，我国采用的是选择式夫妻约定财产制。

2. 夫妻约定财产制的适用条件

夫妻约定财产制的核心是夫妻财产制契约，夫妻财产约定必须同时满足《民法典》关于民事法律行为和婚姻行为的有效条件。

(1) 夫妻财产约定的主体必须是具有完全行为能力的婚姻当事人。夫妻财产制契约在本质上属于财产契约，[①] 男女双方在进行财产约定时应当具有完全民事行为能力。有学者认为，夫妻财产约定的双方必须具有合法的夫妻关系，[②] 本书并不认同，男女双方于婚前可以预先签订财产协议，因而契约签订时具有合法夫妻关系或者嗣后成为合法夫妻，夫妻财产制契约均为有效。当然，未婚同居、婚外同居等非夫妻的男女两性财产约定，不属于夫妻财产约定。

(2) 夫妻财产约定必须是婚姻当事人本人。夫妻财产制契约虽然是一种财产契约，但由于特定夫妻的财产关系会直接影响到其人身关系，因而夫妻财产制契约不同于一般的财产合同，应由婚姻当事人本人亲自协商和订立，他人不得代理。

(3) 夫妻财产制契约既可以在婚前订立，也可以在婚后订立，但婚前订立的协议只能在婚姻关系成立时生效。

(4) 夫妻财产约定应当采用书面形式。《民法典》第 1065 条第 1 款规定，夫妻财产约定应当采用书面形式，如果未经书面形式固定而引发夫妻双方对于是否存在夫妻财产约定以及具体内容发生争议的，视为没有约定或者约定不明确，夫妻财产制契约无效，适用夫妻共同财产制和夫妻个人特有财产制。

(5) 夫妻财产约定必须婚姻当事人双方完全自愿。如果一方以欺诈、胁迫等手段，

[①] 余延满：《亲属法原论》，法律出版社 2007 年版，第 289 页。
[②] 房绍坤等：《婚姻家庭继承法》（第六版），中国人民大学出版社 2020 年版，第 68 页。

使另一方作出违反自己真实意愿的约定，另一方有权请求撤销。

（6）夫妻财产约定的内容必须合法。夫妻财产约定不能损害国家、集体和他人的合法权益，不得借此逃避债务或者免除法定的抚养、扶养、赡养等法定义务，不得违背公序良俗。

（7）夫妻财产约定并不强制要求公开。夫妻财产约定旨在提高婚姻当事人双方的意思自治，在协议缔结过程中不必强制要求律师、公证员等法律职业人员的介入，也不必要求公开协议内容，只不过婚姻当事人因为未经公开夫妻财产约定而需要对"相对人知道该约定"承担举证责任。

3. 夫妻约定财产制的内容

《民法典》第1065条第1款的规定，男女双方可以约定婚姻关系存续期间所得的财产以及婚前财产归各自所有、共同所有或者部分各自所有、部分共同所有。因此，夫妻约定财产制的内容有：①夫妻约定财产的范围，既包括夫或妻一方的婚前个人财产，也包括夫妻双方在婚姻关系存续期间所得的财产；②夫妻约定财产制的类型，婚姻当事人在一般共同制、部分共同制和分别财产制三种模式中选择一种作为双方约定的夫妻财产制。

在物权变动上，夫妻约定财产制是婚姻当事人通过约定的方式，把夫妻个人财产变动为夫妻共同财产，或者把全部或部分夫妻共同财产变动为夫妻个人财产。夫妻不能通过约定财产制把一方的个人财产变动为另一方的个人财产，否则，根据《民法典婚姻家庭编司法解释（一）》第32条的规定视为赠与，依照《民法典》关于赠与合同的有关规定处理。

4. 夫妻约定财产制的效力

夫妻财产约定一经生效即对双方当事人具有约束力，非经双方同意，任何一方不得擅自变更或解除。夫妻约定财产制的效力包括对内效力和对外效力两个方面。

（1）对内效力。夫妻财产约定是婚姻当事人双方平等协商一致的结果，因而《民法典》第1065条第2款规定："夫妻对婚姻关系存续期间所得的财产以及婚前财产的约定，对双方具有法律约束力。"夫妻双方都要按照夫妻财产制契约来确定夫妻各种财产权利的归属，若要变更或者终止夫妻财产约定，则须经夫妻双方一致同意。

（2）对外效力。夫妻在共同生活过程中，难免与第三人发生债权债务关系。为了维护交易的安全，防止婚姻当事人利用夫妻约定财产制规避法定义务或者损害第三人的合法利益，《民法典》第1065条第3款规定："夫妻对婚姻关系存续期间所得的财产约定归各自所有，夫或者妻一方对外所负的债务，相对人知道该约定的，以夫或者妻一方的个人财产清偿。"据此，如果相对人不知道夫妻财产约定的，则该约定不能对抗相对人。对于"相对人知道该约定的"证明问题，根据《民法典婚姻家庭编司法解释（一）》第37条规定，夫妻一方对此负有举证责任。

五、夫妻共同债务

夫妻共同债务，是指夫妻在婚姻关系存续期间为共同生活或共同生产经营所负的债务。传统社会里，夫妻共同债务主要是夫妻为解决共同生活所需的衣、食、住、行、医等所负的债务。但随着市场经济的不断发展，夫妻有更多机会参与到各类经济活动中去，进而形成了类型多样的夫妻共同债务。夫妻共同债务的确认和清偿问题事关夫妻利益与债权人权益的协调与平衡，为当前理论研究和司法实务所重点关注。

（一）夫妻共同债务的认定标准

夫妻债务包括夫妻共同债务、夫妻个人债务以及夫妻间债务等类型，由于债务承担会导致夫妻财产的减少，因而如何把夫妻共同债务与其他债务区分开来就显得尤为重要。根据《民法典》的相关规定以及理论研究和司法实践，对夫妻共同债务的认定须坚持以下几个标准：

第一，引起夫妻共同债务发生的主体应为夫妻一方或双方。夫妻双方对外发生的债务自然是夫妻共同债务，为保障夫妻共同生活的自由度和日常家事代理的便捷性，夫妻一方为共同生活而对外所发生的债务，也属于夫妻共同债务。

第二，夫妻共同债务应当发生在婚姻关系存续期间。绝大多数夫妻共同债务发生在婚姻关系存续期间，用以夫妻共同生活、子女抚养、家庭成员抚养等方面的开支，但是发生在婚姻关系存续期间的债务并不都是夫妻共同债务，简单地以"时间"标准来推定夫妻共同债务，对于配偶他方极其不公，因为其中一些债务可能是夫妻一方个人挥霍或实施赌博等违法犯罪行为所发生的。[①]

第三，夫妻共同债务的发生基于夫妻合意或日常家事代理权。意思自治是民事法律的基石，夫妻双方一致同意对外举债，或者一致同意对外偿债，只要不违背效力性强制规定，法律自应支持，夫妻双方共同签字、事前同意或事后追认的债务，均为夫妻共同债务。法定的日常家事代理权是婚姻当事人双方在缔结婚姻时所预期的，因而在最终意义上也属于一种夫妻合意，无论从夫妻合意角度还是法律强制角度，夫妻一方因行使日常家事代理权所发生的债务皆为夫妻共同债务。

第四，夫妻共同债务的用途是为了共同生活。夫妻共同债务最初的用途是为了家庭共同生活，后来随着经济活动的普遍化，为共同生产经营所负的夫妻共同债务逐渐增多起来。夫妻共同债务是与夫妻共同财产制相对应的，"用途"推定标准符合法律正义，是夫妻共同债务的重要判断规则。[②]《民法典婚姻家庭编司法解释（一）》第33条规定："债权人就一方婚前所负个人债务向债务人的配偶主张权利的，人民法院不予支持。但债权人能够证明所负债务用于婚后家庭共同生活的除外。"

第五，夫妻共同债务的发生不得违反法律和公序良俗。合法性是夫妻共同债务有效性的基本前提，如果是夫妻一方在从事赌博、吸毒等违法犯罪活动中所负债务，根据《民法典婚姻家庭编司法解释（一）》第34条第2款的规定，法院不会将其认定为夫妻共同债务。

---

① 李霞、曹相见：《论夫妻共同债务"时间"推定规则》，载《上海师范大学学报》（哲学社会科学版）2017年第5期。

② 陈法：《我国夫妻共同债务认定规则之检讨与重构》，载《法商研究》2017年第1期。

（二）夫妻共同债务的范围

根据《民法典》第 1064 条规定，夫妻共同债务有下面几种类型。

1. 夫妻双方共同签名的债务

夫妻双方共同签名，是指夫妻双方在债务发生的合同、承诺书等相关文书上共同签名，表示对文书内容的认可。共同签名是夫妻双方合意的表达形式，基于契约自由与契约必守的基本原则，夫妻双方对于经过自己同意的合同约定应当遵守和履行，对夫妻双方合意发生的合同之债承担共同的清偿义务。夫妻双方共同签名，既包括夫妻双方同时签名，也包括夫妻双方先后签名，只要在债务实际发生之前夫妻双方在同一份法律文书上都有签名，即是夫妻双方共同签名。需要注意的是，夫妻双方的签名须是本人的亲笔签名，不能是夫妻一方授权另一方代理签名，不过另一方经授权后可以委托代理人的身份在相关文书上签名，同样符合夫妻双方共同签名的法律规定。

2. 夫妻一方事后追认的债务

夫妻一方事后追认的债务，是指夫妻另一方单方举债，在债务有效成立后作为非举债方的夫妻一方同意将该债务转为夫妻共同债务，由夫妻双方共同清偿。追认既可以是书面追认，也可以是口头追认，还可以通过其他形式表达追认的意思表示。作为非举债方的夫妻一方事后追认构成债务自认，基于意思自治原则，经夫妻一方事后追认的另一方单独债务，应当属于夫妻共同债务，至于夫妻一方是否从中享受到债务之利益，则属夫妻债务内部问题，不能作为否定夫妻共同债务的理由。

3. 夫妻一方日常家事代理所负的债务

夫妻一方在婚姻关系存续期间因日常事务而以个人名义与第三人交往，实施的法律行为通常是家庭日常生活所需要，应当视为夫妻共同的意思表示，由此发生的债务属于夫妻共同债务。将夫妻一方日常家事代理所负的债务归入夫妻共同债务，不会损及夫妻双方利益，更有促进交易便捷、节约交易成本之功能。不过需要指出的是，此处的日常家事代理仅限满足家庭日常生活所需，至于买车购房等大额交易、奢侈性消费或过度消费等非理性行为、送子女海外留学等非日常消费、对外担保等无利益行为，皆不属于日常家事代理的范畴，若无夫妻双方合意则是行为人的个人债务。

4. 债权人能够证明用于夫妻共同生活、共同生产经营的债务

夫妻共同生活由夫妻日常共同生活和其他共同生活组成，夫妻日常共同生活为婚姻家庭所必需，由此所负的债务通过夫妻合意或日常家事代理权的形式都归于夫妻共同债务，夫妻其他共同生活所负的债务是否属于夫妻共同债务则需要另外考量。夫妻共同生活范围广阔，内容众多，根据权利义务相一致原则，用于夫妻共同生活的债务自然应属夫妻共同债务。但在现实生活中，特别是在夫妻离婚过程中，夫妻一方很可能与第三人恶意串通，虚构债务，使另一方处于极度不利的地位，对此，《民法典》第 1064 条第 2 款规定，夫妻一方在婚姻关系存续期间以个人名义超出家庭日常生活需要所负的债务，不当然属于夫妻共同债务，只有在债权人能够证明该债务用于夫妻共同生活的情况下才由夫妻双方共同承担。

婚姻家庭并不能孤立存在，它既存在于具体社会，又联结于市场经济，不断从外部汲取维持自身持续存在的物质和精神元素。在市场经济发达的今天，夫妻双方参与生产经营已经成为常态，夫妻或者共同投资于同一公司或合伙企业，或者夫妻一方是营利性组织的投资者而另一方参与公司或项目的经营管理。夫妻共同生产经营所负的债务既形成于夫妻双方的经济行为，也为夫妻双方的共同利益，因而应当属于夫妻共同债务。需要强调的是，夫妻一方从事生产经营所获收益用于家庭共同生活时，由此所负的债务是否属于夫妻共同债务在学界尚存争议。本书作者认为，根据《民法典》第 1064 条第 2 款的规定，夫妻一方在婚姻关系存续期间以个人名义超出家庭日常生活需要所负的债务，只有在债权人能够证明该债务用于夫妻共同生产经营的情况下才属夫妻共同债务，夫妻一方生产经营所负的债务不属此列，当然另一方同意或追认的除外。

第四节　夫妻的扶养义务和遗产继承权

一、夫妻的扶养义务

（一）夫妻扶养义务概述

扶养是一定范围内亲属之间相互供养和扶助的法定义务。有权接受扶养的人为权利人，负担履行扶养义务的人为义务人。有许多国家把亲属间的经济供养义务统称为扶养，我国《民法典》根据扶养权利人和义务人的年龄和辈份不同，将扶养进一步区分为抚养、扶养和赡养三种类型。其中，抚养是长辈亲属对晚辈亲属的供养和扶助；扶养是同辈亲属间的供养和扶助；赡养是晚辈亲属对长辈亲属的供养和扶助。扶养有广义和狭义之分，广义的扶养包括抚养、扶养和赡养三种类型，狭义的扶养仅指同辈亲属间的扶养。《刑法》对扶养一词采用广义的概念，第 261 条中的"扶养义务"泛指夫妻、父母子女、祖孙、兄弟姐妹间的扶养、抚养和赡养义务。《民法典》对扶养一词采用狭义的概念，仅指同辈份的配偶之间、兄弟姐妹之间和遗赠的自然人之间的扶养。

狭义上的扶养根据其义务内容的不同，又可区分为一般生活扶助义务上的扶养和生活保持义务上的扶养两种。一般生活扶助义务上的扶养是有条件的，只有在一方无力独立生活，他方有扶养负担能力时，才履行扶养义务。这是一种相对的、偶然的义务，扶养人与被扶养人之间无需保持同一生活水平，扶养人仅在不降低与自己地位相当的生活水平限度内给予必要的供养和扶助。生活保持义务上的扶养是无条件的必须履行的义务，扶养人与被扶养人之间必须保持同一生活水平，故又称为"共生义务"。在我国，兄弟姐妹间和祖孙间的扶养属于一般生活扶助义务上的扶养，夫妻之间的扶养属于生活保持义务上的扶养。

夫妻扶养义务是指夫妻双方在婚姻关系存续期间负有相互供养和扶助的义务。它以生活保持义务为核心内容，体现"维持对方生活即保持自己生活"的共生关系理念。

(二) 夫妻扶养义务的立法根据

夫妻扶养义务发源于罗马法,其主要精神是夫应保护其妻,妻应协助夫料理家务。中世纪盛行夫妻一体主义的立法思想,法律不重视夫妻间的供养与协助。近代社会以后,夫妻扶养义务逐渐成为各国夫妻关系的重要内容。《法国民法典》第 212 条规定,夫妻应相互尊重、忠诚、救助与扶助。《德国民法典》第 1360 条、第 1360a 条规定,婚姻双方相互负有以其家务劳动或财产为家庭提供适当生活费的义务,家庭适当生活费包括所有为偿付家庭开支、满足婚姻双方个人需求以及满足子女生活需求而根据婚姻双方的情况必须支出的费用。《瑞士民法典》第 159 条第 2 款规定,配偶双方互负维护婚姻共同生活之幸福的义务。

夫妻负有相互扶养的权利和义务,是由婚姻效力所衍生的。婚姻的宗旨和核心内容是夫妻双方共同生活,这在逻辑上必然要求夫妻双方相互扶养,彼此保持相同的生活质量,接受同一生活水平的生活。从另一角度看,夫妻相互扶养也是维持夫妻关系和家庭共同生活的基本途径和法律保障。

(三) 夫妻扶养义务的制度内容

《民法典》第 1059 条规定:"夫妻有相互扶养的义务。需要扶养的一方,在另一方不履行扶养义务时,有要求其给付扶养费的权利。"对于夫妻扶养义务的准确理解,应当注意把握以下问题。

第一,夫妻扶养义务基于婚姻的效力而发生。从扶养发生的原因看,夫妻扶养义务是维持夫妻身份关系的当然要求,其目的在于保障夫妻共同生活,一般情况下这种扶养义务是在夫妻共同生活中实现的。

第二,夫妻相互扶养的性质既是义务,也是权利。从扶养人角度看,夫妻一方向对方的扶养是义务;从被扶养人角度看,则是接受扶养的权利,并且在扶养人不履行扶养义务时还享有扶养费的给付请求权。夫妻之间的扶养权利和义务是对等的,任何一方不得只强调自己应享有接受扶养的权利而拒绝承担扶养对方的义务。

第三,夫妻扶养义务以有效婚姻的存在为前提。夫妻扶养义务始于婚姻缔结之日,消灭于婚姻终止之时。不论婚姻的实际情形如何,不论夫妻双方的情感好坏,只要婚姻当事人依然存在夫妻关系,彼此之间即互负扶养义务。

第四,夫妻扶养义务的内容包括财产供养和劳务扶助。夫妻间相互为对方提供经济上的供养和生活上的扶助,以此维系婚姻家庭日常生活的正常进行。

第五,夫妻扶养义务的履行以必要为限度。如果夫妻共同居住,夫妻一方的扶养义务以必要的共同生活所需为限,不包括过度消费或奢侈性消费;如果另一方患病,夫妻一方的扶养义务以正常医治所需为限,不合理的医疗项目或不科学的治疗方法不在此列;如果夫妻双方已经分居,夫妻一方给付扶养费的具体金额要考虑当地的平均生活水平。

第六,夫妻扶养义务具有法律强制性。夫妻扶养义务属于法定义务,任何人都不得以约定的形式加以改变。如果夫妻一方无独立生活能力、缺乏生活来源或者遇有伤残、患病等生活困难时，另一方必须给予供养和扶助，需要扶养的一方也有权请求给付扶养费。若义务人拒不履行扶养义务，情节严重者可能构成遗弃罪。

二、夫妻的遗产继承权

夫妻的遗产继承权又称配偶继承权，是指夫妻双方基于配偶身份而依法享有的相互继承对方遗产的权利。夫妻的遗产继承权是婚姻效力的具体表现之一，是夫妻关系不可缺少的内容。

《民法典》第1061条规定："夫妻有相互继承遗产的权利。"一定的亲属关系是继承权发生的主要根据，夫妻互为配偶，是特殊的亲属，赋予夫妻相互继承遗产的权利符合继承法的基本准则。况且，死者的遗产包含着生存配偶一方的贡献，赋予继承权也是对生存配偶家庭贡献的肯定。此外，赋予夫妻相互继承遗产的权利还是对生存配偶丧失对方扶养机会的弥补，夫妻的遗产继承权具有帮助生存配偶延续生活的作用。

需要注意的是，夫妻的遗产继承权的主体只能是具有合法婚姻关系的男女当事人双方。只有依法缔结婚姻并继续保持婚姻的男女之间，一方在婚姻关系存续期间死亡时，另一方才享有继承对方遗产的权利。仅有婚约关系、非婚同居、重婚的男女之间不具有合法婚姻关系，彼此不享有遗产继承权。已经离婚的男女之间，其原有婚姻关系已经解除，彼此不再是夫妻，自然也不享有遗产继承权。

考虑到我国风俗习惯的韧性和事实婚姻关系的复杂性，《民法典婚姻家庭编司法解释（一）》对于事实婚姻中的夫妻遗产继承权做出专门规定。未依法办理结婚登记而以夫妻名义共同生活的男女，一方死亡，另一方以配偶身份主张享有继承权的，依照以下规则处理：（1）1994年2月1日民政部《婚姻登记管理条例》公布实施以前，男女双方已经符合结婚实质要件的，按事实婚姻处理，相互享有遗产继承权；（2）1994年2月1日民政部《婚姻登记管理条例》公布实施以后，男女双方符合结婚实质要件的，人民法院应当告知其补办结婚登记，补办结婚登记的是夫妻关系，相互享有遗产继承权，未补办结婚登记的只是同居关系，彼此并不享有遗产继承权。

第五章　亲子制度

第一节　亲子关系概述

一、亲子关系的概念和种类

（一）亲子关系的概念

亲子关系，又称父母子女关系，亲即指父母，子即指子女，在法律上是指父母和子女之间的权利义务关系。父母和子女是血缘关系最近的直系血亲，构成家庭关系的核心。亲子关系是家庭关系的重要组成部分，我国《民法典》婚姻家庭编在第三章"家庭关系"中对父母子女关系专门做出了规定。

（二）亲子关系的种类

关于父母子女关系的分类，古今中外的法律规定有很大区别。中国古代基于纳妾和宗祧继承制度，父母子女的种类繁多。大致可分为两种：一种是基于出生而发生的自然血亲父母子女关系，包括亲生父母，嫡子女、庶子女、婢生子女和奸生子女；第二种是法律的人为拟制而产生的父母子女关系，包括拟制的父母子女关系和名分恩义的关系。拟制的父母子女关系包括嗣父嗣子、养父母养子女关系。名分恩义的父母子女关系，即礼俗法典上所称的"三父八母"，三父依朱子家礼为同居继父、先同居后异居继父、不同居继父；依元典章为同居继父、不同居继父、从继母嫁。八母是指嫡母、继母、养母、慈母、嫁母、出母、庶母、乳母。其中仅养父母、继母、嫡母、慈母等，视同亲生父母。其他亲子关系仅在服制上有关而已。在子的方面，有嫡子、庶子、奸生子、婢生子、嗣子、养子。[①] 古代礼法对亲子关系的分类有亲疏远近之别，不同称谓者在法律上的地位不尽相同。至20世纪30年代，中华民国颁行民法亲属编才吸收了国外（主要是大陆法系）亲子法的立法经验，将父母子女关系分为自然血亲和拟制血亲两种。父母的种类有：有婚姻关系的亲生父母为父母、没有婚姻关系的亲生父母为生父母、养父母，子女的种类有：婚生子女、非婚生子女和养子女。中华人民共和国成立后，废除了纳妾制度和宗祧继承制，实行男女平等、一夫一妻制。根据父母子女关系产生的原因，我国《民法典》将父母子女关系分为自然血亲的父母子女关系和法律拟制的父母子

---

① 史尚宽：《亲属法论》，中国政法大学出版社2000版，第533页。

女关系两种。

1. 自然血亲的父母子女关系

自然血亲的父母子女关系，是指基于子女出生的法律事实而产生的父母子女关系。根据子女出生时父母是否具有婚姻关系，自然血亲的父母子女关系可分为婚生的父母子女关系和非婚生的父母子女关系。另外，由父亲供精或者由母亲供卵而进行的同质人工生殖而生育的子女与父或母之间也产生自然血亲的父母子女关系。自然血亲的父母子女关系以血缘为纽带，是客观存在的，不能人为解除，只能因父母子女一方死亡而终止。在子女被他人收养的情况下，父母子女间的权利义务关系消灭，但并不消灭双方的自然血亲关系。

2. 法律拟制血亲的父母子女关系

法律拟制血亲的父母子女关系，是指原不存在父母子女关系，但基于收养、再婚的法律行为和事实抚养关系的形成，由法律确认其与自然血亲有同等权利义务关系的父母子女关系。包括养父母子女关系和形成抚养关系的继父母子女关系。另外，通过人工生育技术形成的并非血缘同质的亲子，即不是妻的卵子也不是丈夫的精子而生的子女，例如经人工代孕所生子女也应当视为亲生子女。① 法律拟制血亲的父母子女关系既因人为的设定和法律的拟制而成立，也可因收养的解除或继父（母）与生母（父）离婚以及相互扶养关系的变化而消灭。

现代生物医学技术的进步促成了人工生殖技术的成功。人工生殖技术从最初的人工授精、体外授精，到今天的克隆技术应用于人工生殖领域，已经有一百多年的历史。它的发展为不孕不育者带来了福音，为人类的生存和发展创造了许多机会。但是人工生殖技术切断了生育与性行为的纽带，打破了传统观念上的生育关系与遗传关系合为一体的生育规律，也给人类的生殖和两性关系带来严重的挑战，对传统的血缘关系为基础的亲子观念造成巨大的冲击。关于人工生育子女的法律地位问题，我国《民法典》未作规定。

二、亲子关系的立法沿革

（一）国外亲子关系的立法沿革

亲子关系随着社会形态的更替而不断发展变化。从古至今，亲子关系立法经历了"家本位的亲子法""亲本位的亲子法"和"子本位的亲子法"三个阶段。② 在亲子关系法律规范形成初期，家族制度兴盛，亲权具有家长权的实质，亲子关系受家族法的支配，养育子女是为了家族利益。对子女的抚养和惩戒是家长的权利和职责，亲子法实际上被家族法所覆盖。罗马法时期的亲子关系即以家长权为本位，家父行使养育子女的权利和责任，对子女有绝对的支配权。这一时期的亲子法可称为"家本位亲子法"。随着生产力的发展，家族共同体逐步废除，家长制衰落，父成为家长，家长权逐渐演化为父

---

① 杨立新：《婚姻家庭与继承法》，法律出版社2021年版，第90页。
② 史尚宽：《亲属法论》，中国政法大学出版社2000版，第532—533页。

权。此时的亲子法主要维护父权即亲的权利，强调父亲单方面享有对子女人身的支配权和管束权等亲权。因此被称为"亲本位的亲子法"。20世纪以来，随着儿童主体地位的提升和人权运动的普及，家族成为消费单位，父权的色彩渐趋稀薄。亲权从单纯的父权发展为父母平等的共同亲权，并且由单纯的权利演变为权利义务的统一体，同时注重对子女的养育、保护，提倡平等的父母子女关系。亲子法遂以子女福祉为中心而构成，即所谓"子本位亲子法"。[①] 1989年联合国《儿童权利公约》进一步确立了"儿童最大利益原则"，各缔约国相继修改了有关父母子女关系的法律规范，以确保未成年子女的权益。

（二）我国亲子关系的立法沿革

中国古代长期奉行家族主义，亲子关系完全从属于宗法家族制度，父权、夫权、家长权三位一体。亲子关系以家族为本位。唐代以后各朝代又兼具有"亲本位"的性质，亲子关系以孝道为本，将"父为子纲"奉为天经地义。父母享有支配子女的绝对权，子女无独立人格，被视为父母的私有财产。1930年中华民国民法亲属编规定了保障子女权益原则，但因历史的局限，仍带有一定亲本位的色彩。[②]

中华人民共和国成立后，1950年我国《婚姻法》设专章规定了"父母子女间的关系"，确立以保护子女合法权益为原则的父母子女间平等的相互扶养的权利义务关系。1980年我国《婚姻法》在上述规定的前提下，又增加了关于子女姓氏及父母对子女的管教、保护权利义务的内容。2001年修订《婚姻法》，重申了上述规定，并增加了禁止家庭暴力；离婚父母中不直接抚养子女一方对子女的探视权；子女应尊重父母的婚姻权利；子女对父母的赡养义务，不因父母的婚姻关系变化而终止等内容，突出强调父母对未成年子女的保护和教育职责。确立了保护未成年子女合法权益为原则的父母子女间法律地位平等的新型亲子关系。《民法典》婚姻家庭编第三章"家庭关系"专门规定了第二节"父母子女关系和其他近亲属关系"，增加规定了亲子关系的确认和否认制度；父母离婚后对未成年子女的直接抚养问题上的最有利于未成年子女的原则等，使我国的亲子制度进一步完善。

第二节 父母子女之间的权利义务

根据我国《民法典》第1067条至第1070条的规定，父母对子女有抚养的义务，对未成年子女有保护和教育的权利和义务；成年子女对父母有赡养的义务，子女应当尊重父母的婚姻权利；父母子女间有相互继承遗产的权利。

一、父母对子女有抚养的义务

我国《民法典》第1067条第1款规定："父母不履行抚养义务的，未成年子女或者

[①] 陈棋炎、黄宗乐、郭振恭：《民法亲属新论》（第十一版），台湾三民书局2013年版，第262页。
[②] 陈明侠：《亲子法基本问题研究》，载梁慧星主编：《民商法论丛》第6卷，法律出版社1997年版，第2页。

不能独立生活的成年子女,有要求父母付给抚养费的权利。"

抚养,是指父母在物质上、经济上对子女的供养及在生活上对子女的照料及帮助,包括负担子女的生活费、教育费、医疗费及其他必要的费用等。抚养子女是父母应尽的基本法定义务,是子女生存、健康成长的物质基础。父母对未成年子女的抚养是无条件的,即使父母已经离婚,任何一方也不因此免除其对子女的抚养义务。离婚后,子女由一方直接抚养的,不直接抚养子女的父母一方应当负担部分或全部抚养费,同时有探望子女的权利。父母对成年子女的抚养是有条件的,一般情况下,父母对子女的抚养至18周岁成年为止。但是对于不能独立生活的成年子女,父母又有给付能力的,仍应负担必要的抚育费。所谓"不能独立生活的子女"是指尚在校接受高中及其以下学历教育,或者丧失或未完全丧失劳动能力等非主观原因而无法维持正常生活的成年子女。当然,对于有独立生活能力的成年子女,父母没有法定的抚养义务,但父母自愿给予经济帮助的,法律并不干预。

父母应当共同承担对子女的抚养义务,不得相互推诿。当父或母不履行抚养义务时,未成年子女或不能独立生活的成年子女有权向父母追索抚养费。追索抚养费的要求,可向抚养义务人所在单位或者有关部门提出解决,也可直接向人民法院提起诉讼。人民法院应当根据子女的需要和父母的抚养能力,通过调解或判决方式,确定抚养费的数额、给付期限或方法。对拒不履行抚养义务,恶意遗弃未成年子女,情节恶劣,构成犯罪的,应依法追究其刑事责任。

二、父母对未成年子女有教育、保护的义务

我国《民法典》第1068条规定:"父母有教育、保护未成年子女的权利和义务。未成年子女造成他人损害的,父母应当依法承担民事责任。"

(一)教育义务

教育,是指父母在思想、品德、学业等方面对子女的全面培养。教育子女是家庭的重要职能,家庭教育对子女的成长有重大影响。父母作为子女的第一任老师,有责任引导子女树立正确的思想,培养其高尚的品德,从而使其成长为对社会有益的人。教育子女,既是父母对社会应承担的责任,也是法律赋予的法定义务。

根据《未成年人保护法》的规定,未成年人的父母应当学习家庭教育知识,接受家庭教育指导,创造良好、和睦、文明的家庭环境。教育和引导未成年子女遵纪守法、勤俭节约,养成良好的思想品德和行为习惯;对未成年子女进行安全教育,提高未成年子女的自我保护意识和能力;教育和帮助未成年子女维护自身合法权益,增强自我保护的意识和能力。同时,父母应该尊重未成年子女受教育的权利,保障适龄未成年子女依法接受并完成义务教育。父母不得放任或者迫使应当接受义务教育的未成年子女失学、辍学。

(二)保护义务

保护,是指父母应当履行监护职责,采取各种措施预防和排除来自外界对未成年子

女的人身、财产和其他合法权益的非法侵害，使未成年子女的身心处于安全状态。未成年人是无民事行为能力人和限制民事行为能力人，身心尚未发育成熟，对事物缺乏正确的认识能力和控制能力。因此，需要父母给予其特别的保护。

父母应当按照最有利于未成年子女的原则履行监护职责，保护未成年子女的人身、财产及其他合法权益。父母应当照顾未成年人的生活，保护其身体健康，确保未成年子女人身不受侵害，为未成年子女提供住所等。禁止溺婴和其他残害婴儿的行为，禁止虐待、遗弃、非法送养未成年子女或者对未成年子女实施家庭暴力。禁止放任、教唆或者利用未成年子女实施违法犯罪行为。禁止放任、唆使未成年子女吸烟、饮酒、赌博、流浪乞讨或者欺凌他人。当未成年子女被他人拐骗，脱离家庭或监护人时，父母有权要求归还子女，并要求司法机关追究拐骗者的刑事责任。父母应该妥善管理和保护未成年子女的财产，除为维护未成年子女的利益外，不得处分未成年子女的财产。父母不得放任未成年子女沉迷网络，接触危害或者可能影响其身心健康的图书、报刊、电影、广播电视节目、音像制品、电子出版物和网络信息等；父母不得放任未成年子女进入营业性娱乐场所、酒吧、互联网上网服务营业场所等不适宜未成年人活动的场所等。

父母不履行监护职责或者侵害未成年子女合法权益的，应当承担法律责任。未成年子女受到他人伤害时，父母作为法定监护人和法定代理人有权以法定代理人的身份提起诉讼，请求排除侵害、赔偿损失。在未成年子女对国家、集体或他人造成损害时，父母应当承担民事责任。

三、成年子女对父母有赡养的义务

我国《民法典》第1067条第2款规定："成年子女不履行赡养义务的，缺乏劳动能力或者生活困难的父母，有要求成年子女给付赡养费的权利。"

赡养，是指成年子女对老年父母经济上供养、生活上照料和精神上慰藉的义务。父母生儿育女，将子女抚养成人，对家庭和社会尽到了责任，理应得到社会和家庭的尊重和照顾。根据我国《宪法》第45条、第49条的规定，公民在年老、疾病或者丧失劳动能力的情况下，有从国家和社会获得物质帮助的权利。成年子女有赡养扶助父母的义务，禁止虐待老人。赡养父母是成年子女的一项不可推卸的法定义务。

根据《老年人权益保障法》的规定，成年子女对父母的赡养义务主要包括以下几个方面：①成年子女应当履行对父母经济上供养、生活上照顾和精神上慰藉的义务，照顾父母的特殊需要。②成年子女应当使患病的父母及时得到治疗和护理；对经济困难的父母，应当提供医疗费用。对生活不能自理的父母，成年子女应当承担照料责任；不能亲自照料的，可以按照父母的意愿委托他人或者养老机构等照料。③成年子女应当妥善安排父母的住房，不得强迫父母居住或者迁居条件低劣的房屋。父母自有的或者承租的住房，成年子女不得擅自改变产权关系或者租赁关系。父母自有的住房，成年子女有维修的义务。④成年子女有义务耕种或者委托他人耕种父母承包的田地，照管或者委托他人照管父母的林木和牲畜等，收益归父母所有。⑤成年子女应当关心父母的精神需求，不得忽视、冷落父母。与父母分开居住的成年子女，应当经常看望或者问候父母。

成年子女对父母的赡养是法定的义务，缺乏劳动能力或者生活困难的父母，有要求成年子女给付赡养费的权利。成年子女不得以放弃继承权或者以父母未尽抚养教育子女的义务为由，拒绝履行赡养义务。也不得以分家析产为前提不向父母尽赡养义务。无论成年子女是否与父母居住在一起，都应根据父母的实际需要履行赡养义务，成年子女的配偶应协助其履行赡养义务。赡养的方式既可以是与父母共同生活直接履行赡养义务，也可采用提供生活费用的方式承担经济责任。赡养的费用应根据父母的实际生活需要和子女的负担能力来确定，一般不低于子女本人或当地的平均生活水平。有两个以上成年子女的，可依据不同的经济条件，共同负担赡养费用。

如果成年子女不履行赡养义务，基层群众性自治组织、老年人组织或者成年子女所在单位应当督促其履行。需要赡养的父母也可以通过有关部门进行调解或者向人民法院提起诉讼。人民法院在处理赡养纠纷时，应坚持保护老年人合法权益的原则，通过调解或判决的方式，确定赡养费的数额和给付方式。成年子女有能力赡养而拒绝赡养，情节严重，构成遗弃罪的，应依法追究其刑事责任。禁止成年子女对父母实施家庭暴力。父母对个人的财产，依法享有占有、使用、收益和处分的权利，成年子女不得干涉，不得以窃取、骗取、强行索取等方式侵犯父母的财产权益。父母有依法继承其父母、配偶、子女或者其他亲属遗产的权利，有接受赠与的权利。成年子女不得侵占、抢夺、转移、隐匿或者损毁应当由父母继承或者接受赠与的财产。

四、子女应当尊重父母的婚姻权利

我国《民法典》第 1069 条规定："子女应当尊重父母的婚姻权利，不得干涉父母离婚、再婚以及婚后的生活。子女对父母的赡养义务，不因父母的婚姻关系变化而终止。"

婚姻自由是我国婚姻法的一项基本原则，也是宪法赋予公民的一项基本权利。婚姻自由不只是子女依法享有的权利，也是父母依法享有的权利。父母基于自己的意愿离婚及离婚后再婚，是其法定的权利，应该受到尊重和保护。子女应当充分尊重父母的婚姻意愿，尊重父母的婚姻权利。对父母的离婚、再婚以及婚后的生活不得予以干涉。采取暴力、拘禁、虐待、遗弃等手段干涉父母离婚或再婚，情节严重构成犯罪的，应当依法追究刑事责任。子女对父母的赡养义务也不因父母的婚姻关系变化而终止，只要父母缺乏劳动能力或生活困难需要赡养，成年子女就应该尽赡养义务。

五、父母子女有相互继承遗产的权利

我国《民法典》第 1070 条规定："父母和子女有相互继承遗产的权利。"

父母和子女是最亲近的直系血亲，相互间有着极为密切的人身关系和财产关系。根据我国《民法典》第 1127 条的规定，子女和父母均为第一顺序继承人，相互享有继承权。子女可以作为第一顺序继承人继承父母的遗产，父母也可以作为第一顺序继承人继承子女的遗产。父母与子女间的相互继承权，非因法定事由不得被剥夺。父母包括生父母、养父母和有抚养关系的继父母；子女包括婚生子女、非婚生子女、养子女和有抚养关系的继子女。养子女有权继承养父母的遗产，但无权继承生父母的遗产。形成抚养关系的继父母和继子女之间，继子女继承了继父母遗产的，仍可继承生父母的遗产。

第三节 婚生子女

一、婚生子女的概念

自从人类进入一夫一妻制，调整婚姻家庭关系的法律制度便依生父母之间是否具有夫妻身份将生育行为划分为合法生育与非法生育，所生子女也就有了婚生与非婚生之别。早期法律区分婚生子女与非婚生子女的目的，是为了血统上的传宗接代和确定家庭财产的继承人。因一夫一妻的婚姻制度一直谴责婚外的两性关系。非婚生子女通常不能获得与婚生子女相同的法律地位，在人身和财产问题上受到歧视。近现代以后，立法的意义更多的是为了保障婚姻当事人的合法权益及未成年人的利益。各国法律逐渐废除歧视非婚生子女的规定，大多数国家规定非婚生子女与婚生子女具有完全相同的法律地位。更有一些国家在法律上否认婚生子女与非婚生子女的划分。

世界各国婚姻立法对婚生子女界定的标准也不一致。纵观世界各国和各地区的亲子立法，大致可以分为两种立法例：一种是宽松的婚生性标准，即凡是在婚姻关系存续期间受胎或出生的子女，均为婚生子女。英国普通法规定，子女在婚姻关系存续中出生者，不问是否婚前受胎，只在出生时，父母之间有合法婚姻关系，子女就可取得婚生子女的身份。如果在婚姻关系存续中受胎，则不管子女出生时婚姻关系是否已经消灭，子女均可取得婚生子女的身份。美国、德国、法国等也采用宽松婚生性标准。另一种是严格婚生性标准，即婚生子女仅限于婚姻关系存续期间受胎的子女。《日本民法典》第772条规定，妻于婚姻中怀胎的子女即自婚姻成立之日起200日后，或自婚姻解除或撤销之日起300日以内所生子女为婚生子女。我国台湾地区"民法"第1061条明确规定，称婚生子女者，谓由婚姻关系受胎而生之子女；第1062条具体规定了受胎期间，即从子女出生日回溯第181日起至第302日止。宽松婚生性标准将婚前受胎，婚后出生的子女也视为婚生子女，有可能使不具父子（女）关系者成为法律上的父子（女），违背血缘真实。但该标准能够确保身份关系的安定性，有利于保护未成年子女的利益，符合亲子立法的发展趋势。而严格婚生性标准显然不利于保障未成年子女的权益。因此，本书作者认为，我国未来婚姻立法应采用宽松的婚生性标准，将婚生子女定义为"在合法婚姻关系存续期间受胎或出生的子女"。

我国从1950年《婚姻法》一直到今天的《民法典》，立法均使用了婚生子女的称谓，但未对婚生子女的概念作出规定，也无婚生子女的推定制度。

二、婚生子女的推定

亲子身份的确定是亲子间权利义务发生的前提。母亲的身份可以通过分娩的事实加以确定，即"谁分娩谁为母"。父亲身份的确定，则相对比较复杂。婚生子女的推定，则主要是对父亲身份的推定，也是对子女婚生性、合法性的法律认定。婚生子女的推定，是指妻在合法婚姻关系存续期间受胎或出生的子女推定为夫的婚生子女。

婚生子女从本质上必须具备以下几个条件：①父母之间有合法的婚姻关系，这是婚生与非婚生的根本区别；②须为其生父之妻所分娩；③须其受胎系在婚姻关系存续中；④须为其母之夫之血统。① 其中，前两个条件可直接根据生母怀胎、分娩的事实和生父母婚姻关系的存在等客观事实予以确认，相对比较容易证明，而后两个条件要证明该子女与生母之夫存在血缘关系，特别是直接从婚姻期间子女出生的事实加以确认，则比较困难。基于此，大多数国家继受了罗马法确定的"婚姻示父"规则，根据医学上的经验和婚姻道德设立了婚生子女推定制度。建立婚生子女推定制度，有利于维护合法婚姻关系的稳定，有利于维护婚姻及当事人双方的尊严，特别是有利于保护未成年子女的合法权益。

各国关于子女婚生性的推定主要有以下三种方法。

1. 受胎说

以子女在婚姻关系中受胎为标准。凡子女系在合法婚姻关系期间受胎的，则推定为婚生子女，如《日本民法典》第772条的规定。

2. 出生说

以子女在婚姻关系中出生为标准。凡在合法婚姻关系存续期间出生的子女，不管其受胎期间是否于婚姻存续期间，即婚前亦可，均推定为婚生子女。如英美法系立法。

3. 混合说

既根据受胎期又根据子女出生期进行婚生推定。混合说又分为两种：第一种以出生说为原则，以受胎说为补充。即在婚姻关系存续期间出生或在婚姻关系中受胎而在婚姻关系终止后出生的子女，皆为婚生子女，推定母之夫为父。如《瑞士民法典》，第255条第1款规定："在婚姻关系存续期间或婚姻解除后的300天内出生的子女，推定夫为父。"第二种以受胎说为原则，以出生说为补充。即在婚姻关系中受胎，不论在婚姻中出生或在婚姻终止后出生，皆为婚生子女。如《意大利民法典》，第231条规定："丈夫是在婚姻关系存续期间受孕的子女的生父。"第232条第1款规定："自婚礼举行之日起180日以后出生的子女，以及自婚姻被宣告无效、解除或丧失民事效力之日起300日以内出生的子女，被推定为婚姻关系存续期间受孕的子女。"第233条规定："配偶一方或子女本人不否认生父身份的，则认为自婚礼举行之日起未满180日出生的子女为婚生子女。"

受胎说对婚前受胎而在婚后所生的子女不能推定为婚生子女，标准过于严格，不利于维护未成年子女的利益。出生说对于在婚姻关系中受胎而在婚姻关系终止后出生的子女不能推定为婚生子女也有明显的缺陷。现代世界各国立法及学说大都倾向于采取混合说。我国《民法典》对婚生子女的推定没有作出规定，未来的婚姻立法在规定婚生子女推定时，也应顺应各国立法的趋势，对于婚前受胎、婚后出生的子女，在婚姻关系中受胎并于婚姻关系存续中出生的子女及在婚姻关系中受胎但在婚姻关系终止后出生的子女，均推定为婚生子女。

---

① 陈棋炎、黄宗乐、郭振恭：《民法亲属新论》（第十一版），台湾三民书局2013年版，第274页。

三、婚生子女的否认

婚生子女的否认，是指当事人享有否认婚生子女为自己亲生子女的诉讼请求权的制度，是对婚生子女推定的一种限制。婚生推定既然是法律上对确立父亲身份的一种推定，就可能会被相反的事实所推翻。由于婚外性行为的客观存在，已受婚生推定的子女有可能不是其生母之夫所受胎而生。为了保障当事人的合法权益及子女的利益，维护婚生父母子女关系的血缘真实性，防止应尽抚养义务的生父逃脱法律责任，各国法律在规定婚生子女推定制度的同时，也规定了婚生子女的否认制度。我国《民法典》第1073条第1款规定："对亲子关系有异议且有正当理由的，父或者母可以向人民法院提起诉讼，请求确认或者否认亲子关系。"

（一）否认原因

各国各地区法律对否认的原因多采用概括主义，并不具体限定其原因，凡能提供证据足以推翻子女为婚生即可。如《法国民法典》第332条规定："得通过提出夫或认领子女的人并非子女之生父的证据，对父子女关系提出异议。"我国台湾地区"民法"第1063条第2款规定："夫妻之一方或子女能证明子女非为婚生子女者，得提出否认之诉。"也有一些国家的法律对否认的原因列举了一些具体的情形，如《意大利民法典》第235条规定："否认在婚姻关系存续期间受孕子女的生父身份的诉讼，只允许在下列情况下提起：1. 在自子女出生前300日至出生前180日的期间内夫妻双方没有同居；2. 在上述期间内丈夫有性功能障碍或者没有生育能力；3. 在上述期间内，妻子有与他人通奸或者对丈夫隐瞒怀孕和分娩的事实。在上述情况下，允许丈夫证明子女所显示的遗传性质或者血型与自己的遗传性质或者血型不相符合，或者证明任何一个旨在排除生父身份的事实。"

从各国的法律规定和司法实践来看，亲子否认的原因主要有以下情况：第一，夫妻在受胎期间未发生性关系，但采用人工生殖技术生育子女的除外；第二，夫无生育能力；第三，医学上的亲子鉴定结论证明无父子女关系等。

我国《民法典》第1073条采用概括主义，即有正当理由即可否认亲子关系。《民法典婚姻家庭编司法解释（一）》第39条第1款规定："父或者母向人民法院起诉请求否认亲子关系，并已提供必要证据予以证明，另一方没有相反证据又拒绝做亲子鉴定的，人民法院可以认定否认亲子关系一方的主张成立。"父或母就亲子关系发生争议，一方没有相反证据拒绝做亲子鉴定的情况下，人民法院可适用推定的方式判定亲子关系是否存在。

（二）否认权人

否认权人，是指可以诉讼请求否认亲子关系的主体。对于否认权人的范围，各国立法规定不尽相同，主要有三类：一是只有丈夫享有否认权，如《日本民法典》第774条规定："夫可以否认子女为婚生"；二是丈夫和子女都享有否认权，如《瑞士民法典》第256条第1款规定："否认父权推定之诉，可在法官处，由夫提出或子女提出"；三是夫、妻、子女或检察官均享有否认权,根据《意大利民法典》第 244 条的规定,生母、生母之夫、成年子女、法官指定的特别保佐人、检察机关均为否认权人。我国《民法典》第 1073 条规定,否认权人仅限于父或者母。法律上的亲子关系应以真实的血缘关系为基础,同时应兼顾亲子关系的安定性,在当事人之间已发生亲情和亲子关系的社会事实的情况下,从保护儿童最大利益原则出发,应限制父母之外的人否认亲子关系。同时强调,父母抚养子女成年后,子女应当负有赡养义务,因此,成年子女不能享有否认权。[①]

(三) 否认权的行使期限

为促使当事人及时行使权利,尽快确定子女的法律地位,各国均对否认请求权予以时效的限制。《日本民法典》《意大利民法典》规定的时效是 1 年;《德国民法典》规定的时效是 2 年。关于时效的起算,大多从知悉子女为非婚生子女之日起开始计算。如《瑞士民法典》第 256 条 c 规定:"夫在知悉生育及知悉其本人并非子(女)之父或第三人在妻受胎期间与其同居的事实之后,得在一年的期限内起诉。超过出生的五年,诉权自行失效。子女诉权的时效,无论何种情形,不得超过其成年后的一年。超过上述期限的无效之诉,只有因重要原因被谅解后,始得提出。"我国《民法典》没有明确规定否认权的行使期限,但鉴于否认权性质上属于形成权,应适用一年的除斥期间为宜,从否认权人知道或应当知道受推定的子女非夫的亲生子女之日起计算。

(四) 否认的效力

否认权的行使须以诉讼为之,在民事诉讼中既属于确认之诉,又属于形成之诉。否认之诉经过法院判决成立的,该子女丧失婚生子女的身份。母之夫与该子女间不存在父子(女)关系,不再承担该子女的抚养教育义务。妻子主观上有恶意的,丈夫与该子女在否认前的抚养关系,构成欺诈性抚养关系。妻子应该赔偿丈夫的财产损失,即否认前丈夫为孩子所支出的生活费、医疗费、教育费等费用。给丈夫造成精神损害的,女方应当赔偿丈夫的精神损失。

第四节 非婚生子女

一、非婚生子女的法律地位

非婚生子女,是指没有合法婚姻关系的男女所生的子女。未婚男女所生的子女,有配偶者与第三人自愿发生性行为所生子女,无效婚姻、被撤销婚姻所生子女及妇女被强奸后所生子女等,均为非婚生子女。

为保护一夫一妻的婚姻制度,早期亲属法普遍对非婚生子女施以虐待、歧视,其社

---

① 最高人民法院民法典贯彻实施工作领导小组主编:《中华人民共和国民法典婚姻家庭编继承编理解与适用》,人民法院出版社 2020 年版,第 223 页。

会地位和家庭地位都十分低下。英国普通法最初称非婚生子女为"无亲之子",非婚生子女与生父母间不发生法律上的亲子关系。1804年《法国民法典》规定,非婚生子女不得请求其父认领,非婚生子女不得主张婚生子女的权利,如父母有婚生子女,非婚生子女的继承权利为婚生子女应继份额的1/3。在中国古代,非婚生子女被称为"私生子""奸生子""婢生子",而备受歧视。清末颁行的《大清现行刑律》中规定,"奸生子""婢生子"不得继承宗祧,继承财产时,也只能依子量予半分。因无法律保护,非婚生子女的死亡率和犯罪率都比较高。

进入20世纪以后,人类对非婚生子女的态度趋于宽容,认为非婚生子女与婚生子女同属父母血统,过错在于其生父母,非婚生子女并无任何过错,不应该受到社会歧视和不公平待遇。基于人道主义及血统观念,各国立法开始肯定非婚生子女与婚生子女的平等地位,并允许通过认领与准正程序,使非婚生子女婚生化,以充分保护其合法权益。但立法仍对婚生子女与非婚生子女进行区分本身,就说明了对非婚生子女保护的不彻底性。非婚生子女在现实生活中仍遭到不同程度的歧视,受到不公平的待遇。为了彻底消除非婚生子女与婚生子女法律地位上的差别,一些国家已开始立法上的努力。如美国1973年颁布的《统一父母身份法案》,以父母与子女关系取代原来的合法的婚生子女与不合法的非婚生子女的划分。[①] 确立了所有子女与其父母双亲之间的权利义务完全平等原则。到1995年,《统一父母身份法案》已经被19个州适用,有更多的州经修改后采用。该法案抛弃了婚生子女的概念,无论其父母已婚或未婚,所有子女的用语完全相同。《德国民法典》于1998年生效的法律条文中取消婚生子女与非婚生的划分,从子女与母亲与父亲的亲生关系这一角度进行规范,仅用"子女"一词,更能体现法律对儿童的尊重与保护。其他如《法国民法典》《埃塞俄比亚民法典》《越南婚姻家庭法》等均不再区分婚生子女与非婚生子女。

婚生子女的父亲身份可以通过推定的方式来确定,但非婚生子女的父亲身份则难以通过推定的方式来确定,为了确定非婚生子女的法律地位,保护其合法权益。大多数国家都建立了非婚生子女的准正制度和认领制度。

我国《民法典》仍将子女区分为婚生子女与非婚生子女,并赋予非婚生子女与婚生子女平等的法律地位。《民法典》第1071条规定:"非婚生子女享有与婚生子女同等的权利,任何组织和个人不得加以危害和歧视。不直接抚养非婚生子女的生父或生母,应当负担未成年子女或者不能独立生活的成年子女的抚养费。"第1127条规定法定继承人的顺序时强调"本法所说的子女,包括非婚生子女"。但我国尚未确立非婚生子女的认领和准正制度,非婚生子女的婚生化存在一定的法律障碍。随着社会的多元化纵深发展,一场深刻的婚姻变革已在进行之中,性、生育、婚姻相互之间呈现出不同程度的分离,非婚生子女大量出现。在具体确定非婚生子女与生父母关系时难免发生一系列复杂问题,不利于非婚生子女合法权益的切实保障。本书作者认为,国外的立法经验值得借鉴,我国在亲子立法时也不应再区分婚生子女与非婚生子女,而应统称为"亲生子女",以彻底消除对非婚生子女的立法歧视,反映现代亲子法的进步趋势。同时确立亲生子女

---

① 王丽萍:《亲子法研究》,法律出版社2004年版,第47页。

确认制度，包括子女亲生的推定和亲生子女的认领制度，使法律上与亲子关系与血缘上的亲子关系相统一，以维护当事人和子女的合法权益。

二、非婚生子女的准正

非婚生子女的准正，是指已出生的非婚生子女因生父母结婚或司法宣告而取得婚生子女资格的制度。该制度始于罗马法，为了保护非婚生子女的利益，法律规定父对于结婚前所生子女因与其母结婚而取得家父权，对子女视为婚生。寺院法和日耳曼法中也规定有准正制度。此制度巧妙地将尊重正式婚姻与保护非婚生子女二理念相连接，而具有奖励、促进非婚生子女生父生母正式结婚之功能。[①] 无论英美法系国家还是大陆法系国家，都普遍规定了非婚生子女准正制度。

（一）准正的形式

非婚生子女的准正，依准正原因不同可分为两种形式。

1. 因生父母结婚而准正

因生父母结婚而准正又分为两种情况：一是仅以生父母结婚为准正的要件，即生父母一旦结婚，非婚生子女自然准正。比利时、秘鲁等国采用此制。二是以生父母结婚和认领为准正的双重要件。准正应兼顾结婚事实和血缘真实，仅以结婚为准正条件，生母的非婚生子女若与夫并无血缘关系，也可能被准正为父的婚生子女。因此，有些国家的立法例采用生父母结婚和认领的双重要件。如《瑞士民法典》第259条第1款规定："婚前所生子女，如其生父母结婚，并经认领或判决确定了父权，同样适用于关于婚姻存续期间所生子女的规定。"日本、意大利等国也采用此制。

2. 因司法宣告而准正

法官宣告准正是指男女订立婚约后，因一方死亡或有婚姻障碍存在，使非婚生子女准正不能实现时，可依婚约一方当事人或子女的请求，由法官宣告子女为婚生子女。《意大利民法典》第284条规定："只有在符合子女利益并且符合下列条件的情况下，可以由法官宣告准正：（1）由生父母双方共同或单方提出请求，而且提出请求的生父和生母已年满16周岁；（2）因生父和生母不能，或者由于非常严重的障碍而无法在子女出生后结婚时赋予非婚生子女以婚生子资格；（3）已婚且尚未与配偶合法分居的申请人，取得了配偶同意的；（4）除已经进行了认领的情况外，取得了年满16岁的未成年人的同意，未满16岁的未成年人取得了另一生父或生母或者特别保佐人的同意。准正的申请可以在婚生子女、准正的非婚生子女在场的情况下提出，在该情形下，法院院长应当听取年满16岁的婚生子女或准正的非婚生子女的意见。"

（二）准正的效力

非婚生子女准正后，当然成为婚生子女或被视为婚生子女。关于效力的发生时间各

[①] 陈棋炎、黄宗乐、郭振恭：《民法亲属新论》（第十一版），台湾三民书局2013年版，第284页。

国有不同的规定。有的国家规定自父母结婚或认领之日起算，《意大利民法典》第283条规定："因生父母在其出生后结婚而获准正的子女，由生父母双方在结婚之前或者在结婚证书上进行了认领的，该子女自婚姻缔结之日起取得婚生子女的一切权利。在结婚之后进行认领的，该子女自认领之日起取得婚生子女的一切权利。"第290条第1款规定："法官宣告的准正，产生与因在子女出生后结婚而准正的同样效力。但是自决定之日起，仅对该决定涉及的生父或生母产生效力。"有的国家则规定溯及至子女出生之日发生准正效力，如《瑞士民法典》第259条第1款规定："婚前所生子女，如其生父母结婚，并经认领或判决确定了父权，同样适用关于婚姻存续期间所生子女的规定。"《日本民法典》也采用此制。

我国《民法典》没有规定非婚生子女准正制度。在现实生活中，如果非婚生子女的生父母结婚，该子女一般被视为婚生子女。

三、非婚生子女的认领

非婚生子女的认领，是指非婚生子女的生父母自愿承认或被法院强制其承认为该子女之父母并领为自己子女的法律行为。认领分为自愿认领与强制认领两种方式。它通常是在非婚生子女无法准正的条件下，而通过法定程序使非婚生子女实现婚生化。

认领在立法态度上，存在着两种立法主义，即主观主义和客观主义。主观主义又称认领主义，即非婚生父子（女）关系的产生以认领这一意思表示为法律上的根据，不但在事实上有真实的血缘关系，而且在法律上须为认领行为，始能产生法律上的亲子关系。客观主义，又称血缘主义，即只要有真实的血缘关系存在，法律上就当然产生非婚生父子（女）关系，与生父的主观意思无关。传统亲子法以父母的权利为本位，大多实行主观主义，现代亲子法以子女最大利益为本位，关于非婚生子女的立法旨在保护非婚生子女的利益，有向客观主义转化的趋势。

（一）任意认领

任意认领，又称自愿认领，是指生父或生母对于非婚生子女承认为自己子女的行为。

1. 认领人

认领人是认领行为的主体。因生母可由分娩的事实而确认，因此，有些国家法律仅规定生父为非婚生子女的认领人。如《瑞士民法典》第260条第1款规定："当仅存在与母的子女关系时，父可认领子女。"有些国家规定生父、生母均为认领人，如《日本民法典》第779条规定："对非婚生子女，其父或母可以认领。"认领人仅须有意思能力，不必有行为能力。认领人缺乏行为能力的，有些国家法律规定，只要认领人能够独立作出意思表示，而无需经法定代理人同意，如《日本民法典》第780条的规定。而有些国家的法律则规定，认领人缺乏相应行为能力的，如尚未成年或为禁治产人时，需经其父母或其监护人的同意，如《瑞士民法典》第260条第2款的规定。

2. 被认领人

被认领人是认领行为的对象，各国法律均规定为非婚生子女。被认领人可以是未成年子女，也可以是成年子女。对于未出生的胎儿，有些国家规定可以认领。如《日本民法典》第783条第1款规定："父对胎内子女，亦可认领，于此情形，应经母的承诺。"对于已死亡的非婚生子女，有些国家规定也可以认领。如《意大利民法典》第255条规定："为了已亡子女的婚生的和被认领的卑亲属的利益，可以进行对已亡子女的认领。"

3. 认领的条件

任意认领通常须具备以下几个条件：①认领人须为非婚子女之生父或生母本人，他人无权认领。②被认领者须为非婚生子女。婚生子女及已经自己认领之非婚生子女，不得再为认领。已经他人认领者，非经判决确认其父子关系不存在后，不得认领。他人被推定婚生性之子女，非经否认之诉并经判决确定后，不得认领。③须认领人与被认领人间有事实上父（母）子关系存在，无血缘关系不得因认领而产生父（母）子关系。已受他人婚生子女推定的，未经子女否认以及法院判决解除原认领者，也不得由事实上的生父或生母认领。④认领行为须征得生母或成年非婚生子女的同意。有些国家法律规定，自愿认领是生父的单方民事法律行为，无须征得非婚生子女或生母的同意，如瑞士等。有些国家法律规定，生父的认领须取得生母或成年非婚生子女的同意。如《日本民法典》第782条规定："对成年子女非经其承诺，不得认领。"《意大利民法典》第250条第2款规定："子女年满16岁的，未经该子女同意的认领无效。"第3款规定："未经已认领了子女的另一生父或生母的同意，对未满16岁的子女的认领无效。"

4. 认领的方式

关于认领的方式，大多数国家法律规定，自愿认领为要式行为，如《法国民法典》第316条第2款规定："认领子女，由户籍官员制作文书或者以其他任何公证文书为之；认领子女，应在出生证书中作出记载。"《日本民法典》第781条规定："认领，应按户籍法规定进行申报，亦可以遗嘱进行。"《瑞士民法典》第260条第3款规定："认领应向身份管理官声明或以遗嘱表示，如正在进行确定父权的诉讼时，则亦应向法官声明。"《意大利民法典》第254条第1款规定："非婚生子女的认领，可以在子女出生时进行，或者在子女出生后或确认受孕后于民政官或监护法官面前以特别声明的方式进行，或者以公证方式进行，或者以任何形式的遗嘱进行。"鉴于认领人与非婚生子女间产生特定的身份关系及法律上的权利义务，认领为要式行为为宜。

5. 认领的否认和撤销

生父认领非婚生子女后，不得任意撤销其认领。但如果欠缺真实的血缘关系或者意思表示有瑕疵的，认领人或其他利害关系人享有否认权，可依法定程序提起认领无效之诉或撤销之诉。如《日本民法典》第786条规定："子女及其他利害关系人，可以对认领主张反对的事实。"《意大利民法典》第263条规定："认领人、被认领人以及任何利害关系人，均可因欠缺真实性而提起否认认领之诉。准正之后也可以提起否认认领之诉。否认认领之诉不因时效而消灭。"第265条规定："因被胁迫而作出认领决定的人，可以自停止胁迫之日起一年内提起否认认领之诉。作出认领决定的人是未成年人的，否认认领之诉可以自未成年人成年之日起一年内提起。"

（二）强制认领

强制认领，又称为亲之寻认或生父的搜索，是指非婚生子女的生父不主动认领时，利害关系人有权诉请法院，经诉讼程序责令其认领。

1. 强制认领的请求权人

各国和各地区法律规定的范围不同。有的国家规定仅为非婚生子女本人，如《法国民法典》第327条规定："婚外父子关系得经法院作出宣告。寻认父子关系之诉权，专属于子女。"有的国家和地区规定非婚生子女或其生母或者其他法定代理人均有强制认领的请求权，如《瑞士民法典》第261条第1款规定："母及子女均得诉请确立子女与父之间的子女关系。"《日本民法典》第787条规定："子女及其直系卑亲属，或上述人的法定代理人可以提起认领之诉。但是，自父或母死亡之日起经过三年时，不在此限。"我国台湾地区"民法"第1067条规定："非婚生子女本人、非婚生子女的生母或其他法定代理人为请求权人。"为保护非婚生子女的利益，立法上应采用后者，并且生父为自愿认领被拒绝时，生父也可以成为请求权人。

2. 强制认领的诉讼对象

强制认领的诉讼对象一般都是非婚生子女的生父，如生父死亡的，生父的继承人也可以成为强制认领的诉讼对象。如《瑞士民法典》第261条第2款规定："诉讼对父提出，父死亡的，则依次对其直系卑血亲、父母或兄弟姐妹提出，如无上述血亲时，则对其最后住所所在地的主管官厅提出。"

3. 强制认领的原因

多数国家采用概括性规定，即只要能证明生父与非婚生子女之间存在真实的父子关系即可。有些国家和地区采取列举主义，如我国台湾地区"民法"第1067条的规定，有请求权人只能在下列情形之一时，才能行使请求权：第一，受胎期间生父与生母同居的事实；第二，由生父所作文书可证明其为生父的；第三，生母为生父强奸、诱奸而子女的；第四，生母因生父滥用权势成奸的。另外，在强制认领的诉讼中，也可以通过非婚生子女、生母提供DNA鉴定结论等来确定生父。同时，有些国家和地区还规定了不贞之抗辩，即如果生母于受胎期间内曾与他人通奸或为放荡生活者，不适用强制认领。该规定以生母之不贞，剥夺非婚生子女及生母请求生父认领的权利，只强调女性的伦理道德，不但与保护非婚生子女利益之意旨不符，也违反男女平等原则。为保护非婚生子女之权益及符合男女平等原则，应以科学方法确定生父。[①] 因此该条文逐步被很多国家所废除。

非婚生子女认领的效力，溯及于子女出生之时。但第三人已取得的权利，不因此而受影响。对于胎儿的认领，亦溯及于出生时发生效力。对已死亡的非婚生子女为认领的，则认领的效力溯及于非婚生子女出生时至死亡前，使非婚生子女于生存中与认领者有亲属关系。非婚生子女被生父或生母自愿认领或强制认领后，取得婚生子女的身份，

[①] 高凤仙：《亲属法理论与实务》，五南图书出版股份有限公司2013年第14版，第279页。

享有婚生子女的全部权利和义务。

我国《民法典》第1073条没有直接采用认领的概念，而是从当事人的诉求出发，规定了亲子关系的确认。父、母和成年子女均可向法院起诉请求确认亲子关系。亲子关系的确认类似于非婚生子女的认领制度。生父作为原告提起亲子关系确认之诉，是指生父自愿认可亲子关系，实质上属于自愿认领；生母和成年子女提起亲子关系确认之诉，主要是指生父不愿意认可亲子关系时，而由法院确认子女与生父之间存在亲子关系的情形，实质上属于强制认领。但该条款排除了未成年子女的亲子关系确认请求权，不利于未成年子女的权利保障，应进一步完善。父或母以及成年子女就亲子关系发生争议，一方没有相反证据拒绝做亲子鉴定的情况下，人民法院可适用推定的方式判定亲子关系是否存在。《民法典婚姻家庭编司法解释（一）》第39条第2款规定："父或者母以及成年子女向人民法院起诉请求确认亲子关系，并已提供必要证据予以证明，另一方没有相反证据又拒绝做亲子鉴定的，人民法院可以认定确认亲子关系一方的主张成立。"

第五节 继子女

一、继子女的概念与类型

（一）继子女的概念

继子女是指配偶一方对另一方与前配偶所生的子女的称谓，继父母是指子女对母亲或父亲的后婚配偶的称谓。继父母与继子女关系是由于父母一方死亡，另一方带子女再婚，或者由于父母离婚，直接抚养子女的一方或双方再婚而形成的。继父母子女关系以生父或生母再婚的婚姻关系为中介而发生，应属姻亲关系。但是继父母与继子女形成抚养关系，或者继父母将继子女收养为养子女的，该姻亲关系则转化为法律拟制的直系血亲关系。

随着离婚率的上升，再婚家庭大量出现，必然产生更多的继父母子女关系。较之由自然血亲形成的原生家庭，再婚形成的组合家庭中，家庭成员之间更易产生利益冲突和情感隔阂，通过法律规范明确继父母子女关系，有助于减少利益纷争、增进情感融合。[1]

我国《民法典》第1072条规定："继父母与继子女间，不得虐待或者歧视。继父或者继母和受其抚养教育的继子女间的权利义务关系，适用本法关于父母子女关系的规定。"

（二）继父母子女关系的类型

继父母子女关系主要有以下三种类型。

---

[1] 薛宁兰主编：《中华人民共和国婚姻法评注家庭关系》，厦门大学出版社2017年版，第162页。

1. 未形成抚育关系的继父母与继子女

生父与继母或生母与继父再婚时,继子女已成年并独立生活,事实上也未对继父母尽赡养扶助义务,或者继子女未成年但仍由其生父母抚养教育,未与继父母共同生活,与继父母之间未形成抚育关系的。这种继父母子女关系属直系姻亲关系,彼此之间不产生法定的权利和义务,仅因生父与继母或生母与继父结婚这一法律事实而产生。

2. 形成抚育关系的继父母与继子女

生父与继母或生母与继父再婚时,继子女尚未成年,或虽已成年但不能独立生活。他们随生父母一方与继父或继母共同生活时,继父或继母对其给予生活上的照料与抚养,或虽未与继父母共同生活,但由继父或继母对其承担了部分或全部生活费、教育费,或者成年继子女事实上长期赡养扶助继父母的,形成法律拟制的直系血亲关系。除生父与继母或生母与继父结婚这一法律事实以外,还需继父母子女形成抚养关系为要件。这种继父母子女关系,产生法定的权利义务,适用《民法典》有关父母子女关系的规定。

3. 形成收养关系的继父母与继子女

根据《民法典》第1103条的规定,继父或者继母经继子女的生父母同意,可以收养继子女。从而在继父母与继子女间形成收养关系。养父母和养子女间的权利和义务,适用《民法典》有关父母子女关系的规定。该子女与共同生活的生父母一方仍为直系血亲关系,而与没有共同生活的生父母另一方的权利义务关系消灭。

二、继父母子女的法律地位

根据《民法典》第1072条的规定,无论继父母与继子女间是否形成抚育关系,相互之间都不得虐待和歧视。继父母不得虐待未成年的继子女或不能独立生活的成年继子女;继父母年老后,继子女也不得虐待继父母。不得歧视,通常是对抚养教育继子女的继父母提出的要求,在抚养教育方面对继子女和亲生子女不应区别对待,不能因为其与继子女之间不存在血缘关系而歧视继子女。

未形成抚育关系的继父母与继子女之间属于直系姻亲关系,仅仅是一种名义上的父母子女关系,不产生法定的父母子女间的权利和义务。继父母对继子女不享有抚养、教育、保护的权利义务;继子女对继父母也无赡养的义务。但继父母不得阻碍自己的配偶(即继子女的生父或生母)对继子女尽抚养教育的义务。

形成抚育关系的继父母与继子女之间产生与亲生父母子女关系相同的权利和义务。继父母对继子女有抚养、教育、保护的权利义务,继子女有赡养继父母的义务。继父母不履行抚养义务时,未成年继子女或者不能独立生活的成年继子女有要求继父母给付抚养费的权利。继子女不履行赡养义务时,缺乏劳动能力或者生活困难的继父母,有要求成年继子女给付赡养费的权利。继父母与继子女之间有相互继承遗产的权利。与此同时,继子女与没有与其共同生活的生父或生母之间仍然存在自然血亲关系,并不因未在一起共同生活而消灭。继子女和生父母、与其形成抚育关系的继父母间形成双重的权利义务关系。生父母对该子女仍有抚养、教育、保护的权利义务。该子女对生父母仍负有赡养的义务，生父母与该子女有权相互继承遗产。

形成抚育关系的继父母与继子女之间，产生拟制的直系血亲关系。但继子女与继父母的近亲属之间、继父母与继子女的近亲属之间能否产生近亲属之间的拟制血亲关系，法律并没有明确的规定。但我国《民法典》第1127条规定法定继承人的范围和继承顺序时，释明"兄弟姐妹"包括"有扶养关系的继兄弟姐妹"，由此可见，继兄弟姐妹之间并不因继父母与继子女之间存在抚养教育关系，而当然形成拟制血亲关系。继兄弟姐妹之间要形成拟制血亲关系，主要取决于继兄弟姐妹之间是否形成扶养关系，即成年的兄姐是否对未成年的弟妹尽到了扶养的义务。如果继兄弟姐妹之间没有形成扶养关系，即使继父母与继子女之间形成了抚育关系，继兄弟姐妹之间仍然是姻亲关系，即血亲的配偶的血亲，而非拟制血亲关系。

三、继父母子女间形成抚养教育关系的认定标准

关于继父母与继子女之间是否形成抚养教育关系的认定标准，我国《民法典》并未明确规定，给司法操作带来一定的难度，理论上也存在不同的认识：第一种观点认为，只有继父母和继子女一起共同生活，并且继父母负担了继子女全部或部分抚养费，才能算作形成抚养教育关系；第二种观点认为，只要继父母和继子女一起共同生活，继父母对继子女进行了生活上的照料，即可认定他们之间形成了事实上的抚养关系；第三种观点认为，即使继父母与继子女未一起共同生活，如果继父母负担了大部分或全部抚养教育费用，则应该认为形成了抚养教育关系。

本书作者认为，现实生活是复杂的，继父母对继子女抚养教育的方式可以多种多样，一般要求继父母应与继子女共同生活，继父母对继子女进行生活上的照料、教育和经济上的供养，但是如果没有一起共同生活，继父母承担了继子女全部或大部分抚养教育费用，也可以认为形成了抚养教育关系。另外，拟制血亲关系的产生，对双方的权利义务都有较大的影响，因此，继父母对继子女的抚养教育应该持续一定的时间，短时间的抚养教育不应该产生拟制血亲关系。我国应该借鉴国外的法律规定，以五年时间为宜。

四、继父母子女关系的终止

（一）继父母子女关系终止的原因

继父母子女关系因继父母与继子女任何一方的死亡而终止。除此之外，未形成抚育关系的继父母子女关系与形成抚育关系的继父母子女关系的终止原因又各有不同。

1. 未形成抚育关系的继父母子女关系的终止

继父母与继子女间未形成抚育关系的，在生父或生母与继母或继父离婚时，原则上该姻亲关系因离婚而终止；在生父或生母死亡时，继子女与继父母间的姻亲关系是否终止，根据当事人的意愿确定。

2. 形成抚育关系的继父母子女关系的终止

已形成抚育关系的继父母子女关系的终止，可具体分为两种情况：

（1）在生父或生母与继母或继父的再婚关系存续期间，对于尚未成年的继子女与继父母的关系，原则上不能解除。但是经生父母、继父母协商一致，并经有识别能力的继子女同意，可协议解除。不能达成协议的，可向人民法院起诉，由人民法院裁决是否解除。受继父母抚育成人并已独立生活的继子女，与继父母关系恶化的，可与继父母协议解除继父母子女关系，也可向人民法院起诉。人民法院根据具体情况裁决是否解除继父母子女关系。但继父母有权要求继子女补偿在共同生活期间或在抚养期间所支出的抚育费用。在继父母年老缺乏劳动能力又没有生活来源时，继子女仍有义务承担其晚年的生活费用。

（2）在生父或生母与继母或继父的再婚关系终止时，无论是因离婚而终止或因生父或生母死亡而终止，继父母子女间的抚育关系作为一种独立的权利义务关系并不当然而终止。一方起诉要求解除这种权利义务关系的，人民法院应视具体情况作出是否准于解除的判决或调解。在继父或继母与生母或生父离婚时，如果未成年继子女被生父母一方带走，或继父母不同意继续抚养的，仍由生父母抚养，继父母与未成年继子女间的拟制血亲关系终止。受继父母抚育成人并独立生活的继子女与继父母间的抚养关系并不能自然消灭，仍应承担赡养继父母的义务。在继子女与继父母关系恶化时，可由双方协商或由人民法院判决解除其权利义务关系。但是，成年继子女仍须承担丧失劳动能力生活困难的继父母的晚年生活费用。在与继父或继母共同生活的生父母一方死亡时，继父母应继续抚育未成年的继子女。如生存的另一方生父或生母要求将子女领回抚养，但继父或继母不同意的，应由双方协商解决。协议不成的，由人民法院根据子女利益判决。如继父或继母要求解除抚养关系，只有在该继子女生存的另一方生父或生母有抚养能力时，才允许解除。

（二）继父母子女关系终止的法律后果

未形成抚养教育关系的继父母子女关系终止后，双方之间的姻亲关系消除，继父与继子女的称谓关系也不再存在。

已形成抚养教育关系的继父母子女关系终止后，双方之间的拟制血亲关系消除。但被继父母抚养教育成年并已独立生活的继子女对年老丧失劳动能力又无生活来源的继父母，应承担给付生活费的义务。

第六节 人工生育子女

一、人工生育子女概述

人工生育子女，是指非通过男女之间自然的性行为而是利用人工生殖技术受胎而出生的子女。

1799年，英国完成人类第一个人工授精成功的案例。1890年，美国医生杜莱姆逊首次将人工授精应用于临床。1978年，世界上第一个试管婴儿路易斯·布朗也在英国诞生，这一医学上的突破性创举将人类生殖技术推入新纪元。随着医学技术的迅速发展，人工生殖技术逐渐得到广泛的应用，人工生育子女问题向法律和伦理提出了新的挑战。在亲子关系领域，现代人工生殖技术推翻了传统认定父母子女关系的血缘联系，使得人伦基础的来源有所谓生物学上的母亲、遗传学上的父母，以及法律和社会上的父母之分。传统的父母子女关系的分类已不能涵盖人工生育的亲子关系。世界各国对代孕态度的迥异使得对代孕儿童法律地位的认定困难，代孕儿童的权利也难以得到及时、有效的保护。如何协调由此引发的伦理道德、婚姻家庭、血统以及法律等领域的冲突，已为世人所关注。从20世纪60年代开始，美国的纽约州等几个州及瑞士、瑞典、澳大利亚等国都通过了人工授精的立法。

我国自1982年首次使用冷冻精液进行人工授精获得成功以来，人工生殖技术已取得迅速发展。为保证人类辅助生殖技术安全、有效、健康发展，卫生部于2001年2月20日发布了《人类辅助生殖技术管理办法》。根据该办法的规定，辅助生殖技术的应用应当在医疗机构中进行，以医疗为目的，并符合国家计划生育政策、伦理原则和有关法律规定；禁止以任何形式买卖配子、合子、胚胎；禁止医疗机构和医务人员实施任何形式的代孕技术；实施人类辅助生殖技术应当遵循知情同意原则，并签署知情同意书。《民法典》没有对人工生育子女作出规定，关于人工生育子女的法律地位，在我国仍然是立法的空白。为了明确人工生育子女的法律地位，减少、避免人工生育纠纷，稳定婚姻家庭关系，应该在婚姻立法中增加规定人工生育子女的法律地位，完善人工生育法律制度。

二、人工生育方式的种类

人工生育的技术方式可分为以下四种方式。

（一）人工体内授精

人工体内授精，一般是丈夫有生殖障碍或无生殖能力，而妻子有正常的生殖能力的情况下实施的，是指以人工方法将丈夫或捐赠者的精子注入妻子的体内而授精。按照精子的来源不同，人工体内授精可分为同质人工授精和异质人工授精。同质人工授精，简称AIH，是指以丈夫的精子注入妻子体内，授精卵在妻子的子宫内授精、着床、发育并分娩；异质人工授精，简称AID，是指以捐赠者的精子注入妻子体内授精、着床、发育并分娩。

（二）人工体外授精

人工体外授精，简称IVF，是指用人工方法将自体内取出的精子和卵子在培养皿中授精，再将授精卵分裂的胚胎移入子宫内着床、发育而分娩。依此方法而生育的子女，被称为"试管婴儿"。人工体外授精主要治疗男性不育问题，但女性不孕不育的情况也比较多见。根据精子和卵子的供体不同，人工体外授精可分为四种不同的情况：

（1）妻卵同质人工体外授精，是指将妻子的卵子和丈夫的精子在体外人工授精后，移入妻子的子宫内着床、发育和分娩。此情形与AIH雷同，只是授精地点不同。

（2）妻卵异质人工体外授精，是指以捐赠者的精子与妻子的卵子在体外人工授精后,移入妻子的子宫内着床、发育和分娩。此情形与 AID 雷同,不同的是授精地点,一个在体内,一个在体外。

(3) 捐卵同质人工体外授精,是指以捐赠者的卵子与丈夫的精子在体外人工授精后,移入妻子的子宫内着床、发育和分娩。

(4) 捐卵异质人工体外授精,是指以捐赠者的卵子与捐赠者的精子在体外人工授精后,移入妻子的子宫内着床、发育和分娩。

人工体外授精比人工体内授精的技术要求更高,同时,也涉及更多的主体,除实施人工生育的夫妻之外,还包括精子捐赠人和卵子捐赠人,从而所引起的法律问题也极为复杂。

(三) 代孕

代孕,是在妻子的子宫因存在障碍无法使授精卵在其子宫内着床而自然生育时,借助第三人的子宫,使授精卵在其内发育而分娩子女。为有意向的夫妻怀孕生子,并在代孕子女出生后,放弃其母亲权利的分娩的第三人称为代孕母,又称代理母亲。委托他人为其怀孕生子,并有意向在代孕子女出生后成为其父母的人,称为委托父母。精子和卵子的供体可以是委托父母,也可以是捐赠的第三人。因此,代孕涉及多方主体:代孕母、委托父母、精子捐赠者、卵子捐赠者以及进行人工生殖技术的医疗机构等。

根据不同的标准,代孕可以分为不同的类型:

(1) 根据代孕母和委托父母与代孕子女的基因关系,可将代孕分为三类:第一借卵代孕,又称为基因型代孕,是指丈夫提供精子,代孕母提供卵子,经体外授精后,由代孕母怀孕生育;第二借腹代孕,又称为妊娠性代孕或完全代孕,是指精子卵子均来自夫妻双方,代孕母不提供基因物质,仅提供自己的子宫孕育胚胎而生育,所生子女与代孕母没有生物学上的亲子关系;第三捐胚代孕,是指代孕母使用捐赠的精子和捐赠的卵子形成的胚胎进行孕育。代孕母与委托父母都与代孕子女没有基因关系。

(2) 根据委托父母是否支付代孕母超出合理费用之外的费用,而将代孕区分为商业代孕和利他代孕。商业代孕,又称为有偿代孕,是指委托父母支付给代孕母超过合理补偿的费用。利他代孕,又称为无偿代孕,是指委托父母无需支付代孕母任何费用,或者仅支付其与代孕有关的合理费用。

(四) 无性生殖

无性生殖,即克隆,是一种不经两性结合而产生后代的生殖方式。无性生殖,是指利用细胞融合技术,把一个细胞核移植到另一个去核的细胞,如果去核的细胞是去核的授精卵,则细胞核移植就可以创造出特定遗传的胚胎,这种通过细胞核移植创造属于自己完全相同基因的后代的方法,称为无性生殖。无性生殖没有传统意义上的生身父母,只有体细胞的提供者和代孕者。无性生殖对传统的伦理观和法律提出了严重的挑战。目前世界各国均禁止利用无性生殖技术实施人工生育。无性生殖技术,仅许可应用于动物的繁殖。①

三、人工生育子女的法律地位

我国《民法典》未明确规定人工生育子女的法律地位，司法实践中争议较大。《民法典婚姻家庭编司法解释（一）》第 40 条规定："婚姻关系存续期间，夫妻双方一致同意进行人工授精，所生子女应视为婚生子女，父母子女间的权利义务关系适用民法典的有关规定。"但该规定过于抽象和原则，无法涵盖人工生育的一切复杂情况。因此，应借鉴西方发达国家的立法经验，通过立法对人工生育及所生子女的法律地位予以明确的规定。

（一）人工体内授精子女的法律地位

1. 同质人工授精子女

同质授精的精子卵子来自夫妻双方，夫妻与所生子女具有真实的血缘联系，与自然受胎的父母子女关系相同。唯一不同的是同质人工体内授精子女是通过非性交的方式孕育生产。依据婚生推定原理，妻子因分娩的事实而成为母亲，丈夫则以婚生推定成为父亲。因此，同质人工授精子女应为夫妻双方的婚生子女。

2. 异质人工授精子女

异质授精的精子由丈夫以外的第三人提供，这就使异质授精所生子女存在两个父亲：一是生物学之父，即供者，与之存在真正的血缘关系；一是社会学之父，即生母之夫，与之没有任何血缘联系。究竟哪一个是其法律上的父亲？该子女的法律地位如何？则依丈夫是否同意实施人工授精而不同。

丈夫同意妻子实施异质人工授精的，因受胎期间在双方的婚姻关系存续中，该子女应受婚生推定，丈夫不得提出婚生否认之诉。该子女的社会学之父成为其法律上的父亲，从而割裂其与供精者的任何法律联系。因为异质授精子女与自然生育子女不同，自然生育子女中的非婚生子女还可以通过认领确立父子关系；而异质人工授精的供精者仅为帮助他人生育而提供精液，自始即无为他人接受所生子女法律上的父亲的意思，且一般为匿名，欲使其负起抚养之责任在事实上并不可能。无论依诚实信用原则或保护子女利益原则，丈夫事先同意的异质人工授精所生子女应为婚生子女。从各国近年来的立法及判例来看，赋予异质授精子女婚生地位已成为普遍的趋势。1973 年《美国统一亲子法》规定，如果已婚妇女使用第三人的精子通过人工授精怀孕，且经过其丈夫同意，由有资格的医生实施手术，该子女即被视为丈夫的婚生子女，捐精者在法律上不视为该子女的自然父亲。1988 年英国《家庭法改革条例》规定，如果妻子因捐精人工授精而产下婴儿，丈夫应被视为孩子的父亲，除非丈夫不同意妻子接受人工授精。澳大利亚、瑞典、加拿大等国法律也有类似的规定。

丈夫不同意或因妻子隐瞒而不知的情况下实施异质人工授精的，因有婚姻关系的存

---

① 张燕玲：《人工生殖法律问题研究》，法律出版社 2006 年版，第 25 页。

在，所生子女仍属于受婚生推定的婚生子女。但由于欠缺丈夫的同意，丈夫可以提出婚生否认之诉，从而推翻其父亲身份的推定，使该子女成为非婚生子女，由其生母尽抚养义务。

(二) 人工体外授精子女的法律地位

人工体外授精子女，如上所述，俗称试管婴儿。根据精子卵子的供体不同，试管婴儿具有不同的法律地位。

1. 妻卵同质人工体外授精子女

妻卵同质人工体外授精的精子卵子来自夫妻双方，与同质体内授精情形相同，不同的是一个是体内授精，一个是试管授精。所生子女的法律地位应与同质体内授精所生子女相同，为夫妻双方的婚生子女。

2. 妻卵异质人工体外授精子女

妻卵异质人工体外授精与异质体内授精情形相似，仅仅是授精地点有别。所生子女的法律地位应与异质体内授精所生子女相同，丈夫同意妻子实施妻卵异质人工体外授精的，所生子女为夫妻双方的婚生子女。欠缺丈夫的同意时，丈夫可以提出婚生否认之诉。

3. 捐卵同质人工体外授精子女

捐卵同质人工体外授精则产生母子身份的认定困难。传统的生育方法，母体的卵子与子宫有不可分离性，分娩的母体，必须是提供卵子的母体。因此，自罗马法以来即有"谁分娩、谁为母"的法谚，母子身份以分娩的事实而确定。但随着现代医学及遗传科学的发达，在第三人捐卵情形下，母体卵子与子宫的一体性被割裂，供卵的母体与分娩子女的母体相分离。法律上的母亲究竟是捐卵者，还是分娩者？值得探讨。本书作者认为，以实施人工生殖的目的来确定法律上之母较为适宜，单纯的血统说和分娩说均不能满足人工生殖方法的不同目的。在捐精或捐卵的人工生殖情形，受术夫妻主观上愿意成为该子女的父母，而捐精、捐卵的第三人捐献精卵的目的在于帮助他人生育，自始无为其人工授精子女法律上的父母的意思，则应以受术夫妻为该子女的法律上之父母。同时为充分保障子女利益，防止该子女成为"无母之子"，应以实施人工生殖前受术夫妻的意愿为准而确定所生子女的生母，术后任何一方不得反悔。《民法典婚姻家庭编司法解释（一）》第40条规定，婚姻关系存续期间，夫妻双方一致同意进行人工授精，所生子女应视为婚生子女。

4. 捐卵异质人工体外授精子女

捐卵异质人工授精，精子和卵子不来自于夫妻双方，参与人工生殖的主体包括：委托父母和精子卵子的捐献者。所生子女在血统上与受术夫妻均无联系，父母子女身份的确定则更为复杂。许多学者主张，在无任何血缘联系的情形，宜以收养方法建立亲子关系。[①] 本书作者认为，捐卵异质人工授精子女，仍应以实施人工生殖的目的来确定法律

---

① 戴东雄：《亲属法论文集》，三民书局1993年版，第591页。

上之父母，具体理由如上文。夫妻双方一致同意进行人工授精，无论是同质人工授精，还是异质人工授精，所生子女均应视为婚生子女。夫妻双方因术前的同意，而丧失亲子否认的权利。

（三）代孕母所生子女的法律地位

代孕母所生子女的法律地位尤为复杂，子女身份的确定也与传统民法的亲子关系相抵触。关于代孕的立法态度及代孕子女的法律地位，各国立法区别较大。

1. 关于代孕的域外立法

（1）禁止代孕制度。法国和德国采用禁止代孕制度。德国的《收养中介法》和《胚胎保护法》，禁止所有代孕行为，并对代孕中介和实施代孕的医疗机构和医生进行刑事处罚。代孕协议因违反德国基本法规定的人性尊严而无效。代孕母因分娩的事实而被认定为代孕子女的母亲，无论其是否与代孕子女有血缘关系。委托父母，只有在符合严格条件的情况下，才能申请收养该代孕子女而成为代孕子女的父母。

（2）允许利他代孕制度。英国，澳大利亚等国允许利他代孕，但是禁止商业代孕。英国1985年颁布了《代孕协议法》，2008年颁布了《人类授精和胚胎学法》。按照法律规定，英国禁止商业代孕，参与商业代孕的医疗机构和人员构成犯罪。代孕母基于分娩的事实成为代孕子女法律上的母亲，代孕子女的父亲，则根据代孕母的婚姻状况来确定。委托父母需要在代孕子女出生后向法院申请父母令，一旦法院签发父母令，代孕母及其配偶将丧失父母身份，委托父母根据法院的父母令获得代孕子女法律上的父母身份。[1]

（3）允许商业代孕的制度。美国的加利福尼亚州、俄罗斯允许商业代孕。根据《加利福尼亚州家庭法典》的规定，代孕协议合法有效，代孕协议中的委托父母为代孕子女法律上的父母，代孕母及其配偶不是代孕子女的父母。《俄罗斯联邦家庭法典》第52条第3款规定，处于婚姻状态的并且自己以书面形式同意将胚胎植入另一名妇女体内以使胚胎足月的男女双方，只有经生育婴儿的妇女的同意才能登记为婴儿的父母。同意给另一名妇女植入胚胎的夫妇以及代孕母亲在出生登记簿上进行父母登记后，也不能对生父母身份向法院提出争议。[2]

2. 代孕亲子关系的认定标准

世界各国关于代孕亲子关系的认定标准主要有以下几种标准：

（1）分娩说。此说认为生母在生育功能上不同于生父，母亲除提供卵子外，尚需以其子宫怀孕足月始能分娩，生理上的联系重于血统基因的联系，同时也与传统上的"谁分娩、谁为母"原则相一致。因此，应以分娩者为所生子女法律上的母亲。当代孕母处于婚姻关系时，依婚生推定其丈夫为代孕子女的父亲。代孕母在代孕前未征得丈夫同意的，其丈夫可以提起亲子否认之诉。英美法系国家大多采用分娩说认定代孕亲子关系。但代孕母与代孕儿童一般并无基因联系，同时也往往没有成为代孕子女母亲的意愿。若

---

[1] 石雷：《功能主义视角下外国代孕制度研究》，华中科技大学出版社2020年版，第38页。
[2] 陈苇主编：《外国婚姻家庭法比较研究》，群众出版社2006年版，第300页。

采用代孕说，既不符合代孕的目的，也不利于代孕子女的权益保护。

(2) 血统说，又称为基因说。此说强调自然血统是身份发生的基础，应按照与代孕子女的基因关系来确定其父母身份，即精子和卵子的提供者为代孕子女的法律上的父母。如果精子和卵子的提供者来自捐赠者，捐赠者根本无意成为代孕子女的父母。若采用血统说，捐赠者成为代孕子女的法律父母，也与代孕的目的与捐赠者的意愿相悖。

(3) 契约说，又称为人工生殖目的说。此说认为，应根据夫妻实施人工生殖的目的，即当事人的意愿来确定代孕子女的父母身份。委托父母与代孕母签订代孕协议，约定委托父母支付一定的报酬，在子女出生后，成为代孕子女的法定父母，而代孕母放弃代孕子女的亲权。契约说强调尊重当事人的意思自治，但在身份法领域，私法自治应受到严格的限制。

(4) 子女最大利益说。该说认为，在认定代孕亲子关系时，不考虑基因联系、分娩的事实和当事人的意愿等因素，而以代孕子女的最大利益为标准，为代孕子女选择最适合的父母。

3. 我国的代孕实践与立法规制建议

1996年，我国第一位代孕母亲在北京产下代孕子女。目前，我国已逐渐成为世界上代孕实践最活跃的国家之一。国内代孕已形成商业化市场，中介机构占市场主导地位，代孕母与委托父母处于弱势地位。我国代孕广泛存在挑选胎儿性别、自然代孕等违法行为，代孕市场极为混乱。跨国代孕中，我国往往也是意向父母的来源国。[①]

目前，我国没有法律明确规定代孕问题，仅有卫生部的《人类辅助生殖技术管理办法》等部门规章规定禁止实施代孕，司法实践上，大多数法院认定代孕协议无效。本书作者认为，禁止代孕商业化是无可厚非的，但一律禁止代孕行为则未免过于武断。一定条件下的利他代孕行为，体现了法律对公民生育权的承认和尊重，特别是保障无妊娠能力妇女的生育权和建立家庭权得以实现，有一定的积极意义，应通过立法予以规制完善，改变对代孕的态度，逐步实现代孕合法化。

关于代孕子女的父母身份认定，应该打破传统民法的亲子确定规则，以儿童最大利益原则为基本考量，同时结合契约说和基因说，合理确定代孕子女的父母。通常情况下，代孕子女应为委托父母的婚生子女，代孕母与代孕子女间不具有亲子关系。

第七节 亲权

一、亲权的概念与特征

(一) 亲权的概念

亲权是指父母对未成年子女在人身和财产方面以保护教养为目的的权利义务的总称。亲权是大多数大陆法系国家所使用的概念，法国、日本、瑞士、意大利等国称为亲

[①] 余提：《各国代孕法律之比较研究》，中国政法大学出版社2016年版，第129页。

权，德国称为父母照顾权。英美法系没有明确设立亲权制度，父母和其他监护人对未成年人的照管统称为监护。我国原《婚姻法》和《民法典》均未使用亲权概念。《民法典》第 26 条第 1 款规定："父母对未成年子女负有抚养、教育和保护的义务。"这一条文的规定类似于亲权的规定。

大陆法系的亲权制度来自罗马法的家长权和日耳曼法的父权，在罗马法有支配权力的意义，在日耳曼法有保护权利的意义。近代立法，亲权已有由支配权利而趋于保护权利的趋势，由单独父权而趋于父母共同之亲权。[①] 因此，亲权系保护教养未成年子女为中心职能，不仅为权利，同时为义务。

（二）亲权的特征

亲权具有以下五种特征。

1. 亲权是民法上的身份权

亲权是父母基于身份依照法律规定而发生的权利和义务。亲权只存在于父母与未成年子女之间，子女已成年或被依法视为成年人，父母对子女的亲权归于消灭。

2. 亲权以保护教养未成年子女为目的

亲权以对未成年子女的人身照顾和财产照顾为内容，其行使以符合子女最佳利益为限。

3. 亲权具有权利义务的双重性

亲权既是权利，又是义务。亲权一方面是父母享有的民事权利，未成年子女必须服从父母的教养与保护。另一方面，亲权也是父母的义务，父母必须履行对未成年子女教养和保护的义务。作为权利，父母依法自觉行使，不得滥用；作为义务，父母不能抛弃和转让。

4. 亲权具有专属性

亲权专属于父母，父母以外的人不能享有亲权。即使父母是为未成年人，亲权也应该由其行使，不得由他人代为行使。

5. 亲权是父母双方共同享有的权利

亲权应由父母双方共同行使。父母双方平等享有对未成年子女抚养、教育和保护的权利，共同承担对未成年子女抚养、教育和保护的义务。

二、亲权的主体

（一）亲权人

亲权人为父母。具体而言包括：婚生子女的亲权人、非婚生子女的亲权人、养子女的亲权人和继子女的亲权人。

---

① 史尚宽：《亲属法论》，中国政法大学出版社 2000 年版，第 656 页。

1. 婚生子女的亲权人

亲权人为生存之父母，父母一方死亡的，另一方为单独亲权人。父母离婚的，由父母双方协议或由法院判定父母双方或一方为亲权人。

2. 非婚生子女的亲权人

未经生父认领的非婚生子女，母亲为单独亲权人。经生父认领的非婚生子女，应由当事人协议或由法院判定父母一方单独或双方共同行使亲权。经准正取得婚生子女资格的非婚生子女，由父母共同行使亲权。

3. 养子女的亲权人

养子女的亲权人是养父母，收养关系成立，生父母的亲权丧失。养父母一方死亡的，另一方为单独亲权人。养父母双方均死亡的，如收养关系未解除，则生父母亦不能行使亲权，应由养子女的其他监护人进行监护。

4. 继子女的亲权人

继子女的亲权人为生父母。继父母与继子女形成抚养教育关系的，继父母亦为共同亲权人。《瑞士民法典》第299条规定："配偶中任何一方，应对于他方对其生子女行使亲权，给予适当扶助；情势需要时，亦应代表他方。"

(二) 受亲权保护的子女

受亲权保护的子女为未成年子女，包括婚生子女、非婚生子女、养子女和形成抚养教育关系的继子女。

三、亲权的内容

父母对未成年子女的权利义务包括人身照护和财产照护。

(一) 人身照护

1. 抚养教育权

抚养是指父母对未成年子女的健康成长提供必要的物质条件。我国《民法典》第1067条第1款规定："父母不履行抚养义务的，未成年子女或者不能独立生活的成年子女，有要求父母给付抚养费的权利。"教育是指父母依法享有的以适当的方法对子女进行教育，以促进并保护其德智体全面发展的权利。《瑞士民法典》第302条规定："父母应依其状况教育其子女，并应促进和保护其体育、智育及德育的发展。父母应设法使子女，特别是那些身体或智力上有缺陷的子女接受合适的、与其能力及爱好尽可能一致的普通教育和职业教育。为此目的，父母应以适当的方式，与学校，必要时，与公共、公益的青年教育及救济机构合作。"

2. 姓名决定权

父母有权决定、改变未成年子女的姓名，包括姓氏和名字。姓氏应当随父姓或者母姓，特殊情况下可以在父姓和母姓之外选取其他姓氏。子女成年后可以自己决定是否变更自己的姓名。《瑞士民法典》第 301 条第 4 款规定："父母为子女取名。"我国台湾地区"民法"第 1059 条规定："子女从父姓。但母无兄弟，约定其子女从母姓者，从其约定。赘夫之子女从母姓。但约定其子女从父姓的，从其约定。"

3. 居所决定权

父母有权决定未成年子女的居所。为保障未成年子女的安全，使父母适当履行对未成年子女的照顾、保护义务，父母应当与未成年子女在同一居所居住。未经父母同意，未成年子女不得随意离开父母指定的居所。《日本民法典》第 821 条规定："子女应于行使亲权人指定的处所定其居所。"《德国民法典》第 1631 条第 1 款规定："人身亲权特别是包括对子女进行照料、教育、监督和决定其居所的义务和权利。"《意大利民法典》第 318 条规定："子女不得离开父母的家庭，离开对其行使亲权的父母一方的家庭或者离开父母为其指定的住所，未获父母准许而离开家庭或住所的，父母可以责令子女回家，必要时可以求助于监护法官。"

4. 惩戒权

惩戒权，是指在未成年子女不服从父母管教犯有劣迹时，亲权人在必要的范围内，得对子女进行适当的惩戒，以约束其行为，是对子女教育的一种辅助手段。但其行使均不得超过必要的范围，如采用损害人格、伤害身体或危害生命等残苛的手段，否则为亲权的滥用。现代大多部分国家和地区的亲权法，基于对未成年子女的保护，都取消了亲权人的惩戒权，但日本和我国台湾地区对惩戒权仍有明文的规定。《日本民法典》第 822 条第 1 款规定："行使亲权人，于必要范围内可以亲自惩戒子女，或经家庭法院许可，将子女送入惩戒场。"我国台湾地区"民法"第 1085 条规定："父母得以必要范围内惩戒子女。"

5. 子女交还请求权

子女交还请求权，是指未成年子女为他人诱骗、拐卖、劫掠或隐藏时，亲权人享有请求交还该子女的请求权。子女交还请求权，可能发生于未离婚但分居之父母相互之间（如父母一方向另一方请求交付其所强行带走之子女）、离婚父母相互之间（如有监护权一方向无监护权另一方请求交付其所藏匿之子女）、父母与第三人之间（如父母向违法拐卖、抢夺子女的第三人请求交还子女）等。《德国民法典》第 1632 条第 1 款规定："人身亲权包括向不法对父母或父母一方扣留子女的任何人请求交出子女的权利。"

6. 职业同意权

未成年子女就业和选择职业应该征得父母的同意。但父母也应该考虑子女的才能和爱好。《日本民法典》第 823 条第 1 款规定："子女非经行使亲权人许可不得经营营业。"

7. 法定代理权

父母作为未成年子女的法定代理人，有权代理子女为民事法律行为。《瑞士民法典》第 304 条第 1 款规定："父母在其亲权范围内，对第三人，依法得为子女的代理人。"我国台湾地区"民法"第 1086 条规定："父母为其未成年子女的法定代理人。"

8. 子女交往权

子女交往权，是指父母任何一方均有义务和权利与子女交往，子女也有权与父母的任何一方交往。父母任何一方均不应做任何有损于子女与另一方的关系的行为。父母离婚的情况下，不与子女共同生活的一方，有探望子女，与子女交往的权利和义务。《德国民法典》第 1684 条第 1 款规定："子女享有与父母的任何一方进行交往的权利；父母的任何一方均有与子女进行交往的义务和权利。"第 2 款规定："父母不得实施侵害子女与父母另一方的关系或妨害教育的任何行为。子女在其他人的保护照顾之下的，准用此种规定。"我国澳门地区《民法典》第 1742 条规定，父母不得无理剥夺子女与兄弟姊妹、直系血亲卑亲属及直系血亲尊亲属共处之权利。

（二）财产照护

财产上的照护是指亲权人对未成年人的财产依法所享有的管理、使用、收益和必要的处分权利。

1. 法定代理权和同意权

亲权人为未成年子女的法定代理人，除享有身份关系的代理权利外，还享有财产行为的代理权和同意权。子女为八周岁以下的无民事行为能力人的，由其法定代理人代理实施民事法律行为；子女为八周岁以上的限制民事行为能力人的，实施民事法律行为由其法定代理人代理或者经其法定代理人同意、追认。我国《民法典》第 34 条第 1 款规定："监护人的职责是代理被监护人实施民事法律行为，保护被监护人的人身权利、财产权利以及其他合法权益等。"

2. 财产管理权

未成年人对于其独立的财产欠缺一定的管理能力，为了保障未成年子女的利益，法律赋予亲权人对子女财产的管理权，以保存和增值未成年子女的财产。《法国民法典》第 383 条第 1 款规定："在父母共同行使亲权的情况下，由父母共同对子女的财产实行法定管理；其他情况，在法官的监督下，按照前一章的规定，或者由父管理，或者由母管理。"《瑞士民法典》第 318 条第 1 款规定："父母在享有亲权的期间，对子女的财产有管理的权利及义务。"但父母对未成年子女的财产并非都有管理权，特殊情况下，排除父母的管理。如《日本民法典》第 831 条第 1 款规定："无偿给予子女财产的第三人，表示了不让行使亲权的父或母管理其财产的意思时，其财产不属于父或母管理。"《瑞士民法典》第 323 条第 1 款规定："子女对自己的劳动所得，及父母从子女的财产中交与子女经营事业的财产，享有管理及收益的权利。"

3. 财产使用收益权

财产使用收益权，是指父母有合理支配利用未成年子女财产并收取孳息的权利。父母应将使用收益未成年子女财产的收入用于子女的生活抚养和教育。《瑞士民法典》第 319 条规定："父母应将子女财产的收益用于子女的抚养、教育及职业培训，并可在合理的限度内，用于家务费用。结余仍归入子女财产。"《法国民法典》385 条规定："在享有此种收益权的同时应当负担：1. 通常应由用益权人负担的费用；2. 子女的衣食、生活费与教育费用，按其财产的多少而定；3. 由子女受领的遗产负有的债务，只要此种债务应当用遗产的收益清偿。"

4. 财产处分权

亲权人原则上不得对未成年子女的财产进行处分，但为维护子女利益的需要，在特殊的情况下可以为适当的处分。《德国民法典》第 1641 条规定："父母不得代表子女进行赠与。符合道德上的义务或礼仪上的考虑的赠与，不在此限。"《瑞士民法典》第 320 条规定："补偿金、损害赔偿及其他类似的支付，仅允许与抚养子女的日常需要相符合，将子女财产分为若干期动用。为子女的抚养、教育或职业培训，经证明确需要支付费用时，监护官厅始得允许父母将子女的其余财产分为各个特别款项加以动用。"我国《民法典》第 35 条第 1 款规定："监护人应当按照最有利于被监护人的原则履行监护职责。监护人除为维护被监护人利益外，不得处分被监护人的财产。"

四、亲权的丧失和消灭

（一）亲权的丧失

亲权的丧失，是指亲权人因法定的原因而失去行使亲权的资格。各国法律规定的亲权丧失有以下几种情况。

1. 亲权因剥夺而丧失

亲权的剥夺，是指亲权人滥用亲权，违反行使亲权的法律规定，被有关机关宣告剥夺亲权人的亲权。《日本民法典》第 834 条规定："父或母滥用亲权或有显著劣迹时，家庭法院因子女的亲属或检察官的请求，可以宣告其丧失亲权。"《法国民法典》第 378 条规定："父母作为对其子女人身实施之重罪或轻罪的正犯、共同正犯或共犯被判刑，或者作为其子女本人实施的重罪或轻罪的共同正犯或共犯被判刑，得因刑事判决的规定而被全部取消亲权。父母以外的其他直系尊血亲，就他们可以对直系卑血亲行使的亲权之部分，适用前项有关取消亲权之规定。"第 378-1 条第 1 款规定："父母因虐待子女或者因经常酗酒、使用毒品、行为明显不轨或者有犯罪行为，或者因对子女不加照管或引导，显然危害到子女的安全、健康与道德品行时，可以在没有任何刑事判决的情况下，被完全取消亲权。"

2. 亲权因中止而丧失

亲权的中止，是指亲权人因某种客观原因不能行使亲权时，经法定程序宣告暂时停止行使亲权。亲权中止的原因主要有：亲权人被依法宣告为无民事行为能力人或限制民事行为能力人；亲权人因无经验、患病、长期外出等原因不能行使亲权等。亲权中止的，由其他亲权人继续行使亲权，或另设监护人，由监护人继续履行保护未成年子女的职责。

3. 亲权因移转而丧失

亲权的移转，是指亲权人通过协议的方式，经法院宣告使亲权从亲权人转移给第三人或社会救济机构行使。亲权是亲权人的法定义务，不得抛弃和让与，但是为了未成年子女的利益，法律允许在一定条件下移转对该子女的亲权。亲权移转后，原亲权人丧失亲权，受移转人取得亲权或监护权。《法国民法典》第 377 条规定："在具体情况有此要求时，父母可以共同或者分别向法官提出请求，将亲权之全部或一部委托第三人行使，例如，家庭成员、值得信任的近亲属、得到认可的可以接纳儿童的机构或省救助儿童社会部门。如父母明显对儿童漠不关心，不闻不问或者不可能行使亲权之全部或一部时，已经接纳儿童的个人机构或者省社会救助儿童部门，也可以向法官提出申请，以请求接受委托行使亲权之全部或一部。在本条所指的各种情况下，父母双方均应受传唤参加诉讼。在对子女采取教育性救助措施时，只有在少年法官提出意见之后才能委托行使亲权。"

亲权丧失以后，亲权人丧失对子女的保护教育和财产管理权。但亲权关系并不消灭，亲权人对子女的抚养义务并不免除，仍需支付子女抚育费的一部或全部。同时亲权人对子女的探望也不受影响。父母一方丧失亲权的，另一方为亲权人；双方都丧失亲权的，依法为未成年人另行设置监护。

丧失亲权的原因消失后，经利害关系人申请，由法院作出撤销丧失亲权的宣告。丧失亲权被撤销后，原亲权人恢复亲权。《日本民法典》第836条规定："亲权丧失或管理权丧失的原因消灭时，家庭法院因本人或其亲属的请求，可以撤销失权宣告。"

（二）亲权的消灭

亲权的消灭，是指基于法定事由的发生亲权无须行使或无法行使而归于消灭。亲权消灭与亲权丧失不同，亲权丧失后，因丧失原因的消失，可以恢复亲权；亲权消灭后则不能再恢复。亲权的消灭，分为绝对消灭与相对消灭。亲权绝对消灭后，不需由他人行使亲权。亲权绝对消灭的原因包括：子女死亡、子女已成年等。而亲权相对消灭后，则需要由他人行使亲权或者另行设置监护人，由监护人行使监护权。亲权相对消灭的原因包括：亲权人死亡、父母双方均不能行使亲权、收养关系解除等。

第六章 收养制度

第一节 收养制度概述

一、收养的概念和法律特征

（一）收养的概念

收养，是指自然人依据法律规定的条件和程序，在自己与他人所生的子女之间设立拟制的父母子女关系的民事法律行为，因此等民事法律行为而发生的民事法律关系称之为收养关系。其中，收养人为养父母，被收养人为养子女，将子女送给收养人抚育的人为送养人。

有民法学者在两种不同意义上使用收养一词，其一指收养行为，其二指收养关系。前者是就拟制血亲的亲子关系发生的法律事实而言的，后者指的是养父母子女关系。[1] 本书作者认为，所谓收养行为与收养关系，应当在引发法律关系发生变动的法律事实以及由于此等事实而发生了变动的法律关系的视角下进行统一的考量，这有助于我们理解收养法律关系的当事人。1991年通过的《收养法》将大量的条款用作规制被收养人、送养人与收养人三类主体，2020年《民法典》承继了这一传统，未作大的变动。为了不迷失在这些繁复的法律条文中，有必要明确：送养人是作为被收养人的法定代理人与收养人缔结了收养法律行为，其效果直接由被收养人本人承受。代理制度的一般理论在此处发生作用。

收养在我国的社会生活中占据重要地位。2019年，全国办理收养登记1.3万件，其中内地居民收养登记1.2万件，港澳台及华侨收养登记90件，外国人收养登记970件。[2] 对于被收养人，收养制度发挥着为失怙儿童、少年寻觅新的父母、亲人、家庭的作用；对于收养人，收养制度发挥着帮助他（们）组建家庭的功能。事实上，收养制度与婚姻制度共同发挥着组建家庭的功能，因为未婚者只要符合法定的实质要件与形式要件，亦可通过收养制度组建家庭，而并非一定结婚。

---

[1] 杨大文、龙翼飞主编：《婚姻家庭法》（第八版），中国人民大学出版社2020年版，第178页。
[2] 民政部：《2019年民政事业发展统计报告》，载http://images3.mca.gov.cn/www2017/file/202009/1601261242921.pdf，2021年7月14日访问。

（二）收养的法律特征

收养具有以下四个方面的法律特征。

1. 收养要件的法定性

收养可以使一个家庭吸纳新的人口迅速壮大，早在罗马法中，便已经受到公权力的制约，要在执法官面前甚至要在民众大会前进行仪式。近代以来，中外各国普遍对收养进行干预，符合收养法律规定之要件的，法秩序方认可其具有相应的法律效力。这是因为，现代收养制度是以最有利于被收养的未成年人的利益这一原则为基础而建立的。未成年人获得抚养、教育、保护是理所当然的自然之理，当他们的亲生父母因为各种原因无法提供抚养、教育、保护之时，法秩序鼓励其他人献出爱心，通过收养制度为这些未成年人提供一个家，这不仅涉及未成年人的成长需求、养父母建立家庭的现实需要，也是中华民族持续兴旺的条件之一。正是为了确保未成年人在与其本无血缘关系的养父母处得到妥当的抚养、教育、保护，筛选出适格的养父母，法律特别对收养行为的效力设定了实质要件与形式要件，符合这些要件的收养行为才能发生当事人所欲达成的法律效果，即拟制血亲关系的成就。

2. 收养行为的意定性

收养属于法律事实中的法律行为，以意思表示为其核心，这也是收养与国家设立的儿童福利机构等对具有法定情形的儿童的收容和抚育行为的不同之处，后者为国家履行自身承担的公共职能。收养人与作为被收养人的法定代理人的送养人实施法律行为，双方均须自愿。收养八周岁以上未成年人的，应当征得被收养人的同意。也就是说，八周岁以上的被收养人可以否定他的法定代理人为其选定的收养人，这属于《民法典》第19条后半句中的"但是，可以独立实施……或者与其年龄、智力相适应的民事法律行为"。

3. 收养的身份性

符合法定要件的收养行为发生身份法上的效果。一方面，收养在被收养人与收养人之间发生拟制的父母子女关系，双方成为养子女与养父母。此外，养子女与养父母的近亲属间的权利义务关系，适用本法关于子女与父母的近亲属关系的规定。另一方面，收养使得养子女与其生父母之间的父母子女关系消灭，他们与其生父母的近亲属之间的法律关系亦然。这也被称为收养的消解效力。例外的是，禁婚亲的规定并不因为收养而在子女与其生父母及其他亲属间消灭。收养的身份效力将它与寄养区分开。所谓寄养，系指父母在出差等特殊情况下于一定时期内无法亲自抚育子女时，委托他人代为抚养的行为。寄养关系既不消灭子女与生父母之间的父母子女关系，也不在子女与寄养人之间发生父母子女关系。

4. 收养效果的拟制性

符合法定要件的收养行为使得养子女与养父母之间成立拟制的父母子女关系，并享受相关的权利、履行相关的义务。"拟制的"与"自然的"相对，后者无须人为干预，自然天成；前者需要满足并履行法定的条件与程序。拟制的父母子女关系至少可以从以下三方面进行理解：第一，一旦成立，拟制的父母子女关系也是父母子女关系，当然适用民法有关父母子女关系的规范。第二，拟制属于从无到有的人为创设，如果原先在收养的双方之间便存在特定的亲属关系，便不能成立合法有效的收养，因此，收养只能发生在非直系血亲之间。第三，既然拟制的父母子女关系并非自然天成，它可以通过收养创设，也可以通过解除收养而消灭。当然，解除收养也会在当事人之间发生一定的权利义务关系。

二、收养与相近制度的区别

我国高度重视儿童的健康成长，并且注重采取多种措施来达成这一总体目标。需要注意的，收养制度与相近制度的异同。它们大体能够达到一个下限，但是，可能的上限的确有差异。

（一）收养与一般寄养

寄养在我国社会生活中颇为常见，它是指父母由于某种原因（例如出差、外派）不能携带子女共同生活，无法正常地履行抚养、教育、保护的义务，从而将子女寄托在亲友的家庭中生活，待父母归来后接回子女，恢复正常的家庭生活。寄养与收养的主要差异有两点：①目的不同。收养永久地改变了父母子女关系，寄养只是父母暂时地委托他人于一定期间内代为照料子女。②法律效果不同。收养发生拟制的父母子女关系，寄养不改变原先的父母子女关系，不脱离原家庭，只是抚养的具体形式的暂时变更。通常情况下，父母与寄养人之间存在委托合同的法律关系。

（二）收养与家庭寄养

所谓家庭寄养，是指经过规定的程序，将民政部门监护的儿童委托在符合条件的家庭中养育的照料模式。2003年10月27日，民政部颁发《家庭寄养管理暂行办法》。家庭寄养是为孤儿、弃婴回归家庭、融入社会而采取的一种养育方式。它既符合儿童成长规律和我国目前的经济、社会发展水平，又发扬了中华民族爱幼护幼的优良传统，对于发挥民间力量，减轻政府和社会福利机构的压力，塑造儿童健康心理和性格，具有重要作用。2014年9月24日，民政部颁发《家庭寄养管理办法》，《家庭寄养管理暂行办法》同时废止。家庭寄养有以下几个特征：①未满18周岁、监护权在县级以上地方人民政府民政部门的孤儿、查找不到生父母的弃婴和儿童，可以被寄养。需要长期依靠医疗康复、特殊教育等专业技术照料的重度残疾儿童，不宜安排家庭寄养。②每个寄养家庭寄养儿童的人数不得超过2人，且该家庭无未满6周岁的儿童。③寄养残疾儿童，应当优先在具备医疗、特殊教育、康复训练条件的社区中为其选择寄养家庭。寄养年满10周岁以上儿童的，应当征得寄养儿童的同意。[①] ④儿童福利机构应当与寄养家庭主要照料人签订寄养协议，明确寄养期限、寄养双方的权利义务、寄养家庭的主要照料人、

[①] 根据《民法典》对于限制民事行为能力人最低年龄的调整，应当征得寄养儿童的同意的年龄应当修正为8周岁。

寄养融合期限、违约责任及处理等事项。⑤寄养融合期的时间不得少于60日。

(三) 收养与儿童福利机构收留抚养

2018年10月30日，为了加强儿童福利机构管理，维护儿童的合法权益，根据《民法总则》《未成年人保护法》等有关法律法规，民政部制定了《儿童福利机构管理办法》。所谓的儿童福利机构是指民政部门设立的，主要收留抚养由民政部门担任监护人的未满18周岁儿童的机构，包括按照事业单位法人登记的儿童福利院、设有儿童部的社会福利院等。儿童福利机构应当收留抚养下列儿童：①无法查明父母或者其他监护人的儿童；②父母死亡或者宣告失踪且没有其他依法具有监护资格的人的儿童；③父母没有监护能力且没有其他依法具有监护资格的人的儿童；④人民法院指定由民政部门担任监护人的儿童；⑤法律规定应当由民政部门担任监护人的其他儿童。

可见，所有在其他情况下无法获得监护的未成年儿童，由民政部门作为监护人进行监护，具体的抚养、教育、保护工作，由民政部门下设的儿童福利机构承担。但是，监护制度只能解决未成年人"有所养"的问题，收养制度解决未成年人"良养"的问题，[①] 家庭寄养亦然。也就是说，使未成年人在家庭的环境中成长，建立正常的父母子女亲属关系。因此，一方面，对于符合条件、适合送养的儿童，儿童福利机构依法安排送养。送养儿童前，儿童福利机构应当将儿童的智力、精神健康、患病及残疾状况等重要事项如实告知收养申请人。另一方面，对于符合家庭寄养条件的儿童，儿童福利机构按照《家庭寄养管理办法》的规定办理。

三、我国收养制度的立法沿革

新中国成立后，婚姻家庭法制备受重视，其中收养法制的发展可分为三个阶段。第一阶段，婚姻法规定收养制度。1950年我国《婚姻法》第13条规定，父母对于子女有抚养教育的义务；子女对于父母有赡养扶助的义务；双方均不得虐待或遗弃。养父母与养子女相互间的关系，适用前项规定。溺婴或其他类似的犯罪行为，严加禁止。其中第2款规定了收养制度的核心内容。1980年我国《婚姻法》第20条大体承袭了前条的主要内容，并补充规定了收养的消解效力。第二阶段，司法解释规定收养制度。1979《最高人民法院关于贯彻执行民事政策法律若干问题的意见》（十三）对收养问题作了较1950年我国《婚姻法》更为详尽的规定，首次规定了收养的自愿原则、有识别能力的子女的发言权、送养须生父母一致同意、经有关部门办理手续等较为具体的原则和制度。1984《最高人民法院关于贯彻执行民事政策法律若干问题的意见》更进一步，其第28条明确规定："亲友、群众公认，或有关组织证明确以养父母与养子女关系长期共同生活的，虽未办理合法手续，也应按收养关系对待。"该规定赋予事实收养以法律效力。第三阶段，收养单行立法。1991年《收养法》的通过使得我国的收养制度进入一个新阶段，该法以总则、收养关系的成立、收养的效力、收养关系的解除、法律责任、附则

[①] 徐铁英：《〈婚姻家庭编〉（草案）关于收养主体制度规定的不足和改进建议》，载《暨南学报（哲学社会科学版）》2020年第1期。

六章共 33 个条文对收养制度进行了详细的规制。该法于 1998 年获得修正,依然维持六章的体例,条文增加为 34 个。

《民法典》以原《婚姻法》和原《收养法》两部单行法为对象进行编纂,《民法典》时代的收养法制主要由婚姻家庭编第五章收养规制,共三节 26 个条文。该章的体例(收养关系的成立、收养的效力、收养关系的解除)和内容大体承袭了原《收养法》的主体内容。

四、收养的分类

依据不同标准,可对收养进行不同分类。例如,以收养人的人数为标准,可分为共同收养和单独收养。以收养行为发生效力的时间为标准,可分为生前收养与遗嘱收养。以养子女与亲生父母是否终止权利义务关系为标准,可分为完全收养与不完全收养。以被收养人是否限于未成年人,可分为成年人收养与未成年人收养,诸如此类。本书作者认为,在我国民法上,以下三种类型的收养分类格外值得注意。

(一)法定收养与事实收养

以收养是否履行了法律规定的形式要件为标准,可将收养分为法定收养与事实收养。所谓的法定形式要件,主要指《民法典》第 1105 条规定的"收养应当向县级以上人民政府民政部门登记"。履行了法定形式要件而成立的收养,为法定收养;反之,未履行此等要件的收养,为事实收养。

既然法律对于收养的形式要件已经做出了明确要求,当事人进行收养时自然应当遵守。但是,我国区域广大、人口众多、社会生活中的具体情况又各有不同,事实收养的存在恐难避免。因此,关于事实收养有两点值得特别注意:第一,在《收养法》明确规定了收养须登记之前已经完成的事实收养,其法律效力应得获得认可。在司法实践中,基于这类收养而发生的纠纷仍有不少。第二,在《收养法》明确规定了收养须登记之后完成的事实收养,通常没有法律效力;可是,一律绝对否定其效力是否合适?尚待反思。

(二)陌生人收养与亲属收养

以收养人与被收养人之间是否存在一定的亲属关系为标准,可分为陌生人收养与亲属收养,其中,陌生人收养是收养的常态,因为收养本身就是"挑肥拣瘦",要在由完全行为能力人构成的茫茫众生中进一步筛选出适格的主体作为收养人,[①] 使其与那些与自己本无血缘关系的人建立父母子女关系,并呵护、照料其生长。反过来,我国素有"立嗣""过继"的传统,它们属于收养的特殊形态,面向的是存在一定血缘关系的收养人与被收养人。由于他们之间已经具有不算太疏远的自然天成的血缘关系,若有意成立收养关系,法律对其所作的要求可适当低于对陌生人收养所作的要求。

---

① 徐铁英:《〈婚姻家庭编〉(草案)关于收养主体制度规定的不足和改进建议》,载《暨南学报(哲学社会科学版)》2020 年第 1 期。

（三）一般收养与政策性收养

以是否基于一定的政策考量而对收养的要件做一定调整为标准，可分为普通收养与政策性收养。一般收养与陌生人收养是收养的常态，也可称之为普通收养；与之相对，亲属收养与政策性收养可称为特殊收养。在我国法律上，政策性收养主要针对孤儿、残疾未成年人或者儿童福利机构抚养的查找不到生父母的未成年人，可以突破普通收养对收养人子女总数不得超过 2 人的限制。《民法典》第 1098 条第 1 款要求收养人无子女或者只有一名子女，该项乃计划生育的要求。但是，考虑到对孤儿、残疾未成年人或者儿童福利机构抚养的查找不到生父母的未成年人较难获得收养，而在儿童福利机构抚养他们虽然可以解决生计，却无法为其提供相对正常的家庭成长环境，因此，对于有意收养这几类儿童的收养人，法律基于政策考虑降低了相关要求。

第二节　收养关系的成立

成立合法有效的收养须满足特定的实质要件与形式要件。《民法典》婚姻家庭编第五章收养对于实质要件和形式要件作了比较详尽的规定。就实质要件而言，《民法典》先针对一般意义上的收养作了规定，再针对亲属收养、政策性收养作了例外规定。就形式要件而言，各类型的收养几无差异。

一、收养关系成立的实质要件

收养为民事法律行为之一种，收养的实质要件主要围绕着民事法律行为的主体资格、意思表示展开，又以前者为重。事实上，抛开仍属于科幻故事中的人造子宫或者不为法所认可的人体克隆来说，每个自然人都有父有母。父母生下子女，自然应当将其抚育成人，这不仅是人伦之始，也是明明白白的法定义务。唯有在极为特殊的情况下，亲生父母才不必抚育自己所生的子女，而将其送养于他人。同样地，收养人希望通过收养与并无血缘关系的未成年人建立父母子女关系，这种能力和意愿不是每个完全民事行为能力人都拥有的，法秩序有必要予以筛选。基于前述理由，《民法典》婚姻家庭编第五章第一节"收养关系的成立"除了三个条文，全部都是关于主体的规定。

（一）普通收养成立的实质要件

1. 被收养人

《民法典》第 1093 条规定："下列未成年人，可以被收养：（一）丧失父母的孤儿；（二）查找不到生父母的未成年人；（三）生父母有特殊困难无力抚养的子女。"因此，被收养人都是父母无法抚养的未成年人。

被收养人只能是未成年人，我国法律不承认所谓成年人收养。第 1093 条改变了原《收养法》第 4 条将被收养人限于未满 14 周岁的未成年人的规定，拓宽了被收养人的范围。父母对未成年子女负有抚养、教育和保护的义务。可见，唯有当父母无法履行此等义务时，子女才有可能（而非必然）被他人收养。因此，被收养人只能是父母无法抚养的未成年人。《民法典》第1093条封闭式地列举了父母不能履行抚养子女义务、子女可被收养的三种情形：人人皆有父母，但是，如果父母已经不幸亡故而子女却嗷嗷待哺，运用收养制度遂有其必要性。

（1）丧失父母的孤儿。所谓孤儿，系指父母双亡的未成年人。父母一方死亡的、另一方依然生存的，子女非属孤儿。被宣告死亡的人在被宣告死亡期间，其子女被他人依法收养的，在死亡宣告被撤销后，不得以未经本人同意为由主张收养行为无效。

（2）查找不到生父母的未成年人。查找不到生父母的，自然无法令其履行法定义务，但是未成年人的养育需求依然存在，此时，运用收养制度为其安排养父母有其合理性。"查找"的主语可能是国家机关，也可能是个人。法律没有对查找的期间作规定，《儿童福利机构管理办法》似乎将其界定为3个月，[①] 应当根据个案具体情况而定。在查找期间，未成年人通常由儿童福利机构暂时抚养，如果该机构经衡量决定将未成年人送养的，办理登记的民政部门应当在登记前予以公告，不放弃让未成年人回归亲生父母的最后希望。对于被拐卖的儿童而言，如果长时间联系不上其亲生父母，也有适用收养制度的可能性。此时，这类儿童属于"丧失父母的孤儿"还是"查找不到生父母的未成年人"？部分学者认为应当通过扩张解释"丧失"而将适用前者。本书作者认为，"丧失"还是"查找不到"的本质差异在于父母的"不在"（absence）是否为终局性的。以此为标准，将这类儿童认定为"查找不到生父母的未成年人"为宜，此外，这样归类，还可以使其受到前述公告程序的保护。

（3）生父母有特殊困难无力抚养的子女。在这种情况中，亲生父母虽在，却力有不逮，无能力履行义务，此时，收养制度也有适用余地。生父母有特殊困难以致于无力抚养子女的，例如，父母遭遇灾祸致残、父母一方故去，另一方没有经济收入，具体情形多样，无法一一列举，应当根据具体个案具体判断。值得注意的，须防止父母依托该项规定逃避法定义务。

2. 送养人

《民法典》第1094条规定："下列个人、组织可以作送养人：（一）孤儿的监护人；（二）儿童福利机构；（三）有特殊困难无力抚养子女的生父母。"该条可谓第1093条的镜像规定，各自的三项一一对应。

（1）孤儿的监护人。《民法典》第27条第1款规定："父母是未成年子女的监护人"。第2款接着规定："未成年人的父母已经死亡或者没有监护能力的，由下列有监护能力的人按顺序担任监护人：（一）祖父母、外祖父母；（二）兄、姐；（三）其他愿意担任监护人的个人或者组织，但是须经未成年人住所地的居民委员会、村民委员会或者民政部门同意。"不仅如此，第32条还规定："没有依法具有监护资格的人的，监护人由民政部门担任，也可以由具备履行监护职责条件的被监护人住所地的居民委员会、村民委员会担任。"总之，在《民法典》厘定的框架下，未成年人总归有监护人，这个监护人可能是自然人，也可能是组织。

为了保护孤儿的利益，《民法典》第1096条针对前述情形作了特别的限制："监护

[①] 《儿童福利机构管理办法》第10条第3项。

人送养孤儿的,应当征得有抚养义务的人同意。有抚养义务的人不同意送养、监护人不愿意继续履行监护职责的,应当依照本法第一编的规定另行确定监护人。"对第1096条的理解应当考虑到不使其成为抚养义务人逃避义务的工具。

（2）儿童福利机构。根据《儿童福利机构管理办法》第2条的规定,儿童福利机构是指民政部门设立的,主要收留抚养由民政部门担任监护人的未满18周岁儿童的机构。儿童福利机构包括按照事业单位法人登记的儿童福利院、设有儿童部的社会福利院等。对于符合条件、适合送养的儿童,儿童福利机构依法安排送养。值得注意的是,儿童福利机构送养出去的儿童的监护人实际上是民政部门,易言之,儿童福利机构并非其监护人,而是监护人委托来完成一定工作的部门。

（3）有特殊困难无力抚养子女的生父母。生父母抚养子女,天经地义,只有存在特殊困难无力抚养时,才可将此负担转移给他人和社会。生父母有特殊困难无力抚养子女的,还得看有无其他负有抚养义务的亲属在,如果有的话,监护人的变更可能与收养发生竞合。

生父母送养子女的,《民法典》第1097条还有如下特别规定:①生父母送养子女,应当双方共同送养。该条规定很好理解。变更亲子关系干系重大,生父母应当达成共识,不论他们之间是否存在婚姻关系、是否离婚、是否结过婚;生父母有一方不同意送养,收养便无法成立。②生父母一方不明或者查找不到的,可以单方送养。这一规定须结合《民法典》总则编的宣告失踪宣告死亡制度理解。生父母一方不明或者查找不到的,如果另一方申请将其宣告死亡的,该方自然可以单独送养子女;若另一方申请将其宣告失踪的,不宜认可该方有单独送养的资格,因为宣告失踪仅具有财产法上的效力;若另一方既没有申请将其宣告死亡,也没有申请其宣告失踪,不得单独送养。③配偶一方死亡,另一方送养未成年子女的,死亡一方的父母有优先抚养的权利。

3. 收养人

收养人是收养制度的规制重心。《民法典》从父母子女关系的核心要求"抚养、教育和保护"出发,对收养人资格作了极为细致的要求。第1098条规定:"收养人应当同时具备下列条件:（一）无子女或者只有一名子女;（二）有抚养、教育和保护被收养人的能力;（三）未患有在医学上认为不应当收养子女的疾病;（四）无不利于被收养人健康成长的违法犯罪记录;（五）年满30周岁。"这五项规定虽然并排罗列,其实性质颇为不同。（一）（三）（四）（五）分别以数量、有无、有无、年纪等影响标准划定收养人资格,（一）（三）（四）是消极条件,（五）是积极条件;（二）则与之不同,是一种软性的抽象标准。第二项条件与其他条件的关系值得进一步探究。本书作者认为,（二）是核心,其他条件是确定收养人是否具有（二）要求的"有抚养、教育和保护被收养人的能力"的指示性判断因素。以下分述之。

（1）无子女或者只有一名子女。计划生育长期以来是我国的基本国策,这意味着一对夫妻只能养育一个孩子。因此,1991年我国《收养法》规定无子女的人才能够实施收养。2015年修改的《人口与计划生育法》采纳了新的人口政策,国家提倡一对夫妻生育两个子女,因此,收养人无子女的,可以收养两名子女;收养人已经有一名子女的,可以收养一名。2021年5月31日中共中央政治局召开的会议中,为积极应对人口老龄化，实施一对夫妻可以生育三个子女的政策。我们可以预见，《民法典》第1098条还会修改。①

（2）有抚养、教育和保护被收养人的能力。抚养、教育和保护被收养人的能力正是《民法典》第26条规定的父母子女关系的核心内容，也是为人父母的基本要求。收养人如果打算成为被收养人的养父母，必须具备此等为人父母的能力。在满足第1098条其他4项要求的情况下，似可推定收养人即具备抚养、教育和保护被收养人的能力，除非利害关系人提出相反的证据。

（3）未患有在医学上认为不应当收养子女的疾病。身患疾病有可能影响抚养、教育和保护被收养人的能力，因此，当此等疾病在医学上被认定为"不应当收养子女"的时候，患病者即失去收养资格。反过来说，如果身患疾病但是没有达到"不应当收养子女"的程度，不影响收养人的资格认定。

（4）无不利于被收养人健康成长的违法犯罪记录。本项要求是《民法典》的新增规定，属消极条件。如何认定这类违法犯罪的外延，尚待实务界与理论界的共同探索。应当注意的是，违法与犯罪是两类社会危害性达到一定高度的行为，不得将其与一般的不道德行为混淆。此外，参照2020年修正的《未成年人保护法》第22条的规定，性侵害、虐待、遗弃、拐卖、暴力伤害等违法犯罪行为应当属于这一消极条件。

（5）年满三十周岁。男女结婚的法定年龄分别是二十二周岁、二十周岁，因此，最快的情况下，不到一年之后，他们便可为人父母。收养法之所以对收养人的年龄提出了更高的要求，是考虑到了事理人情后作出的相对合理的选择。二十出头的人可以抚育亲生的子女，如果打算抚育与自己并无血缘关系的他人子女，对收养人的要求更高。在中国文化传统中，年满三十周岁意味着"三十而立"，一般已经建立了自己稳定的人生观、价值观，有意愿且有能力负担抚育他人子女的重任。无配偶者收养的，收养人自然须年满三十周岁；夫妻共同收养的，夫妻二人均须年满三十周岁。

除上述5项规定外，《民法典》第1101条、第1102条还基于收养人婚姻情况做了进一步的规定。第1101条规定："有配偶者收养子女，应当夫妻共同收养。"它的道理与送养须父母双方均同意的道理是一样的：收养涉及亲子关系的变更，干系重大，夫妻应当一起面对。第1102条规定："无配偶者收养异性子女的，收养人与被收养人的年龄应当相差四十周岁以上。"这是为了尽可能地避免单身且异性的养父或养母实施对养女或养子的侵害行为。依反面解释，有配偶者收养异性子女的，无须受此限制。

4. 收养合意

《民法典》第1104条规定："收养人收养与送养人送养，应当双方自愿。收养八周岁以上未成年人的，应当征得被收养人的同意。"

（1）收养人收养与送养人送养，应当双方自愿。收养属于民事法律行为之一种，自然应当遵循法律行为的自愿原则。值得考虑的是，如果收养是在缺乏自愿的情况下达成的，其效力如何？例如，收养人以欺诈、胁迫的方式诱使送养人将子女送养出去。《中

---

① 这一情况再次表明，《民法典》第1098条之（2）是核心，（1）（3）（4）（5）是确定收养人是否具备"有抚养、教育和保护被收养人的能力"的指示性判断因素。（2）不会大改，（1）（3）（4）（5）可能发生改变。

国公民收养子女登记办法》仅对弄虚作假骗取收养登记的后果规定为无效，该法第12条规定："收养关系当事人弄虚作假骗取收养登记的，收养关系无效，由收养登记机关撤销登记，收缴收养登记证。"此外，《民法典》第1113条第1款规定："有本法第一编关于民事法律行为无效规定情形或者违反本编规定的收养行为无效。"这似乎为前述问题的解决提供了一种思路。

(2) 收养八周岁以上未成年人的，应当征得被收养人的同意。年满八周岁是《民法典》规定的限制民事行为能力人的最低年龄。《民法典》第19条规定："八周岁以上的未成年人为限制民事行为能力人，实施民事法律行为由其法定代理人代理或者经其法定代理人同意、追认；但是，可以独立实施纯获利益的民事法律行为或者与其年龄、智力相适应的民事法律行为。"前面章节已多次提到，收养干系重大，涉及亲子关系的变更，以至于，通常情况下年满八周岁的未成年人已经有能力理解其对于自己的意义，这种情况便属于"可以独立实施……与其年龄、智力相适应的民事法律行为"。本书作者认为，该项规定实际上意味着八周岁以上未成年人对于自己的收养人具有相当大的选择权，只是如何在实践中保障此等权利的实现，还有进一步细化的空间。

(二) 特殊收养的实质要件

亲属收养与政策性收养可称为特殊收养，相较于一般收养，《民法典》婚姻家庭编收养章在收养人的主体资格上做了适当的放宽，理由如前所述。这种放宽表现为特殊收养无须遵循一般收养的若干要求。

1. 亲属收养

(1) 三代以内旁系同辈血亲的子女。他们也就是本人的兄弟姐妹、堂兄弟姐妹、表兄弟姐妹的子女。《民法典》第1099条第1款规定："收养三代以内旁系同辈血亲的子女，可以不受本法第一千零九十三条第三项、第一千零九十四条第三项和第一千一百零二条规定的限制。"也就是说，放宽的限制有两项：第一，收养三代以内旁系同辈血亲的子女，对于送养此等子女的亲生父母，不要求其"有特殊困难无力抚养"。第二，无配偶的收养人收养三代以内旁系同辈血亲的异性子女的，不受收养人与被收养人的年龄应当至少相差四十周岁的限制。第1099条第2款还额外针对华侨实施的收养做了第三点放宽规定："华侨收养三代以内旁系同辈血亲的子女，还可以不受本法第一千零九十八条第一项规定的限制。"也就是说，华侨即便已有2名以上的子女，依然可以收养三代以内旁系同辈血亲的子女。

(2) 继父母收养继子女。《民法典》第1103条规定："继父或者继母经继子女的生父母同意，可以收养继子女，并可以不受本法第一千零九十三条第三项、第一千零九十四条第三项、第一千零九十八条和第一千一百条第一款规定的限制。"也就是说。首先，继父或者继母意图收养继子女的，应当取得其生父或者生母的同意，这是由收养的消解效力所决定的。其次，在取得前述同意的前提下，继父或者继母收养继子女，即便继子女的生父母无特殊困难、具备抚养能力，也不影响继子女被继父母收养。再次，继父或者继母收养继子女，还不受第1098条规定的限制。本书作者认为，此处应作限缩解释。例如，继父或者继母收养继子女，可不受"无子女或者只有一名子女"规定的限制；但是，继父或者继母是否不受"无不利于被收养人健康成长的违法犯罪记录"的限制，还是应当遵循最有利于被收养人的原则来决定。最后，继父或者继母收养继子女的，还不受收养人在收养前至多只能有一名子女的限制。这很可能是因为，再组家庭中的任何一方很可能在二婚之前已经有了一名甚至两名子女。

2. 政策性收养

收养孤儿、残疾未成年人或者儿童福利机构抚养的查找不到生父母的未成年人。《民法典》第1100条第2款规定："收养孤儿、残疾未成年人或者儿童福利机构抚养的查找不到生父母的未成年人，可以不受前款和本法第一千零九十八条第一项规定的限制。"也就是说，收养人意图收养孤儿、残疾未成年人或者儿童福利机构抚养的查找不到生父母的未成年人的，他实施收养之前此前已经拥有的子女的数量不再有任何限制。考虑到对孤儿、残疾未成年人或者儿童福利机构抚养的查找不到生父母的未成年人较难获得收养，而在儿童福利机构抚养他们虽然可以解决生计，却无法为其提供相对正常的家庭成长环境，因此，对于有意收养这几类儿童的收养人，法律基于政策考虑降低了相关要求。

二、收养关系成立的形式要件

《民法典》婚姻家庭编收养章规定办理收养登记是收养关系成立的法定程序，也可称之为收养关系成立的形式要件。《民法典》未对收养协议与收养公证作强制规定，但是，如果当事人在协议中对此作出了明确的要求，它们也属于具体收养关系的形式要件。《民法典》第1105条规定："收养应当向县级以上人民政府民政部门登记。收养关系自登记之日起成立。收养查找不到生父母的未成年人的，办理登记的民政部门应当在登记前予以公告。收养关系当事人愿意签订收养协议的，可以签订收养协议。收养关系当事人各方或者一方要求办理收养公证的，应当办理收养公证。县级以上人民政府民政部门应当依法进行收养评估。"

（一）收养登记

1. 收养登记的机关与对象

收养登记由县级以上人民政府民政部门管理，具体工作主要依据1999年（2019年修订）《中国公民收养子女登记办法》展开，该办法第3条规定了四种登记的具体情形：①收养社会福利机构抚养的查找不到生父母的弃婴、儿童和孤儿的，在社会福利机构所在地的收养登记机关办理登记。②收养非社会福利机构抚养的查找不到生父母的弃婴和儿童的，在弃婴和儿童发现地的收养登记机关办理登记。③收养生父母有特殊困难无力抚养的子女或者由监护人监护的孤儿的，在被收养人生父母或者监护人常住户口所在地（组织作监护人的，在该组织所在地）的收养登记机关办理登记。④收养三代以内同辈旁系血亲的子女，以及继父或者继母收养继子女的，在被收养人生父或者生母常住户口所在地的收养登记机关办理登记。

2. 收养登记的程序

（1）申请。收养关系当事人应当亲自到收养登记机关办理登记手续。夫妻共同收养子女的，应当共同办理登记手续；一方因故不能亲自前往的，应当书面委托另一方办理登记手续，委托书应当经过村民委员会或者居民委员会证明或者经过公证。

收养人应当向收养登记机关提交收养申请书和下列证件、证明材料：①收养人的居民户口簿和居民身份证；②由收养人所在单位或者村民委员会、居民委员会出具的本人婚姻状况和抚养教育被收养人的能力等情况的证明，以及收养人出具的子女情况声明；③县级以上医疗机构出具的未患有在医学上认为不应当收养子女的疾病的身体健康检查证明。收养查找不到生父母的弃婴、儿童的，并应当提交收养人经常居住地计划生育部门出具的收养人生育情况证明；其中收养非社会福利机构抚养的查找不到生父母的弃婴、儿童的，收养人还应当提交下列证明材料：①收养人经常居住地计划生育部门出具的收养人无子女的证明；②公安机关出具的捡拾弃婴、儿童报案的证明。收养继子女的，可以只提交居民户口簿、居民身份证和收养人与被收养人生父或者生母结婚的证明。对收养人出具的子女情况声明，登记机关可以进行调查核实。

送养人应当向收养登记机关提交下列证件和证明材料：①送养人的居民户口簿和居民身份证（组织作监护人的，提交其负责人的身份证件）；②收养法规定送养时应当征得其他有抚养义务的人同意的，并提交其他有抚养义务的人同意送养的书面意见。社会福利机构为送养人的，并应当提交弃婴、儿童进入社会福利机构的原始记录，公安机关出具的捡拾弃婴、儿童报案的证明，或者孤儿的生父母死亡或者宣告死亡的证明。监护人为送养人的，并应当提交实际承担监护责任的证明，孤儿的父母死亡或者宣告死亡的证明，或者被收养人生父母无完全民事行为能力并对被收养人有严重危害的证明。生父母为送养人的，并应当提交与当地计划生育部门签订的不违反计划生育规定的协议；有特殊困难无力抚养子女的，还应当提交送养人有特殊困难的声明。其中，因丧偶或者一方下落不明由单方送养的，还应当提交配偶死亡或者下落不明的证明。对送养人有特殊困难的声明，登记机关可以进行调查核实；子女由三代以内同辈旁系血亲收养的，还应当提交公安机关出具的或者经过公证的与收养人有亲属关系的证明。被收养人是残疾儿童的，并应当提交县级以上医疗机构出具的该儿童的残疾证明。

（2）收养评估。

收养评估是《民法典》的新增制度。2012年第十三次全国民政工作会议首次提出"完善儿童收养政策，建立收养评估制度"。2012年6月，民政部决定在上海、江苏、湖北、广东、重庆等地开展收养评估试点工作。2014年6月，民政部开展第二批收养评估试点工作。2015年，民政部发布《收养能力评估工作指引》，它为科学评估收养家庭抚养教育能力，进一步明确收养能力评估的对象、流程、标准和评估方式，规范评估报告的内容及格式，确保收养能力评估工作规范、准确地开展，提供了指引。2020年12月30日，民政部印发《收养评估办法（试行）》取代了《收养能力评估工作指引》。

所谓收养评估，指的是民政部门对收养申请人是否具备抚养、教育和保护被收养人的能力进行调查、评估，并出具评估报告的专业服务行为。收养评估内容包括收养申请人以下情况：收养动机、道德品行、受教育程度、健康状况、经济及住房条件、婚姻家庭关系、共同生活家庭成员意见、抚育计划、邻里关系、社区环境、与被收养人融合情况等。收养申请人与被收养人融合的时间不少于30日。实际融合期间不少于30日、不多于 60 日。

收养评估始于收养关系人提出收养登记申请后，终于收养登记完成前，收养评估期间不计入收养登记办理期限。收养评估流程包括书面告知、评估准备、实施评估、出具评估报告。一是书面告知。民政部门收到收养登记申请有关材料后，经初步审查，未发现直接违反收养法律法规规定的，书面告知收养申请人将对其进行收养评估。委托第三方机构开展评估的，民政部门应当同时书面告知受委托的第三方机构。二是评估准备。收养申请人确认同意进行收养评估的，第三方机构选派人员；民政部门自行组织收养评估的，由评估小组开展评估活动。三是实施评估。评估人员根据需要，采取面谈、查阅资料、实地走访等多种方式进行评估，全面了解收养申请人的情况。四是出具报告。收养评估小组和受委托的第三方机构根据评估情况制作书面收养评估报告。

（3）审查和登记。收养登记机关收到收养登记申请书及有关材料后，应当自次日起30日内进行审查。对符合《民法典》规定条件的，为当事人办理收养登记，发给收养登记证，收养关系自登记之日起成立；对不符合《民法典》规定条件的，不予登记，并对当事人说明理由。收养查找不到生父母的弃婴、儿童的，收养登记机关应当在登记前公告查找其生父母；自公告之日起满60日，弃婴、儿童的生父母或者其他监护人未认领的，视为查找不到生父母的弃婴、儿童。公告期间不计算在登记办理期限内。

（二）收养协议与收养公证

是否签订收养协议，由当事人协商确定。只要有一方当事人要求办理收养公证的，就必须办理收养公证。由此可见，与收养登记不同，收养协议和收养公证并非《民法典》的强制要求。如果当事人选择签订收养协议的，应当采用书面形式，其内容应当清楚明确，双方当事人各执一份。如果被收养人已经年满八周岁的，收养协议中还应当包含被收养人同意收养的意思表示。

收养公证是国家公证机关根据当事人的申请，依法证明其与非婚生子女建立养父母关系的民事法律行为的真实性、合法性的活动。从办理顺序来看，收养公证一般应当在收养协议已经签订并且收养登记已经完成之后再进行；如果尚未办理收养登记，双方当事人仅就收养协议进行公证的，那么所作成的公证只能证明收养协议的真实性与合法性，并不能证明收养关系已经合法成立。无论当事人是否办理收养公证，收养关系的成立和协议解除收养关系均以登记为准。

第三节　收养关系的效力

收养的法律效力是指合法成立的收养关系引发的法律效果。收养的法律事实引发法律关系的变更，既包括在收养人与被收养人之间发生拟制的父母子女关系，也包括在被收养人与其亲生父母之间消灭法律意义上的父母子女关系。它们也就是收养的拟制效力与消解效力。所谓不破不立，若没有收养的消解效力，也就谈不上作为其逻辑后果的拟制效力了。

一、收养的拟制效力

《民法典》第1111条第1款规定:"自收养关系成立之日起,养父母与养子女间的权利义务关系,适用本法关于父母子女关系的规定;养子女与养父母的近亲属间的权利义务关系,适用本法关于子女与父母的近亲属关系的规定。"可见,收养的拟制效力,系指随着收养关系的成立而导致的收养人与被收养人之间发生父母子女的权利义务关系,以及被收养人与收养人的近亲属之间发生相应的亲属关系等法律后果。

(一)被收养人与养父母的关系

收养成立后,养父母与养子女之间产生拟制的直系血亲关系,他们之间的权利义务关系适用《民法典》的相关规定,主要是婚姻家庭编第三章第二节"父母子女关系和其他近亲属关系"。被收养人与其养父母之间主要发生抚养/赡养和继承两方面的关系。例如,未成年养子女可以要求养父母给付抚养费。如果成年的养子女不能独立生活,也可以向养父母要求给付抚养费。反之亦然,成年的养子女不履行赡养义务的,缺乏劳动能力或者生活困难的养父母,有要求成年养子女给付赡养费的权利。养父母与养子女互为第一顺位的法定继承人。

现实生活中还有所谓的收养他人子女为孙子女的情况发生,一般发生在收养人与被收养人年龄差距较大的情况下。原《收养法》与《民法典》均未规定养孙子女,所谓的养孙子女,如果符合收养的其他要件,在法律上应当按照养子女来处理。①

(二)被收养人与养父母之近亲属的关系

收养成立后,养子女与养父母的近亲属之间产生拟制的血亲关系,他们之间的权利义务关系适用《民法典》的相关规定。例如,有负担能力的祖父母、外祖父母,对于养父母已经死亡或者养父母无力抚养的未成年的收养的孙子女、外孙子女,有抚养的义务。有负担能力的收养的孙子女、外孙子女,对于子女已经死亡或者子女无力赡养的祖父母、外祖父母,有赡养的义务。有负担能力的兄、姐,对于父母已经死亡或者父母无力抚养的收养的未成年弟、妹,有扶养的义务。由兄、姐扶养长大的有负担能力的收养的弟、妹,对于缺乏劳动能力又缺乏生活来源的兄、姐,有扶养的义务。

二、收养的消解效力

《民法典》第1111条第2款规定:"养子女与生父母以及其他近亲属间的权利义务关系,因收养关系的成立而消除。"这便是收养的消解效力,系指收养关系的成立导致被收养人与其生父母之前的父母子女权利义务的消灭,以及由之而来的被收养人与其生父母的近亲属之间的权利义务的消灭。

---

① 已废止的1984《最高人民法院关于贯彻执行民事政策法律若干问题的意见》可资借鉴,其(29)规定:收养人收养他人为孙子女,确已形成养祖父母与养孙子女的关系的,应予承认。解决收养纠纷或有关权益纠纷时,可依照婚姻法关于养父母与养子女的有关规定,合情合理地处理。

(一)被收养人与亲生父母的关系

收养成立后,养子女与亲生父母之间的法律意义上的父母子女关系即告消灭,他们之间不再具有法律上的权利义务关系,相互之间不再负担抚养的义务,也不再继续作为法定继承人。但是,这不意味着养子女完全不可能取得生父母的财产。最高人民法院关于适用《民法典继承编司法解释(一)》第10条规定:"被收养人对养父母尽了赡养义务,同时又对生父母扶养较多的,除可以依照民法典第一千一百二十七条的规定继承养父母的遗产外,还可以依照民法典第一千一百三十一条的规定分得生父母适当的遗产。"应当注意,养子女对于养父母的遗产以"继承"的名义取得,对于生父母的遗产则是以"分得"的名义取得。此外,禁婚规定不因养子女与亲生父母之间的法律意义上的父母子女关系的消灭而终结。

(二)被收养人与亲生父母之近亲属的关系

收养成立后,养子女与亲生父母的近亲属之间的权利义务关系消灭。孙子女、外孙子女与祖父母、外祖父母之间,兄弟姐妹之间在抚养、继承方面的权利义务均告消灭。同样地,禁婚规定不因此等权利义务的消灭而终止。

三、收养无效

(一)收养无效的概念

收养无效,系指已经发生的收养由于未满足法律的实质要件或者形式要件而无法发生合法收养本可以发生的效力。

收养作为法律行为,唯有满足了法律规定的实质要件以及形式要件,当事人所欲发生的效果方可通过法秩序的筛选评价进而取得法律效力。《民法典》第1113条就此特别规定:"有本法第一编关于民事法律行为无效规定情形或者违反本编规定的收养行为无效。无效的收养行为自始没有法律约束力。"《民法典》第1113条第1款指出,在《民法典》婚姻家庭编之外,总则编对于收养行为效力的影响,未就此展开;第2款则明定了因不符合第1款要求而导致的无效为自始无效。根据民法理论,收养行为无效的原因大致分为三类:行为人不具有相应的民事行为能力、意思表示不真实、违反法律、行政法规的强制性规定或者违背公序良俗。

就行为能力而言,收养行为的能力要求远高于一般的民事法律行为,从前面章节已知,《民法典》婚姻家庭编收养章对于被收养人、收养人和送养人的资格作了极为详尽的要求,如果这些条件均获得满足,收养行为的效力一般不会从行为能力的角度遭遇挑战。反过来说,前述诸多资格要求中如有一项未得满足,理论上,收养行为便是无效的。可是这一绝对化的做法一方面不见得符合收养关系当事人,尤其是被收养人的最佳利益,另一方面,也不见得就能达到严格依法律认定收养效力所欲追求的社会目标。例如:夫妻决定收养一数月大的女婴,与其亲生父母商量好了,夫已满三十周岁,妻已满二十九周岁。收养后若干年,家庭和美,女童生活幸福。此时,生活条件好起来的女童亲生父母以养母年龄不符合《民法典》1098条规定为由，主张收养无效。此时，如果严格按照该条的字面含义处理该案，不见得能够取得最好的效果。① 依同样道理，收养人年龄上的瑕疵是否可以"补正"，不无探讨余地。

就意思表示真实而言，《民法典》婚姻家庭编收养章未作特别规定，参照该编以及总则编的规定，欺诈、胁迫、乘人之危以致显失公平、恶意串通损害他人合法权益等，原则上似乎都有适用余地。至于法律效果，从《中国公民收养子女登记办法》第12条透露的价值取向来看，应为无效，而非可撤销。

就违反法律的效力性强制规定以及违背公序良俗而言，《民法典》婚姻家庭编收养章中的规定中值得特别注意的是关于收养登记的规定，已如前述。

（二）收养无效的认定及其法律后果

《民法典》婚姻家庭编收养章未就如何确认已经发生的收养行为无效规定特殊的程序，仅规定无效的收养行为自始没有法律约束力。从该条第1款的规定来看，收养无效的认定亦应当求诸《民法典》总则编与婚姻家庭编的相关规定。

1. 事实收养

如果当事人在收养登记制度建立之前实施了事实收养，法律认可其效力；如果当事人在该制度建立之后实施了事实收养，未就收养进行登记，法律原则上不认可其效力。此时，事实收养的利害关系人可以向人民法院起诉主张收养无效。

2. 瑕疵收养

收养行为有瑕疵（例如伪造年龄、假造证件）并已经获得登记的，利害关系人对此有异议，也应当向人民法院起诉主张收养无效。有学者主张，收养无效的确认不仅可以由人民法院通过诉讼程序进行，还可以由收养登记机关即民政部门通过行政程序确认某一收养行为无效。② 此说值得商榷。正如《民法典》第1052条修改了原《婚姻法》第11条的可撤销婚姻制度，将婚姻登记机关从婚姻撤销程序中排除出去，背后的道理是受胁迫婚姻的问题十分复杂，需要经过审理才能弄清楚并作出合理裁判。这一道理也应当适用同样十分复杂的收养。

第四节　收养关系的解除

一、收养关系解除概述

收养关系作为一种拟制的血亲关系，既然可以人为地设立，也存在人为地解除的可能性。从《民法典》第1114条和第1115条来看，收养关系的解除有协议解除与诉讼解

---

① 与其类似的是，原《婚姻法》第7条的禁婚规定与第10条的无效婚姻规定具有一定的借鉴意义。患有医学上认为不应当结婚的疾病的人，禁止结婚。但是，婚前患有医学上认为不应当结婚的疾病，婚后已经治愈的，便不得再以此为由主张婚姻无效。值得注意的是，由于《民法典》在禁婚规定中废除了疾病婚，前述规定已被废止。

② 杨大文、龙翼飞主编：《婚姻家庭法》（第八版），中国人民大学出版社2020年版，第193页。

除两种方式,前者针对未成年的被收养人,后者针对成年的被收养人。

值得注意的是,收养关系的解除与收养关系的终止并非同一概念。收养关系的终止,是指收养人与被收养人之间法律拟制的直系血亲关系归于消灭,它的原因可以是一方死亡(自然终止),也可以是收养关系依法解除,二者的差异在于:收养关系自然终止的,虽然法律拟制的直系血亲关系消灭,但以该收养关系为中介而发生的其他亲属关系并不消灭;收养关系依法解除的,不仅法律拟制的直系血亲关系消灭,其他亲属关系也消灭。① 可见,收养关系的解除只是收养关系的终止的原因之一。

《民法典》第 1114 条规定:"收养人在被收养人成年以前,不得解除收养关系,但是收养人、送养人双方协议解除的除外。养子女八周岁以上的,应当征得本人同意。收养人不履行抚养义务,有虐待、遗弃等侵害未成年养子女合法权益行为的,送养人有权要求解除养父母与养子女间的收养关系。送养人、收养人不能达成解除收养关系协议的,可以向人民法院提起诉讼。"《民法典》第 1115 条规定:"养父母与成年养子女关系恶化、无法共同生活的,可以协议解除收养关系。不能达成协议的,可以向人民法院提起诉讼。"可见,第 1114 条和第 1115 条是基于请求解除的主体不同,进行了分门别类的处理。

二、收养关系解除的类型

(一) 被收养人成年前的解除与成年后的解除

1. 被收养人成年前的解除

收养人在被收养人成年以前,原则上不得解除收养,但是收养人、送养人双方协议解除的除外。被收养人已然失怙于亲生父母,如果后续为他/她寻得的养母父打算解除收养关系,未成年人的抚养、教育、保护便无从谈起了。在收养的成立部分我们已经看到,法律为了在茫茫人海中寻得适格的收养人,已经作了十分繁密的要求,且《民法典》还新设了收养评估制度,再者,收养的合法成立还要在民政部门登记。如此种种均表明,收养人实施的收养绝非儿戏,而是经过慎重考虑、经过严肃考察、履行严正手续的行为,一旦做成,原则上不得解除。例外情形是,收养人、送养人双方协议解除的,此时,收养人从养父母的角色退出,此等角色由送养人重新拾起,被收养人倒是没有生存之忧。①养子女八周岁以上的,应当征得本人同意。年满八周岁是《民法典》规定的限制民事行为能力人的最低年龄。既然收养八周岁以上未成年人的,应当征得被收养人的同意,那么,在解除此等收养关系时,也应当取得其同意。②收养人不履行抚养义务,有虐待、遗弃等侵害未成年养子女合法权益行为的,送养人有权要求解除养父母与养子女间的收养关系。

2. 被收养人成年后的解除

养父母与成年养子女关系恶化、无法共同生活的,可以协议解除收养关系。解除的

---

① 余延满:《亲属法原论》,法律出版社 2007 年版,第 427 页。

请求,既可以由养父母提出,也可以由养子女提出,但是这里没有送养人提出解除的余地。虽然《民法典》第1115条提出了此种情形下的解除收养应当达到了双方关系恶化,以致无法共同生活的地步,但是,似乎不能否认,在养父母与成年子女均为完全民事行为能力人的情况下,即便关系未恶化至无法共同生活的地步,双方也可以友好协商解除收养关系的可能性。当然,这可能涉及抚养费的返还问题。

(二) 协议解除与诉讼解除

根据《民法典》第1114条和第1115条厘定的框架,如果当事人可以坐下来友好协商解除收养关系的,自然最好;如果此种办法不行,便只有诉诸法官的居中裁判。应当注意的是,法院在处理收养纠纷时,不仅应当遵循最有利于被收养人的原则,保障其合法权益,还要注意保证收养人的合法权益,尤其是在被收养人已经成年的情形中。

三、收养关系解除的法律效力

(一) 身份效力

《民法典》第1117条规定:"收养关系解除后,养子女与养父母以及其他近亲属间的权利义务关系即行消除,与生父母以及其他近亲属间的权利义务关系自行恢复。但是,成年养子女与生父母以及其他近亲属间的权利义务关系是否恢复,可以协商确定。"可见,拟制的血亲关系解除后,原则上原本被它遮盖的自然血亲关系重见天日,但是,考虑到子女已经成年,他们可以与生父母及其他近亲属间协商确定是否恢复的身份关系,这种身份关系也会导致紧随其来的财产效力,比如赡养父母等等。

(二) 财产效力

此处的财产关系,系指原养子女与原养父母之间的财产关系,双方此刻已不存在身份关系。《民法典》第1118条规定:"收养关系解除后,经养父母抚养的成年养子女,对缺乏劳动能力又缺乏生活来源的养父母,应当给付生活费。因养子女成年后虐待、遗弃养父母而解除收养关系的,养父母可以要求养子女补偿收养期间支出的抚养费。生父母要求解除收养关系的,养父母可以要求生父母适当补偿收养期间支出的抚养费;但是,因养父母虐待、遗弃养子女而解除收养关系的除外。"

1. 一般情况

所谓一般情况,系指在收养关系存续期间未发生虐待、遗弃等情事的收养。《民法典》第167条第1款规定了父母抚养未成年子女或者不能独立生活的成年子女的义务,相应地,第2款规定了成年子女对缺乏劳动能力或者生活困难的父母的赡养义务。二者类似合同法上双务合同的对待给付。在一般情况中,即便收养关系已经解除,经养父母抚养的成年养子女,对缺乏劳动能力又缺乏生活来源的养父母,应当给付生活费。因此,哪怕收养关系已经解除,原养子女已经依凭养父母的照料长大成人,如果因为他们之间拟制的血亲关系的解除而否认在他们之间存在任何法律关系,不仅不合法律逻辑,也有"过河拆桥"之嫌。因此,解除了收养关系的原养子女已不再是原养父母的子女,但是他们仍如同子女般对后者承担赡养义务，如此，收养关系解除之后，双方才能"两清"。同样的道理，生父母要求解除收养关系的，养父母可以要求生父母适当补偿收养期间支出的抚养费；但是，因养父母虐待、遗弃养子女而解除收养关系的除外。与前种情况有两点不同：①抚养费应当在解除收养关系后尽早返还，无须等到养父母陷入缺乏劳动能力又缺乏生活来源的境地；②抚养费并非全额返还，而是适当补偿。

2. 特殊情况

所谓特殊情况，系指在收养关系存续期间发生了虐待、遗弃等情事的收养，虐待、遗弃既可能是成年养子女实施的，也可能是养父母实施的。虐待、遗弃以外的不法情形如责打、辱骂，不属于本制度规范的内容。①成年养子女实施虐待、遗弃导致收养关系解除的，原养子女不仅要承担前述赡养义务，还得应养父母的要求，补偿收养期间支出的抚养费。②养父母实施的虐待、遗弃导致收养关系解除的，养父母具有极大的主观恶意，因此，他们不得主张返还已经花费的抚养费。

第七章　其他近亲属关系

亲子关系是婚姻家庭中的基础关系，以亲子关系为基础可辐射其他家庭关系，包括祖孙关系、兄弟姐妹关系。现实生活中，近亲属关系的认定可能会涉及诸多民事权益。如：监护权、赠与合同、房屋租赁合同、家庭抚养、赡养权利义务关系、收养关系、死者人格权利益保护和侵权损害赔偿请求权等问题。我国《民法典》认定家庭关系除了夫妻关系和父母子女关系外，还包括祖孙关系和兄弟姐妹间的关系。这样的规定符合我国家庭结构的实际情况，有利于家庭文明建设，树立优良家风；有利于弘扬家庭成员间尊老爱幼、互帮互助的传统美德；也更有利于实现《民法典》第1041条："保护妇女、未成年人、老年人、残疾人的合法权益。"

我国大家庭的传统虽然受到现代社会核心家庭文化冲击逐渐转变为小家庭，但近年来，父母隔代带娃的现象日益普遍。在一个家庭里，除父母子女外，祖父母与孙子女、外祖父母与外孙子女是最近的直系血亲，他们往往也是最常见、最重要的家庭成员。在我国，祖孙关系、兄弟姐妹关系属近亲属关系，由于他们常年生活在一个家庭里，建立了密切的感情联系和经济联系，在一定条件下也存在抚养、赡养的关系，因此，《民法典》将他们之间的抚养、赡养关系用法律形式固定下来，由道德责任上升为法律义务，只要条件具备，义务人就有不可推卸的责任。如果他们不承担相应的义务，需要经济帮助的权利人可向对方提出要求，必要时，人民法院可受理因此类问题产生的纠纷，也可采取适当的法律强制措施，使当事人承担自己应尽的义务。当然，履行抚养、赡养义务的同时法律也赋予了他们相应的继承权利。

祖孙关系是祖父母（外祖父母）与孙子女（外孙子女）间的权利义务关系，兄弟姐妹关系是兄弟姐妹间的权利义务关系。《民法典》加强了对这两类关系的调整规范，祖孙和兄弟姐妹间互为第二顺序的扶养人，相互间的权利和义务是有条件的。我们首先关注祖孙关系。祖孙关系包括祖孙间的抚养、赡养以及祖孙间的继承权。

第一节　祖孙关系

关于祖孙之间的权利和义务关系，我国法律条文从无到有，从有到全，在几次婚姻家庭的立法和完善的过程中逐步进行调整，吸纳了学者合理的建议，借鉴了域外的立法例，形成了比较完善的祖孙间抚养关系法律条款。① 这一条款后被纳入《民法典》作为第1074条，与以往的《婚姻法》在条文内容上没有实质意义的变更，仅改变了条文中两处字词"或"为"或者"的表达方式，从而使语句显得更为妥当。② 本条文的制定和演变是为了保障家庭中弱势一方的生存权利，巩固家庭这一基本的社会单元，强化家庭养老育幼的职能。《宪法》规定我国公民在年老、疾病或丧失劳动能力的情况下，有从国家和社会获得物质帮助的权利，也规定了"儿童受国家保护"的原则。同时，《民法典》在婚姻家庭编的起始就规定了"尊老爱幼、互相帮助"的婚姻家庭倡导性规定，对树立优良家风，弘扬家庭美德，重视家庭文明建设具有重要的意义。③

《民法典》第1074条与第1067条、第1075条共同构成了我国的血亲抚养法，符合大陆法系域外立法例通常通过血亲抚养这一章节来调整其权利义务关系的习惯。该条文内容需要从祖孙关系的确立和负担能力这两个方面进行理解。

一、祖孙关系的确立

根据《民法典》第1045条规定，亲属包括配偶、血亲和姻亲。祖父母、外祖父母、孙子女、外孙子女为近亲属且互为家庭成员。在祖孙关系中，父母作为中间桥梁，囊括了生父母、养父母和有抚养关系的继父母。相对应的子女也包括了生子女、养子女和有抚养关系的继子女。据此，生孙子女、养孙子女和有抚养关系的继孙子女，也与祖父母或外祖父母之间成立祖孙关系。

继父母与其继子女之间因抚养关系产生了父母子女的权利义务，但继祖父母、继外祖父母与继孙子女、继外孙子女之间并非也同时产生了祖孙间的权利义务关系。对于形成抚养关系的继祖孙之间是否适用本条规定，有学者认为，《民法典》第1072条规定的继父母子女之间的权利义务关系中强调继父母子女这类拟制血亲关系仅"适用本法关于父母子女关系的规定"，因此，形成抚养关系的继祖孙关系并不是本条所规定的祖孙关系。但也有学者认为形成抚养关系的继祖孙之间应当参照形成扶养关系的兄弟姐妹之间的关系，也适用本条祖孙之间关系的规定。

本书作者认为虽然此问题在学术上一直存在一定的争议，但形成抚养关系的继祖孙之间依然应当适用祖孙之间的相关权利义务规定。基于《民法典》的体系解释，因继父母的姻亲关系而形成的继兄弟姐妹之间只要有扶养的情形存在可以适用兄弟姐妹关系的规定，形成抚养关系的继祖孙之间也应当适用祖孙关系的规定，对于此问题的争议亟待出台具体的司法解释加以规定，以解决此处的立法缺失和存在的学术争议。

---

① 1950年我国《婚姻法》没有祖孙间权利和义务的法律规定，在1980年修改后的《婚姻法》中增加了祖孙间的扶养义务，对家庭关系的范围进行了调整，将祖孙间的扶养义务从原本的道德义务上升为法律义务。但条件仅为父母或子女死亡这一种情况下具有法律的抚养义务。后2001年修改的《婚姻法》参考了《最高人民法院关于贯彻执行民事政策法律若干问题的意见》(失效)中关于父母、子女"负担能力"的规定，在扶养条件上添加了"父母无力抚养"和"子女无力赡养"的因素，使得整个祖孙间抚养关系条款更加周全。

② 张晓远主编：《民法典关联法规与权威案例提要·婚姻家庭编、继承编》，中国法制出版社2020年版，第142—143页。

③ 薛宁兰、谢鸿飞主编：《民法典评注·婚姻家庭编》，中国法制出版社2020年版，第335页。

二、祖父母（外祖父母）与孙子女（外孙子女）间的权利义务

（一）祖父母（外祖父母）与孙子女（外孙子女）间有抚养的权利和义务

我国《民法典》第1074条第1款规定："有负担能力的祖父母、外祖父母，对于父母已经死亡或者父母无力抚养的未成年孙子女、外孙子女，有抚养的义务。"祖父母、外祖父母对孙子女、外孙子女履行抚养义务是有条件的，具体包括以下三点：

第一，祖父母、外祖父母有负担能力。祖父母和外祖父母有负担能力指的是能以自己的劳动收入和其他收入满足其第一顺序抚养权人（即需要抚养的配偶、子女和父母）的合理生活、教育、医疗的需要后仍有剩余的情形。如果祖父母或外祖父母中数人均有负担能力，则应根据他们的经济情况共同负担。因此，祖孙之间的抚养义务属于生活扶助义务①，如果祖父母年事已高，收入低微，劳动能力弱，也可以认定为不具有负担能力。在多个祖父母可以共同承担抚养义务的情况下，参照《民法典》第1104条规定，应当征求本人意见。也可以充分考量各方经济条件、身体状况以及被抚养人的生活联系程度等。②

第二，孙子女和外孙子女的父母已经死亡或父母无力抚养。这里的死亡包括自然死亡和宣告死亡；父母无力抚养是指不能以自己的收入满足子女的合理的生活、教育、医疗等需要。因此，当孙子女处于无人抚养的状态下，本着保护弱者的宗旨，可以要求祖父母、外祖父母在有能力的条件下承担抚养义务。但是，按照《民法典》第121条规定进行理解，如果父母的死亡宣告被撤销，祖父母、外祖父母当然有权要求其返还相应的抚养费用，祖父母、外祖父母与子女之间形成的是一种类似于无因管理之债的关系。

第三，孙子女和外孙子女为未成年人。但是对于无独立生活能力的成年孙子女，祖父母、外祖父母是否具有抚养义务，法律没有明确规定，依然存在一定的争议。有观点认为已成年就不应当再苛责祖父母、外祖父母的抚养义务；另一观点与之相反，认为虽然已成年，但因为各种原因导致没有独立生活能力的孙子女、外孙子女依然需要被抚养，他们的基本生活也应当得到保障，不能仅以年龄作为判断是否应当被抚养的唯一标准，应当充分考虑被抚养人的生存状况和能力，参考《民法典》第1067条的规定予以抚养、照顾。

（二）孙子女（外孙子女）对祖父母（外祖父母）有赡养义务

我国《民法典》第1074条第2款规定："有负担能力的孙子女、外孙子女，对于子女已经死亡或者子女无力赡养的祖父母、外祖父母，有赡养的义务。"因此，孙子女、外孙子女只有在一定条件下才产生对祖父母、外祖父母的赡养义务。

第一，孙子女和外孙子女有负担能力。有负担能力是指孙子女和外孙子女以自己的

---

① 在不降低自身相当的生活水平基础上，仍有余力的，成为具有负担能力。
② 薛宁兰、谢鸿飞主编：《民法典评注·婚姻家庭编》，中国法制出版社2020年版，第338页。

收入满足自己和第一顺序抚养权人（即配偶、子女和父母）合理的生活教育、医疗等需求后仍有剩余。如果孙子女、外孙子女中数人均有负担能力，应根据他们经济情况共同负担。在判断孙子女的负担能力时，如果孙子女和外孙子女已经结婚，则应将其配偶的收入综合考虑在内。因为孙子女和外孙子女配偶的收入属于夫妻共同财产（除非另有约定），夫妻对共有财产有平等的所有权和处理权，孙子女、外孙子女当然有以共同财产履行赡养义务的权利。即使实行约定财产制，生活费用的负担也不得违反抚养和赡养的有关规定。①

第二，祖父母、外祖父母的子女已经死亡或子女无力赡养。这里的死亡亦包括自然死亡和宣告死亡。无力赡养是指祖父母、外祖父母的子女不能以自己的收入满足其合理的生活、教育、医疗等需要。同时，孙子女、外孙子女对祖父母、外祖父母的赡养义务并不以祖父母、外祖父母曾对其进行抚养为对等条件。

第三，根据《老年人权益保障法》第14条和第18条规定，赡养人应当履行对老年人经济上供养、生活上照料和精神上慰藉的义务，照顾老年人的特殊需要，赡养人的配偶应当协助赡养人履行赡养义务。家庭成员应当关心老年人的精神需求，不得忽视、冷落老年人。与老年人分开居住的家庭成员，应当经常看望或者问候老年人。

综上，祖孙之间的抚养、赡养关系是法定的，如果不履行法定的抚养义务可能构成遗弃罪，如果认定为遗弃被继承人的，按照《民法典》第1125条规定丧失继承权。同时，当被抚养人、被赡养人患有重大疾病需要医治时，具有抚养、赡养义务的人即使处于婚姻关系中也可以因为需要履行抚养、赡养义务，按照《民法典》第1066条规定，请求婚内分割夫妻共同财产。

（三）祖孙间的继承权

根据我国《民法典》第1127条规定，祖父母、外祖父母是第二顺序的法定继承人，孙子女、外孙子女则是代位继承人。祖父母、外祖父母作为第二顺序法定继承人，没有第一顺序法定继承人或第一顺序法定继承人均放弃或丧失继承权时，祖父母、外祖父母可继承孙子女、外孙子女的遗产。孙子女、外孙子女作为代位继承人，在其父母先于祖父母、外祖父母死亡时，可以享有代位继承人的资格，继承祖父母、外祖父母的遗产。《民法典》第1127条的规定与我国家庭关系中关于抚养、赡养、扶养的义务人，第一顺序为父母、子女、配偶的规定是相适应的。在第一顺序的义务人不存在时，如果权利人又需要经济帮助，义务人有能力的，兄弟姐妹、祖父母、外祖父母、孙子女、外孙子女应承担相应义务，其履行义务和享受权利都属第二顺位是合理的。

第二节 兄弟姐妹关系

兄弟姐妹是最近的旁系血亲。兄弟姐妹关系包括兄弟姐妹之间的扶养关系以及兄弟姐妹之间的继承权。在我国传统的大家庭生活环境中，兄弟姐妹通常生活在一个家庭

---

① 马忆南：《婚姻家庭继承法》，北京大学出版社2014年版，第187页。

里，朝夕相处，特别是在父母死亡或者无力抚养的情形下，有条件的兄姐扶养和教育弟妹的事情时有发生。现今生育政策发生了很大的变化，二孩、三孩政策相继放开，一个家庭多个子女的现象逐渐普遍。有必要将兄弟姐妹之间扶养关系和继承权利通过法律规范进行调整。

1950年我国《婚姻法》并没有规定兄弟姐妹之间的扶养关系，1980年我国《婚姻法》将兄、姐对弟、妹的扶养纳入规范，但却是单向的义务。1984年《最高人民法院关于贯彻执行民事政策法律若干问题的意见》（失效）增加了弟、妹对于兄、姐的扶养义务，实现了扶养的双向性。后2001年我国《婚姻法》修改时将该司法解释的规定纳入，完善了兄弟姐妹之间的扶养义务规定，同时也将"丧失劳动能力、孤独无依"修改为"缺乏劳动能力又缺乏生活来源"，扩大了其相互扶养的条件范围。并将"抚养"改为"扶养"，更能体现双向性。本次《民法典》将条文中"或"替换为"或者"，提高了用词准确性。《民法典》第1075条规定："有负担能力的兄、姐，对于父母已经死亡或者父母无力抚养的未成年弟、妹，有扶养的义务。由兄、姐扶养长大的有负担能力的弟、妹，对于缺乏劳动能力又缺乏生活来源的兄、姐，有扶养的义务。"

一、兄弟姐妹关系的确立

根据《民法典》第1045条规定，在兄弟姐妹关系中兄弟姐妹包括自然血亲的兄弟姐妹和拟制血亲的兄弟姐妹，具体包括同胞兄弟姐妹、同父异母兄弟姐妹、同母异父兄弟姐妹、养兄弟姐妹和形成抚养关系的继兄弟姐妹。[①] 兄弟姐妹的父母，包括生父母、养父母。应当注意的是，生父或生母与其继子女之间因抚养关系形成而产生了父母子女的权利义务，并不意味着继兄弟姐妹之间也因此同时产生了兄弟姐妹之间的权利义务。只有在继子女与继父母的抚养关系形成后，继兄弟姐妹间实际进行了扶养才产生兄弟姐妹之间的权利义务。在继父母死亡后，继兄、姐对原来受其父母抚养的继弟、妹不必承担扶养义务。

二、兄弟姐妹间的权利义务

（一）兄、姐对弟、妹有扶养义务

《民法典》第1075条第1款规定："有负担能力的兄、姐，对于父母已经死亡或者父母无力抚养的未成年弟、妹，有扶养的义务。"因此，兄、姐对弟、妹在下列条件下负担扶养义务。

第一，兄、姐有负担能力。有负担能力是指以自己的收入和配偶收入满足自己和第一顺序抚养权人（即配偶、子女和父母）合理的生活、教育、医疗等需要后仍有剩余。如果兄、姐中数人均有负担能力，则应根据他们的经济情况共同负担。

第二，父母已经死亡或无力抚养。这里的死亡包括自然死亡和宣告死亡；父母无力

[①] 同父异母或同母异父的兄弟姐妹之间，因属于半血缘亲属（即同父或同母的血亲）、血缘关系较近，生活在一个家庭里，关系密切，其权利义务也可适用有关同胞兄弟姐妹间关系的规定。

抚养是指父母不能以自己的收入满足其子女合理的生活、教育、医疗等需要。通常，父母无力抚养可能包括犯罪被羁押或者服刑、离家外出下落不明、患有严重疾病或身体残疾，没有劳动能力和生活来源等客观条件。

第三，弟、妹未成年。如果弟、妹已满18周岁而不能独立生活，即使在父母死亡或无抚养能力的情况下，有负担能力的兄、姐也没有扶养的义务。如果某一未成年人既有负担能力的祖父母、外祖父母，又有有负担能力的兄、姐，则他们处于同等的地位，应由他们根据自己的经济情况共同负担抚养的义务。

（二）弟、妹对兄、姐有扶养义务

《民法典》第1075条第2款规定："由兄、姐扶养长大的有负担能力的弟、妹，对于缺乏劳动能力又缺乏生活来源的兄、姐，有扶养的义务。"因此，弟、妹对兄、姐在下列条件下负担扶养的义务。

第一，弟、妹由兄、姐扶养长大。由兄、姐扶养长大的弟、妹是指长期依靠兄、姐提供全部或主要扶养费用直到以自己的收入作为主要生活来源的弟、妹。

第二，弟、妹有负担能力。有负担能力是指以自己的收入和配偶收入满足自己和第一顺序扶养权人（即配偶、子女和父母）合理的生活、教育、医疗等需要后仍有剩余。

第三，兄、姐缺乏劳动能力又缺乏生活来源。缺乏劳动能力是指劳动能力不足，包括丧失劳动能力；缺乏生活来源是指维持生存所必需的生活费用和生活用品不足，包括丧失生活来源。兄、姐只有同时具备缺乏劳动能力和缺乏生活来源两个条件，弟、妹对其才有可能有扶养义务。

（三）兄弟姐妹间的继承权

根据我国《民法典》第1127条规定，兄弟姐妹是第二顺序法定继承人，没有第一顺序法定继承人或第一顺序法定继承人均放弃或丧失继承权时，兄弟姐妹作为第二顺位继承人获得遗产继承权。

需要特别关注的是，《民法典》第1128条规定："被继承人的子女先于被继承人死亡的，由被继承人的子女的直系晚辈血亲代位继承。被继承人的兄弟姐妹先于被继承人死亡的，由被继承人的兄弟姐妹的子女代位继承。代位继承人一般只能继承被代位继承人有权继承的遗产份额。"由此可知，《民法典》增加了"被继承人的兄弟姐妹先于被继承人死亡的，由被继承人的兄弟姐妹的子女代位继承。"这一款规定，扩大了代位继承的范围，更有利于实现遗产有人继承的目标，也有利于实现隔代旁系血亲之间的互助互爱。

第八章　离婚制度

第一节　离婚制度概述

婚姻制度真正的核心，不在于怎样结婚，而在于怎样离婚。立法者对离婚的态度和对离婚制度的设计，反映的是一个社会道德伦理的基石。离婚制度是一个社会方方面面思想的缩影，男女平等、个人自由、父母子女关系、家庭财富构成，甚至社会经济重心、人口结构调整……都会对离婚制度的理念和设计造成深刻的影响，都可以清清楚楚地在离婚制度中映射出来。离婚制度并不仅仅是一个婚姻法上的制度，离婚问题也不仅仅是一个婚姻法问题。离婚制度是一面社会之镜，照映出的是时代的变迁、社会的发展、阶层的分化与融合、思想的冲击与嬗变。离婚制度的发展史，就是一部生动的人类思想演变史，一部鲜活的人类文明演化史。离婚制度不仅是过去和现在的价值观念整合的结果，更预示着未来的社会发展方向。

一、离婚的概念

离婚，是指夫妻双方按照法定的条件和程序终止合法有效的婚姻关系的民事法律行为。离婚是婚姻关系终止的原因之一。

离婚在夫妻双方都生存的前提下才可进行，双方的婚姻也必须合法，而不是无效或可撤销的婚姻关系。

离婚是婚姻关系的终结，可以是双方同意；也可以仅为一方要求，由法院裁判。双方同意的离婚，称为合意离婚、协议离婚或登记离婚；法院裁判的离婚，为诉讼离婚。

二、离婚制度的历史变迁

（一）许可主义

对于大多数国家来说，离婚制度是伴随着一夫一妻制出现的。由于社会制度、文化传统、民族习惯和宗教信仰的差异，不同的国家以及不同国家的历史时期，离婚制度各具特色。在古代社会，不同的民族，不同的风俗习惯使得离婚的相关制度差别巨大。但当时许多民族都将离婚设定为男性的特权。有权行使离婚权的，要么是家父（家长）、要么是丈夫，妇女基本上是被排除在离婚权利之外，其意志也不被考虑。

古代罗马法上，离婚主要有三种方式：出于家父的意思而离婚、出于夫妻双方合意的协议离婚、基于夫妻一方意愿的离婚。早期立法把这种单方离婚作为丈夫的特权，后来才加以改变。古印度《摩奴法典》规定妇女应该始终从属于男子，因此妇女自身没有独立的地位，自然也没有相应的权利，更没有主张离婚的可能。但相对的，妻子在任何情况下都没有与丈夫离婚的权利，丈夫却有权随时更换妻子。这一观念的影响至今在南亚地区仍然存在。

许多人类学家认为离婚的难易程度与妇女的地位相关，一些母系社会的民族显然比父系社会离婚更加容易。比如在一些印第安部落中间，妇女只要把她丈夫的鹿皮鞋放在门前台阶上，即视为离婚。但在父系社会中，女性的权利因结婚而被从父亲转给丈夫。丈夫只需凭自己的意志即可终止婚姻，但妻子并无这种专属的权利，这种模式又被称为丈夫的"片意离婚"。

（二）禁止离婚主义

在中世纪的欧洲，离婚问题与其说是一个法律问题，不如说本质上是一个宗教问题。中世纪时，教会认为夫妻为一体，一个基督徒的合法婚姻不可解除，只能在一方死亡时终止。教会认为：在教义中，仅有特定条件下（如近亲结婚）可以由教会废除婚姻的条文，而不存在离婚的条文。在1560年特伦托会议上，这一原则从教义变为了法规。

但是，想要摆脱不幸婚姻的人们总有离婚的需求。于是，人们不得已开始采取变通的方式，即故意为自己的婚姻寻找不合法的理由，从而要求教会废除自己的婚姻。例如英国国王亨利二世的妻子，原先的丈夫是阿基坦公国的路易七世，她为了离婚向教会声称其在结婚后方才发现两人是近亲。1152年3月，教会确认二人确实为近亲关系，其与路易七世的婚姻才得以废除。1195年，法国国王菲利普因为企图离婚而不可得，直接将其王后骗进修道院囚禁，对外则宣称王后出家。在罗马教廷的干涉下，国王不得不把王后放了出来，但教皇的使者刚走，国王就又毫不犹豫地把王后关了回去。贵族离婚都如此困难，平民离婚更是难于登天，有人为了离婚甚至不惜自我诬陷，声称自己曾和配偶的长辈通奸，以此来达到因逆伦而废除婚姻的目的。

对离婚的态度造成了民族的隔阂与文化的冲击，1654年，一个允许犹太人在伦敦居住的议案遭到了英国国会、教会和居民的全方位抵制，主要理由之一就是当时的犹太教允许离婚，而居民担心将给当地风俗造成极为恶劣的影响。在宗教当局的垄断之下，禁止离婚主义是当时欧洲婚姻制度不可动摇的基石。即便在资本主义萌芽兴起之后，婚姻法的世俗化过程也是极其缓慢而反复。哪怕在其他法庭中教会的势力已经被淘汰，但在婚姻法庭中，宗教的力量仍然根深蒂固。瑞典、瑞士、苏格兰等大多数西欧的婚姻法庭里，神职人员和世俗法官长期同时存在，婚姻案件往往移交给主教们进行审理，神职法官有着牧师和法官双重身份。

直到1800年前后，当整个西欧社会对婚姻的态度整体从神学的桎梏中解放出来之后，离婚问题才真正从一个神学问题变成了一个法律问题。孟德斯鸠、狄德罗、拉维等哲学家用大量的考据和论述向人民和社会宣传：禁止离婚是违反自然、违反理性的，是剥夺了人民最基本的自由。孟德斯鸠写了大量有关离婚的研究文章和专著，通过对比和考证，向当局指出：非基督教人口之所以出生率如此之高，是因为他们允许离婚。每一个宣传和研究都将离婚法乃至整个婚姻制度向世俗化的方向更加推进一步，教会的势力从婚姻法领域逐步退出。1792 年 9 月 20 日，法国通过的《婚姻法》和《离婚法》是新兴的资产阶级在自由平等的基础上重新塑造法国家庭的尝试。

（三）限制离婚主义

尽管越来越多的国家接受了婚姻是可以解除的这一思想，但宗教的力量仍然影响着人民的价值观念，教会仍然利用其对舆论的影响，强调着其对离婚保持反对的态度。在此背景下，西欧各国的离婚法设计都显得小心翼翼，通过严格设定离婚条件和复杂化离婚程序以尽量将离婚限制在较小的范围内。不少国家的离婚法也经历了大的波动和反复，比如经常被提到的 1804 年拿破仑时代的《法国民法典》，在 1816 年拿破仑下台波旁王朝复辟后，离婚的相关制度也毫不犹豫地因以违反宗教和道德、威胁君主制和家庭利益的名义遭到废除。

限制离婚主义是禁止离婚主义的延续，也是离婚制度发展承上启下的时期。它一方面打破了禁止离婚的铁壁，另一方面又将离婚的条件限定在了极其狭窄的范围，如精神疾病、道德败坏、暴力虐待等。离婚的代价也非常高昂，18 世纪时英国议会规定离婚案件的标准收费是 200 英镑到 300 英镑，远远超过当时一般民众的负担范围，离婚成了有钱人的特权。

（四）自由离婚主义

随着工业化和城市化的进程不断加快和社会经济生活的变化，尤其是家庭和妇女权利意识的加强，对离婚的各种制约也越来越受到削弱。19 世纪末期开始，欧美各国开始将离婚"真正合法化"，将案件与一般的民事案件同等看待，议会、教会也放松或放弃了对离婚的干涉，而将离婚案件真正交给了普通的世俗法庭。

但是，转化是渐进的、反复的，而不是一夜之间一蹴而就的。各国的离婚法一开始只是慢慢地扩大离婚的理由，取消对妇女的歧视。但这样同时也使得相关的法规越来越显得庞杂而臃肿。直到第一次世界大战之后，受到战争、经济、男性减少、女性参与工作越来越多等多方面原因的影响，欧美各国的离婚率突然开始激增。相应的，离婚的理由也在不断放宽，社会思想和价值观念也有了翻天覆地的变化，离婚在大多数国家不再是一种错误，也不再是不可接受的。

苏联成立后，在马克思主义的指导下，产生了与西方完全不同的婚姻观念。宗教的影响被完全排除在外，婚姻彻底被世俗化，男女平等、保护妇女权益是马克思婚姻制度的基石。在此背景下，1917 年，苏联颁布了第一部体现真正体现了离婚自由主义的离婚法令，规定离婚可以根据夫妻双方或一方的意愿予以批准，而无需考虑过错。

苏联对离婚的态度也影响着西方，同时改变着西方的思潮。到了 20 世纪 60 年代，仅仅增加离婚理由已经不能满足社会的需求，民众要求用一种更加开放的态度来重新评价离婚的法律和政策。越来越多的人开始赞同离婚不需要有过错的存在，而是人的基本权利，离婚无需指责任何一方，离婚无需证明任何一方负有过失、无需证明任何一方应负有责任、更无需证明任何一方曾犯下罪行，当夫妻双方达成一致时，就可以终止婚姻关系。这种模式被称为"合意离婚"。无过错离婚的思想一经出现，就使得西方国家的离婚法出现了巨大的震荡。

无过失理论构成了自由离婚主义的核心。在马克思主义看来，离婚是婚姻已丧失婚姻本质后的一种客观事实；在西方学者看来，婚姻是一种契约，离婚是双方一致的意思表示对契约的解除。尽管路径不同，最终无过失理论还是成了一个世界性的普遍的离婚制度的指导思想。当然，也有一些国家对离婚仍然持保守态度，如爱尔兰、意大利等天主教国家，在漫长的历史上一致坚持着禁止离婚主义或限制离婚主义。

三、我国古代离婚制度

中国古代虽无现代的"离婚"一词，但关于离婚的制度在整个封建时代在礼法的加持下一脉相承。封建时代我国离婚的方式主要有三种：七出、义绝与和离。

（一）七出

在封建时代，丈夫有权休弃妻子，但妻子无权休弃丈夫，离婚是专属于丈夫的单方面的权利。但要注意的是，这种离婚的制度设计并不是单纯以个人为目的，而是建立在宗法主义的家族利益基础之上。在儒家伦理体系下，夫妻之间的关系是"义"而非"情"。因此，在"义"的基础上，丈夫凭借自己意思终止婚姻的权利又受到了限制，也就是其权利行使必须在法定的理由之下，也就是："七出"①。七出的主要内容包括以下七个方面：

1. 无子

在中国古代社会，灭宗祧、无嗣是一个家族最为恐惧之事。一个家族没有男性继承人，祖先血脉、祭祀、血食都将断绝，家族将无法延续。这就彻底违背了当时婚姻的最终目的。而科学的不发达，又将不能生子的错误全部归罪于女性，而不论事实上原因在于哪方。所以当女方不能生子，即成为离婚之最大理由。

2. 淫佚

妻子与他人发生不正当关系。这种行为不但违背了妇德，同时也会给丈夫和家族带来不名誉。而更深层次的原因，在于有可能会有其他血脉混入家族的血统。所谓"神不歆非类，民不祀非族"，当血脉丧失纯净后，即无法真正完成祭祀，祖先无法享用血食。

3. 不事舅姑

"舅姑"，即男方的父母，俗称公婆。不事舅姑在表面上看属于不孝的范畴，按照封建伦理，自然属于重大过错。但实际上，所谓的"不事"，经常成为男方父母随意干涉其婚姻、任意要求休妻的借口，就像《孔雀东南飞》虽为艺术作品，但有其深刻的社会背景原型。

---

① 但是因为夫妻之间的"义"应是相互的，男方行使七出的权利也因此受到一定的制约。即三不去，所谓三不去，指的是：有所娶无所归，不去；与更三年丧，不去；前贫贱后富贵，不去。也就是女方家族无人的；女方曾为公婆守孝三年的；曾与男方同甘共苦的，这三种情况下男方不得随意主张离婚。但从唐代开始，对三不去又加上了限制，女方有淫佚行为或有恶疾的，不在三不去之列。究其原因，在于这两种情况都涉及承宗祧，事关祖先的祭祀，故将其排除于三不去之列。

4. 口舌

"口舌"即多言，女有四德，德、言、容、功。在封建时代，往往一个家族聚族而居，多言易挑拨是非，损害家族的和谐，不利于家族的稳定。

5. 盗窃

这里的盗窃，是指盗窃"家财"。而且，"盗窃"的含义和现在也有所区别。在封建时代，夫妻双方不仅女方，男方的财产权有可能都会受到限制。所谓"父母在，无私蓄"，女性没有独立的经济权，其对财产的擅自处分，不仅会被对家庭财产权的侵犯，也有可能会被视为是对家族财产权的侵犯。

6. 妒忌

"妒忌"通"妒忌"，在封建时代，丈夫有纳妾的权利，对此妻子不得有怨言，因丈夫纳妾是为了使家族能有更多血脉，涉及家族的发展壮大，因此，妻子妒忌会阻碍家族的开枝散叶，损害家族的利益。

7. 恶疾

一般认为，所谓"恶疾"，并非指重病，而是影响形象的疾病，如癞、秃、体臭等。恶疾影响家庭和家族的形象，并且无法参加祭祀祖先的活动，因此也违反了封建婚姻"传家""追远"等目的。

（二）义绝

如前所说，封建时代夫妻之间的关系是"义"而非"情"。婚礼有"仪"而合于"义"，也就是夫妻因婚礼的仪式而具有了后天的恩义。而"义绝"，是指悖逆人伦，废绝纲纪，彻底违反了封建伦理，所谓乱之大者也。一旦做出法定的义绝行为，夫妻之间的关系也彻底崩塌，化为乌有，不待当事人主张，国家即可强制当事人离婚。义绝行为包括：

（1）殴妻之祖父母、父母（丈夫殴打妻子的祖父母、父母）。

（2）杀妻外祖父母、伯叔父母、兄弟、姑、姊妹（丈夫杀害妻子的以上近亲）。

（3）夫妻祖父母、父母、外祖父母、伯叔父母、兄弟、姑、姊妹自相杀（夫妻二人的以上近亲相互杀害）。

（4）妻殴詈夫之祖父母、父母，杀伤夫外祖父母、伯叔父母、兄弟、姑、姊妹（妻子殴打辱骂丈夫的以上近亲）。

（5）与夫之缌麻以上亲若妻母奸（妻子与丈夫的缌麻以上亲属通奸、丈夫与妻子的母亲通奸）。

（6）欲害夫者，虽会赦，皆为义绝（妻子欲杀害丈夫，即便被赦免，也仍为义绝）。

义绝所列举的行为都是彻底违背了封建伦理道德的行为，因此被视为夫妻之间关系无可恢复的断裂，因此国家会强制其离婚，否则会被判处刑罚。

但义绝的相关制度在男尊女卑的礼法思潮下，显然对夫妻双方是不平等的。如妻子与丈夫的缌麻以上亲属通奸即为义绝，而丈夫只有和妻子的母亲通奸才为义绝；丈夫殴打妻子的祖父母、外祖父母为义绝，妻子只要辱骂即为义绝；妻子欲杀害丈夫为义绝，但丈夫欲杀害妻子则被排除在义绝之外,等等。

(三) 和离

和离是夫妻双方因不能和谐共处,而自愿离婚的方式。《唐律疏议》中将其规定为"若夫妻不相安谐,谓彼此情不相得,两愿离者,不坐"。

和离的表述,与现代的协议离婚、两愿离婚接近。但一直以来,和离的定位到底如何都存在争议,因为这个制度设计与封建时代的婚姻思想与其他相关法律制度都有较大的差异。

四、我国现行离婚制度

我国现行离婚法律制度概括来讲,就是登记离婚和诉讼离婚并存,既保证离婚自由又反对轻率离婚,在坚持男女平等的同时,照顾妇女和儿童的利益。

离婚自由是指婚姻关系当事人一方或双方在合法婚姻关系存续期间,有权凭自己的意志以合意或向法院请求终结其婚姻关系。离婚自由是婚姻自由的重要组成部分,和结婚自由同为婚姻自由的一体两面。若公民只有结婚自由,而无离婚自由,则婚姻自由就不能称之为完整的婚姻自由。离婚自由的表现,包括夫妻双方均有主张离婚的权利,有权选择法定的离婚方式,尊重双方的合意,离婚的判断标准遵循无过错准则等。离婚自由是对公民最基本的人身权利的保障,也对解决家庭矛盾、维护社会的和谐稳定有着重要的积极作用。

但在保障公民婚姻自由的同时,也必须注意保护婚姻关系和家庭的巩固和稳定。离婚自由应是建立在正确婚姻观念和家庭观念上的自由,离婚自由也绝不是倡导轻率对待婚姻,不负责任地对待家庭,轻易地破坏社会基本伦理。因此,保障离婚自由和反对轻率离婚并不矛盾,而是相辅相成的一个整体,二者缺一不可,不可偏废。这是我们长期立法和司法实践的经验总结,也是树立正确社会主义婚姻观的客观基础。

第二节 登记离婚

一、登记离婚概述

对于离婚的方式,自古以来就有诉讼离婚和非诉讼离婚两种,诉讼离婚各国基本类似,而非诉讼离婚各国有各自的不同。我国《民法典》第 1076 条规定:"夫妻双方自愿离婚的,应当签订书面离婚协议,并亲自到婚姻登记机关申请离婚登记。"

一直以来,这种离婚方式在我国普遍被称为"协议离婚"。但严格来讲,协议离婚和登记离婚的概念是存在一定差异的。协议离婚的理论基础在于婚姻的契约性,因此协议离婚也被称为"合意离婚"或"自愿离婚"。正因其是契约,故此当事人意思表示真实一致即可解除,相关机构仅为确认,并不得干预。登记离婚的理论基础则在于国家对离婚请求的认可,体现了国家公权力对婚姻的干涉;而夫妻双方制作的离婚协议,只是获得国家对离婚请求认可的条件。因此,相较于之前的协议离婚,《民法典》所规定的登记离婚制度，表明我国对非诉讼方式的离婚在理念、方式和程序上都发生了明显的转变。现在《民法典》体系下的非诉讼离婚方式，称为"登记离婚"比"协议离婚"更为准确。

登记离婚，是指合法婚姻关系的夫妻双方达成离婚的合意，经离婚登记程序由婚姻登记机关登记而解除婚姻关系的离婚法律制度。夫妻双方一致决定离婚并到婚姻登记机关办理离婚登记，婚姻登记机关登记并发给离婚证，婚姻关系终止。作为非诉讼的离婚方式，登记离婚注重保护当事人的离婚自由，尊重当事人的意志。

二、登记离婚的条件

登记离婚虽以尊重当事人的意志、双方当事人自愿为原则，但也必须符合一定的条件。

（一）登记离婚的双方为合法夫妻关系

首先，以登记离婚方式离婚的双方，必须是经过登记机关登记而结婚，具有合法夫妻关系的夫妻。若以婚姻契约理论来解释的话：夫妻双方在结婚时以结婚的合意缔结了一个婚姻的"契约"，因此，当缔约双方再次达成合意，以一致的意思决定解除契约时，契约自当解除。因此，若婚姻契约一开始就不存在，也就无从解除，也就无所谓"协议离婚"。同居关系、有配偶而与他人同居的姘居关系、包括未办理登记的"事实婚姻"，都不能采用登记离婚的方式，而只能采用诉讼的方式解除关系。

其次，因为离婚权的极强身份性，登记离婚也只能由夫妻关系的当事人提出，亲自进行，不受任何人干涉。任何人不能阻挠当事人提出登记离婚的请求，也不能威胁、强迫、欺诈或以其他方式令其违背自己的意志提出登记离婚。登记离婚不能代理，除了当事人自身之外，任何人都无权代其办理登记离婚的相关手续。

（二）登记离婚的双方都必须为完全民事行为能力人

登记离婚的基础是当事人双方的合意，是双方当事人对解除婚姻关系的一致同意。不能辨认或不能完全辨认自己行为或认知自己行为后果的人，缺乏自己独立的意志，也无法做出这种符合要求的同意，即使其做出了同意的表示也是无效的，这也是对无民事行为能力人和限制民事行为能力人利益的基本保护。因此，只有双方都是完全民事行为能力人的情况下才能适用登记离婚。在登记结婚时，虽然夫妻双方都是完全民事行为能力人，但随着岁月的流逝，有的人会罹患疾病或因意外事故而成为限制行为能力人或无民事行为能力人。只要夫妻有一方为限制行为能力人或无民事行为能力人，便不可适用非诉讼程序，而只能适用诉讼程序离婚。

（三）登记离婚必须是双方当事人的共同真实意思

自愿是登记离婚的基本条件，也是最为核心的条件。当事人双方对解除婚姻关系必须达成一致的合意，其意思必须是真实的。并且，离婚的意思必须是各人独立地自主地作出的，必须是一致的而不是分歧的，并非在对方或第三人的欺诈、胁迫之下作出的。

若双方未达成登记离婚的合意,或者离婚的意思并非自己的真实意思,则不得登记离婚。只有一方要求离婚而对方不同意的,实为未曾达成合意,即一方有登记离婚的意思而另一方欠缺这种意思,则只能通过诉讼的方式而离婚。

(四)登记离婚双方必须对子女抚养、财产和债务处理等事项达成一致意见

登记离婚是当事人双方的合意,不仅是离婚的合意,还包括对婚姻关系终止后,家庭事务处理的合意。家庭是社会的基本单元,婚姻也不仅仅是各人的私事,其有私人属性,也有社会属性。所以婚姻关系的终止也不仅是夫妻关系的消灭,还会涉及其他法律关系的处理。这是婚姻社会性的体现,也是对其他关系人相关合法权益的保护。在登记离婚时,双方当事人除了离婚的合意外,还必须对子女抚养、财产和债务处理等事务达成一致的意见,否则离婚协议就缺乏完整性。仅有离婚的合意,而不能对子女抚养、财产和债务处理等事项达成一致的,也不能适用登记离婚,而只能通过诉讼离婚。

(五)登记离婚双方须签订书面的离婚协议

离婚协议,是载明当事人双方签订的,表明其自愿离婚的意思以及对子女抚养、财产和债务处理等事项的处理意见的书面文件。从理论上说,协议是当事人一致的意思表示,其形式可以是口头的,但离婚协议具有其特殊性,必须采用书面形式。离婚协议不仅会涉及对过去和现在权利义务的分配和处分,还会涉及未来的权利行使和义务履行;不仅会涉及离婚的当事人双方,还会涉及相关的第三人利益,如子女的抚养费、他人的债务、公司股权的分配等。因此,为了保证离婚协议的可靠性和准确性,避免将来可能发生的纠纷,必须将其以书面形式确定下来。

离婚协议是登记离婚的必要条件,也是据以确认双方真实离婚意愿的依据,更是在离婚后对婚姻关系存续期间和婚姻关系终止时产生的各种权利义务关系的确认依据。离婚协议中,双方可以在不违反法律强制性规定和不违背公序良俗的范围内作出各种约定,但根据相关法律法规的要求,离婚协议一般来说应当具备下列必要记载事项:

(1)双方当事人自愿离婚的意思表示。
(2)有子女的,子女的抚养权归属。
(3)有子女的,子女的教育费用、抚养费的承担和给付方式。
(4)财产及财产的分割。
(5)债务的承担以及清偿方式。

《民法典》第1078条规定:"婚姻登记机关查明双方确实是自愿离婚,并已经对子女抚养、财产以及债务处理等事项协商一致的,予以登记,发给离婚证。"此处的"查明",应为形式审查还是实质审查,在学界尚存在争议。

(六)双方必须亲自到婚姻登记机关办理离婚登记手续

与诉讼离婚不同,登记离婚以双方自愿为原则,必须出自双方当事人真实意愿。并且基于其身份性,此意思不能由任何人代为表达,必须由当事人亲自作出表示。当事人

未亲自到场的，登记离婚程序不能完成。

三、登记离婚的反悔

登记离婚虽然是当事人双方一致的意思表示，但人的思想和感情并不是一成不变的。实践中，也经常出现登记离婚时或登记离婚后，当事人改变心意，对登记离婚反悔的情况，这种反悔可能是对婚姻关系终止本身的反悔，也可能是对子女抚养或财产、债务分配的反悔。

离婚登记时的反悔，是在双方申请登记离婚后，离婚登记做出前的反悔。此时离婚登记程序尚未完成，双方夫妻关系并未终止。其反悔又可以分为双方反悔和单方反悔。若双方反悔的，离婚程序自无再继续的必要。若单方反悔的，因登记离婚中双方自愿的条件已无法满足，因此登记离婚程序也无法继续。简言之，不论是双方反悔还是单方反悔，不论反悔的范围是对婚姻关系终止还是对子女抚养或财产、债务分配；一旦在离婚登记时反悔，登记离婚程序即无法继续，双方婚姻关系也不得终止。若当事人对离婚仍有争议的，可以采取诉讼离婚的方式。

离婚登记后的反悔，即在婚姻登记机关完成离婚登记之后，当事人又反悔的情形。同样可以分为双方反悔和单方反悔。一旦完成了离婚登记，双方的婚姻关系即告终止，即便双方都表示反悔，也不可能使婚姻关系恢复。若双方都对离婚本身反悔的，并且双方自愿恢复婚姻关系的，应当到婚姻登记机关重新进行结婚登记；若双方或一方对子女抚养权或财产分配、债务承担反悔的，可以向法院起诉。

但是，当事人是否可以向法院起诉撤销离婚登记，也即离婚登记是否具有可诉性，一直是实践中常见的问题。理论上说，离婚登记的撤销应当由婚姻登记机关作出，最高人民法院曾在《关于男女登记离婚后，一方翻悔，向人民法院提出诉讼的，人民法院应否受理的批复》[复（1985）35号]指出："男女双方自愿离婚，并对子女和财产问题已有适当处理，领取了离婚证的，其婚姻关系正式解除。一方对这种已经发生法律效力的离婚，及子女和财产问题的处理翻悔，在原婚姻登记机关未撤销离婚登记的情况下，向人民法院提出诉讼的，人民法院不应受理……告知当事人向原婚姻登记机关申请解决。"

但是，相应的婚姻登记机关撤销离婚登记却没有完善的立法。一般认为：离婚登记的撤销需要在有确切证据证明离婚登记确实不符合登记离婚的基础上并在合理的时间之内。但实践中由于缺乏法律指引，对此常不易把握。

四、离婚冷静期及其争议

离婚冷静期，是《民法典》对原《婚姻法》的一个重大修改，也是在《民法典》所有内容中最引人注目，争议最大的修改。由于网络时代信息传播和发表的迅捷性和简便性，离婚冷静期一经出现就在全社会掀起了巨大的波澜。可以说，离婚冷静期是我国有史以来第一个引起举国关注全民参与讨论的法律条文，并且其被关注度和参与度都是空前的。

(一) 离婚冷静期的制度设计

《民法典》第 1077 条规定:"自婚姻登记机关收到离婚登记申请之日起三十日内,任何一方不愿意离婚的,可以向婚姻登记机关撤回离婚登记申请。前款规定期限届满后三十日内,双方应当亲自到婚姻登记机关申请发给离婚证;未申请的,视为撤回离婚登记申请。"

离婚冷静期是在当事人协议离婚时,登记机关依法对其离婚的合意强行搁置,待法定期限届满后再行处理的制度。离婚冷静期的适用和期限都是法定的、强制性的,当事人不得以任何手段加以拒绝或改变。其目的在于使当事人缓和情绪、重新冷静思考其婚姻关系。

离婚冷静期在国外的立法中并不鲜见,早在限制离婚主义时期就已经在西欧各国出现。英国的离婚反省期、法国的离婚考虑期、韩国的离婚熟虑期、美国的离婚等候期等等,都是与离婚冷静期相似的离婚制度。

离婚冷静期是协议离婚时应遵循的制度。在夫妻双方向登记机关申请登记离婚时,即便符合所有登记离婚的条件,也不能立即进行离婚登记取得离婚证,结束婚姻关系。登记机关在收到当事人的离婚申请后,应将其搁置三十天作为缓冲,让当事人冷静思考其婚姻关系。这一期间是法定期间,当事人不能以任何理由而缩短或取消。

当事人在冷静期内,可以随时撤回申请,可以单方要求撤回,也可以是双方要求撤回,一旦撤回,即视为未申请登记离婚。当事人若对撤回反悔的,可以重新提交申请,冷静期重新起算。

(二) 离婚冷静期的效力

在冷静期满后,婚姻关系并不会自动终止,而是必须由双方同时到登记机关申请发给离婚证,因离婚行为具有强身份性,所以双方必须亲自进行,不得代理。

若冷静期届满三十天之内,当事人双方没有能够同时亲自到场领取离婚证,则视为双方未就离婚达成合意,不得离婚。当事人再次提出离婚申请的,离婚冷静期重新起算。

若离婚冷静期届满,当事人未能完成登记离婚的,可以向人民法院起诉离婚。

需要强调的是:离婚冷静期制度仅适用于协议离婚,在《民法典》出台前后,一些法院在办理诉讼离婚案件时,也主张遵循"离婚冷静期思路"办案,这是绝不可取的,也是严重偏离甚至违背了婚姻法的基本初衷。诉讼离婚本身就是当事人无法完成协议离婚时的救济,协议离婚是双方当事人的意志;诉讼离婚是公权力对婚姻的介入,是法院对已死亡婚姻的客观判断。将协议离婚的制度强行挪用于诉讼离婚,不仅损害了当事人的离婚自由和正当的离婚权,而且容易激化家庭矛盾和社会矛盾。法院应从实际出发,根据客观情形,以社会正常认知和基本道德标准来看待和判断婚姻关系是否破裂,这样才能真正保护当事人的合法权利,保护社会利益,维护社会正常伦理。同时,法院也决不应当事先预设立场,以"不判离"为圭臬,将所谓的"离婚冷静期思路"的理解和适用教条化、僵硬化、随意扩大化。①

(三) 离婚冷静期的争议

离婚冷静期的产生，是在《民法典》编纂过程中，有意见认为我国协议离婚比例过高，离婚率不断上升，轻率离婚和冲动离婚的情况多有发生。其原因在于离婚登记的条件和审查程序过于简化，缺乏限制。婚姻不但为夫妻双方个人的结合，还关系到家庭的维护，具有社会功能，因此离婚自由并非绝对的自由，而是相对的自由。离婚冷静期的设计能帮助当事人对婚姻状况进行冷静、理智的思考，避免冲动离婚，以维护家庭的稳定，对当事人自身、子女、双方家庭和整个社会都具有积极的意义。

但是，从《民法典》颁布前开始，反对离婚冷静期的声音就从未停止过，对离婚冷静期的争议在我国立法上出现了两个前所未有的新情况：

一是专家声音和民间声音的冲突。即虽然在学界冷静期的呼声很高，但社会上的声音则几乎是一边倒的反对，在网上各大论坛和社交媒体上都引起了极为强烈的质疑。

二是不同年龄阶段声音的冲突，离婚冷静期在老年人中间引起了较为广泛的共鸣，但却在中青年人中引起了巨大的恐慌。许多年轻人在网上发表了自己反对离婚冷静期甚至表达了从此"不婚""恐婚"的看法，而许多地方的婚姻登记机关都出现了夫妻在《民法典》实施之前"扎堆离婚"的现象。离婚冷静期，反映出的是社会理念的迭代和激荡，尤其是年轻人婚姻家庭观念和传统婚姻家庭观念的巨大代沟。

对离婚冷静期反对的意见大体可以总结如下：

(1) 离婚冷静期的适用缺乏弹性，适用过于宽泛，缺乏相应的配套制度。离婚冷静期仅是人为设置的离婚障碍，并不能真正弥合破裂的感情和婚姻，并不能真正解决家庭矛盾和社会矛盾。相反，在当事人无法终止不幸福的婚姻时，反而会造成矛盾的进一步激化。

(2) 离婚冷静期并不能真正降低离婚率，只是从表面上掩盖了矛盾，将协议离婚转化为诉讼离婚，增加了司法成本和社会成本。

(3) 从历史上看，妇女离婚权的取得经过了无数艰难而又长期的斗争，离婚自由是对妇女权益的保护。②尤其是对于遭受家暴、虐待等情形的当事人，冷静期的存在反而会使其进一步增加危险，会在冷静期内被控制、胁迫、殴打，甚至会扩大恶性案件出现的概率。

(4) 离婚冷静期制度造成的一个后果是：会造成婚姻的进入机制过于顺畅和退出机制的过于繁琐之间的不平衡。离婚冷静期的存在大大增加了离婚成本，反而会使年轻人对结婚产生畏惧心理，会进一步降低结婚率和生育率。也就是说，离婚冷静期的结果可能会和其立法预期恰恰相反，年轻人可能会更加谨慎地结婚而不是谨慎地离婚。

(5) 单亲家庭固然会对子女的成长造成影响，但婚姻不和睦的家庭同样会对子女的

---

① 参考"(2019) 苏 1023 民初 5592 号判决"：本案中男方强奸岳母未遂被判刑，女方多次起诉离婚法院却认为双方仍"有深厚的感情基础"，对女方主张"感情破裂"不予认可，判决不许离婚。
② 中华全国妇女联合会编：《蔡畅、邓颖超、康克清妇女解放问题文选》，人民出版社 1988 年版，第 173—175 页。

成长造成恶劣影响。更何况,离婚的唯一标准是婚姻是否破裂,而绝非、也绝不能为夫妻二人是否有子女。若以单亲家庭对子女的影响作为禁止或限制离婚的理由,不但会对基本社会伦理和离婚制度的理论基础造成冲击,而且会进一步降低年轻人生育的欲望。

(6) 离婚成本的增加令原本离婚后会再次结婚的人也不愿再结婚,使得结婚率进一步降低。

虽然存在巨大的争议,但我们对待离婚冷静期制度也应冷静地看待:婚姻应该是一种两相情愿的携手,而不应是无处可逃的樊笼。同一屋檐下的生活不一定能让两人相敬如宾,时空上的障碍也并不一定能挽回人心。人类结婚是为了寻求幸福,离婚同样是为了寻求幸福;结婚能够促进社会的和谐,离婚同样也能促进社会的和谐。法律是由立法者制定的,但法律应是统治阶级意志的体现,当一个制度在社会上存在着巨大的反对声音时,我们的眼光就不能只聚焦于其是否符合法理,而更应该关注其是否符合人情,是否符合当前的尤其是年轻人的社会心理。

社会心理是不断演变发展的、存在代差的。社会上准备结婚者大多是年轻人,反对离婚冷静期者也主要是年轻人。那么,当一个制度无法获得其主要适用对象的社会认同时,其是否真的能够起到预期的作用是值得考察的。离婚制度并不是孤立的,而是整个婚姻法体系的有机组成部分,牵一发而动全身。离婚是婚姻的结束,结婚是婚姻的开始,当一个事务难于结束时,也就很少有人愿意轻易开始。离婚制度的设计成功与否直接关系到年轻人结婚意愿和结婚率生育率的高低,关系到我国的人口战略,不可轻易一刀切地简单理解,更不能适用于诉讼离婚。离婚冷静期本就应该严格限制其使用范围,诉讼离婚本应是对登记离婚的合理补充。若也适用冷静期的"精神",将公民结束破裂婚姻的道路彻底阻塞后,只会进一步激化夫妻矛盾、家庭矛盾乃至社会矛盾,造成进一步的恐婚恐育和不婚思潮。

我国《民法典》中规定的离婚冷静期制度是存在巨大争议的,这是我们必须面对的课题。我们只有进一步理性、科学地分析,才能设计出更加公平、和谐、合理的离婚制度。

第三节 诉讼离婚

一、诉讼离婚概述

诉讼离婚,是合法婚姻关系的当事人一方或双方,向人民法院起诉要求终止其婚姻关系的离婚制度。诉讼离婚和登记离婚都是我国的合法离婚方式,二者互为补充。如当事人一方要求离婚,但另一方不同意离婚;或者双方虽然同意离婚但对子女抚养、财产债务处理不能达成一致意见,当事人无法达成离婚协议时,则无法登记离婚,而只能采取诉讼离婚的方式。

《民法典》第1079条第1款规定:"夫妻一方要求离婚的,可以由有关组织进行调解或者直接向人民法院提起离婚诉讼。"此处提到的调解,为诉讼外的调解。

诉讼外的调解与诉讼中的调解不同。诉讼中的调解是在法院主持下进行的调解,而诉讼外的调解是由"有关组织"做的调解。这里的"有关组织"并非某个确定的或限定的组织，实践中呈现多样性，可以是一方或双方当事人所在单位、居民委员会、村民委员会、群众团体、司法所、妇联等。诉讼外调解并非诉讼离婚的必经程序，其调解结果也不具有权威性和法律约束力。当事人对于"有关组织"的调解，可以接受，也可以拒绝，可以不经调解直接至人民法院起诉，也可以调解后继续到人民法院提起离婚之诉。若经过调解，双方当事人对离婚和子女抚养、财产处理都达成了一致意见，也可以直接去登记机关登记离婚。

与登记离婚相比，诉讼离婚并不需要当事人的合意。人民法院在诉讼离婚中居于主导地位，当事人是否能够达成离婚的目的取决于人民法院的依法裁判，而不是当事人的意志。诉讼离婚也不需要当事人签订离婚协议，其条件是法定的。人民法院依法作出的调解和判决生效后，有强制执行力。

二、诉讼离婚标准的立法模式

诉讼离婚标准是法律规定法院判决离婚案件时所应遵守的准则，但在历史上，这一标准从来都不是静止的、同一的，随着社会道德体系的不断发展和重构，这一标准也在随之发生改变。

（一）过错原则

过错原则，又称为有责主义，是限制离婚主义的产物。是法律仅将起诉离婚的权利赋予夫妻中的无过错一方，只有无过错方可以向法院请求离婚，有过错者不得起诉离婚的立法原则。过错原则将离婚看作一种惩罚，无过错方有权起诉离婚是对有过错方的制裁。

严格来说，过错原则仍然是建立在禁止离婚主义的地基之上的，只不过在立法上对禁止离婚主义进行了松动。当婚姻关系一方出现过错时，法律特别赋予无过错一方起诉离婚的权利；相对的，有过错一方并不是被剥夺了这一权利，而是这项权利自始就不存在，这项权利本身不具有普遍性，并非人人享有。

也就说，法律特别赋予了无过错方可以起诉离婚获得救济的权利，但作为对有过错方的惩罚，若无过错方不起诉，他就必须继续维持婚姻，履行婚姻中的义务。二人婚姻的命运，从此由无过错方决定。

过错原则虽然保护了无过错者的利益，但却忽略了婚姻是否崩溃和当事人是否具有过错并不具有必然的相关性，双方均无过错或者双方均有过错的情况都是客观存在的，但按照过错原则，这两种情况下的当事人双方均无法提起离婚诉讼。过错原则一般在立法上对过错采取列举的方式，无法涵盖所有的过错情况。并且婚姻生活与家庭生活都具有隐秘性，即便当事人真有过错，无过错方举证通常也较为困难。在搜集证据和质证的过程中，经常会引发双方当事人激烈的冲突，甚至不惜伪造证据。即使最后双方离婚成功，也经常会因为诉讼中的冲突而反目成仇，对子女造成恶劣的影响。

过错原则不仅没有达到限制离婚的目的，反而激化了家庭矛盾、婚姻矛盾和社会矛盾。究其原因，在于限制离婚主义本质上仍是禁止离婚主义的延伸而非颠覆，过错原则本身就隐含着对离婚的否定评价，将离婚视为一种错误，更多的是将离婚作为一种惩罚手段而不是目的，无视了婚姻是否现实地崩溃或失败，因此，无法真正满足社会的需求。

（二）无过错原则

从20世纪开始，越来越多的国家已经注意到了过错原则与社会需求之间的巨大鸿沟，一些国家也开始了对过错原则的缓和，比如完善过错的列举范围、在双方均有过错时，允许过错较小的一方提起诉讼等。但这些措施都缺乏客观性和适应性，最终，过错原则被绝大多数国家所抛弃，而转为采用无过错原则。

无过错原则，是在诉讼离婚时，不以当事人任何一方的过错，而仅以客观事实的存在为标准，来判定婚姻关系是否应当终止的制度。无过错原则又可分为目的主义和破裂主义两个不同的分支。

1. 目的主义

目的主义，是指当客观原因使得婚姻的目的无法存续时，双方当事人即可采用诉讼离婚中的方式使其婚姻关系终止。客观原因一般在立法时采用示例主义，也就是列举的方式。具体种类一般有长期分居、罹患精神疾病、无法履行夫妻义务等等，这些理由一般为无责理由，与当事人的过错无关，而仅为客观事实。目的主义相对于过错主义而言有了很大的进步，认识到了婚姻关系的崩裂不一定是一方存在过错的结果，不再考虑当事人是否具有过错，而是从客观事实出发，考察当事人双方是否能继续维持婚姻关系。但是，目的主义仍然具有一定的局限性，目的主义下，当事人双方诉讼离婚，固然不再需要某种过错，但也仍要有法定的原因。

2. 破裂主义

破裂主义，是指只要夫妻双方关系破裂无修复之可能，即可离婚。破裂主义无需考察一方有无过错，只需关系达到破裂而无和好可能的程度。破裂主义摒弃了离婚是一种错误、制裁或惩罚的观念，而只是一种对事实的确认。这种确认不仅是对夫妻之间的关系这一事实的确认，更是对离婚的需求本身这一客观事实的确认，当事人的离婚需求本身就是客观的，无需也不应在法律上对其作出否定评价。

目前，破裂主义是各国普遍的立法模式，不过有国家是将破裂作为唯一的诉讼离婚理由的单一模式，如英国、澳大利亚；也有的国家是以破裂主义为主，又列举若干法定理由的兼采模式，如日本。

三、我国的诉讼离婚标准

（一）感情破裂标准

诉讼离婚中最核心也是最困难的问题，就是如何把握判断应该离婚和不应该离婚的标准和界限。我国目前采用的是破裂主义，但对于破裂的客体，则一直以来存在争议。作为判断离婚的标准，当事人之间破裂的应当是"婚姻关系""夫妻关系"还是"夫妻感情"？

恩格斯在《家庭、私有制和国家的起源》中认为："（婚姻自由）只有在消灭了资本主义生产和它所造成的财产关系，从而把今日对选择配偶还有巨大影响的一切派生的经济考虑消除以后，才能普遍实现。到那时候，除了相互的爱慕以外，就再也不会有别的动机了……如果说只有以爱情为基础的婚姻才是合乎道德的，那末也只有继续保持爱情的婚姻才合乎道德。"[①] 我国 1950 年《婚姻法》中并未规定诉讼离婚的标准，仅规定"调解无效，即行判决"，在司法实践中践行的是"有正当理由方可判决离婚"。1963 年 8 月 28 日最高人民法院《关于贯彻执行民事政策几个问题的意见》中规定："对于那些感情还没有完全破裂，离婚理由不当的……不要判决离婚。"1979 年 2 月 2 日最高人民法院《关于贯彻执行民事政策法律的意见》规定："人民法院审理离婚案件准离与不准离婚的基本界限，要以夫妻感情是否确已破裂和能否恢复和好为原则。"最终，在 1980 年《婚姻法》明确了"感情破裂"作为诉讼离婚的标准，这一标准一直延续至今。

但正如前面提到的，感情破裂标准一直也存在质疑：感情并非一个通用的国际立法术语，感情也并非法律所应调整的对象。感情仅为人的心理活动，其存在与否、感情的好坏也非法律所能及的范围，而是取决于当事人自身的独立意志。婚姻是一个复杂的整体，具有社会属性，感情是婚姻的基础之一，但并不能代替婚姻关系。有的婚姻之中并无感情，但当事人却并不一定有离婚的意愿；相反，即便有感情的婚姻，当事人也可能出于种种原因而不愿再加以维持。将感情作为法定标准，将使得对婚姻关系的理解简单化，同时却使得对案件审理的复杂化，缺乏客观性和可操作性。将感情破裂作为标准，实际上赋予了法官极大的自由裁量权，会产生较大的主观随意性。

在《民法典》的编纂过程中，虽然对"婚姻关系破裂（夫妻关系破裂）"还是"夫妻感情破裂"存在不同的意见，但最后仍然采用了"感情破裂"的表述。《民法典》第 1079 条第 2 款规定："人民法院审理离婚案件，应当进行调解；如果感情确已破裂，调解无效的，应当准予离婚。"

（二）感情破裂的认定方法

目前在我国离婚法律体系中，感情破裂是诉讼离婚的唯一标准，而不论当事人有无过错。也就是说：不论夫妻双方或一方有没有过错，不论是有过错方还是无过错方提出离婚，都应以感情破裂作为判断是否应当离婚的标准。有过错但感情未破裂者不一定离，而无过错但感情破裂者则应该离。

但是，"感情破裂"一词在立法上是高度概括的，司法实践中必然需要细化。1989 年 11 月 21 日最高人民法院《关于人民法院审理离婚案件如何认定夫妻感情确已破裂的若干具体意见》指出："判断夫妻感情是否确已破裂，应当从婚姻基础、婚后感情、离婚原因、夫妻关系的现状和有无和好可能等方面综合分析。"

所谓"婚姻基础"，是指夫妻双方婚前交往状况。一般来说，若为自由恋爱，交往时间较长，有了充分了解，自愿结婚的，属于婚姻基础较好；相对的，若是因包办、强

---

① 《马克思恩格斯选集》（第四卷），人民出版社 1972 年版，第 78—79 页。

迫、欺骗结婚，闪婚或交往时间过短没有充分了解，结婚动机非因感情而是因图财、户口、权势等其他原因的，属于婚姻基础不牢。

所谓"婚后感情"，是指夫妻双方婚后的相处。人类的感情是波动的，会经常发生变化的，因此，对待婚后感情的考察，应放在长期、辩证的条件下。婚姻基础好的，婚后感情也可能会下降；婚姻基础不好的，婚后感情也可能变得和谐。经常发生争执的，未必感情不好；相敬如宾的，也有可能淡漠如路人。因此，法院在处理相关问题时应综合考量，辩证地分析。

所谓"离婚原因"，是指当事人提起离婚诉讼的原因。实践中，这一原因未必是真实的，很多当事人出于隐私或其他顾虑，并不愿表达真实的离婚原因。因此，在诉讼离婚过程中，对于离婚原因的考察，不是聚焦在离婚原因是否合理，而是为了判断当事人感情是否真正破裂，有无和好的可能。

所谓"夫妻关系现状"，是考察当事人目前对于婚姻的态度，分析其有无调解和好的余地。若矛盾并不尖锐，婚姻有修复的可能，应尽力调解；若矛盾已经激化，甚至有造成彼此或家人人身危害的可能的，应当及时判决离婚。

感情破裂的认定，实际上就是法院根据诉讼离婚当事人过去相处期间的行为，对其婚姻的未来作出的全面、综合、合理的推测，若认为该婚姻关系确已缺乏维持的可能和必要，则应及时判决其离婚。正如马克思所指出的："离婚仅仅是对下面这一事实的确定：某一婚姻已经死亡，它的存在仅仅是一种外表和骗局……立法者对于婚姻所能规定的，只是这样一些条件：在什么条件下婚姻是允许离异的，也就是说，在什么条件下婚姻按其实质来说是已经离异了。法院判决的离婚只能是婚姻内部崩溃的记录。"[①]

（三）感情破裂的具体条件

《民法典》第1079条第2款至第3款规定："人民法院审理离婚案件，应当进行调解；如果感情确已破裂，调解无效的，应当准予离婚。有下列情形之一，调解无效的，应当准予离婚：（一）重婚或者与他人同居；（二）实施家庭暴力或者虐待、遗弃家庭成员；（三）有赌博、吸毒等恶习屡教不改；（四）因感情不和分居满二年；（五）其他导致夫妻感情破裂的情形。一方被宣告失踪，另一方提起离婚诉讼的，应当准予离婚。经人民法院判决不准离婚后，双方又分居满一年，一方再次提起离婚诉讼的，应当准予离婚。"

这是根据我国长期的司法实践经验，对夫妻感情破裂的几种常见情形所做的列举，以便于现实中审判人员实际操作，在存在以上情形，且调解无效时，应当准予离婚。

1. 重婚或与他人同居

重婚是指有配偶者又与他人结婚的情形。理论上重婚可分为法律上的重婚和事实上的重婚两种。法律上的重婚是指有配偶又与他人登记结婚。事实上的重婚是指有配偶而又与他人以夫妻名义同居，共同生活。与他人同居又称姘居，是指有配偶者与他人未以夫妻名义而同居。

---

① 《马克思恩格斯全集》（第一卷），人民出版社1956年版，第184—185页。

不论重婚还是与他人同居，都是严重破坏一夫一妻制，违背公序良俗的行为，我国并非是实行过错主义的国家，因此有过错方和无过错方都可提起诉讼，无论哪一方提出离婚，都应以夫妻感情破裂作为是否准予离婚的标准。

2. 实施家庭暴力或虐待、遗弃家庭成员

家庭暴力和虐待，是指发生在家庭成员之间的肉体或精神上的伤害或摧残行为，包括但不限于殴打、捆绑、拘禁、冻饿、凌辱、恐吓、性暴力等行为。遗弃是对自己负有抚养、赡养或扶养义务的家庭成员，拒不履行义务，使其正常生活甚至健康或生命安全无法得到保障。家庭暴力和虐待，违反中华民族传统伦理道德，也是严重违背公序良俗的行为。在实践中，家庭暴力和虐待、遗弃行为经常会导致当事人之间发生剧烈的冲突，甚至会导致故意伤害或杀人等恶性案件。对于有此类情形的诉讼离婚案件，应当审慎处理，分析后果，夫妻感情已经破裂的，应当及时判决离婚。

3. 有赌博、吸毒等恶习，屡教不改

赌博、吸毒是违法行为，其他恶习如酗酒等虽不违法，但会产生导致家庭财产长期流失，有恶习一方不履行家庭义务等后果，严重损害家庭和婚姻维持的感情基础和物质基础，影响家庭和睦。对此情形，需要考察有赌博、吸毒等恶习一方的一贯表现，对恶习难改，另一方无法忍受的，应视为感情已经破裂。

4. 因感情不和分居满二年

现代社会人口流动性不断增加，夫妻分居已成为较为常见的现象，作为判断感情破裂具体标准的分居，应是因感情不和，而不是任何其他原因的分居。这种分居是出于双方的主观意愿，而非工作调动、生病、出国等客观因素。分居应是彻底的、连续性的，若只是临时的，暂时的，断续的，如负气离家出走或去父母家不久又回归等，不能视为分居，分居的时间应在中断后重新计算，而不能将多次临时分居累计计算。

5. 其他导致夫妻感情破裂的情形

现实中，夫妻感情破裂的情形表现形式多种多样，法条中列举不可能完全涵盖，需要法院根据我国对离婚相关制度的立法精神和相关理论，结合案件的具体情况来判断。1989年11月21日，最高人民法院发布的《最高人民法院关于人民法院审理离婚案件如何认定夫妻感情确已破裂的若干具体意见》中，对司法实践中感情破裂认定进行了较为详细的规定，除去其中和现行《民法典》相互冲突和重复的部分，其余对我国目前司法实践仍有指导意义：

凡属下列情形之一的，视为夫妻感情确已破裂。一方坚决要求离婚，经调解无效，可依法判决准予离婚。

（1）一方患有法定禁止结婚的疾病，或一方有生理缺陷及其他原因不能发生性行为，且难以治愈的。

（2）婚前缺乏了解，草率结婚，婚后未建立起夫妻感情，难以共同生活的。

（3）婚前隐瞒了精神病，婚后经治不愈，或者婚前知道对方患有精神病而与其结婚，或一方在夫妻共同生活期间患精神病，久治不愈的。

（4）一方欺骗对方，或者在结婚登记时弄虚作假，骗取《结婚证》的。

(5) 双方办理结婚登记后，未同居生活，无和好可能的。

(6) 包办、买卖婚姻，婚后一方随即提出离婚，或者虽共同生活多年，但确未建立起夫妻感情的。

(7) 因感情不和分居已满三年，确无和好可能的，或者经人民法院判决不准离婚后又分居满一年，互不履行夫妻义务的。

(8) 一方与他人通奸、非法同居，经教育仍无悔改表现，无过错一方起诉离婚，或者过错方起诉离婚，对方不同意离婚，经批评教育、处分，或在人民法院判决不准离婚后，过错方又起诉离婚，确无和好可能的。

(9) 一方重婚，对方提出离婚的。

(10) 一方好逸恶劳、有赌博等恶习，不履行家庭义务，屡教不改，夫妻难以共同生活的。

(11) 一方被依法判处长期徒刑，或其违法、犯罪行为严重伤害夫妻感情的。

(12) 一方下落不明满二年，对方起诉离婚，经公告查找确无下落的。

(13) 受对方的虐待、遗弃，或者受对方亲属虐待，或虐待对方亲属，经教育不改，另一方不谅解的。

(14) 因其他原因导致夫妻感情确已破裂的。

此外，在2011年的《婚姻法司法解释（三）》第9条中，最高院又补充了"生育权纠纷"作为夫妻感情破裂的标准之一。《民法典》颁布后，2021年《民法典婚姻家庭编司法解释（一）》的第23条也沿用了此规定："夫以妻擅自中止妊娠侵犯其生育权为由请求损害赔偿的，人民法院不予支持；夫妻双方因是否生育发生纠纷，致使感情确已破裂，一方请求离婚的，人民法院经调解无效，应依照民法典第一千零七十九条第三款第五项的规定处理。"

6. 一方被宣告失踪，另一方提起离婚诉讼的

一方被宣告失踪的情况下，婚姻已具有极大的不确定性和风险性，若不准离婚，无疑会损害另一方的合法权益。

7. 判决不准离婚后又分居一年

在目前我国的司法实践中，"第一次起诉离婚不判离"在一定程度上已经成了一个普遍性的"潜规则"。从维护婚姻、保护家庭、促进社会和谐的角度，是有一些积极意义的。但一些法院将这一规则绝对化，不顾具体案件的特别情况，死板而又僵化地对诉讼离婚做出否定评价，反而会造成社会矛盾的激化，造成人民群众对法律权威性的怀疑和不信任。为避免久拖不决，判决不准离婚后，当事人又分居长达一年的情形下，当事人的离婚意愿已表达的足够强烈和坚决，应当及时准许离婚。

总之，破裂原则关注的基础，在于"破裂"而非"过错"。过错只是判断感情是否破裂的因素之一，而非决定性的因素。有过错并不一定会导致离婚的后果；无过错但感情已破裂，勉强维持反而会造成更多的家庭矛盾和社会矛盾，也应当令婚姻及时终止。《民法典婚姻家庭编司法解释（一）》第63条规定："人民法院审理离婚案件，符合民法典一千零七十九条第三款规定'应当准予离婚'情形的，不应当因当事人有过错而判决

不准离婚。"

四、诉讼离婚程序

（一）起诉

婚姻关系当事人一方或双方有离婚之意愿但对于离婚、子女抚养、财产和债务分配等无法达成一致意见的，即可向法院起诉请求离婚。不管有没有过错都可以起诉，不管是过错方还是无过错方也都有权起诉。如果一方为无行为能力人或限制行为能力人的，必须采用诉讼离婚的方式。根据《民法典婚姻家庭编司法解释（一）》第62条规定："无民事行为能力人的配偶有民法典第三十六条第一款规定行为，其他有监护资格的人可以要求撤销其监护资格，并依法指定新的监护人；变更后的监护人代理无民事行为能力一方提起离婚诉讼的，人民法院应予受理。"

但司法实践中，如果双方均为无民事行为能力人，还能否诉讼离婚？理论上，无民事行为能力人的行为可以由其法定代理人代理，但离婚作为具有严格身份性的行为，此时的意愿本质上并非婚姻当事人的真实意愿，而是其监护人的意志，是否能够离婚，是值得商榷的。

另外，《民事诉讼法》第124条规定："……（七）判决不准离婚和调解和好的离婚案件，判决、调解维持收养关系的案件，没有新情况、新理由，原告在六个月内又起诉的，不予受理。"这是为了给感情尚未破裂的当事人一个冷静的机会，防止当事人意气用事，激化矛盾，避免"缠讼"，也避免司法资源的浪费。但这一限制，一是只针对原告，二是针对无新情况、新理由的情况。若是被告在此期间起诉；或者在有新情况、新理由的情况下，原告起诉的，不在此限。

（二）诉讼中调解

《民法典》第1079条第2款规定："人民法院审理离婚案件，应当进行调解；如果感情确已破裂，调解无效的，应当准予离婚。"离婚诉讼过程中，调解是必经程序，与诉讼外的调解不同，诉讼中调解由审判人员主持，调解的结果具有法律约束力。

诉讼中调解的结果，有三种情形：一是调解和好，双方或要求离婚的一方放弃离婚的请求或者撤诉，案件终止。二是调解离婚，双方在法院的主持下，消除了争议，对离婚和子女抚养以及财产分配等事项达成了一致，法院依照其内容做成离婚调解书，送达后即发生离婚的法律效力。三是调解无效，当事人双方不能和好，也不能达成离婚及相关事项的一致意见，法院应继续审理，及时作出判决。

但是，即便是第三种情况，也即调解无效时，也不影响法院判决的独立性。调解无效和当事人双方感情破裂并无必然的联系。法院仍然可以根据自己对双方感情的分析，判断其是否破裂，可以判决离婚，也可以判决不离婚。

（三）审理和判决

诉讼中调解无法达成结果时，诉讼程序应当继续，如果感情确已破裂，调解无效的，应当准予离婚。

判决作出后，当事人不服可以上诉；二审法院在审理离婚案件过程中，仍然需要执行诉讼中调解程序，若调解不能成功，则应继续审理并作出判决。

根据《民事诉讼法》第202条规定："当事人对已经发生法律效力的解除婚姻关系的判决、调解书，不得申请再审。"这是因为离婚不仅仅是婚姻关系的终止，其不光包括财产关系的变动，还包括身份关系的变动。离婚判决或调解生效后，当事人之间的夫妻身份关系归于消灭，可以另与他人结婚。若此时再审，将会导致案情的复杂化，也会对合法缔结的新的婚姻关系造成伤害，因此，不管原审判决有没有错误，也不得申请再审。

法院判决不准离婚的，当事人双方婚姻关系继续存续。一审法院判决离婚，当事人在上诉期内未上诉，或者二审法院判决离婚的，判决生效，当事人婚姻关系终止，夫妻关系消灭，子女和财产按照判决处理。从判决生效时起，双方均可与他人合法登记结婚。若此时双方后悔离婚的，在都没有和他人结婚的前提下，也不得要求再审，只能办理复婚。

离婚判决、离婚调解书和离婚证一样，都是离婚的法律证明文件。

五、诉讼离婚的特别保护

（一）对现役军人的特别保护

《民法典》第1081条规定："现役军人的配偶要求离婚，应当征得军人同意，但是军人一方有重大过错的除外。"

军人为了保卫国家主权、维护领土完整、防御外来颠覆和侵略，常年战斗在艰苦的国防岗位上。保护军人家庭的安全与稳定，不仅是保护军人个人和家庭利益的需要，也是维护我国国防安全、维护军队稳定的需要。不仅涉及个人的利益，更涉及社会和国家的利益。现役军人为了国防事业，长期远离家乡，远离配偶，平时受纪律和保密工作的限制，与家庭的联系与配偶的交流都较为不便，也使得他们的婚姻关系与普通群众的婚姻关系存在差别，维持更为不易。因此，对现役军人的婚姻进行特别保护，能够消除他们的后顾之忧、激发保家卫国的热情和战斗力，也是党和国家的一贯政策。

早在《中华苏维埃共和国婚姻法》中，就已经规定了对红军战士婚姻的保护。1950年《婚姻法》规定："现役革命军人……其配偶提出离婚，须得革命军人同意。"1980年《婚姻法》在确立婚姻自由原则的同时，也同时规定："现役军人的配偶要求离婚，须得军人同意。"1997年《国防法》第8条规定："国家采取有效措施保护现役军人的荣誉、人格尊严，对现役军人的婚姻实行特别保护。"在我国《刑法》第259条，规定了破坏军婚罪。可见，保护军人家庭安全，维护军人婚姻利益，是有关军人婚姻立法的一贯原则。

关于诉讼离婚中对军人的特别保护，适用条件如下：

（1）"军人"应为现役军人。现役军人，包括在中国人民解放军服现役，具有军籍和军衔的军人。不包括退休、转业、复原的退役人员，也不包括预备役人员或民兵。另外,中国人民武装警察部队虽然在序列上不属于中国人民解放军编制,但也按照现役军人的婚姻看待。

(2)必须是配偶一方为现役军人,另一方为非军人的情形。若双方均为现役军人,则不能适用。

(3)必须是现役军人的配偶向现役军人提出离婚的情形。若现役军人本人要求离婚,则等于其已经对离婚表示了同意,因此,不需要再次征得其同意。

(4)军人本人无重大过错。现役军人的配偶提出离婚,一般情况下需征得军人的同意,但若军人本人具有重大过错,造成夫妻感情破裂,则其配偶可以提出离婚。也即是说:"征得军人同意"并没有绝对化,但这种例外情形限定在军人具有"重大过错"的前提之下。这是婚姻自由原则的一个体现,也是对无过错方合法权益的保护。

(二)对妇女儿童权益的特别保护

《民法典》第1082条规定:"女方在怀孕期间、分娩后一年内或者终止妊娠后六个月内,男方不得提出离婚;但是,女方提出离婚或者人民法院认为确有必要受理男方离婚请求的除外。"

保护妇女儿童合法权益是我国婚姻法的基本原则。在女方怀孕、生产或中止妊娠前后,其身心健康都会受到极大影响,此时的离婚诉讼,在一般情况下都会对女方造成精神和健康上的打击,同时也不利于胎儿或刚出生的婴儿的生长发育。因此,此时男方的离婚权应受到限制。

但要注意的是,男方的权利受限只是暂时的,也就是说,男方仅是在此期间内不能提起离婚诉讼,但法律并非永久剥夺和否定男方提起离婚诉讼的权利,当限制条件消失或期间经过后,男方的权利会自然恢复。此外,男方离婚请求权的受限也不是绝对的,而是有例外情形,这种例外情形被概况表述为"确有必要",但具体的情况由法院确定。一般认为,此处的确有必要,应当是严重违反伦理道德,或者是出现了有更为重要的利益需要保护(如严重危及人身安全)的情形。

另外,在怀孕期间、分娩后一年内或者终止妊娠后六个月内,女方应当得到法律的特别保护,但这种保护不是强加的,女方可以自己选择接受还是放弃,在此期间,女方提起离婚诉讼的权利也并未受到限制。因此,若女方自愿放弃法律对其的特别保护而起诉离婚或者与男方登记离婚的,也不应加以干涉。

第九章 离婚的效力

离婚作为一个民事法律行为,将引起夫妻双方的人身关系、财产关系以及亲子关系等法律关系发生变动,产生一系列的法律后果。从国外婚姻家庭立法的通例来看,离婚对夫妻双方的人身关系产生如下一系列法律后果:①夫妻离婚后姓氏的恢复或保留;②夫妻同居义务的消灭;③再婚的自由,但也有对离婚后的妇女设置待婚期的规定;④夫妻离婚后相互继承资格的丧失;⑤日常家事代理权的消灭;⑥姻亲关系的消灭。根据我国《民法典》婚姻家庭编的相关规定,离婚对夫妻双方的人身、财产及亲子关系等也产生相应的法律效力。

第一节 离婚的夫妻人身效力

离婚解除了夫妻之间因结婚而形成的夫妻身份关系,因夫妻身份关系而产生的权利与义务随之消灭。根据我国《民法典》的规定,离婚对婚姻双方的人身关系产生如下五个方面的法律后果。

一、再婚自由

离婚解除了夫妻身份关系,夫妻之间的身份关系解除之后,双方均恢复单身,各自享有再婚的自由,其他人无权干涉。协议离婚的,双方自领取离婚证之日起恢复再婚的自由;诉讼离婚的,双方自人民法院离婚调解书或判决书生效之日起获得再婚的自由,如果一审判决双方离婚,当事人不服上诉的,一审判决并未生效,在此期间夫妻双方之间的身份关系并没有解除,双方没有再婚的自由。

二、同居义务消灭

我国《民法典》虽然没有明确规定夫妻之间有同居的义务,但在第1042条明确规定了禁止有配偶者与他人同居,从另一个角度承认了夫妻之间具有同居的权利与义务。从男女双方结婚目的及共同生活的常态来看,同居义务是夫妻双方共同生活的应有之义,也是夫妻双方共同生活的一项重要内容,夫妻一旦离婚,双方已经没有共同生活的基础,夫妻双方的同居义务归于消灭不仅符合人们的生活习惯也符合法律逻辑。

三、扶养义务终止

我国《民法典》第1059条规定,在婚姻关系存续期间,夫妻有相互扶养的义务。需要扶养的一方,在另一方不履行扶养义务时,有要求其给付扶养费的权利。由于离婚导致婚姻关系的解除，原来因结婚在夫妻之间形成的扶养义务也随之解除，离婚之后，任何一方无权要求另一方给付扶养费。

四、法定继承人资格丧失

根据我国《民法典》第1127条的规定，发生法定继承时，配偶为第一顺序继承人，夫妻彼此有继承遗产的权利，但夫妻离婚后，彼此配偶身份消灭，因配偶身份而享有的法定继承资格也随配偶身份的丧失而丧失，双方因此不再彼此具有法定继承人的资格，当发生法定继承时，无权再以配偶身份继承对方遗产。

五、家事代理权消灭

我国《民法典》第1060条规定："夫妻一方因家庭日常生活需要而实施的民事法律行为，对夫妻双方发生效力，但是夫妻一方与相对人另有约定的除外。夫妻之间对一方可以实施的民事法律行为范围的限制，不得对抗善意相对人。"夫妻之间互相享有因日常生活需要的代理权，学理上称之为家事代理权，赋予夫妻享有家事代理权一方面便利夫妻任何一方为家庭共同生活与其他人发生民事法律关系，另一方面也有利于保护善意第三人的利益。但夫妻一旦离婚，家庭共同生活的基础不存在，家事代理权当然随之而消灭。

第二节　离婚的夫妻财产效力

离婚除了对夫妻人身关系产生一系列的法律效力外，在夫妻之间的财产关系上也会发生一系列的法律后果，主要在夫妻共同财产的分割、夫妻共同债务的清偿，对家事劳务付出较多一方的经济补偿，对生活困难一方的经济帮助等方面产生相应的法律效力。

一、分割夫妻共同财产

我国《民法典》第1087条对离婚时夫妻财产分割作了原则性的规定，首先是由双方协议处理，协议不成的，再由人民法院根据财产的具体情况，按照照顾子女、女方和无过错方权益的原则判决。对夫或者妻在家庭土地承包经营中享有的权益等，应当依法予以保护。由于离婚引起财产分割问题比较复杂，人民法院在司法实践中积累了丰富的司法经验，最高人民法院先后出台了若干个司法解释，如1993年的《关于人民法院审理离婚案件处理财产分割问题的若干具体意见》、1996年的《关于审理离婚案件中公房使用、承租若干问题的解答》、2003年的《最高人民法院关于适用〈中华人民共和国婚姻法〉若干问题的解释（二）》（以下简称《婚姻法司法解释（二）》）、2011年的《婚姻法司法解释（三）》以及与《民法典》同时施行的《民法典婚姻家庭编司法解释（一）》等，《民法典》及上述司法解释确立了夫妻共同财产分割的基本原则和处理规则。

（一）夫妻共同财产的分割原则

根据《民法典》婚姻家庭编的规定以及原《婚姻法》、相关司法解释等立法精神和司法实践经验,人民法院在分割夫妻共同财产时,基本上形成了以下四项基本原则:一是男女平等原则,夫妻双方对共同财产有平等分割的权利;二是照顾子女和女方权益的原则;三是照顾无过错方,在分割夫妻共同财产时,应当对无过错方在财产上可以多分一些的基本原则;四是有利于生产、方便生活的原则。要根据双方的生产生活状况,把发挥财产的经济效用,充分利用财产的价值,考虑物尽其用及方便当事人的生活等作为财产分割中的重要因素予以考虑。

(二) 夫妻共同财产的分割范围

我国《民法典》确立了夫妻双方在无约定的情况下,婚姻关系存续期间所得的财产为夫妻共同财产,归夫妻共同所有的法定财产制。根据《民法典》的规定,婚后所得的工资、奖金、劳务报酬,生产、经营、投资的收益,知识产权的收益,继承或者受赠的财产(遗嘱或者赠与合同中确定只归一方的财产除外)属于夫妻共同财产,在夫妻双方对婚前财产和婚后财产没有其他约定时,离婚时只能分割婚后所得财产,除了属于一方特有财产的以外;如果夫妻双方对婚前财产或婚后财产另有约定时,分割的仅仅是属于双方共同共有的财产。对个人财产还是夫妻共同财产难以确定的,主张权利的一方有责任举证。当事人举不出有力证据,人民法院又无法查实的,按夫妻共同财产处理。此外,以下这些财产在司法实践中也被认定为属于《民法典》第1062条第5项所称为其他应当归共同所有的财产。

(1) 夫妻分居两地分别管理、使用的婚后所得财产,应认定为夫妻共同财产。在分割财产时,各自分别管理、使用的财产归各自所有。双方所分财产相差悬殊的,差额部分,由多得财产的一方以与差额相当的财产抵偿给另一方。

(2) 已登记结婚,尚未共同生活,一方或双方受赠的礼金、礼物应认定为夫妻共同财产,具体处理时应考虑财产的实际来源、数量等情况合理分割。

(3) 婚后双方对婚前一方所有的房屋进行过扩建的,扩建部分的房屋应按夫妻共同财产处理。

(4) 军人名下的复员费、自主择业费等一次性费用的,以夫妻婚姻关系存续年限乘以年平均值,所得数额为夫妻共同财产。此处所称的年平均值,是指将发放到军人名下的上述费用总额按具体年限均分得出的数额。其具体年限为人均寿命七十岁与军人入伍时实际年龄的差额。

(三) 夫妻共同财产的具体分割规则

根据《民法典婚姻家庭编司法解释(一)》的规定,下列财产的分割在双方有协议但会涉及其他股东或合伙人、协议不成或分割有困难的,按下列规则处理。

(1) 夫妻双方分割共同财产中的股票、债券、投资基金份额等有价证券以及未上市股份有限公司股份时,协商不成或者按市价分配有困难的,人民法院可以根据数量按比例分配。

(2) 夫妻共同财产中以一方名义在有限责任公司的出资额,另一方不是该公司股东的,按以下情形分别处理:①夫妻双方协商一致将出资额部分或者全部转让给该股东的配偶，其他股东过半数同意，并且其他股东均明确表示放弃优先购买权的，该股东的配偶可以成为该公司股东；②夫妻双方就出资额转让份额和转让价格等事项协商一致后，其他股东半数以上不同意转让，但愿意以同等条件购买该出资额的，人民法院可以对转让出资所得财产进行分割。其他股东半数以上不同意转让，也不愿意以同等条件购买该出资额的，视为其同意转让，该股东的配偶可以成为该公司股东。用于证明前款规定的股东同意的证据，可以是股东会议材料，也可以是当事人通过其他合法途径取得的股东的书面声明材料。

（3）分割夫妻共同财产中以一方名义在合伙企业中的出资，另一方不是该企业合伙人的，当夫妻双方协商一致，将其合伙企业中的财产份额全部或者部分转让给对方时，按以下情形分别处理：①其他合伙人一致同意的，该配偶依法取得合伙人地位；②其他合伙人不同意转让，在同等条件下行使优先购买权的，可以对转让所得的财产进行分割；③其他合伙人不同意转让，也不行使优先购买权，但同意该合伙人退伙或者削减部分财产份额的，可以对结算后的财产进行分割；④其他合伙人既不同意转让，也不行使优先购买权，又不同意该合伙人退伙或者削减部分财产份额的，视为全体合伙人同意转让，该配偶依法取得合伙人地位。

（4）夫妻以一方名义投资设立个人独资企业的，人民法院分割夫妻在该个人独资企业中的共同财产时，应当按照以下情形分别处理：①一方主张经营该企业的，对企业资产进行评估后，由取得企业资产所有权一方给予另一方相应的补偿；②双方均主张经营该企业的，在双方竞价基础上，由取得企业资产所有权的一方给予另一方相应的补偿；③双方均不愿意经营该企业的，按照《个人独资企业法》等有关规定办理。

（5）离婚时夫妻一方尚未退休、不符合领取基本养老金条件，另一方请求按照夫妻共同财产分割基本养老金的，人民法院不予支持；婚后以夫妻共同财产缴纳基本养老保险费，离婚时一方主张将养老金账户中婚姻关系存续期间个人实际缴纳部分及利息作为夫妻共同财产分割的，人民法院应予支持。

（6）婚姻关系存续期间，夫妻一方作为继承人依法可以继承的遗产，在继承人之间尚未实际分割，起诉离婚时另一方请求分割的，人民法院应当告知当事人在继承人之间实际分割遗产后另行起诉。

（四）对夫妻共同财产中房屋的处理

《民法典婚姻家庭编司法解释（一）》第76条至第79条对离婚时分割夫妻共有的房屋作了具体规定。

双方对夫妻共同财产中的房屋价值及归属无法达成协议时，人民法院按以下情形分别处理：（一）双方均主张房屋所有权并且同意竞价取得的，应当准许；（二）一方主张房屋所有权的，由评估机构按市场价格对房屋作出评估，取得房屋所有权的一方应当给予另一方相应的补偿；（三）双方均不主张房屋所有权的，根据当事人的申请拍卖、变卖房屋，就所得价款进行分割。

离婚时双方对尚未取得所有权或者尚未取得完全所有权的房屋有争议且协商不成的，人民法院不宜判决房屋所有权的归属，应当根据实际情况判决由当事人使用。当事人就前款规定的房屋取得完全所有权后，有争议的，可以另行向人民法院提起诉讼。

夫妻一方婚前签订不动产买卖合同，以个人财产支付首付款并在银行贷款，婚后用夫妻共同财产还贷，不动产登记于首付款支付方名下的，离婚时该不动产由双方协议处理。依前款规定不能达成协议的，人民法院可以判决该不动产归登记一方，尚未归还的贷款为不动产登记一方的个人债务。双方婚后共同还贷支付的款项及其相对应财产增值部分，离婚时应根据《民法典》第1087条第1款规定的原则，由不动产登记一方对另一方进行补偿。

婚姻关系存续期间，双方用夫妻共同财产出资购买以一方父母名义参加房改的房屋，登记在一方父母名下，离婚时另一方主张按照夫妻共同财产对该房屋进行分割的，人民法院不予支持。购买该房屋时的出资，可以作为债权处理。

（五）离婚分割夫妻共同财产时应该注意的问题

夫妻离婚时，对夫妻共同财产的分割一方面要注意区分哪些属于夫妻共同财产，哪些属于个人财产。另一方面，分割夫妻共同财产时，双方要诚实，不能采取有违诚实信用的手段去损害另一方的财产利益。

1. 正确划分夫妻共同财产的范围

（1）区分夫妻共同财产与夫妻个人财产。离婚时双方分割的财产只能是夫妻共同财产，个人财产不属于分割的对象。根据我国民法典和最高人民法院的司法解释，夫妻个人财产包括两类，一是夫妻之间约定归夫妻一方个人所有的财产，二是是在夫妻双方没有约定或约定不明的情况下，由法律直接规定的夫妻个人特有财产。夫妻个人财产在离婚时应从夫妻共同财产中区分出来。

（2）区分夫妻共同财产与家庭成员个人财产、家庭成员共有的财产。离婚时需要分割的是夫妻共同财产，不能分割家庭成员个人财产，同时也应分清夫妻共同财产和家庭共同财产的范围。未成年子女通过继承、受赠及其他合法途径获得的财产，属于未成年子女本人所有，不属于夫妻共同财产，不能纳入夫妻共同财产分割范围；属于其他家庭成员个人所有的财产的，也应排除在夫妻共同财产范围之外；对于家庭成员共有的财产，离婚时，应将配偶双方共同所有的财产从家庭共有的财产析出后才能予以分割。

2. 禁止侵害一方夫妻共同财产权益的行为

《民法典》第1092条规定："夫妻一方隐藏、转移、变卖、毁损、挥霍夫妻共同财产，或者伪造夫妻共同债务企图侵占另一方财产的，在离婚分割夫妻共同财产时，对该方可以少分或者不分。离婚后，另一方发现有上述行为的，可以向人民法院提起诉讼，请求再次分割夫妻共同财产。"

夫妻共同财产属于夫妻双方共同所有，保持夫妻共同财产，有助于维持夫妻共同生活。禁止夫妻一方侵害另一方对夫妻共同财产所享有的权益。如果在婚姻关系存续期间，夫妻一方隐藏、转移、变卖、毁损、挥霍夫妻共同财产，或者伪造夫妻共同债务企图侵占另一方财产的，夫妻一方可以根据《民法典》第1066条的规定，直接请求人民法院分割夫妻共同财产，无需等到离婚诉讼中再主张少分或者不分。

在离婚分割夫妻财产时，夫妻一方有上述侵权行为的，另一方可以主张该方少分或者不分。人民法院应当结合个案的具体情况，根据侵害财产权益行为的情节，具体判断是否应该对夫妻一方少分或者不分。

离婚后，夫妻另一方发现夫妻一方有上述侵权行为的，可以向人民法院提起诉讼，请求再次分割夫妻共同财产。根据《民法典婚姻家庭编司法解释（一）》第 84 条的规定，当事人依据《民法典》第 1092 条的规定向人民法院提起诉讼，请求再次分割夫妻共同财产的诉讼时效期间为三年，从当事人发现之日起计算。夫妻双方离婚时对夫妻共同财产没有分割的原因除了上述情形外，还可以存在双方协议暂时不分割或由于双方疏漏没有分割等情形，只要共有财产权属状况没有改变，权利主体没有变更的，则不受前述诉讼时效期间的限制。离婚后，一方以尚有夫妻共同财产未处理为由向人民法院起诉请求分割的，经审查该财产确属离婚时未涉及的夫妻共同财产，人民法院应当依法予以分割。

二、夫妻债务的清偿

夫妻债务主要包括夫妻共同债务和夫妻个人债务两大类，离婚时要区分夫妻共同债务和夫妻个人债务，根据债务的不同类型和性质进行清偿。

（一）夫妻共同债务的清偿

夫妻共同债务一般是指夫妻为共同生活或为履行抚养、赡养义务以及夫妻一方或双方治疗疾病等需要所负的债务。[①] 根据《民法典》及相关的司法解释的规定，我国夫妻共同债务主要包括以下几类：

（1）为家庭共同生活所负的债务。如夫妻为家庭日常生活购买生活用品、支付日常生活开支所负的债务；为抚育子女所负的债务；为夫妻一方或双方治疗疾病所负的债务等。夫妻一方在婚姻关系存续期间以个人名义为家庭日常生活需要所负的债务也属于夫妻共同债务。

（2）为共同生产、经营活动所负的债务。如夫妻双方共同投资、共同经营所负的债务。夫妻一方用共同财产投资以个人名义从事生产经营活动所负的债务属于夫妻共同债务。夫妻一方以个人名义所负担用于夫妻共同生产经营活动的债务也属于夫妻共同债务。

（3）夫妻双方共同签字或者夫妻一方事后追认等共同意思表示所负的债务。

（4）一方用婚前个人财产或自筹资金投资、生产经营但收益用于夫妻共同生活所负的债务等。

区分投资、生产经营活动所负的债务是夫妻共同债务还是个人债务，主要从两个方面来判断，一是看投资、生产经营活动的财产是否是夫妻共同财产，如果是，则相应所负的债务属于夫妻共同债务。二是看投资、生产经营所产生的收益是否用于共同生活，如果用于夫妻共同生活，当然属于夫妻共同债务，即使夫妻一方婚前个人债务如果用于

[①] 巫昌祯主编：《婚姻与继承法学》，中国政法大学出版社 2017 年版，第 180 页。

婚后家庭共同生活的也属于夫妻共同债务。

我国《民法典》第1089条确立了共同债务的清偿规则："离婚时，夫妻共同债务应当共同偿还。共同财产不足清偿或者财产归各自所有的，由双方协议清偿；协议不成的，由人民法院判决。"离婚时双方对于夫妻共同债务的协议或法院的判决对债权人是否具有效力，不无疑问，我国《民法典》并没有明确规定离婚时夫妻任何一方对夫妻共同之债承担连带责任，而是规定先由夫妻共同财产清偿，共同财产不足以清偿的，由双方协议，协议不成的，再由法院判决。由于共同债务在法理上属于连带之债，因此夫妻双方离婚时对债务处理协议或法院的判决不能约束债权人，一方就夫妻共同债务承担清偿责任后，主张由另一方按照离婚协议或者人民法院的法律文书承担相应债务的，人民法院应予支持。

（二）夫妻个人债务的清偿

夫妻个人债务一般是指夫妻一方在婚前或婚后以个人名义所负与共同生活无关的债务。① 主要包括以下几类：

（1）一方婚前所负债务且没有用于婚后共同生活的。

（2）一方未经另一方同意，擅自资助与其没有法定扶养义务的亲朋所负的债务。对于一方未经另一方同意资助与另一方没有法定抚养、扶养或赡养义务的亲朋所负的债务属于夫妻共同债务还是个人债务在《民法典》中没有明确，但从《民法典》第1045条第3款对家庭成员的界定来看，离婚时作为个人债务处理较为合适。

（3）一方未经对方同意，独自筹资从事经营活动，其收入确未用于共同生活所负的债务。

（4）夫妻一方在从事赌博、吸毒等违法犯罪活动中所负债务。

（5）夫妻对婚姻关系存续期间所得的财产约定归各自所有，一方对外所负的债务且相对人知道该约定的债务。

（6）其他应由个人承担的债务，如一方为满足私欲而挥霍所欠的债务，离婚协商或离婚诉讼过程中夫妻分居期间所负的义务等。

《民法典婚姻家庭编司法解释（一）》第82条规定，如果夫妻之间订立借款协议，以夫妻共同财产出借给一方从事个人经营活动或者用于其他个人事务的，应视为双方约定处分夫妻共同财产的行为，离婚时可以按照借款协议的约定处理。

夫妻一方的个人债务，以夫或妻的个人财产清偿，另一方无清偿责任并可以对抗债权人。如果债权人就夫或妻的婚前个人债务或婚后个人债务，向债务人的配偶请求清偿债务的，除非债权人能够证明该债务用于婚后家庭共同生活、共同生产经营或者基于夫妻双方共同意思表示，否则人民法院不予支持。夫妻一方与第三人串通，虚构债务，第三人主张该债务为夫妻共同债务的，人民法院不予支持。

---

① 孟令志、曹诗全、麻昌华：《婚姻家庭与继承法》，北京大学出版社2012版，第172页。

第三节　离婚的亲子关系效力

夫妻离婚后一般都会各自生活，如果有子女的，必然会涉及子女要跟父或母一方共同生活，直接抚养人如何确定，如何变更，不直接抚养人的抚养费如何确定以及不直接抚养人的探视权如何行使等等都是离婚在亲子关系上产生的效力。

一、离婚后的亲子关系

根据《民法典》第1084条第1款的规定，父母与子女间的关系，不因父母离婚而消除。该条说明了父母子女之间的关系并不受离婚的影响。父母与子女之间的法定的权利与义务，如父母对未成年子女的抚养义务，成年子女赡养父母的义务、父母子女相互享有继承权等并不因父母离婚而发生变化。

养父母与养子女之间的关系也不受养父母离婚的影响，根据《民法典》第1111条的规定，自收养关系成立之日起，养父母与养子女间的权利义务关系，适用本法关于父母子女关系的规定。在特殊情况下，如养父母离婚时经生父母及已满八周岁有识别能力的未成年养子女同意，双方协议达成一致可依法解除收养关系，由生父母抚养。

已形成抚养关系的继父母与继子女关系要分情况确定。《民法典婚姻家庭编司法解释（一）》第54条规定："生父与继母离婚或者生母与继父离婚时，对曾受其抚养教育的继子女，继父或者继母不同意继续抚养的，仍应由生父或者生母抚养。"这种情况下，继子女与继父或继母的权利和义务关系随离婚而自然解除。如果受继父或继母长期抚养、教育的并已经成年的继子女，该继子女与继父或继母的身份关系以及权利义务不因离婚而自然解除，由继父母抚养长大并独立生活的继子女，对继父母仍然要承担赡养义务。

二、离婚后未成年子女直接抚养人的确定

父母离婚虽然对父母子女之间的权利与义务无影响，对未成年子女的抚养、教育模式会产生一定的影响，一般情况下会涉及直接抚养人的确定，人民法院在审理离婚案件对双方当事人抚养子女产生争议时，以子女利益最大化为基本原则，不仅考虑子女的身心健康发展的需要也要结合双方的经济状况及抚养条件等情况综合确定。《民法典》及《民法典婚姻家庭编司法解释（一）》第44条至60条对此作了相应的规定。

（一）不满两周岁子女的直接抚养

离婚后，不满两周岁的子女，以由母亲直接抚养为原则。但母亲有下列情形之一，父亲请求直接抚养的，人民法院应予支持：

（1）患有久治不愈的传染性疾病或者其他严重疾病，子女不宜与其共同生活；

（2）有抚养条件不尽抚养义务，而父亲要求子女随其生活；

（3）因其他原因，子女确不宜随母亲生活。

父母双方协议不满两周岁子女由父亲直接抚养，并对子女健康成长无不利影响的，

人民法院应予支持。

（二）已满两周岁子女的抚养

已满两周岁的子女，一般先由父母双方协商，达成一致，既可以约定由其中一方直接抚养，也可以在有利于保护子女利益的前提下，约定由双方轮流抚养子女。如果对抚养协议达不成一致意见的，则由人民法院根据双方的具体情况，按照最有利于未成年子女的原则判决。如果子女已满八周岁的，人民法院在判决时应当尊重其真实意愿。

如果父母均要求直接抚养，一方有下列情形之一的，可予优先考虑：

（1）已做绝育手术或者因其他原因丧失生育能力；
（2）子女随其生活时间较长，改变生活环境对子女健康成长明显不利；
（3）无其他子女，而另一方有其他子女；
（4）子女随其生活，对子女成长有利，而另一方患有久治不愈的传染性疾病或者其他严重疾病，或者有其他不利于子女身心健康的情形，不宜与子女共同生活。

如果父母抚养子女的条件基本相同，双方均要求直接抚养子女，但子女单独随祖父母或者外祖父母共同生活多年，且祖父母或者外祖父母要求并且有能力帮助子女照顾孙子女或者外孙子女的，可以作为父或者母直接抚养子女的优先条件予以考虑。

（三）父母均拒绝抚养子女的

在离婚诉讼期间，实践中还存在父母双方均拒绝抚养子女的情况，人民法院可以先行裁定暂由一方抚养，也有法院在双方都不愿意抚养子女的，判决双方不予离婚的情况。

（四）父母协议轮流抚养

在有利于保护子女利益的前提下，父母双方协议轮流直接抚养子女的，人民法院应予支持。

三、离婚后未成年子女直接抚养人的变更

子女抚养关系确定之后，如果双方的抚养条件发生了变化，父母双方可以协议变更抚养关系。如果一方要求或者子女要求变更抚养关系，父母双方可以协议，如果协议不成时，人民法院可根据子女利益和双方的具体情况判决。如果一方要求变更子女抚养关系并有下列情况之一的，人民法院应予支持：

（1）与子女共同生活的一方因患严重疾病或者因伤残无力继续抚养子女；
（2）与子女共同生活的一方不尽抚养义务或有虐待子女行为，或者其与子女共同生活对子女身心健康确有不利影响；
（3）已满八周岁的子女，愿随另一方生活，该方又有抚养能力；
（4）有其他正当理由需要变更。

四、子女抚养费的负担和变更

子女抚养费包括子女的生活费、教育费和医疗费等。我国《民法典》第1085条规定:"离婚后,子女由一方直接抚养的,另一方应当负担部分或者全部抚养费。负担费用的多少和期限的长短,由双方协议;协议不成的,由人民法院判决。前款规定的协议或者判决,不妨碍子女在必要时向父母任何一方提出超过协议或者判决原定数额的合理要求。"由此确定了子女抚养费负担基本规则。

父母离婚后,不直接抚养子女的一方,应负担子女成长过程中必要的抚养费的一部分或全部。在不影响子女健康成长的前提下,父母双方可以协议由直接抚养方负担子女的全部抚养费,但直接抚养方的抚养能力明显不能保障子女成长所需费用的,影响子女健康成长的,该协议人民法院不予支持,换言之,该协议对子女没有约束力,子女可以向父母任何一方主张超过协议原定数额的合理请求。

(一)子女抚养费的数额、给付方式和期限

根据《民法典》的规定,抚养费用的多少和期限的长短,由父母双方协议;协议不成时,由人民法院判决。

1. 抚养费的数额

人民法院确定子女抚养费的数额,应综合考虑子女的实际需要、父母双方的负担能力和当地的实际生活水平等因素。父母有固定收入的,抚养费一般可以按其月总收入的20%至30%的比例给付。负担两个以上子女抚养费的,比例可以适当提高,但一般不得超过月总收入的50%。父母无固定收入的,抚养费的数额可以依据当年总收入或者同行业平均收入,参照上述比例确定。有特殊情况的,可以适当提高或者降低上述比例。

2. 子女抚养费的给付方式和期限

子女抚育费原则上应定期给付,有条件的可一次性给付。但父母没有固定收入的,可以根据实际取得收入的情况分期或按年度、季度给付现金,农村地区还可以给付农产品等实物。父母一方无经济收入或者下落不明的,可以用其财物折抵抚养费。

抚养费的给付期限,一般至子女十八周岁为止。十六周岁以上不满十八周岁,以其劳动收入为主要生活来源,并能维持当地一般生活水平的,父母可以停止给付抚养费。子女虽满十八周岁但不能独立生活的,父母仍应负担必要的抚养费。这里的"不能独立生活",一般是指尚在校接受高中及其以下学历教育,或者丧失劳动能力等非因主观原因而无法维持正常生活的成年子女。

父母不得因子女变更姓氏而拒付子女抚养费。父或者母擅自将子女姓氏改为继母或继父姓氏而引起纠纷的,应当责令恢复原姓氏。

离婚时,应将子女抚育费的数额、给付的期限和办法,明确、具体地载入离婚协议书、离婚调解协议书或判决书中。

（二）子女抚养费的变更

有下列情形之一，子女要求有负担能力的父或者母增加抚养费的，人民法院应予支持：

（1）原定抚养费数额不足以维持当地实际生活水平；

（2）因子女患病、上学，实际需要已超过原定数额；

（3）有其他正当理由应当增加。

五、离婚后不直接抚养子女一方的探望权

我国《民法典》第1086条第1款规定："离婚后，不直接抚养子女的父或者母，有探望子女的权利，另一方有协助的义务。"该条确立了在父母协议或法院判决由父母一方直接抚养子女的情况下，赋予不直接抚养子女的另一方享有探望该子女的权利。

（一）探望权的概念和特征

探望权是指离婚后不直接抚养子女的一方享有与未成年子女会面、联系、交流及短期共同生活的权利。探望权是亲权内容的体现，带有很强的情感因素，具有人身专属性。

1. 探望权的主体

探望权的权利主体为离婚后不直接抚养子女的父或母一方，义务主体为离婚后直接抚养子女的一方。实践中对祖（外）父母是否享有探视权有争议，本书作者认为，探视权是对不直接抚养子女一方无法享受到父母子女天伦之乐的一种弥补，赋予其享有探望子女、与子女交流沟通、短暂共同生活的权利，能满足其基于亲子关系而自然产生的情感需求，具有很强的人身属性，因此仅仅规定权利人仅限于不直接抚养子女的一方。探望权人行使探望权时，另一方有协助的义务，义务人应该为权利人提供便利的条件，不能阻碍对方行使权利。

2. 探望权属于亲权内容，具有法定性，不能附加其他条件

探望权是离婚后不直接抚养子女的一方享有的法定权利，其行使不以探望权人支付子女抚育费用为前提，即使因某种原因暂时未能支付抚育费，仍享有探望子女的权利。

3. 探望权的行使必须有利于子女的身心健康

如果探望权人的探望行为不利于子女身心健康的，与子女共同生活的一方或子女可以提出中止探望权的行使。我国《民法典》第1086条第3款规定："父或母探望子女，不利于子女身心健康的，由人民法院依法中止探望的权利；中止的事由消失后，应当恢复探望。"如果行使探望权损害了孩子的身心健康，人民法院可以依法中止其行使探望权。

（二）探望权的行使

我国《民法典》第1086条第2款规定："行使探望权利的方式、时间由当事人协

议；协议不成的，由人民法院判决。"当父母双方就探望方式、时间等协商达不成一致时，法院应从有利于子女身心健康及双方的实际情况等综合考虑确定探望的方式、时间等。如果人民法院作出的已经生效的离婚判决中未涉及探望权，当事人就探望权问题单独提起诉讼的，人民法院应予受理。

（三）探望权的中止

当探望权的行使不利于子女身心健康时，应当中止探望。《民法典》第1086第3款规定："父或者母探望子女，不利于子女身心健康的，由人民法院依法中止探望；中止的事由消失后，应当恢复探望。"

1. 探望权中止事由

探望权虽然是不直接抚养子女一方享有的法定权利，但其行使如果对子女的身心健康发展有不利影响，其行使将受到限制，人民法院可依法中止探望。不利于子女健康的情形一般是指以下几种情形：

（1）指探望权人患有严重的精神疾病、严重的传染性疾病或痴呆症等其他严重疾病，有可能危及子女健康的；

（2）探望权人有家庭暴力倾向、吸毒等不良恶习的；

（3）探望权人有教唆、胁迫、引诱未成年子女实施违法犯罪行为的；

（4）探望权人与子女感情恶化，子女坚决拒绝探望的。

2. 探望权中止的请求权人

根据《民法典婚姻家庭编司法解释（一）》第67条的规定，有权向人民法院提出中止探望的请求的人包括未成年子女、直接抚养子女的父或者母、其他对未成年子女负担抚养、教育、保护义务的法定监护人。

3. 探望权中止的程序

根据《民法典婚姻家庭编司法解释（一）》第66条的规定，当事人在履行生效判决、裁定或者调解书的过程中，一方请求中止探望的，人民法院在征询双方当事人意见后，认为需要中止探望的，依法作出裁定。

（四）探望权的恢复

探望权的中止只是暂时限制探望权人行使探望权，根据《民法典婚姻家庭编司法解释（一）》第66条的规定，当中止探望的情形消失后，人民法院应当根据当事人的请求书面通知其恢复探望。

（五）探望权的强制执行

《民法典婚姻家庭编司法解释（一）》第68条规定："对于拒不协助另一方行使探望权的有关个人或者组织，可以由人民法院依法采取拘留、罚款等强制措施，但是不能对子女的人身、探望行为进行强制执行。"探望权是不直接抚养子女一方享有的权利，实践中存在直接抚养一方不配合，故意阻碍另一方行使探望权的情况，人民法院可以对拒不协助另一方采取拘留、罚款等强制措施，但不能对子女的人身进行强制。此外，探望权人也存在不行使探望权，放弃探望权的情况，此时子女或另一方也不能要求另一方必须要行使探望权，法院也不能对探望行为进行强制执行，否则有违探望权属于权利的本质属性。

第四节 离婚的救济制度

我国的离婚救济制度主要包括对家事劳动付出较多一方的经济补偿、离婚时无过错方享有离婚损害赔偿请求权和对生活困难一方的经济帮助等内容。

一、离婚经济补偿

离婚经济补偿，又称为家事劳动经济补偿，是指夫妻离婚时在家事劳动中付出较多义务的一方有权向另一方请求经济补偿。我国《民法典》第1088条规定："夫妻一方因抚育子女、照料老年人、协助另一方工作等负担较多义务的，离婚时有权向另一方请求补偿，另一方应当给予补偿。具体办法由双方协议；协议不成的，由人民法院判决。"相较于原《婚姻法》，《民法典》所确立的离婚经济补偿的构成条件更为宽松，不以双方采取分别财产制为前提。家庭生活中付出较多义务一方的经济补偿权是对家事劳动、协助另一方工作所付出的劳动价值进一步的承认和肯定，符合我国的社会生活状态及大多数家庭的分工模式，有利于保护在家庭生活中负担义务较多一方的利益。

离婚经济补偿一定程度上反映了夫妻任何一方在家事劳动所创造的价值，如果夫妻双方采取的是法定的婚后所得共同制，离婚时对夫妻共同财产的分割也体现了对家事劳动价值的承认，过去立法理念基于这种认识，规定离婚时家事劳动经济补偿仅限于实行夫妻分别财产制的情形，但现实中往往承担了较多家事劳动一方在婚姻关系存续期间因付出较多的家事劳动，自身职业发展及提升机会相应受到影响，参与社会发展的能力也会相应减弱，一旦离婚，承担较多家事劳动的一方融入社会的成本将大幅提高，这部分个人发展能力提高的成本并没有体现在夫妻共同财产分割之中。此外，在一些家庭中，很多女性既承担了较多的家事劳动也外出工作，为家庭财产的增长做出了较大的贡献，女性为家事劳动的付出在节约家庭成本，提高整个家庭的财产价值方面的作用越来越突出，因此赋予付出家事劳动较多一方在离婚时享有向另一方主张家事劳动补偿请求权不仅是对家事劳动付出较多一方在抚育子女、照顾老人的所付出的家事劳动的尊重，也符合民法公平原则及对妇女权益保护的价值理念。基于以上考虑，我国《民法典》将该项权利适用条件不再局限于夫妻实行分别财产制的情况，无论夫妻采取的法定财产制还是约定财产制，在家庭生活中付出较多家事劳动的一方，无论是夫还是妻，都享有家事劳动经济补偿请求权。

（一）家事劳动经济补偿请求权的行使条件

1. 夫妻一方在家庭生活中付出了较多的义务

根据《民法典》第1088条的规定，付出较多的义务，是指在家庭生活中夫妻一方在抚育子女、照料老年人、协助对方工作等方面相较于另一方付出了较多义务。如果双方都在家庭生活中承担了大体相当的家事劳动，则夫妻双方均不享有经济补偿请求权。

2. 家事劳动经济补偿请求权的行使时间仅限于离婚之时

夫妻双方不离婚或离婚之后都无权行使家事劳动经济补偿请求权。家事劳动经济补偿权由权利人自行决定是否行使，在当事人没有提起家事劳动经济补偿请求时，人民法院可以主动释明，但最终是否行使这个权利应由权利人自行决定。

（二）家事劳动经济补偿的具体办法

夫妻一方行使家事劳动经济补偿请求权时，如果符合行使条件，则夫妻另一方应该补偿。至于如何补偿，首先由双方协议，协议不成的，由人民法院判决。人民法院确定补偿数额时一般要综合考虑以下因素。

1. 多付出义务的夫妻一方在家庭生活中付出劳动的时间、强度等

付出的时间长短、劳动的强度等是经济补偿金额多少的重要考量因素，如果是一方为家庭完全放弃了自身的职业发展，在家庭生活中全身心地养育子女、照顾老年人等，则补偿的金额相对较高。

2. 夫妻另一方因夫妻一方的付出而取得的利益

这种利益更多地体现为夫妻一方因另一方在家庭生活中养育子女、照顾老人、协助自己工作而获得的持续发展能力和机会，因一方的付出而获得的职业发展机遇和空间越大，则相应给予一方的经济补偿就越多。

3. 夫妻共同财产的分割情况

如果夫妻共同财产较多，在家庭共同生活中付出较多一方的劳动价值在分割夫妻共同财产时已经得到了充分体现，则经济补偿的金额相对较少，反之，则相对较高一些。

二、离婚经济帮助

我国婚姻法秉承男女平等及婚姻自由的基本原则，夫妻任何一方均有权提出离婚，但经济上原因往往是制约婚姻自由的重要因素之一，我国并没有像其他国家那样设立了离婚时赡养制度，但确立了离婚时对生活困难一方的经济帮助，一定程度上可以消除离婚给生活困难一方所带来的生存困境，也有利于降低经济因素对阻碍离婚自由实现的消极影响。此外，基于婚姻的伦理性，设立该制度的社会价值不仅符合我国目前的社会经济发展状况，也符合我国社会主义核心价值观。我国《民法典》第1090条规定："离婚时，如果一方生活困难，有负担能力的另一方应当给予适当帮助。具体办法由双方协议；协议不成的，由人民法院判决。"

（一）对生活困难一方经济帮助的性质

离婚时，有负担能力的夫妻一方对生活困难的另一方提供经济帮助，既不是夫妻在婚姻关系存续期间的扶养义务的体现，也不是夫妻关系存续期间扶养义务的延续，而是双方夫妻关系解除后要承担的法律后果之一。

离婚时对生活困难一方提供经济帮助也不同于离婚时在家庭生活中付出较多义务一方享有的经济补偿请求权。家事劳动经济补偿请求权是负担义务较多一方因负担了较多义务而享有的一项权利，一定程度上考虑了家事劳动的价值，也体现了夫妻双方的权利与义务的一致性。离婚时对生活困难一方给予适当帮助是要求有负担能力者对生活困难一方的扶助，是将道义上负担转化为具有法律意义的责任，带有很强的伦理色彩。

（二）对生活困难一方经济帮助的成立条件

1. 时间条件

一方生活困难仅限于离婚时已经出现了生活困难，不包括离婚后所发生的困难。

2. 一方生活确有困难

生活困难一般是指离婚时的夫妻一方个人财产、从共同财产分割中应得的财产、劳动收入或其他收入、补偿金等各种财产集合之后仍然难以维持当地基本生活水平的情形。

3. 提供经济帮助的一方要有负担能力

所谓有负担能力，一般是指提供经济帮助的一方的财产或劳动收入在满足自己正常的生活需要之后还有剩余。提供经济帮助的财产来源于经济帮助一方的个人财产和夫妻共同财产分割所得的财产等。经济帮助的形式不限，可以是金钱，也可以是房屋的居住权利或其他财产权益。

符合上述三个条件，即应对生活困难的夫妻一方进行经济帮助，并不考虑生活困难一方是否有过错导致离婚的情形。如果夫妻离婚是因生活困难一方有过错而引起的，只要符合上述三个条件，仍可以要求另一方在离婚时给予一定的经济帮助。

（三）对生活困难一方经济帮助的具体办法

离婚经济帮助的具体办法由双方协议；协议不成的，由人民法院判决。人民法院一方面要考虑经济帮助方的劳动能力、财产状况等经济条件，另一方面也要考虑需要经济帮助一方的具体情况。一般而言，需要经济帮助的一方尚有劳动能力的，困难只是暂时性的，则宜采用一次性支付一定数额的金钱形式予以帮助；如果困难一方年老体弱，欠缺劳动能力而又没有生活来源的，应作较长期的妥善安排。如果在经济帮助期间，生活困难的一方再婚，另一方可以停止经济帮助，因为生活困难一方再婚后的生活安排应该由再婚配偶提供，这也是夫妻彼此负有扶养义务的应有之义。

三、离婚损害赔偿

离婚损害赔偿，是指夫妻一方实施了具有重大过错的行为并且导致离婚的，无过错方在离婚时有权请求过错方承担损害赔偿责任。《民法典》第1091条规定："有下列情形之一，导致离婚的，无过错方有权请求损害赔偿：（一）重婚；（二）与他人同居；（三）实施家庭暴力；（四）虐待、遗弃家庭成员；（五）有其他重大过错。"离婚损害赔偿具有填补财产损害、抚慰精神及制裁违法犯罪行为，保护婚姻关系及无过错方利益的功能。

（一）离婚损害赔偿的性质

理论上对于离婚损害赔偿的性质有许多不同的认识。传统的婚姻法理论认为，夫妻之间具有人身关系和财产关系，特别是基于夫妻一体主义的观念，夫妻之间不能适用侵权责任，但基于弥补夫妻之间不能适用侵权损害赔偿的缺失，例外地许可离婚时才给予赔偿请求权，因为此时婚姻关系的特殊性已经丧失，保护夫妻个人的权利高于维持婚姻的安定性。[①] 随着时代的发展，尤其在现代法治观念之下，夫妻独立人格不因婚姻而丧失，夫妻之间侵权责任的确立能够弥补当事人的损害，故不需另行规定离婚损害赔偿制度。但一方面我国实行婚后所得共同制，过错方用夫妻共同财产来赔偿无过错方会出现逻辑难以自洽的情形。另一方面，如果双方不离婚的情况下，婚内侵权损害赔偿对于婚姻关系的稳定实际上是非常不利的。基于上述考虑，本书作者认为，离婚损害赔偿是一种特殊的损害赔偿请求权，具有不同于婚内侵权损害赔偿制度的价值和功能，也不能被侵权损害赔偿所替代。离婚损害赔偿与侵权损害赔偿的差别体现在以下几个方面。

1. 请求权主体不同

离婚损害赔偿的请求权主体是无过错的配偶一方，具有特定性；侵权损害赔偿的请求权主体不受限制，自然人、法人等民事主体皆可。

2. 过错程度不同

离婚损害赔偿仅限于配偶一方有法定的重大过错的行为；侵权损害赔偿对行为人的过错程度没有特别要求。

3. 因果关系不同

离婚损害赔偿需要重大过错行为与离婚之间具有因果关系，如果重大过错行为没有导致离婚，即使有损害，也不能构成离婚损害赔偿；侵权损害赔偿则要求一般侵权行为与损害后果之间具有因果关系。

4. 过失相抵规则适用不同

离婚损害赔偿只能是配偶一方有重大过错，另一方没有重大过错，另一方即使有其他过错，也不妨碍其离婚损害赔偿请求权的行使，赔偿范围也不适用过错相抵规则。如果配偶双方都实施了重大过错行为，则不能构成离婚损害赔偿。侵权损害赔偿，如果双方彼此都构成侵权且承担损害赔偿责任时，则可以在确定赔偿范围时适用过错相抵规则。

5. 请求权行使的条件及时间不同

离婚损害赔偿是以离婚为条件，无过错方作为原告只能在提起离婚诉讼的同时行使请求权，无过错方作为被告在离婚诉讼时未提出离婚损害赔偿请求的，只能单独另行起诉。侵权损害赔偿则不以离婚为条件，只要在法定诉讼时效期间均可提出。

[①] 王洪：《婚姻家庭法》，法律出版社 2003 年版，第 196 页。

（二）离婚损害赔偿的成立条件

离婚损害赔偿责任的构成需要具备以下几个条件。

1. 配偶一方对另一方实施了重大过错的行为

所谓重大过错的行为，是指《民法典》第1091条所例示的重婚、与他人同居、实施家庭暴力、虐待遗弃家庭成员等严重伤害夫妻感情的行为，此外还规定了一个兜底性条款即其他重大过错行为。其他有重大过错的行为，一般是指过错程度与上述四种重大过错行为程度相当的行为。能否把通奸、卖淫嫖娼、故意杀害配偶等行为作为重大过错行为，理论界有不同的认识。本书作者认为，通奸、卖淫嫖娼等不名誉行为与重婚、与他人同居等行为在性质上都属于违反夫妻忠实义务，破坏夫妻感情的行为，但对夫妻感情的影响程度上是否相同则取决于人们的婚姻观念，由于配偶可忍耐、可饶恕的程度及个体感受差异性较大，基于对婚姻的保护，防止离婚法定理由过于泛化，应该严格按照法律的规定，对其他有过错的行为采取限缩解释比较合适，不宜将此类行为归入到其他重大过错的行为之中。故意杀害配偶行为的危害程度等同于甚至超过家庭暴力对配偶一方人身利益的侵害，这种行为应该作为其他有重大过错行为。

2. 配偶另一方没有重大过错

配偶一方对另一方实施了重大过错的行为，另一方没有重大过错，即没有重婚、与他人同居、实施家庭暴力、虐待遗弃家庭成员以及其他具有重大过错的行为。如果具有一般的过错，不影响该方离婚损害赔偿请求权的行使。如果配偶另一方对配偶一方也实施了重大过错的行为，则夫妻双方均不享有离婚损害赔偿请求权。

3. 配偶一方实施的重大过错行为对另一方造成了损害

根据《民法典婚姻家庭编司法解释（一）》第86条规定，离婚损害赔偿既包括物质损害赔偿，也包括精神损害赔偿。涉及精神损害赔偿的，适用《最高人民法院关于确定民事侵权精神损害赔偿责任若干问题的解释》的有关规定。

4. 配偶一方实施的重大过错行为导致了离婚

配偶一方实施的重大过错行为与离婚之间具有因果关系。如果离婚不是因配偶的重大过错行为所引起的，则不能适用该条规定。如果人民法院判决不准离婚的案件，对于当事人基于《民法典》第1091条提出的损害赔偿请求，不予支持。在婚姻关系存续期间，当事人不起诉离婚而单独依据《民法典》第1091条提起损害赔偿请求的，人民法院不予受理。

（三）离婚损害赔偿的程序

根据《民法典婚姻家庭编司法解释（一）》第88条、第89条的规定，人民法院受理离婚案件时，应当将《民法典》第1091条等规定的当事人的有关权利义务，书面告知当事人。在适用《民法典》第1091条时，应当区分以下不同情况：

（1）符合《民法典》第1091条规定的无过错方作为原告基于该条规定向人民法院提起损害赔偿请求的，必须在离婚诉讼的同时提出。

（2）符合《民法典》第 1091 条规定的无过错方作为被告的离婚诉讼案件，如果被告不同意离婚也不基于该条规定提起损害赔偿请求的，可以就此单独提起诉讼。

（3）无过错方作为被告的离婚诉讼案件，一审时被告未基于《民法典》第 1091 条规定提出损害赔偿请求，二审期间提出的，人民法院应当进行调解；调解不成的，告知当事人另行起诉。双方当事人同意由第二审人民法院一并审理的，第二审人民法院可以一并裁判。

（4）当事人在婚姻登记机关办理离婚登记手续后，以《民法典》第 1091 条规定为由向人民法院提出损害赔偿请求的，人民法院应当受理。但当事人在协议离婚时已经明确表示放弃该项请求的，人民法院不予支持。

第十章　特殊婚姻家庭关系

第一节　涉外婚姻家庭关系的法律适用

涉外婚姻家庭关系指的是中国公民与外国人，或者外国人与外国人在中国因结婚、离婚、夫妻关系、父母子女关系和其他近亲属关系、收养、扶养和监护等发生的权利义务关系。涉外婚姻家庭关系由于具有涉外因素，涉及不同国家的不同的婚姻家庭法律规定，在处理相关的法律问题时，需要解决不同国家婚姻家庭法律的冲突问题。民事关系具有下列情形之一的，人民法院可以认定为涉外民事关系：①当事人一方或双方是外国公民、外国法人或者其他组织、无国籍人；②当事人一方或双方的经常居所地在中华人民共和国领域外；③标的物在中华人民共和国领域外；④产生、变更或者消灭民事关系的法律事实发生在中华人民共和国领域外；⑤可以认定为涉外民事关系的其他情形。《中华人民共和国涉外民事法律关系适用法》（以下简称《涉外民事法律关系适用法》）既规定了法律适用的一般原则，又对六大类民事法律问题的准据法作了明确的规定，其中第三章为针对婚姻家庭作的专门规定，当然，婚姻家庭相关纠纷也有可能涉及其他章的规定。

一、涉外婚姻家庭关系的法律适用

（一）涉外婚姻家庭关系法律适用的一般原则

涉外婚姻家庭关系法律适用的一般原则依据的是《涉外民事法律关系适用法》第一章总则的相关规定进行处理。该法第 2 条规定："涉外民事关系适用的法律，依照本法确定。其他法律对涉外民事关系法律适用另有特别规定的，依照其规定。本法和其他法律对涉外民事关系法律适用没有规定的，适用与该涉外民事关系有最密切联系的法律。"

该法第 3 条至第 10 条规定了涉外民事法律关系中的若干一般原则：

（1）当事人依照法律规定可以明示选择涉外民事关系适用的法律。

（2）中华人民共和国法律对涉外民事关系有强制性规定的，直接适用该强制性规定。

（3）外国法律的适用将损害中华人民共和国社会公共利益的，适用中华人民共和国法律。

（4）涉外民事关系适用外国法律，该国不同区域实施不同法律的，适用与该涉外民事关系有最密切联系区域的法律。

(5) 涉外民事关系的定性，适用法院地法律。

(6) 涉外民事关系适用的外国法律，不包括该国的法律适用法。

(7) 涉外民事关系适用的外国法律，由人民法院、仲裁机构或者行政机关查明。当事人选择适用外国法律的，应当提供该国法律。不能查明外国法律或者该国法律没有规定的，适用中华人民共和国法律。

(8) 诉讼时效，适用相关涉外民事关系应当适用的法律。

（二）涉外婚姻家庭关系的准据法

1. 涉外结婚条件的准据法

《涉外民事法律关系适用法》第21条规定："结婚条件，适用当事人共同经常居所地法律；没有共同经常居所地的，适用共同国籍国法律；没有共同国籍，在一方当事人经常居所地或者国籍国缔结婚姻的，适用婚姻缔结地法律。"

2. 涉外结婚手续的准据法

《涉外民事法律关系适用法》第22条规定："结婚手续，符合婚姻缔结地法律、一方当事人经常居所地法律或者国籍国法律的，均为有效。"

3. 涉外夫妻人身关系的准据法

《涉外民事法律关系适用法》第23条规定："夫妻人身关系，适用共同经常居所地法律；没有共同经常居所地的，适用共同国籍国法律。"

4. 涉外夫妻财产关系的准据法

《涉外民事法律关系适用法》第24条规定："夫妻财产关系，当事人可以协议选择适用一方当事人经常居所地法律、国籍国法律或者主要财产所在地法律。当事人没有选择的，适用共同经常居所地法律；没有共同经常居所地的，适用共同国籍国法律。"

5. 涉外父母子女人身、财产关系的准据法

《涉外民事法律关系适用法》第25条规定："父母子女人身、财产关系，适用共同经常居所地法律；没有共同经常居所地的，适用一方当事人经常居所地法律或者国籍国法律中有利于保护弱者权益的法律。"

6. 涉外协议离婚的准据法

《涉外民事法律关系适用法》第26条规定："协议离婚，当事人可以协议选择适用一方当事人经常居所地法律或者国籍国法律。当事人没有选择的，适用共同经常居所地法律；没有共同经常居所地的，适用共同国籍国法律；没有共同国籍的，适用办理离婚手续机构所在地法律。"

7. 涉外诉讼离婚的准据法

《涉外民事法律关系适用法》第27条规定："诉讼离婚，适用法院地法律。"

8. 涉外收养的准据法

《涉外民事法律关系适用法》第28条规定："收养的条件和手续，适用收养人和被收养人经常居所地法律。收养的效力,适用收养时收养人经常居所地法律。收养关系的解除,适用收养时被收养人经常居所地法律或者法院地法律。"

9. 涉外扶养的准据法

《涉外民事法律关系适用法》第29条规定:"扶养,适用一方当事人经常居所地法律、国籍国法律或者主要财产所在地法律中有利于保护被扶养人权益的法律。"

10. 涉外监护的准据法

《涉外民事法律关系适用法》第30条规定:"监护,适用一方当事人经常居所地法律或者国籍国法律中有利于保护被监护人权益的法律。"

二、我国涉外婚姻家庭法律问题的具体规定

(一) 涉外结婚

中国公民与外国人在中国境内结婚,适用中国法律的,需要满足《民法典》婚姻家庭编和《婚姻登记条例》的相关规定。

1. 申请结婚登记的当事人须提交的证件和证明材料

申请结婚登记的中国公民一方须提交的证件和证明材料有:①本人的户口簿、身份证;②本人无配偶以及与对方当事人没有直系血亲和三代以内旁系血亲关系的签字声明。

申请结婚登记的外国人一方须提交的证件和证明材料有:①本人的有效护照或者其他有效的国际旅行证件;②所在国公证机构或者有权机关出具的、经中华人民共和国驻该国使(领)馆认证或者该国驻华使(领)馆认证的本人无配偶的证明,或者所在国驻华使(领)馆出具的本人无配偶的证明。

2. 结婚登记的机关和程序

办理涉外结婚登记的机关是中国公民常住户口所在地的婚姻登记机关。申请登记的男女双方须亲自到婚姻登记机关提出申请;经审查后,符合我国法律规定的,予以登记,发给结婚证。涉外复婚亦适用涉外结婚的相关规定。

(二) 涉外离婚

1. 协议离婚

中国公民同外国人在内地协议离婚的,男女双方应当共同亲自前往中国公民常住户口所在地的婚姻登记机关办理离婚登记。

申请办理离婚登记的中国公民一方须提交的证件和证明材料有:①本人的户口簿、身份证;②本人的结婚证;③双方当事人共同签署的离婚协议书。

申请办理离婚登记的外国人一方须提交的证件和证明材料有:①本人的结婚证;②双方当事人共同签署的离婚协议书;③本人的有效护照或者其他有效国际旅行证件。

办理涉外离婚的登记的机关就是办理涉外结婚登记的机关。办理离婚登记的当事人

有下列情形之一的，婚姻登记机关不予受理：①未达成离婚协议的；②属于无民事行为能力人或者限制民事行为能力人的；③其结婚登记不是在内地办理的。婚姻登记机关应当对离婚登记当事人出具的证件、证明材料进行审查并询问相关情况。对当事人确属自愿离婚，并已对子女抚养、财产、债务等问题达成一致处理意见的，应当当场予以登记，发给离婚证。

2. 诉讼离婚

根据《中国公民同外国人办理婚姻登记的几项规定》的要求，内地居民和外国人在华要求离婚的，应按中华人民共和国民事诉讼法有关规定，向该管辖人民法院提出离婚诉讼。要求复婚的，按结婚办理。

要求离婚的一方应当向有管辖权的人民法院起诉；当事人必须有一方在中国境内，并在中国有户籍，或者有居所并连续居住满1年以上。如果被告在国外定居，符合上述要求的原告可以向其户籍所在地或者居所地的中级人民法院起诉离婚。如果原告在国外定居，可以向符合上述要求的被告户籍所在地或者居住地的中级人民法院起诉。如果夫妻双方均系外籍华人，或者一方是华侨，另一方是外籍华人的，要求离婚应由居住国有关机关办理。如果当事人原在中国境内或者中国驻外使、领馆办理结婚登记，居住国有关机关出于某种原因不受理离婚请求时，原在中国境内登记结婚的，可回国向登记地的中级人民法院提出离婚请求；原在中国驻外使、领馆办理结婚登记的，可回国后向出国前最后户籍所在地或者居住地的中级人民法院提出离婚请求。[①]

（三）涉外收养

涉外收养不仅指夫妻双方都是外国人在中国境内收养子女，还包括收养人夫妻一方为外国人在华收养子女。涉外收养法律问题主要由《外国人在中华人民共和国收养子女登记办法》规范。

《民法典》第1109条规定："外国人依法可以在中华人民共和国收养子女。外国人在中华人民共和国收养子女，应当经其所在国主管机关依照该国法律审查同意。收养人应当提供由其所在国有权机构出具的有关其年龄、婚姻、职业、财产、健康、有无受过刑事处罚等状况的证明材料，并与送养人签订书面协议，亲自向省、自治区、直辖市人民政府民政部门登记。前款规定的证明材料应当经收养人所在国外交机关或者外交机关授权的机构认证，并经中华人民共和国驻该国使领馆认证，但是国家另有规定的除外。"通常情况下，外国人在中国收养子女会导致被收养人的国籍变更，因此，收养不仅要符合中国法律的规定，还得符合该外国人本国法的规定。

1. 涉外收养的实质条件

实施涉外收养，应当同时满足中国法律规定的实质条件，并同时符合收养人所在国有关收养法的规定。外国人在华收养子女，应当符合中国有关收养法律的规定，并应当符合收养人所在国有关收养法的规定；因收养人所在国法律的规定与中国法律的规定不

[①] 马忆南：《婚姻家庭继承法学》，北京大学出版社2014年版，第299页。

一致而产生的问题，由两国政府有关部门协商处理。

外国人在华收养子女，应当通过所在国政府或者政府委托的收养组织（以下简称外国收养组织）向中国政府委托的收养组织（以下简称中国收养组织）转交收养申请并提交收养人的家庭情况报告和证明。前款规定的收养人的收养申请、家庭情况报告和证明，是指由其所在国有权机构出具，经其所在国外交机关或者外交机关授权的机构认证，并经中华人民共和国驻该国使馆或者领馆认证的下列文件：①跨国收养申请书；②出生证明；③婚姻状况证明；④职业、经济收入和财产状况证明；⑤身体健康检查证明；⑥有无受过刑事处罚的证明；⑦收养人所在国主管机关同意其跨国收养子女的证明；⑧家庭情况报告，包括收养人的身份、收养的合格性和适当性、家庭状况和病史、收养动机以及适合于照顾儿童的特点等。在华工作或者学习连续居住一年以上的外国人，在华收养子女，应当提交前款规定的除身体健康检查证明以外的文件，并应当提交在华所在单位或者有关部门出具的婚姻状况证明、职业、经济收入或者财产状况证明，有无受过刑事处罚证明以及县级以上医疗机构出具的身体健康检查证明。

送养人应当向省、自治区、直辖市人民政府民政部门提交本人的居民户口簿和居民身份证（社会福利机构作送养人的，应当提交其负责人的身份证件）、被收养人的户籍证明等情况证明，并根据不同情况提交下列有关证明材料：①被收养人的生父母（包括已经离婚的）为送养人的，应当提交生父母有特殊困难无力抚养的证明和生父母双方同意送养的书面意见；其中，被收养人的生父或者生母因丧偶或者一方下落不明，由单方送养的，并应当提交配偶死亡或者下落不明的证明以及死亡的或者下落不明的配偶的父母不行使优先抚养权的书面声明。②被收养人的父母均不具备完全民事行为能力，由被收养人的其他监护人作送养人的，应当提交被收养人的父母不具备完全民事行为能力且对被收养人有严重危害的证明以及监护人有监护权的证明；③被收养人的父母均已死亡，由被收养人的监护人作送养人的，应当提交其生父母的死亡证明、监护人实际承担责任的证明，以及其他有抚养义务的人同意送养的书面意见；④由社会福利机构作送养人的，应当提交弃婴、儿童被遗弃和发现的情况证明以及查找其父母或者其他监护人的情况证明；被收养人是孤儿的，应当提交孤儿父母的死亡或者宣告死亡证明，以及有抚养孤儿义务的其他人同意送养的书面意见。送养残疾儿童的，还应当提交县级以上医疗机构出具的该儿童的残疾证明。

2. 涉外收养的形式条件

外国人来华收养子女，应当亲自来华办理登记手续。夫妻共同收养的，应当共同来华办理收养手续；一方因故不能来华的，应当书面委托另一方。委托书应当经所在国公证和认证。外国人来华收养子女，应当与送养人订立书面收养协议。协议一式三份，收养人、送养人各执一份，办理收养登记手续时收养登记机关收存一份。书面协议订立后，收养关系当事人应当共同到被收养人常住户口所在地的省、自治区、直辖市人民政府民政部门办理收养登记。

省、自治区、直辖市人民政府民政部门应当对送养人提交的证件和证明材料进行审查，对查找不到生父母的弃婴和儿童公告查找其生父母；认为被收养人、送养人符合收养法规定条件的，将符合收养法规定的被收养人、送养人名单通知中国收养组织，同时转交下列证件和证明材料：①送养人的居民户口簿和居民身份证（社会福利机构作送养人的，为其负责人的身份证件）复制件；②被收养人是弃婴或者孤儿的证明、户簿证明、成长情况报告和身体健康检查证明的复制件及照片。省、自治区、直辖市人民政府民政部门查找弃婴或者儿童生父母的公告应当在省级地方报纸上刊登。自公告刊登之日起满 60 日，弃婴和儿童的生父母或者其他监护人未认领的，视为查找不到生父母的弃婴和儿童。

中国收养组织对外国收养人的收养申请和有关证明进行审查后，应当在省、自治区、直辖市人民政府民政部门报送的符合收养法规定条件的被收养人中，参照外国收养人的意愿，选择适当的被收养人，并将该被收养人及其送养人的有关情况通过外国政府或者外国收养组织送交外国收养人。外国收养人同意收养的，中国收养组织向其发出来华收养子女通知书，同时通知有关的省、自治区、直辖市人民政府民政部门向送养人发出被收养人已被同意收养的通知。

收养关系当事人办理收养登记时，应当填写外国人来华收养子女登记申请书并提交收养协议，同时分别提供有关材料。收养人应当提供下列材料：①中国收养组织发出的来华收养子女通知书；②收养人的身份证件和照片。送养人应当提供下列材料：①省、自治区、直辖市人民政府民政部门发出的被收养人已被同意收养的通知；②送养人的居民户口簿和居民身份证（社会福利机构作送养人的，为其负责人的身份证件）、被收养人的照片。

第二节　涉侨、涉港澳台的婚姻和收养

一、涉侨、涉港澳台的婚姻和收养法律冲突概述

（一）中国区际婚姻家庭法律冲突的现状

涉侨、涉港澳台的法律冲突问题与涉外法律冲突问题十分不同，具有自身的独特性与特征，其中，涉港澳台的法律冲突问题又称区际法律冲突。在中华人民共和国的领土范围内、主权之下，存在四个相对独立的法域，即内地、香港特别行政区、澳门特别行政区与台湾地区。由于四个法域的法律制度依然存在一定差异，而诸法域之间的人员来往已经十分频繁、密切，有必要采取适当措施合理解决婚姻家庭领域的法律冲突。区际法律冲突，是在一个主权国家的范围内不同地区的法律制度之间在同一层面上的冲突。区际法律冲突发生在"复合法域（多法域）国家"，对于跨法域的亦即涉及不同法域的婚姻家庭问题，必须正确处理客观存在的法律冲突。[①]

（二）中国区际婚姻家庭法律冲突的特点

中国四个法域之间的婚姻家庭法律冲突的现状具有以下几个特点。

---

① 杨大文、龙翼飞主编：《婚姻家庭法》，中国人民大学出版社 2020 年版，第 237 页。

1. 中国区际婚姻家庭法律冲突以"一国两制"为前提

中国区际婚姻家庭法律冲突是单一制国家中的特别行政区享有高度自治权情况下的法律冲突。我国是单一制国家，但是根据中英《关于香港问题的联合声明》、中葡《关于澳门问题的联合声明》以及香港、澳门各自的基本法，特别行政区享有高度自治。各特别行政区由于历史原因被赋予特殊待遇，享有独立的立法权、司法权和终审权。只要"一国两制"政策不变，中国区际婚姻家庭法律冲突将长期存在。

2. 中国区际婚姻家庭法律冲突既表现为社会制度的冲突，也表现为不同法系法律制度之间的冲突

世界上其他国家之间的区际法律冲突发生在完全实行一种社会制度的不同法域之间，此时，各法域法律的共同点多于差异，易于沟通与交往，其法律原则是统一的，冲突是局部的。① 我国的区际法律冲突则不同，内地与香港、澳门、台湾地区实行不同的社会制度。此外，香港长期实行英国普通法，与同属于大陆法系的内地、澳门、台湾地区有极大不同之处。这两类差异使得中国区际婚姻家庭法律冲突具有自身的复杂性。

3. 中国区际婚姻家庭法律冲突以中华民族的共同传统为归依

内地与香港、澳门、台湾地区同属一个中国，分享共同的民族文化传统与家庭观念，相较于涉外婚姻家庭关系，四个法域之间的共性远远大于特性。此外，婚姻家庭关系不同于财产关系，极具地方性，共同享有中华民族文化传统这一地方性财富的这一现实，也是我们妥当解决并最终消除中国区际婚姻家庭法律冲突最重要的依托。

二、我国内地涉侨、涉港澳台的婚姻家庭法律问题

（一）涉侨、涉港澳台的结婚登记

改革开放以来，我国对于华侨、香港居民、澳门居民、台湾居民与内地居民在内地结婚的问题作出过若干规定，例如1983年民政部关于发布《华侨同国内公民、港澳同胞同内地公民之间办理婚姻登记的几项规定》（失效），并且启用了专门的婚姻登记信息系统。2003年《婚姻登记条例》对涉侨、涉港澳台的婚姻登记进行统一规定。

1. 婚姻登记的机关

内地居民同香港特别行政区居民（以下简称香港居民）、澳门特别行政区居民（以下简称澳门居民）、台湾地区居民（以下简称台湾居民）、华侨办理婚姻登记的机关是省、自治区、直辖市人民政府民政部门或者省、自治区、直辖市人民政府民政部门确定的机关。内地居民同香港居民、澳门居民、台湾居民、华侨在内地结婚的，男女双方应当共同到内地居民常住户口所在地的婚姻登记机关办理结婚登记。

2. 证件和证明材料

办理结婚登记的内地居民一方应当出具的证件和证明材料与双方均为内地居民办理

---

① 蒋月主编：《婚姻家庭与继承法》，厦门大学出版社2014年版，第238页。

结婚登记时应当出具的相同。

办理结婚登记的华侨应当出具下列证件和证明材料：①本人的有效护照；②居住国公证机构或者有权机关出具的、经中华人民共和国驻该国使（领）馆认证的本人无配偶以及与对方当事人没有直系血亲和三代以内旁系血亲关系的证明，或者中华人民共和国驻该国使（领）馆出具的本人无配偶以及与对方当事人没有直系血亲和三代以内旁系血亲关系的证明。

办理结婚登记的香港居民、澳门居民、台湾居民应当出具下列证件和证明材料：①本人的有效通行证、身份证；②经居住地公证机构公证的本人无配偶以及与对方当事人没有直系血亲和三代以内旁系血亲关系的声明。

涉侨、涉港澳台的复婚登记，适用结婚登记程序。

（二）涉侨、涉港澳台的离婚登记和离婚诉讼

1. 协议离婚

内地居民同香港居民、澳门居民、台湾居民、华侨在内地自愿离婚的，男女双方应当共同到内地居民常住户口所在地的婚姻登记机关办理离婚登记。

办理离婚登记的内地居民一方应当出具的证件和证明材料与双方均为内地居民办理离婚登记时应当出具的相同。办理离婚登记的华侨、香港居民、澳门居民、台湾居民应当出具的证件和证明材料：①本人的结婚证；②双方当事人共同签署的离婚协议书，并载明双方当事人自愿离婚的意思表示以及对子女抚养、财产及债务处理等事项协商一致的意见；③华侨应当出具本人的有效护照或者其他有效国际旅行证件，香港居民、澳门居民、台湾居民应当出具本人的有效通行证、身份证。

2. 诉讼离婚

涉侨、涉港澳台的婚姻一方当事人要求离婚的，无法达成离婚协议或者无法到婚姻登记机关申请离婚登记的，可由有关部门进行调解或者直接向内地居民一方住所地或者经常居住地的人民法院提起离婚诉讼。

（三）涉侨、涉港澳台的收养登记

1999年发布2019年修订的《中国公民收养子女登记办法》第14条规定："华侨以及居住在香港、澳门、台湾地区的中国公民在内地收养子女的，申请办理收养登记的管辖以及所需要出具的证件和证明材料，按照国务院民政部门的有关规定执行。"根据此项授权，民政部于1999年发布《华侨以及居住在港澳台地区的中国公民办理收养登记的管辖以及所需出具证明材料的规定》，其主要内容如下。

1. 收养登记的机关

华侨以及居住在香港、澳门、台湾地区的中国公民在内地收养子女的，应当到被收养人常住户口所在地的直辖市、设区的市、自治州人民政府民政部门或者地区（盟）行政公署民政部门申请办理收养登记。

2. 证件与证明材料

居住在已与中国建立外交关系国家的华侨申请办理成立收养关系的登记时，应当提交收养申请书和下列证件、证明材料：①护照；②收养人居住国有权机构出具的收养人的年龄、婚姻、有无子女、职业、财产、健康、有无受过刑事处罚等状况的证明材料，该证明材料应当经其居住国外交机关或者外交机关授权的机构认证，并经中国驻该国使领馆认证。

居住在未与中国建立外交关系国家的华侨申请办理成立收养关系的登记时，应当提交收养申请书和下列证件、证明材料：①护照；②收养人居住国有权机构出具的收养人的年龄、婚姻、有无子女、职业、财产、健康、有无受过刑事处罚等状况的证明材料，该证明材料应当经其居住国外交机关或者外交机关授权的机构认证，并经已与中国建立外交关系的国家驻该国使领馆认证。

香港居民中的中国公民申请办理成立收养关系的登记时，应当提交收养申请书和下列证件、证明材料：①香港居民身份证、香港居民来往内地通行证或者香港同胞回乡证；②经国家主管机关委托的香港委托公证人证明的收养人的年龄、婚姻、有无子女、职业、财产、健康、有无受过刑事处罚等状况的证明材料。

澳门居民中的中国公民申请办理成立收养关系的登记时，应当提交收养申请书和下列证件、证明材料：①澳门居民身份证、澳门居民来往内地通行证或者澳门同胞回乡证；②澳门地区有权机构出具的收养人的年龄、婚姻、有无子女、职业、财产、健康、有无受过刑事处罚等状况的证明材料。

台湾居民申请办理成立收养关系的登记时，应当提交收养申请书和下列证件、证明材料：①在台湾地区居住的有效证明；②中华人民共和国主管机关签发或签注的在有效期内的旅行证件；③经台湾地区公证机构公证的收养人的年龄、婚姻、有无子女、职业、财产、健康、有无受过刑事处罚等状况的证明材料。

三、内地法院对港澳台地区家事案件判决的认可问题

（一）台湾地区

最高人民法院曾就台湾地区有关裁判文书的认可问题作出若干解释，如《最高人民法院关于人民法院认可台湾地区有关法院民事判决的规定》（法释〔1998〕11号）、《最高人民法院关于当事人持台湾地区有关法院民事调解书或者有关机构出具或确认的调解协议书向人民法院申请认可人民法院应否受理的批复》（法释〔1999〕10号）、《最高人民法院关于当事人持台湾地区有关法院支付命令向人民法院申请认可人民法院应否受理的批复》（法释〔2001〕13号）和《最高人民法院关于人民法院认可台湾地区有关法院民事判决的补充规定》（法释〔2009〕4号）。随着《最高人民法院关于认可和执行台湾地区仲裁裁决的规定》（法释〔2015〕13号）于2015年7月1日施行，前述解释皆已被废止。

根据《最高人民法院关于认可和执行台湾地区仲裁裁决的规定》的规定，台湾地区法院民事判决的当事人可以根据本规定，作为申请人向人民法院申请认可和执行台湾地

区有关法院民事判决。台湾地区法院民事判决，包括台湾地区法院作出的生效民事判决、裁定、和解笔录、调解笔录、支付命令等。申请认可台湾地区法院民事判决的案件，由申请人住所地、经常居住地或者被申请人住所地、经常居住地、财产所在地中级人民法院或者专门人民法院受理。

（二）香港地区

2017年6月，最高人民法院与香港特别行政区政府经协商，就民商事案件判决的相互认可和执行问题签署《关于内地与香港特别行政区法院相互认可和执行婚姻家庭民事案件判决的安排》。当事人向香港特别行政区法院申请认可和执行内地人民法院就婚姻家庭民事案件作出的生效判决，或者向内地人民法院申请认可和执行香港特别行政区法院就婚姻家庭民事案件作出的生效判决的，适用本安排。当事人向香港特别行政区法院申请认可内地民政部门所发的离婚证，或者向内地人民法院申请认可依据《婚姻制度改革条例》（香港法例第178章）第Ⅴ部、第ⅤA部规定解除婚姻的协议书、备忘录的，参照适用本安排。本安排所称生效判决：①在内地，是指第二审判决，依法不准上诉或者超过法定期限没有上诉的第一审判决，以及依照审判监督程序作出的上述判决；②在香港特别行政区，是指终审法院、高等法院上诉法庭及原讼法庭和区域法院作出的已经发生法律效力的判决，包括依据香港法律可以在生效后作出更改的命令。前款所称判决，在内地包括判决、裁定、调解书，在香港特别行政区包括判决、命令、判令、讼费评定证明书、定额讼费证明书，但不包括双方依据其法律承认的其他国家和地区法院作出的判决。本安排所称婚姻家庭民事案件在内地是指：①婚内夫妻财产分割纠纷案件；②离婚纠纷案件；③离婚后财产纠纷案件；④婚姻无效纠纷案件；⑤撤销婚姻纠纷案件；⑥夫妻财产约定纠纷案件；⑦同居关系子女抚养纠纷案件；⑧亲子关系确认纠纷案件；⑨抚养纠纷案件；⑩扶养纠纷案件（限于夫妻之间扶养纠纷）；⑪确认收养关系纠纷案件；⑫监护权纠纷案件（限于未成年子女监护权纠纷）；⑬探望权纠纷案件；⑭申请人身安全保护令案件。

（三）澳门地区

2006年2月，最高人民法院与澳门特别行政区经协商，就内地与澳门特别行政区法院相互认可和执行民商事判决事宜，签署《最高人民法院关于内地与澳门特别行政区相互认可和执行民商事判决的安排》，内地与澳门特别行政区民商事案件（在内地包括劳动争议案件，在澳门特别行政区包括劳动民事案件）判决的相互认可和执行，适用本安排。本安排所称"判决"，在内地包括：判决、裁定、决定、调解书、支付令；在澳门特别行政区包括：裁判、判决、确认和解的裁定、法官的决定或者批示。

第十一章 继承法概述

第一节 继承概说

一、继承的概念

继承有广义和狭义之分。广义的继承是生者对死者生前身份和财产上的权利义务的概括承受，古代社会的爵位世袭制和父债子还制度就是其例。狭义的继承仅是生者对死者的财产继承。根据我国《民法典》的规定，继承是指一定亲属关系的自然人依照法律规定或者有效遗嘱，无偿取得其死亡近亲属所遗留的个人合法财产的法律制度。其中，享有继承权的近亲属为继承人，死亡近亲属为被继承人，被继承的个人合法财产为遗产。

继承具有以下法律特征：

第一，继承只发生在自然人之间。继承是专属于自然人之间的财产传承制度，法人和非法人组织虽也会因各种原因而消灭，但其剩余财产的归属确定事宜不是继承，而是继受者财产承受或者投资人财产取回。

第二，继承发生于特定亲属之间。何人为继承人，各国因风俗习惯不同而在立法上颇有差异。在现代继承法中，继承大都限于与死者有特定亲属关系的自然人。《民法典》第1129条规定的继承人包括配偶、子女、父母、兄弟姐妹、祖父母、外祖父母。不以亲属关系为前提的遗赠和遗赠扶养协议都不属于继承，因而组织和不具有亲属关系的自然人皆可成为受遗赠人。

第三，继承自被继承人死亡时开始。继承开始的原因仅限于自然人死亡，包括自然死亡和宣告死亡两种。在古代社会，户主丧失户主权或者自然人出家为僧时亦得开始继承，但现代民法皆以"继承惟因人之死亡而开始"为立法准则，以维护自然人的民事主体地位。

第四，继承关系的客体是被继承人的遗产。继承人只能继承被继承人死亡时遗留的个人合法财产，被继承人生前的人身权利无论是否具有财产价值，皆不能成为继承权的客体。

第五，继承是对被继承人遗产的概括承继。被继承人的遗产被视为一个整体，当然由继承人承继，而非单一财产或权利的承继。遗赠、死因赠与虽然也以自然人的死亡为条件，但属对死者个别财产的取得，而非继承的概况承继。

二、继承的根据

继承在根本上是私有制的产物,继承权是私有财产权的延伸和继续。[①] 随着我国市场经济的继续繁荣和财产权利的逐渐发达,继承制度将会获得持续发展。但就继承权的具体配置而言,继承人享有继承权的根据何在,自古有种种不同观点,概括起来有以下几种。

(一)意思说

自然法学派将一切的民事权利和权利变动的根据归于人的意思,指定或控制死亡后财产处分是所有人的自然权利。死者常欲以其遗产传于其最亲近的人,故被继承人有遗嘱之自由。无遗嘱时,法律亦应基于此种自然之情理,推测死者的意思,以确定法定继承之归属。现代继承法对遗嘱自由的肯定以及对特留份制度的限制,就是以此学说为基础的。

(二)家族协同说

历史浪漫派认为继承是由家族协同生活,未有一体的协同生活或协同感受者,应将继承权排除在外,外部的人不能继承共同生活圈内死者的遗产。在古代社会,财产大多为家族共同共有,很少有完全自由的私人财产,所谓财产继承不过是财产管理人的更换,[②] 家族财产的天然要求是尽量使其留于家族或亲属集团内部,因而继承制度的主要功能是确保遗产传于一定之家族或亲属,避免其流落于外部人之手。家族协同说试图维护亲属集团内代际相传的纵向共同生活,然家庭结构的小型化与个体独立自由的兴起使该学说面临着现代性挑战,但世界上也有一些国家对遗嘱自由作了诸多限制,其理论根源即是家族协同说。

(三)死后扶养说

该学说认为,一定范围内的亲属相互负有扶养义务,彼此不独立生存,死后亦应延续扶养,这种死后受扶养的权利就体现为一定范围内的亲属对死者遗产的继承权。现代继承法中对继承人顺序的设置以及为无生活来源的继承人保留必要的财产等规定,即体现了此种思想。

(四)先占说

该学说认为,自然人的权利能力终于死亡,自然人的财产权利因其死亡而归于消弭,其遗产也成为无主物,究竟归属何人,完全依靠法律规定。继承法限制了继承人的范围,并对继承人课以遗产税,即系以此种思想为前提。

继承是以私有财产的合法存在为前提和基础的,它能使"有恒产者有恒心",对于

[①] 刘春茂:《中国民法学·财产继承》,中国人民公安大学出版社1990年版,第15页。
[②] 史尚宽:《继承法论》,中国政法大学出版社2000年版,第4页。

激发人们的生产积极性、促进经济发展具有重要意义。我国《民法典》对于继承的制度设计较为全面，涵盖了继承人范围、继承顺序、遗嘱自由、特留份等内容，实为结合上述多种学说的综合立法。

三、继承的种类

依照不同标准，可以将继承划分为以下四种。

（一）法定继承与遗嘱继承

依照财产继承发生的方式，继承可以分为法定继承与遗嘱继承。法定继承是指直接根据法律规定的继承人范围、继承顺序、继承份额及遗产分配的方法继承被继承人遗产的继承方式。在法定继承中，有关继承的内容都由法律加以具体规定，除了有效遗嘱之外，其他任何形式都不得予以变更。遗嘱继承是指根据被继承人生前所立的有效遗嘱来继承被继承人遗产的继承方式。法定继承和遗嘱继承均为自古有之，但其主次地位在不同历史时期和不同国家而有所不同，古代社会为了保障家族利益而把法定继承置于主导地位，现代法律为了尊重个人自由而把遗嘱继承处于优先地位。根据我国《民法典》第1154条规定，遗嘱继承优先，只有在遗嘱无效、未处分或者遗嘱继承人放弃继承的情况下，才能按照法定继承处理遗产。

（二）限制继承与无限制继承

依照继承人或继承财产的范围是否受到限制，继承可以分为限制继承与无限制继承。继承人的范围或者继承财产的范围受限制的，为限制继承。继承人的范围和继承财产的范围均未加以限制的，为无限制继承。从继承法的历史发展来看，民法对继承人范围的限制是一种发展趋势，因为现代家庭作为一个消费单位规模越来越小，有较远亲属关系的亲属彼此很少联系，而且查找亲属关系很远的继承人也很困难，基于亲属协助理论和法律适用的便捷性，法律把继承人限制在一定亲属范围内的制度设计有其合理性。另外，现代继承法都不承认债务可以继承，特留份制度和对困难方的经济帮助也使得继承人不能分配全部遗产，而且多数国家还定有遗产税制度，这都在客观上限制了继承财产的范围。

（三）单独继承与共同继承

依照继承人的人数不同，继承可以分为单独继承与共同继承。单独继承是继承人仅为一人的继承。单独继承一般分为两种情况：一种情况是虽然存在多位继承人，但是根据法律规定只有一人可以继承死者的全部遗产，如古代社会的长子继承、幼子继承、旁系继承等；另外一种情况是，被继承人死亡后，只有一个符合法律规定的近亲属可以继承其全部遗产。共同继承是继承人为两人以上的继承。根据继承人应继承遗产份额是否均等，共同继承又分为均等继承和不均等继承。现代各国（地区）继承法对于同一顺序的血亲几乎都采用均等继承，只有极少数中亚、北非国家还存在女子继承份额少于男子的情形。

（四）本位继承、代位继承与转继承

依照继承人参与继承时的地位，继承可以分为本位继承、代位继承和转继承。

本位继承是指继承人根据法律规定基于自己的继承地位、继承顺序和应继份额来继承被继承人遗产的法律制度，如父母子女间、配偶间的继承。代位继承是指被继承人的子女先于被继承人死亡的，由被继承人子女的晚辈直系血亲代替继承被继承人遗产以及被继承人的兄弟姐妹先于被继承人死亡的，由被继承人兄弟姐妹的子女代替继承被继承人遗产的法定继承方式，如孙子女、外孙子女代替其已故的父亲或母亲继承祖父母或外祖父母的遗产。转继承是指继承人在继承开始后、遗产分割前死亡的，其所应继承的遗产份额转由他的合法继承人继承的法律制度。转继承实质上是两个本位继承对遗产的一次性处理。

第二节　继承法概述

一、继承法的概念

继承法是调整继承关系的法律规范的总称。继承法有广义的继承法与狭义的继承法之分。广义的继承法又称实质意义上的继承法，是指与继承有关的全部继承法律规范的总称，不仅包括形式意义上的继承法，也包括其他法律、行政法规中有关继承的规范以及与继承有关的地方性法规、部门规章等规范性文件，还包括最高人民法院有关继承的司法解释。狭义的继承法又称形式意义上的继承法，是指作为单行法的继承法或者《民法典》中的继承编。本书所指的继承法，是就实质意义上的继承法而言的。

继承法是调整继承关系的法律，举凡继承因何原因开始，继承权归属何人，继承人应负如何责任，遗产如何分割等事宜，均属继承法的固有调整对象。然在司法实务中，继承法的调整范围不限于此，遗嘱监护、遗产捐助、遗嘱信托、继承权丧失、被继承人宽恕、遗产管理、遗嘱执行、债务清偿等，莫不与继承有关。故现代继承法与婚姻家庭法相并列，独立成编。

二、继承法的性质

关于继承法的性质，可以从如下几个方面理解。

（一）继承法为私法

自罗马法学家乌尔比安提出公法与私法的划分以来，虽然其备受争议，但公法与私法依然是法学上最为基本的分类。尽管公法与私法的划分备受争议，但私法是调整平等主体之间关系的法律这一观点是被认同的。不论认为继承法是财产法还是身份法，不管继承法调整的是财产关系还是人身关系，不可否认的是，继承法调整的是平等主体之间因自然人死亡而发生的法律关系，这些都是私人间的关系，故继承法应为私法。

（二）继承法为普通法

死亡是每个人都要面对的问题，因而财产继承是一种普遍存在的社会关系。继承法无论对于何人，不论其有如何身份，均要适用。从继承权主体角度看，若遇有自然人死亡，凡是与其有一定亲属关系的自然人都有依法作为继承人的主体资格，都可实际参与继承法律关系，不因其性别、年龄、身份、地位的差异而不同。从遗产角度看，被继承人的一切遗产都依照继承法的规定发生继承，我国《民法典》并没有区分动产与不动产不同而采取不同的继承法律制度，举凡属于遗产，均按照继承法的规定进行管理与分割。

（三）继承法为强行法

继承不仅涉及继承人的利益，还关系到家庭关系稳定与被继承人之债权人的合法权益，因而继承法的具体制度常与当时的政治、经济、社会和伦理等皆有密切联系，其中含有许多强行性规范，不容被继承人绝对自由。例如继承法中关于继承人的范围和顺序、遗产的范围、遗嘱的形式、被继承人的债务清偿等规定，当事人都应严格遵守，任何人都不得任意改变。继承法大体上带有强行的性质，但它毕竟是私法，其中也有一些任意性规范，如放弃继承权、订立遗嘱、遗产管理人选任等，当事人也有较大的行为自由。

（四）继承法为财产法

继承法究竟为身份法还是财产法，学者们长期争论不休。身份法论者认为，继承法虽然规定遗产转移的条件、方式与途径，但是这些规定只不过是继承人的身份所伴生的法律效力，继承法的本质是规定有一定亲属关系的人的继承权利，即规定以身份为基础而发生的权利，因此继承法是亲属法的补充法，应当归入身份法的范畴。财产法论者认为，继承法不过是规定遗产的移转问题，在本质上是财产法。本书作者认为，继承原为亲属关系的效力延伸，在古代社会属于身份法。然在强调个体独立自由的今天，继承法废除了身份继承，强化了遗嘱自由，拓展了遗赠、遗嘱信托等财产处理方式，继承权虽然仅归属于一定的亲属，但法定继承并不具有优先效力，此时的继承法已经脱离了身份法的藩篱，将之称为亲属关系上的财产法较为妥当。

三、继承法的立法模式

纵观世界各国的继承法编制方法，继承法在立法体例上有两种立法模式。

（一）单行法模式

单行法模式又称特别法主义，是指将继承法作为民法的单行法单独制定，不把它列入民法典之中。采取单行法模式的国家，主要是英美法系国家和尚未制定出完整统一的民法典的国家。如英国颁布《继承法》《遗嘱法》，美国制定了《统一继承法典》，加拿大卑诗省制定了《遗嘱、遗产和继承法》。

(二) 民法典模式

民法典模式，又称法典主义，是把继承法列入民法典之中，作为民法典的一编。大陆法系国家大多采用此种立法模式。由于各国民法典的具体立法情况不同，继承法在民法典中的地位又有所区别，大致有以下几种具体编制方法：

第一，将继承法列入物权编。这些国家认为，继承权是物权的一种，在民法典中应与其他物权并列。如《奥地利普通民法典》把继承权、遗嘱列入物权分编，与所有权一章相并列。

第二，将继承法列入所有权的取得方法。这些国家受罗马法的影响颇深，认为继承是与合同一样，皆是财产权的具体取得方法。虽然许多国家都采用此种立法模式，但是继承法在民法典中的具体位置也略有差异，《法国民法典》把继承、遗嘱列入第三卷"取得财产的各种方式"，与契约一编相并列；《西班牙民法典》把继承一章与占用、赠与相并列，同样采取此种立法方法的还有《埃及民法典》《菲律宾民法典》；美国《路易斯安那民法典》把继承一章与合同、夫妻财产制相并列。

第三，将继承法单独成编。由于各国对于继承法与亲属法、继承法与物权法之间逻辑关系的理解不同，继承法编在民法典中的位置也不相同。《法国民法典》把继承法编放在亲属法编之后，物权法编之前，同样采取此种立法方法的还有《意大利民法典》；《智利共和国民法典》把"死因继承和生前赠与"一编放在物权编之后，债权编之前；《德国民法典》把继承法编放在亲属法编之后，为民法典的最后一编，同样采取此种立法方法的还有《葡萄牙民法典》《日本民法典》《巴西新民法典》。

我国《民法典》继承独立成编，置于婚姻家庭编之后，侵权责任编之前，更加符合继承法与婚姻家庭法、物权法和侵权责任法之间的内在逻辑关系。

四、我国继承法的历史沿革

我国古代没有成文的民法，更谈不上编制成文的继承法，自西周、秦、汉直至清朝，都只是在律法里面夹杂一些关于户籍、继承、田地、债务等条文，其中，关于财产继承部分主要规定在户婚律中，其余制度散见于其他律例。清朝以前的继承法均以宗祧继承为前提，将宗祧继承与财产继承合为一体，并且继承开始的原因不限于被继承人死亡，立嗣、户绝等也能引发财产继承。清光绪三十三年，即1908年，晚清政府才开始效仿西方，设立修订法律馆，开始编制民法。1911年，即宣统三年编制成继承法编第一草案，但嗣后辛亥革命，皇帝退位，法典草案并没有公布施行。1930年，中华民国以历次继承法草案为蓝本，编制了民法典继承编，同年12月公布，次年5月施行。《中华民国民法》之继承编袭《德国民法典》体例，继承编置于法典末尾，包含遗产继承人、遗产之继承、遗嘱等三章，废止宗祧继承，坚持男女平等，采取限定继承，实行法定继承与遗嘱继承并列，中国近现代意义上的继承法首次成形。

新中国成立后，我国从国情出发，吸取中华民族优良传统，革除旧社会封建陋习，总结司法经验，参考外国立法技术，制定具有中国特色的社会主义继承法。新中国的继承法制定过程与民法的起草过程大体一致。

新中国成立初期，我国没有关于财产继承的专门法律法规，中央有关部门认为"目前还不宜于作出太具体的规定"。当时最高人民法院为解决继承问题陆续颁布了一些司法解释，中央法制委员会也发布了相关文件。1950年4月13日中央人民政府委员会第七次会议通过了《婚姻法》，初步确立了新中国基本的继承法律制度。该法第12条规定："夫妻有互相继承遗产的权利。"第14条规定："父母子女有互相继承遗产的权利。"第15条第1款规定："非婚生子女享受与婚生子女同等的权利，任何人不得加以危害或歧视。"这些规定成为当时处理继承问题的基本法律依据，也是我国现行继承法的基本制度。

1954年冬，第一届全国人大常委会组建了专门的班子，着手起草民法典。1956年9月，中国共产党第八次全体代表大会提出了完善社会主义法制的方针。1956年年底，起草小组以1922年《苏俄民法典》为蓝本，拟定了由总则、所有权、债、继承等四编组成的民法典草稿。与此同时，最高人民法院于1953年7月25日发布了《关于处理继承案件几个问题的意见》，全国人大常委办公厅研究室于1956年6月编印了《关于继承问题的参考资料》，作为当时法院的办案依据。

1962年，中央领导人对民事法制建设作出了指示，全国人大常委会于1962年9月重新成立民法研究小组，恢复了民法典的起草工作，但1964年7月1日的《中华人民共和国民法（试拟稿）》根据机会平等精神，删除了继承编。在此期间，最高人民法院发布了若干关于继承的批复和复函。

改革开放以后，我国的继承法制建设进入了一个新的历史时期。1979年2月最高人民法院发布的《关于贯彻执行民事政策法律的意见》，对继承问题作了明确规定。1980年《婚姻法》再次明确了夫妻之间、父母子女之间的遗产继承权。1984年最高人民法院发布的《关于贯彻执行民事政策法律若干问题的意见》第五部分，对于继承开始的时间、遗产的范围、继承人的范围、继承顺序、继承权放弃、继承权剥夺、代位继承、遗产分配原则、遗嘱继承、被继承人债务清偿、转继承等问题，都作了明确规定。1984年8月1日，全国人大法工委拟定了继承法草案第一稿，此后经反复修改，终于于1985年4月10日第六届全国人大三次会议通过了《中华人民共和国继承法》，同年9月11日，最高人民法院发布了《关于贯彻执行〈中华人民共和国继承法〉若干问题的意见》（以下简称《继承法意见》）。这部继承法以马克思主义为理论指导，以宪法为依据，是在结合我国的历史传统、现实国情和长期司法经验的基础上制定的，是一部具有中国特色的社会主义继承法。

五、《民法典》继承编的立法理念

2020年5月28日，第十三届全国人民代表大会第三次会议通过了《中华人民共和国民法典》。《民法典》第六编即继承编，处于物权编、合同编和婚姻家庭编之后，侵权责任编之前，共由4章、45条组成。2020年12月29日，最高人民法院发布了《民法典继承编司法解释（一）》。《民法典》继承编和《民法典继承编司法解释（一）》是我国当前处理继承纠纷的主要依据。

在《民法典》的编纂过程中，继承法的价值理念和主旨精神已通过体系设计、制度架构与规范表达等进行了嵌入与内置，而这种嵌入与内置，在于寻求与塑造合乎德性的继承规范，进而牵引合乎德性的继承行为，其中，保障意思自由与促进道德责任贯穿于《民法典》继承编的全部章节。被继承人意志自由的实现路径体现为继承关系诸要素之间的逻辑自洽与和谐统一，《民法典》第1133条规定了自然人遗嘱自由原则，第1123条规定了遗赠和遗嘱效力优先制度，第1125条保障了被继承人的真实意思表示，至于遗嘱信托、打印遗嘱的合法性、公证遗嘱的平等性等制度，都是对被继承人意志自由实现路径的整体性设计与体系化保障。另外，为均衡保护继承人与利害关系人的合法权益，《民法典》中继承开始的通知义务、遗产管理人、遗产债务的清偿顺序、侄子女代位继承、为生活困难的继承人保留必要遗产等制度，都体现了继承人利益与债权人利益、个人利益与公共利益的公允协调，体现了中华民族借债还钱、血亲继承、养老育幼等传统美德。

第三节　继承法的基本原则

继承法的基本原则是处理财产继承必须遵循的普遍法律准则，它集中反映了我国继承立法的基本指导思想和继承法的灵魂。财产继承本身所固有的一些基本原则都体现在了《民法典》继承编中，这些基本原则有的以明确法律条文形式出现，如《民法典》第1120条规定的保护自然人继承权原则，但是更多的继承法基本原则并没有逐条列举，而是体现在具体法律条文的精神之中，是《民法典》立法技术的一大进步。

一、保护自然人合法财产继承权原则

保护自然人个人的合法财产继承权，是我国社会主义继承立法的基础和根据，也是继承法的主要任务和首要原则。《宪法》第13条规定，国家依照法律规定保护公民的私有财产权和继承权。《民法典》第1120条规定："国家保护自然人的继承权。"我国现阶段，个人合法财产主要是包括房屋、存款在内的生活资料，此外还有一些为生产或生活所需要的劳动工具，如汽车、商店、工程机械、农业机械等。随着自然人对市场经济的不断深入，股票、外国资产、金融衍生工具等也成为个人财产的重要组成部分。所有这些个人财产，只要具有合法性，均可继承。

在社会主义初级阶段，《民法典》保护个人合法财产继承权主要具有四个方面的意义：第一，保护自然人的继承权是保护民事主体合法财产所有权的必然产物。自然人因各种原因取得私人财产所有权，作为权利主体的个人是会死亡的，但是作为权利客体的财产却不会因此而消灭，为保障社会的安定和经济秩序的稳定，《民法典》必然要为其寻找新的权利主体，继承无疑是最好的财产权利承袭方式。第二，保护自然人的继承权是巩固按劳分配制度的需要。按劳分配、多劳多得是我国的基本分配制度，而自然人的个人合法财产主要是其劳动收入，是按劳分配的派生物。按劳分配制度的巩固、完善和发展，有利于调动人们的生产劳动积极性，有利于巩固与发展社会主义经济基础，因而保护自然人的继承权从根本上是为维护按劳分配制度并巩固社会主义经济基础服务的。第三，保护自然人的继承权是尊重被继承人生前的遗愿。自然人可以通过遗嘱的形式完

成其生前未竟的意愿，此谓遗嘱自由，《民法典》继承编规定的遗嘱继承优先、法定继承次之、无人继承的遗产才收归公有的遗产处理顺序，反映了法律对被继承人遗愿的尊重与维护。第四，保护自然人的继承权是维护婚姻家庭职能的客观要求。在社会主义初级阶段，对老人的赡养、未成年人的抚养、夫妻间的扶助以及家庭成员的扶养等，主要依靠家庭来承担的，自然人死后其遗产通过继承法在家庭成员之间分配，不仅有利于发挥家庭的养老育幼客观职能，而且也有利于促进家庭关系的团结和睦。

在《民法典》继承编中，保护自然人合法财产继承权原则主要体现在以下几个方面：①凡是自然人死亡时遗留的个人合法财产，除法律规定或者按照其性质不得继承的财产外，都可依法由继承人继承；②被继承人的遗产尽可能地由继承人或受遗赠人取得，即便是在无人继承又无人受遗赠的情况下，其遗产也先由个人或者集体取得，如根据《民法典》第 1131 条规定，对继承人以外的依靠被继承人扶养的人，或者继承人以外的对被继承人扶养较多的人，可以分配给他们适当的遗产，再如根据《民法典》第 1160 条规定，死者生前是集体所有制组织成员的，其无人继承的遗产归所在集体所有制组织所有，而不收归国有；③继承人的继承权不得被非法剥夺，除符合《民法典》第 1125 条明确规定的继承权丧失事由外，任何个人和单位都无权非法剥夺继承人的继承权；④法律保障继承人的继承权和受遗赠人受遗赠权充分实现，遗产管理人制度、法定代理制度、特留份制度、权利遭受侵害时的公力救济等，都是确保继承权充分实现的有效保障措施。

二、继承权男女平等原则

男女平等是我国法治建设所遵循的基本原则。《宪法》第 48 条规定："中华人民共和国妇女在政治的、经济的、文化的、社会的和家庭的生活等各方面享有同男子平等的权利。"《民法典》第 1055 条规定："夫妻在婚姻家庭中地位平等。"第 1061 条规定："夫妻有相互继承遗产的权利。"《民法典》第 1126 条规定："继承权男女平等。"男女是否享有平等的继承权，是社会文明进步的显著标志，是真正完全实现男女平等的重要体现。

中国是一个经历了两千多年封建宗法思想统治的国家，男尊女卑的传统观念根深蒂固，从西周到民国初年维护的都是宗祧继承制度，女子没有任何继承权可言。1930 年中华民国政府颁行的《民法》继承编废除了宗祧继承，主张男女享有平等的继承权，但该法律并未真正得到贯彻执行。1950 年新中国颁布了《婚姻法》，确立了男女平等原则，为男女平等享有继承权确立了一般性的法律依据。1985 年《继承法》第 9 条规定，继承权男女平等。至此，继承权男女平等原则得以正式确立。

继承权男女平等原则的基本含义，应当包括以下几个方面的内容：①女子不论已婚还是未婚，不论初婚还是再婚，均有与男子同等的继承权；②女子不论是参加工作还是从事家务劳动，均有与男子同等的继承权；③在同一亲等中，在同一继承顺序中，女子均有与男子同等的继承权；④在代位继承和转继承中，女子均有与男子同等的继承权；⑤同一顺序继承人在继承遗产的份额上，女子均有与男子同等的继承权；⑥分配遗产时缺乏劳动能力又缺乏生活来源的继承人，女子均有与男子同等的受照顾权；⑦在继承权丧失中，凡是实施法定行为之一的，不分男女均丧失继承权。上述所提的几个方面是衡量继承权男女平等原则的重要标志，如果缺少了其中任何一个方面，继承权男女平等原则就贯彻得不够彻底。

除了继承权男女平等原则，我国《民法典》继承编还规定了非婚生子女与婚生子女享有平等的继承权，养子女、形成事实上抚养关系的继子女与生子女享有平等的继承权等内容，客观上实现了从继承权男女平等原则到继承权平等原则的突破和飞跃。

三、养老育幼原则

养老育幼是中华民族的传统美德，也是《民法典》继承编的一项重要原则。贯穿于继承法的各项制度中，体现了社会主义精神文明建设的要求。《宪法》第49条第1款规定："婚姻、家庭、母亲和儿童受国家的保护。"《民法典》也规定，父母对未成年子女负有抚养、教育和保护的义务。未成年人的父母已经死亡或者没有监护能力的，由有监护能力的祖父母、外祖父母等担任监护人。以养老育幼、照顾无劳动能力又无生活来源者作为继承法的基本原则，主要有两方面的原因：一是尊老爱幼、照顾弱者是中华民族长期形成的传统美德，且与社会主义精神文明建设的要求相吻合，值得通过法治予以鼓励和发扬；二是我国还处在社会主义初级阶段，生产力发展水平不高，社会的物质财富不够丰富，社会保障措施不够完善，国家和社会还无力完全负担老年人、未成年人和无劳动能力者的生活供给，家庭成员间依然承担着相互扶养的职责。

养老育幼原则在《民法典》中具体体现在以下几个方面：①继承人与被继承人有相互扶养的法律义务是确定继承人范围和法定继承顺序的出发点，一般情况下，只有彼此负有扶养义务的亲属间才相互享有继承权，只有负有优先的扶养义务才能享有优先的法定继承权；②在继承遗产份额的确定上，《民法典》第1130条规定，对生活有特殊困难的缺乏劳动能力的继承人应当予以照顾，对被继承人尽了主要扶养义务或者与被继承人共同生活的继承人可以多分，有扶养能力和有扶养条件的继承人不尽扶养义务的应当不分或者少分；③为保护老年人、未成年人以及无劳动能力又无生活来源者，并对本着互助精神扶养老人、未成年人以及无劳动能力又无生活来源的社会成员的高尚行为予以肯定和支持，《民法典》第1131条规定，对继承人以外的依靠被继承人扶养的人，或者继承人以外的对被继承人扶养较多的人，可以分配适当的遗产；④为保护缺乏劳动能力又没有生活来源者以及胎儿的权益，《民法典》第1141条和第1155条规定，遗嘱应当对缺乏劳动能力又没有生活来源的继承人保留必要的遗产份额，遗产分割时应当保留胎儿的继承份额；⑤为有利于父母已经死亡的孙子女、外孙子女的生活和成长，《民法典》第1128条规定，被继承人的子女先于被继承人死亡的，由被继承人的子女的直系晚辈血亲代位继承；⑥为鼓励丧偶儿媳和女婿赡养公婆和岳父母，《民法典》第1129条规定，丧偶儿媳对公婆，丧偶女婿对岳父母，尽了主要赡养义务的，为第一顺序继承人；⑦为保护家庭成员的权利，《民法典》第1125条中规定，继承人故意杀害被继承人、为争夺遗产杀害其他继承人、遗弃被继承人或者虐待被继承人情节严重的，丧失继承权。上述规定对于保护老年人、未成年人以及无劳动能力又无生活来源者来说，具有特别重要的意义，既能保障他们的基本生活，又能发扬中华民族尊老爱幼、扶弱助残的传统美德。

四、权利义务相一致原则

权利义务相一致原则是我国的一项基本法律原则，在不同的法律领域有着不同的内容，继承法也以权利义务相一致为制度建构的基本原则。通常情况下，权利义务相一致原则是指权利和义务基于同一法律关系发生并具有一一对应性，但是继承法上权利义务相一致原则的含义较为宽泛，其中的权利自然指的是继承人的继承权，其中的义务是指继承人根据法律规定应当履行的义务，并不要求继承人都实际履行。

继承法上权利义务相一致原则主要表现在以下方面：①在继承人范围的确定上体现了权利义务相一致原则，配偶、父母、子女、兄弟姐妹、祖父母、外祖父母、孙子女、外孙子女，都是与被继承人有扶养义务或赡养义务的人；②在继承顺序的确定上体现了权利义务相一致原则，配偶、父母、子女既是第一顺序继承人，也是第一顺序扶养义务人，另外，丧偶儿媳对公婆和丧偶女婿对岳父母尽了主要赡养义务的，作为第一顺序继承人；③在法定继承份额上体现了权利义务相一致原则，同一顺序继承人继承遗产的份额一般应当均等，但是对被继承人尽了主要扶养义务或者与被继承人共同生活的继承人，在分配遗产时可以多分，而有扶养能力和有扶养条件的继承人不尽扶养义务的，在分配遗产时应当不分或者少分；④在对被继承人实际扶养上体现了权利义务相一致原则，继承人以外的对被继承人扶养较多的人，可以分给适当的遗产；⑤在遗赠扶养协议上体现了权利义务相一致原则，扶养人按照扶养协议履行了扶养义务的，有受遗赠的权利，反之则不能享有接受遗赠的权利。

第四节 继承权

一、继承权的概念

继承权是自然人依照法律规定或者被继承人生前立下的合法有效遗嘱，承受被继承人遗产的权利。法定继承人享有的是法定继承权，遗嘱继承人享有的是遗嘱继承权。

根据《民法典》的相关规定，继承权可以分为客观意义上的继承权与主观意义上的继承权两种。客观意义上的继承权又称继承期待权，是指继承人依照法律规定或遗嘱指定而享有继承被继承人遗产的权利。主观意义上的继承权又称继承既得权，是指继承人依照法律规定或遗嘱指定而实际取得遗产的权利。继承期待权具有人身属性，不得处分；继承既得权具有财产属性，可以放弃。

通常所说的继承权是继承既得权，它具有以下法律特征：

第一，继承权的赋予以一定身份关系的存在为基础。继承人一般是与被继承人有着某种身份关系的自然人，该身份关系的范围由法律所明文规定，主要存在于婚姻、血缘、收养、扶养等法律关系中。法人、非法人组织和国家、集体不能作为继承权的主体，法人、非法人组织和国家、集体接受遗产的情形只能有两种，即受遗赠或者接受无人继承又无人受遗赠的遗产。

第二,继承权的取得以法律规定或遗嘱指定为前提。继承权是依照法律规定或者被继承人的合法有效遗嘱而享有的权利。在法定继承中,享有继承权的继承人、继承的份额等事项是法律直接规定的。法律没有规定的自然人不能作为继承人。在遗嘱继承中,被继承人可以在遗嘱中指定继承人,只有合法有效的遗嘱指定的人才能享有遗嘱继承权。

第三,继承权的行使以被继承人的死亡为条件。继承从被继承人死亡时开始,无论是生理死亡还是宣告死亡,被继承人在法律意义上的民事主体资格消灭后才能引起继承法律关系的实际产生,在此之前继承权只是一种身份资格。

第四,继承权的客体是被继承人的遗产。继承权的客体只能是被继承人死亡时所遗留的个人合法财产,而不能是其身份利益或者其他人身利益。被继承人的遗产既包括动产也包括不动产,既包括有形财产也包括无形财产。除了常见的所有权外,用益物权、债权、知识产权中的财产权、网络虚拟财产等亦可成为遗产。

二、继承权的性质

对于继承权的法律性质,学界存在分歧,主要有以下几种观点。

(一)物权说

物权说认为,继承权为一种物权,具有排他性,当继承权受到他人侵害时,继承人享有类似物权请求权性质的继承回复请求权。奥地利、荷兰民法典采取此种观点。但是排他性并非物权所独具,人格权、知识产权等绝对权也具有排他性,所以不能根据排他性就认定继承权为物权的一种。此外,继承回复请求权同物权请求权也不同,继承回复请求权以继承权为基础,目的在于恢复到继承开始时财产继承关系的最初状态。

(二)财产取得方式说

财产取得方式说认为,继承是与合同一样,皆是财产权的具体取得方法。《法国民法典》把继承、遗嘱列入"取得财产的各种方式",与契约编相并列,《西班牙民法典》把继承与占用、赠与相并列,埃及、菲律宾等国也采取此种观点。将继承仅仅界定为财产的取得方式的做法很不妥当,因为继承权是一项独立的权利,不仅仅是财产的转移,还涉及身份关系等。

(三)选择权说

选择权说认为,继承权是一种选择权,即继承人基于继承权可以选择接受继承、放弃继承、无条件接受继承或限定接受继承等。继承权的目的不在于选择,而在于对被继承人财产权利的承受,所以继承权本身并不是一种选择权,只是继承人在行使继承权时可以在多种权利实现方式中选其一。

(四)法律地位说

法律地位说认为,继承权的性质是继承人得接替被继承人在财产法上的权利义务的资格或法律地位。这种法律地位的具体内容是在继承开始后，在法定期间内享有继承选择权，继承人基于自己的法律地位得选择接受或放弃继承，并且基于继承人的选择来确定其法律地位。继承权作为一项权利，并不主要体现在资格或地位上，关键在于权利本身，以法律地位代替权利本身，容易使继承权抽象化，不利于保护继承人的合法权益。

（五）身份权说

身份权说认为，继承权主要发生在因婚姻、血缘等产生的具有一定身份关系的亲属之间，因而是一种身份权。继承权是以一定的身份关系为前提，但并非是身份权。现代继承仅为财产继承，继承权的客体仅限于被继承人的遗产，并且继承法并不调整亲属关系，继承权也非亲属关系的当然效力。所以，身份只是继承权取得的前提条件，而非继承权的本质属性。

（六）独立权利说

独立权利说认为，继承权是一种独立的民事权利。德国、日本、瑞士等国均采此说，并在《民法典》中单独设立继承一编。

本书作者认为，继承权是一种独立的财产权利。从本质上看，继承权当然是一种权利，继承权人可以基于自身的权利而请求为某种行为，如接受或放弃继承、请求遗产分割、享有继承回复请求权等。继承权不同于物权或债权，它是一项独立的财产权利，其作为客体的遗产囊括了物权、债权、知识产权等财产权利，因而继承权具有自身的特殊性，无法为物权或债权所包容。

三、继承权的主体

继承人又称继承权主体，是指依法享有继承权，能够继承被继承人遗产的自然人，包括法定继承人和遗嘱继承人。

法定继承人是指依照法律规定直接承受被继承人遗产的继承人。法定继承人依照法律规定的顺序继承遗产，其法律地位在一定条件下可以被替代。《民法典》继承编把法定继承人限定在夫妻、三代以内的直系血亲和旁系血亲，并且设定了两个继承顺序。

遗嘱继承人是指依照被继承人生前留下的合法有效遗嘱承受其遗产的继承人。《民法典》继承编把遗嘱继承人的范围限定在法定继承人中的一人或者数人，并且其法律地位不可被替代。

实务中还应注意继承人与继承参与人、遗产承受人的区别。继承参与人是指除了继承人以外的参与继承活动的人，包括遗嘱见证人、遗嘱执行人、遗产管理人、酌情分得遗产人等。遗产承受人是指实际承受被继承人遗产的人，包括继承人、受遗赠人、其他可以分得遗产的人等。

继承人具有如下法律特征。

（一）继承人是自然人

《民法典》第1127条和第1128条规定，配偶、子女、父母、兄弟姐妹、祖父母、外祖父母,对公婆或者岳父母尽了主要赡养义务的丧偶儿媳或者丧偶女婿,可以作为法定继承人;第1133条又规定,自然人可以立遗嘱将个人财产指定由法定继承人的一人或者数人继承。可见,在我国继承法上,不论是法定继承人还是遗嘱继承人,都只能是自然人。

(二)继承人是继承法规定的自然人

不论是法定继承还是遗嘱继承,继承人都必须是法律规定范围内的人,二者的差别只在于,法定继承人的范围及顺序都是法律规定的,遗产一般在同一顺序范围内的继承人之间平均分配;而遗嘱继承人是被继承人在法定继承人范围内指定的一人或数人,遗嘱指定的继承人不受法定继承顺序的限制。任何法律规定继承人范围以外的取得遗产的人都不是继承人,如受遗赠人、酌情分得遗产人等,其虽然可以分得遗产,但都不是继承人。

(三)继承人必须是没有丧失继承权的人

继承人因丧失继承权而不再具有继承资格,自然也就不能成为继承人。继承人丧失继承权具有相对性,只对发生特定事由的被继承人丧失继承权,对其他人的继承权依然存在。当然,继承权丧失有绝对丧失和相对丧失,相对丧失继承权的,继承人还有恢复继承权的可能。

四、继承权的取得

(一)继承权的取得标准

《民法典》第1124条第1款规定,继承开始后,继承人没有表示放弃继承的,视为接受继承。该条显示我国继承法采取的是当然继承主义,即在继承开始时,被继承人的遗产当然转移于继承人,不需要继承人主张。这就要求继承人必须是在继承开始时生存的人。在继承开始时已经死亡的人,不能作为权利主体,当然也就不能享有继承权,这在学理上被称为"同时存在原则"或"继续原则",德国民法将其称为"继承能力"。自然人取得继承权需要有继承能力。继承能力是指能够享有继承权的法律资格。只有被继承人死亡时尚生存的自然人才能具有继承能力,才能取得继承权。

胎儿和失踪人的继承权取得问题需要予以特别说明:

(1)胎儿的继承权取得。根据同时存在原则,被继承人死亡时胎儿尚未出生,其继承能力的问题须要法律予以特别规定。古今中外主要有两种立法模式:一种是采取一般主义,即认为胎儿只要出生且生存,即具有民事权利能力,自然享有继承权;另一种是采取特别主义,即只在继承、损害赔偿、遗赠等情形下,才视胎儿为既已出生,认可胎儿的权利能力。我国《民法典》第16条规定:"涉及遗产继承、接受赠与等胎儿利益保护的,胎儿视为具有民事权利能力。但是,胎儿娩出时为死体的,其民事权利能力自始不存在。"第1155条规定:"遗产分割时,应当保留胎儿的继承份额。胎儿娩出时是死体的,保留的份额按照法定继承办理。"可见,在涉及遗产继承时,胎儿视为已出生,具有民事权利能力，自然也就具有继承能力，取得继承权，但以胎儿娩出时为死体作为解除条件。

(2) 失踪人的继承权取得。自然人长期离开自己的住所，下落不明达到法定期间的，为消除因其长期离开住所下落不明而引起的法律关系上的不确定状态，可以依照法律规定的条件和程序，宣告该自然人为失踪人。自然人被宣告失踪后，其民事权利能力和民事行为能力并不消失，其继承能力也依然存在，失踪人仍然有权作为继承人取得被继承人的财产。当然，由于失踪人下落不明，其接受遗产的权利只能由其财产代管人代为行使，其继承的遗产也由其财产代管人代为管理。

(二) 继承权的取得依据

继承权的取得依据包括继承资格的取得依据和实际继承权的取得依据两个方面。

在继承资格的取得依据上，国家以婚姻、血缘和家庭关系等为基本要素，同时参考本国的家庭职能、风俗习惯、伦理道德、社会性质等具体情况，由法律直接规定了继承人的范围，只有属于范围之内的继承人才能享有继承权，自然人不可任意变更，因而继承资格的取得依据也就是继承人范围的确定依据。世界各国通常以婚姻和血缘关系作为确定继承人范围的依据，我国《民法典》在确定继承人的范围时，以婚姻、血缘和扶养关系为依据，因而我国的继承人可以分为三类：一是基于婚姻关系的配偶；二是基于血缘关系和拟制血缘关系的血亲，如子女、父母、兄弟姐妹、祖父母、外祖父母、孙子女、外孙子女；三是基于扶养关系的姻亲，如对公婆尽了主要赡养义务的丧偶儿媳、对岳父母尽了主要赡养义务的丧偶女婿。

在实际继承权的取得依据上，法律规定和遗嘱指定是继承权实际取得的两种直接依据，由此产生了法定继承和遗嘱继承两种类型。

五、继承权的行使

继承权的行使是指在继承开始后，继承人接受或者放弃继承，参与遗产的分配与处理，并在继承权受到侵害时予以救济的法律行为。由于客观意义上的继承权仅仅是一种期待地位，所以继承人行使的只能是主观意义上的继承权。

继承权的行使以行为人具有民事行为能力为前置条件，完全民事行为能力人可以独立地行使继承权，无民事行为能力人的继承权由其法定代理人代为行使，限制民事行为能力人的继承权一般由他的法定代理人代为行使，只有在其民事行为能力范围内的事宜在征得法定代理人同意后才可自己行使。应当注意的是，法定代理人代为行使继承权时，不能损害被代理人的利益，监护人除为维护被监护人的利益外，不得处分被监护人的财产，尤其是不得代为放弃继承权，但是如果遗产债务超过了遗产价值时代理人可以代为放弃继承权。

六、继承权的放弃

(一) 继承权放弃概述

继承权的放弃是指继承人在继承开始后,遗产分割前,所明确作出的放弃自己继承被继承人遗产权利的意思表示。继承人放弃的只能是主观意义上的继承权,因为客观意义上的继承权仅是一种资格和地位,不具有民事权利的实质内容,不具备放弃的可能性,只有在提起确认之诉时才有意义。

现代继承都是财产继承,各国法律都允许继承人享有自由放弃继承的权利,其理由在于:

第一,根据权利义务相一致原则,继承不单单是财产权利的承受,还是财产义务的承担,如果被继承人的遗产负债远远超过其遗产价值,法律不允许放弃继承则可能会使继承人因被继承人死亡而负债累累,旧社会那种"父债子还"的悲剧可能会重演。

第二,法律赋予继承人享有放弃继承权的自由,还有利于保护其他继承人的利益,老年人、病残者和未成年人等其他继承人可以分得较多遗产,这对于促进家庭内部互谅互让、团结和睦都具有积极意义。

第三,继承权是继承人享有的一种权利,作为权利,继承人可以行使,也可以放弃,这都是继承权利人的自由。

(二) 继承权放弃的性质

关于继承权放弃的法律性质,可以从以下几个方面理解。

1. 继承权的放弃是单方民事法律行为

继承权的放弃属于处分财产权的范畴,仅需要权利人一方的意思表示就发生法律效力,所以属于单方民事法律行为。根据《民法典》第1124条的规定,继承人放弃继承权应当以书面形式作出表示。至于继承权放弃的相对人,我国法律并没有加以限制,因此,继承人可以向任何人作出放弃继承权的意思表示,都具有继承权放弃的法律效力。

2. 继承权的放弃是拒绝利益取得的行为

《民法典》采当然继承主义,因继承取得物权的自继承开始时发生效力,各继承人自继承开始时就对遗产享有共同共有权。继承权放弃通常理解为继承人处分已经取得的共有财产权,是一种财产处分行为。也有学者认为这种理解是片面的,因为继承权放弃的目的是回复继承人不为遗产主体的状态,并非仅仅处分现有财产,其行为溯及于继承开始时发生法律效力。

3. 继承权的放弃是拒绝参加继承法律关系的行为

继承权的放弃不同于放弃遗产,其本质是拒绝参加继承法律关系,因而放弃具有溯及效力,常常会对其他人造成影响,因而放弃继承权有形式和时间上的要求与限制。

4. 继承权的放弃是具有身份属性的财产行为

现代继承制度只承认财产继承,继承权的放弃是对被继承人遗产的拒绝接受,所以它是财产行为。但继承权的放弃与一般的财产行为不同，它以继承人与被继承人具有血缘关系或共同生活关系为前提条件，以行为人与其他继承人具有近亲属身份为客观条件，因而继承权的放弃通常带有感情色彩。

（三）继承权放弃的自由与限制

古代社会的继承常常把身份、财产、祭祀继承混为一体，为了维护当时稳定的社会秩序，古代法原则上禁止继承权的放弃。现代社会的继承范围只限于财产，继承权也为财产权的一种，法律没有禁止继承权放弃的必要，为了保障市民社会的意思自治与家庭内部的团结和睦，各国法律莫不承认继承人可以自由放弃继承权。

继承权的放弃虽然以自由为原则，但其自由也是有限度的，除不得违反法律的强制性规定和公序良俗以外，继承权的放弃还受如下诸多方面的限制。

1. 继承权的放弃不得附条件或保留意见

在对待放弃继承权能否附条件或者保留意见，各国的继承立法有两种不同的主张。一种立法模式认为，继承人放弃继承的同时，可以将其所放弃继承的遗产给予特定的人。这种立法模式把放弃继承权与放弃遗产份额的处分结合在一起，赋予放弃继承权人以更大的自由，匈牙利继承法就是其例。另一种立法模式认为，放弃继承权不得附条件或者附期限，否则放弃无效。德国、瑞士等国的继承法就采此种立法模式。

对于放弃继承权可否附条件或者保留意见，我国《民法典》没有明确规定，学理上一般认为不得附条件和保留意见。继承权的放弃是单方民事法律行为，且溯及于继承开始时发生效力，如果允许继承权的放弃附条件或保留意见，则会使继承关系处于一种不确定状态，从而影响其他继承人、后顺序继承人以及与遗产有关的第三人的合法权益。

需要特别指出的是，如果继承人在放弃继承权时附加了条件或者保留意见，究竟是视为未附条件或保留意见还是视为放弃继承权的意思表示无效？本书作者认为，应当视为放弃继承权的意思表示无效。继承人在放弃继承权时所附加的条件和保留意见，实质上是继承人在接受继承以后对其继承份额所作出的处分，继承人处分自己继承份额的权利受法律保护，但它不是放弃继承。因为凡是附有条件和保留意见的放弃继承，仍然保留其对应继份额的处分权，而这种处分恰恰是继承人行使自己财产权的基本权能，并不是真正放弃继承权。

2. 继承人不得放弃部分继承

对于继承人可否放弃部分继承权，各国有两种不同的立法例。一种立法例认为可以放弃部分继承权，如《匈牙利民法典》第603条。另一种立法例认为继承权的放弃具有不可分性，应及于全部继承财产，不可部分放弃，只能全部放弃，如《德国民法典》第1950条。我国现行法律没有规定继承权可否部分放弃，学者们的意见也不一致，对此，本书作者持否定态度。继承权虽然是一种财产权利，但它把接受遗产的权利与承担被继承人债务的义务统为一体，其权利客体不是某项特定财产，而是在整个遗产中所占一定比例的份额，如果允许部分接受继承和部分放弃继承，继承关系将变得异常复杂，并可能损害债权人和其他继承人的利益。况且，继承人如欲实现放弃部分继承的目的，完全可以通过继承后放弃、赠与已经分得遗产等方式实现。

继承权放弃的不可分原则具体包括以下内容：①被继承人不得以遗嘱命令继承人放弃部分继承权；②继承人放弃部分继承的意思表示无效；③单一继承权的放弃应坚持不可分原则，如果某一继承人同时享有数个权利，如同时享有受遗赠权、遗嘱继承权和法定继承权，该继承人仅放弃受遗赠权和遗嘱继承权时，并不影响其法定继承权的行使和实现；④继承人放弃继承权时，只能放弃自己的应继份额，其他继承人的继承权不仅不会随之消灭，相反他们的应继份额还会相应增加。

3. 继承权的放弃不得损害他人合法权益

继承人固然享有放弃自己继承权的自由，但若因放弃继承权而影响到其对父母的赡养义务、对子女的抚养义务或对配偶及家庭成员的扶养义务履行时，应认定该放弃继承权的行为无效。赡养义务、抚养义务和扶养义务是每个自然人都必须履行的法定义务，自然人履行这些法定义务的财产既可能是其劳动收入，还可能是其所继承的遗产，因而继承遗产不仅是继承人本人的权利，还包含有其他利害关系人的利益。如果继承人放弃继承权影响到受扶养人的合法权益时，如不能向父母支付赡养费，或者不能对长期患病的妻子支付医疗费，继承人放弃继承权的行为无效。

（四）继承权放弃的时间

世界各国法律普遍规定，继承人放弃继承权，必须在继承开始以后进行，在继承开始以前继承人所作出的放弃继承权的意思表示不发生法律效力。在继承开始以前，继承人只是一种法律推定和身份预期，其继承权是否丧失、继承地位如何以及应继份额多少，都不能确定，因而绝大多数国家均不承认继承人在继承开始前放弃继承权的法律效力。

对于继承人可于继承开始后多长时间内放弃继承权，《民法典》第1124条并没有规定明确时间段，只是规定了继承权放弃的期间截止标志。继承人放弃继承权，必须在遗产处理前进行。只有在遗产处理前，继承人的继承权处于尚未行使状态，其放弃继承权才有可能。在遗产处理后，继承人的继承权因为实现而终止，此时自然人享有的不再是继承权，而是遗产分割后的所有权和其他财产权利，自然也就没有继承权可供放弃。至于从继承开始到遗产处理究竟需要多长时间，每个家庭的情况各不相同，有的在被继承人安葬后即开始处理遗产，有的父母一方死亡后并不处理遗产，待父母另一方也死亡后才实际分割遗产，期间短则数年，长则数十年。

（五）继承权放弃的方式

意思表示的方式主要有明示和默示两种，沉默只有在有法律规定、当事人约定或者符合当事人之间的交易习惯时，才可以视为意思表示。继承权放弃的方式，概莫如此。除极少数国家规定继承权的放弃可采用默示方式外，世界上绝大多数国家的继承法都规定，继承权的放弃必须以明示的方式作出，保护继承人以及与遗产有关的人的利益。《德国民法典》第1945条规定，继承权的放弃必须向遗产事件法院作出意思表示，并且该意思表示应以作成遗产事件法院笔录的方式或者以公证的方式作出。《法国民法典》

第784条规定，放弃继承权应当向继承开始地的大审法院书记室提出，才能对抗第三人。《瑞士民法典》第570条规定，继承权的放弃，由继承人以口头或书面形式向主管官厅作出，主管官厅应当就继承权放弃的情形作备忘录。

我国《民法典》第1124条明确规定，继承权的放弃应当采取书面形式。因此，继承人以口头形式表示放弃继承权的，不能发生放弃继承权的效力，即使继承人不参加遗产分割，也不能取消其应继份额。至于继承人在遗产分割后放弃其所分得的遗产，则为遗产的放弃，而非继承权的放弃。考虑到我国的实际情况，《民法典继承编司法解释（一）》第33条、第34条规定，继承人放弃继承应当以书面形式向遗产管理人或者其他继承人表示；在诉讼中，继承人向人民法院以口头方式表示放弃继承的，要制作笔录，由放弃继承的人签名。

（六）继承权放弃的法律效力

继承人于继承开始后，遗产处理前，放弃继承的，将产生以下法律效力。

1. 继承权放弃的效力追溯到继承开始的时间

继承人放弃继承权发生法律效力的时间从何时开始，我国《民法典》并无明文规定。根据民法的一般原理，放弃继承权的生效时间应当溯及到继承开始。如果从放弃继承权之日计算，那么自继承开始之日到继承权放弃之日，这段期间的权利义务由放弃者承受，显然与其本意不符。继承人放弃继承权的法律效力发生之日应当追溯到继承开始的时间，同理，其他继承人承受被继承人所遗留权利义务的法律效力亦溯及到继承开始之日。因此，《民法典继承编司法解释（一）》第37条规定："放弃继承的效力，追溯到继承开始的时间。"

2. 继承权放弃后自始没有应继份额

继承人放弃继承权后，其应继份额是否依然存在，世界各国（地区）继承法有两种立法模式：一种立法模式是，放弃继承权人自始没有应继份额，在确定应继份额时应当将放弃继承权人排除在外，德国、法国、日本就是其例；另一种立法模式是，继承开始后继承人已经取得了继承权，其应继份额也已确定，放弃继承权人的应继份额应当按照其他继承人原应继份额的比例进行分配，瑞士、中国台湾地区就是其例。本书作者认为，放弃继承权后自始没有应继份额，如果把继承权的放弃理解为应继份额的放弃，则只是所应继承遗产的放弃，而不是继承权的放弃。

3. 放弃继承权人应继份归属其他继承人

继承人放弃继承权有两种情况，即遗嘱继承人放弃继承权和法定继承人放弃继承权。遗嘱继承人放弃继承权后，被继承人的遗产归法定继承人继承。法定继承人放弃继承权的，其应继份额归属于同一顺序的其他法定继承人。如果同一顺序的法定继承人全部放弃继承权，则其应继份额归属于后一顺序的法定继承人。如果全部法定继承人都放弃继承权，则被继承人的遗产在完成清算后，应当归属于集体或者国家。

4. 继承权放弃的意思表示可有条件撤回

关于继承权放弃的意思表示能否撤回，世界各国的继承法有两种立法模式：一种立法模式是，放弃继承权人在法定期限内可以撤回。如《法国民法典》第807条规定，原已经放弃继承权的继承人，只要其接受遗产的权利未因时效而消灭，如该遗产尚未被其他继承人接受，仍有接受该遗产的权利。另一种立法模式是，继承权一旦放弃则不得撤回。如《日本民法典》第919条规定，放弃继承权的意思表示，即使在放弃继承权的期间内，也不得撤销。

本书作者认为，凡是继承人经过一定合法方式所作出的放弃继承的意思表示，一般不得撤回，其理由有三：第一，经过一定合法方式所作出的放弃继承的意思表示是一种法律行为，对于放弃继承权人具有法律拘束力；第二，如果允许放弃继承权人随意撤回，会助长那种在法律面前反复无常的行为发生，会让法律失去其严肃性；第三，由于我国《民法典》对于继承权的放弃没有规定明确的期限，如果允许放弃继承权人随时撤回其意思表示，会影响遗产的顺利分割，进而给其他继承人和第三人带来损害。

当然，如果继承人放弃继承权的意思表示存在不真实或者不自由的情形，如受到欺诈或者胁迫等，则应允许放弃继承权人拥有正当的救济手段。对此，《民法典继承编司法解释（一）》第36条规定："遗产处理前或者在诉讼进行中，继承人对放弃继承反悔的，由人民法院根据其提出的具体理由，决定是否承认。遗产处理后，继承人对放弃继承反悔的，不予承认。"

七、继承权的丧失

（一）继承权丧失的概念

继承权的丧失有广义和狭义之分。狭义的继承权丧失，也称剥夺继承权，是指在继承人对被继承人或者其他继承人有重大违法或者不道德行为时，依法剥夺其继承资格的法律制度。广义的继承权丧失，除了继承权被剥夺外，还包括继承缺格、继承人废除和必留份剥夺。所谓继承缺格，是指在法律上虽然还承认其为继承人，但是认为他不配为继承人，没有资格继承遗产，因而剥夺其继承遗产的权利。所谓继承人的废除，是指从根本上否认其为继承人，取消其继承人的资格。所谓必留份剥夺，是指发生一定事由时，由被继承人取消继承人继承必留份的权利，被取消必留份的继承人依然享有继承人的资格。本书主要分析狭义的继承权丧失。

继承权的丧失最早来源于古巴比伦的《汉谟拉比法典》，该法典规定家长生前可决定剥夺某个继承人的继承权。由于当时的法律还未规定继承权丧失的法定事由，因而家长剥夺继承权具有较大的任意性。古罗马法对继承权的丧失有着较为完备的规定，建立了继承缺格和继承人废除制度，从而使继承权丧失制度兼具民事制裁和刑事制裁两种属性。现代继承法对于继承权丧失制度有着更为严格的规定，其刑事制裁性质已然消失，唯余民事制裁功能维持着近亲属间基本的社会公德。

（二）继承权丧失的种类

根据继承权被剥夺后的法律效力不同，继承权的丧失可以分为绝对丧失和相对丧失两种。

1. 绝对丧失

继承权的绝对丧失又称继承权的终局丧失，是指继承人的继承权由于发生某种法定事由而绝对丧失，永无挽回的可能。继承人的继承权绝对丧失后，任何情形下也不再恢复其对特定被继承人的继承权，即便被继承人表示宽恕，也不得恢复。根据《民法典》第1125条的规定，故意杀害被继承人，或者为争夺遗产而杀害其他继承人的，为继承权的绝对丧失。

继承人绝对丧失其继承权后，能否通过遗赠取得被继承人的遗产？对此，《民法典》没有明确规定，学界存在争议。有学者认为，赠与和继承是两种完全不同的财产取得方式，继承人丧失继承权，并不因此丧失受遗赠权，因而继承权的绝对丧失并不影响被继承人生前对继承人的赠与。本书作者认为，根据继承权丧失的基本法理，丧失继承权的人不得享有受遗赠权，理由有二：其一，丧失继承权的法定事由常常也是丧失受遗赠权的法定事由；其二，根据《民法典》第1133条规定，受遗赠人是继承人以外的组织和个人，也就是说，继承人不可能同时也是受遗赠人。因此，继承人丧失继承权后，不可能享有受遗赠权。

2. 相对丧失

继承权的相对丧失又称继承权的非终局丧失，是指继承人由于某种法定原因被剥夺继承权后，虽然根据法律规定当然丧失继承权，但若被继承人表示宽恕，则其继承权可以恢复。根据《民法典》第1125条的规定，因遗弃被继承人，或者虐待被继承人情节严重的；伪造、篡改、隐匿或者销毁遗嘱，情节严重的；以欺诈、胁迫手段迫使或者妨碍被继承人设立、变更或者撤回遗嘱，情节严重的，均为继承权相对丧失的法定事由。在继承权相对丧失的情况下，如果继承人确有悔改表现，而且被继承人生前表示宽恕，或者事后在遗嘱中将其列为继承人的，则该继承人可不丧失继承权。

（三）继承权丧失的法定事由

由于时代背景、文化传统、风俗习惯等的不同，不同国家的继承权丧失的原因有很大差别。我国《民法典》第1125条集中规定了继承权丧失的法定事由。

1. 故意杀害被继承人的

继承人故意杀害被继承人是一种严重犯罪行为，除了应当受到刑事处罚以外，还应剥夺其继承权。构成故意杀害被继承人的行为必须具备三个条件：一是继承人实施了杀害被继承人的行为，继承人伤害被继承人的并不丧失继承权；二是继承人主观上有杀害被继承人的故意，包括直接故意和间接故意两种主观状态，如果继承人主观上并没有杀害的故意则不构成该行为，此外，法律上并不要求继承人以谋夺被继承人的遗产为必要；三是只要客观上实施了故意杀害被继承人的行为，无论既遂还是未遂，均丧失继承权。

对于继承人故意杀害被继承人的法定事由，有以下几个问题需要特别注意：

（1）为执行公务而故意杀害被继承人的，继承人是否丧失继承权？继承人因执行公务而杀害被继承人的情况，在现实生活中虽然罕见，但也可以作为特例进行探讨。从形式上看，继承人因执行公务而故意杀害被继承人应当丧失继承权，但若论及公共利益与私人利益的关系、执行公务的人为唯一继承人等事宜，就难以下结论了。因故意杀害被继承人而丧失继承权，《德国民法典》第2339条第1款还以行为具有不法性为要件，《日本民法典》第891条还以继承人被追究刑事责任为要件。参考其他国家的规定，继承人因执行公务而故意杀害被继承人，行为上并不违法，结果上也不承担刑事责任，为公共利益计，不应丧失继承权。

（2）为大义灭亲而故意杀害被继承人的，继承人是否丧失继承权？虽然被继承人劣迹斑斑，但是未经法定程序，任何人都无权剥夺他人的生命，因而"大义灭亲"也是违反法律的行为，继承人不但要承担刑事责任，还要承担民事责任，即丧失继承权。

（3）因正当防卫而故意杀害被继承人的，继承人是否丧失继承权？因正当防卫杀害被继承人的，继承人在主观上往往不是出于杀人的故意，而是出于自我防卫，其行为不具有违法性，其结果也不具有可惩罚性，所以继承人并不丧失继承权。但是，如果继承人防卫过当致使被继承人死亡的，则应丧失继承权。有学者认为，此种情况下需要进行个案分析，看继承人主观上是否具有"杀害故意"，若有则丧失继承权，若无则不丧失继承权。[①] 本书作者认为，继承人防卫过当杀害被继承人的，应当丧失继承权，如若不然，那些主观存有恶意的继承人就有了可乘之机，以正当防卫为形式掩盖其故意杀害被继承人的实质。

（4）未成年人故意杀害被继承人的，是否丧失继承权？未成年人故意杀害被继承人的，符合继承权丧失的法定条件。但是有学者认为，无行为能力人并没有识别能力，剥夺其继承权与民事立法精神不符，并且还会把对其抚养教育职责推给社会，于国于民不利。[②] 本书作者认为，未成年人故意杀害被继承人，虽然有的因为未满十四周岁而不被追究刑事责任，还有的未满八周岁尚属无行为能力人，但是我们不能把教育管理不当的责任由父母全部承担，更不能为减轻社会负担而肯定其继承权，否则就会失去继承的本意。

（5）故意伤害被继承人致死的，继承人是否丧失继承权？故意杀害和故意伤害致死是两个不同的行为，虽然在结果上可能一致，但是二者不可混为一谈。故意伤害被继承人致死的，继承人一般不会丧失继承权。但是，如果继承人的故意伤害行为是对被继承人进行虐待的一种方式，被继承人死亡属于情节严重的情形，可以依照虐待被继承人情节严重的法定事由而剥夺其继承权。

2. 为争夺遗产而杀害其他继承人的

为争夺遗产而杀害其他继承人，继承人丧失继承权须要同时满足两个条件：其一，继承人杀害的对象是除了自身以外的其他法定继承人范围内的人，被杀害的继承人既包括法定继承人也包括遗嘱继承人，既包括第一顺序继承人也包括第二顺序继承人；其二，继承人杀害其他继承人的目的是为了争夺遗产，只要是出于争夺遗产的目的，无论是杀害同顺序的继承人或者前顺序的继承人，都会丧失继承权。即便由于认识错误，为

[①] 房绍坤等：《婚姻家庭继承法》，中国人民大学出版社2020年版，第171页。
[②] 刘春茂：《中国民法学·财产继承》，中国人民公安大学出版社1990年版，第140—141页。

争夺遗产而杀害了后顺序的继承人,也应当丧失继承权,因为该法定事由的目的是处罚恶意争夺遗产的人,继承人如果为了争夺遗产而错误地杀害了后顺序的继承人,在主观恶性上与杀害前顺序或者同顺序的继承人没有什么差异,同样应当剥夺其继承权。

对于为争夺遗产而杀害其他继承人的法定事由,有两个问题需要特别注意:①此处的杀害,既包括既遂的杀害,也包括未遂的杀害,还包括犯罪预备的杀害,即便继承人有犯罪中止行为,也应剥夺其继承权;②继承人杀害其他继承人是否应当剥夺其继承权的问题,主要看其是否处于争遗产的目的,如果这种杀害并非为了争夺遗产,即便在客观上多继承了遗产甚至继承了全部遗产,也不丧失继承权。

3. 遗弃被继承人,或者虐待被继承人情节严重的

遗弃被继承人,是指继承人对没有劳动能力或者没有独立生活能力,又没有其他生活来源的被继承人,负有法定的抚养、扶养或者赡养义务,但该继承人拒绝履行其法定义务的行为。构成该法定事由须要同时具备两个条件:其一,被遗弃的是没有独立生活能力的被继承人,如果继承人对于有独立生活能力、独立劳动能力的被继承人未尽抚养、扶养、赡养义务的,则不能认定为遗弃;其二,继承人有能力和条件尽抚养、扶养、赡养义务,如果继承人本人也没有独立的生活能力、劳动能力或者生活困难的,无法承担相应的法定义务,也不能认定为遗弃。由于遗弃本身就是性质恶劣的行为,继承人只要实施了该行为就丧失继承权,不需要达到"情节严重"的程度。实务中,要注意把继承人与被继承人仅仅是分开生活或者来往不密切等情形与遗弃区别开来。

虐待被继承人,是指继承人以各种手段对被继承人进行肉体上的摧残或者精神上的折磨。虐待被继承人,只有达到情节严重的程度才丧失继承权。至于何谓"虐待被继承人情节严重",可以从继承人实施虐待行为的时间、手段、后果和社会影响等方面认定。一旦继承人的虐待行为达到情节严重的程度,不论其是否被追究刑事责任,均丧失继承权。

4. 伪造、篡改、隐匿或者销毁遗嘱,情节严重的

伪造遗嘱,是指被继承人生前并未订立遗嘱,继承人为了夺取、多分或者独吞遗产,而以被继承人的名义制作虚假的遗嘱。只有继承人伪造遗嘱,才有可能剥夺其继承权;如果继承人以外的人伪造遗嘱,只能剥夺其受遗赠权;但若继承人与他人共同伪造遗嘱,也可剥夺该继承人的继承权。

篡改遗嘱,是指被继承人生前订立了遗嘱,继承人擅自改变或者歪曲被继承人所立遗嘱的内容。由于继承人篡改遗嘱改变了遗嘱的内容,违背了被继承人生前的意愿,为了保障被继承人的遗嘱自由,情节严重的,应当剥夺其继承权。

隐匿遗嘱,是指被继承人生前订立了遗嘱,但是继承人将该遗嘱隐匿起来,不向其他继承人出示的行为。继承人隐匿的可能是由其保管的遗嘱,也可能是通过窃取、骗取他人保管的遗嘱进而将其隐匿起来,只要客观上实施了隐匿遗嘱的行为,情节严重的,即可能丧失继承权。

销毁遗嘱,是指继承人将被继承人所立的遗嘱完全破坏、毁灭的行为。继承人销毁遗嘱,可能出于夺取遗产的目的,也可能出于泄愤报复,破坏性大,隐蔽性强,其遗嘱

销毁行为本身就构成情节严重，应当剥夺其继承权。

继承人实施了上述四种行为并不当然丧失继承权，只有在情节严重的情况下才能剥夺其继承权。但是何谓"情节严重"，司法实践中不好把握。有学者认为，对于此处"情节严重"的判断，以继承人的目的为标准，只要继承人为了谋夺遗产而实施上述四种行为，即构成情节严重。① 本书作者认为，目的论属于主观范畴，而情节是否严重则属于客观范畴，应从客观上寻找判断标准。在继承中，最为重要的是继承人之间的遗产分配，如果继承人伪造、篡改、隐匿或者销毁遗嘱，改变了继承人之间应有的遗产分配比例和分配结果，无论出于何种目的，都应认定为"情节严重"，都应剥夺该继承人的继承权。

此外，根据《民法典继承编司法解释（一）》第9条的规定，继承人伪造、篡改、隐匿或者销毁遗嘱，侵害了缺乏劳动能力又无生活来源的继承人的利益，并造成其生活困难的，应当认定为《民法典》第1125条第1款第4项规定的"情节严重"。

5. 以欺诈、胁迫手段迫使或者妨碍被继承人设立、变更或者撤回遗嘱，情节严重的

遗嘱是被继承人生前真实意思的表示，是被继承人自由意志的表达，如果继承人以各种非法手段影响被继承人在订立、变更或者撤回遗嘱中的意思表示，则违背了被继承人的真实意思，如果情节严重的，不仅由此所订立、变更或者撤回遗嘱的行为无效，而且还要剥夺该继承人的继承权。至于何谓"情节严重"，《民法典》和《民法典继承编司法解释（一）》都没有明确规定，本书还是坚持遗产分配改变说，即只要继承人的非法行为改变了继承人之间应有的遗产分配比例和分配结果，则应丧失继承权。

（四）继承权丧失的确认

关于继承权丧失的确认，世界各国有两种立法例：一种是自然失权主义，即只要发生了继承权丧失的法定事由，无须经过任何程序宣告，该继承人的继承权就当然丧失。《法国民法典》第727条规定，符合继承权丧失法定事由的人无资格继承，应排除其继承遗产。《瑞士民法典》第540条规定，符合继承权丧失法定事由的人，无资格为继承人或依遗嘱取得任何遗产。《日本民法典》第891条也有类似规定。另一种是宣告失权主义，即继承权的丧失不仅要满足法定事由，还需要利害关系人采取一定形式并经法院确认。《德国民法典》第2340条、第2342条规定，继承人丧失继承权不仅需要具有继承不够格的原因，还须利害关系人提起撤销之诉，经法院判决宣告后才能丧失继承权。

我国《民法典》对于继承权丧失的确认问题没有直接规定。《民法典继承编司法解释（一）》第5条规定："在遗产继承中，继承人之间因是否丧失继承权发生纠纷，向人民法院提起诉讼的，由人民法院依据民法典第一千一百二十五条的规定，判决确认其是否丧失继承权。"对于该条规定，可能会有学者认为我国也是采取宣告失权主义，其实这是对《民法典继承编司法解释（一）》第5条的误解。《民法典》第1125条规定了继承权丧失的法定事由，但未规定继承权丧失的确认程序，这就意味着我国采取了自然失

---

① 刘春茂：《中国民法学·财产继承》，中国人民公安大学出版社1990年版，第144页。

权主义，只是继承人之间因是否丧失继承权发生纠纷时，法院才予以判决确认。法院的判决确认并不是继承权丧失的必经程序，只是对于继承权诉讼的被动判决而已。

（五）被继承人宽恕

早在古罗马和日耳曼的继承法中就有着"染血之手不得取得遗产"格言，体现了继承权丧失制度的萌芽。继承人丧失继承权主要因为其不道德行为，在伦理上不配为继承人，应当剥夺其继承权。继承权丧失制度固然为了维护伦理道德，但是被继承人根据意思自治原则也有行为自由，如果在继承权丧失的强制性规定中融入伦理亲情，则继承法律制度会有更多弹性。被继承人宽恕，是指被继承人在情感上对继承人的丧失继承权行为表示谅解和宽恕，对其继承资格再次予以确认和肯定，则恢复其已丧失的继承权。被继承人宽恕制度的确立，不仅符合被继承人生前的意志，而且还有利于促使继承人彻底悔改，恢复近亲属间的和睦团结。

我国的被继承人宽恕制度最早源于1985年《继承法意见》第13条，即继承人虐待被继承人情节严重的，或者遗弃被继承人的，如以后确有悔改表现，而且被虐待人、被遗弃人生前又表示宽恕，可不确认其丧失继承权。《民法典》第1125条第2款将其拓展适用到继承人针对被继承人遗嘱所实施的不法行为。

被继承人的宽恕行为应当满足三个条件：①被继承人的宽恕对象是实施了《民法典》第1125条第1款第3项至第5项行为的继承人，即继承人遗弃、虐待被继承人，或者伪造、篡改、隐匿或者销毁遗嘱，或者以欺诈、胁迫手段迫使或妨碍被继承人设立、变更或撤回遗嘱。如果继承人故意杀害被继承人或者为争夺遗产而杀害其他继承人，即便被继承人表示宽恕也会丧失继承权。②继承人确有悔改表现。③被继承人表示宽恕或者事后在遗嘱中将其列为继承人。被继承人的宽恕是单方意思表示，一经作出即产生法律效力，继承人不丧失继承权。

（六）继承权丧失的效力

继承权丧失后，具有以下法律效力。

1. 继承权的丧失追溯到继承开始之时

继承权丧失的法定事由大多发生在继承开始之前，如继承人故意杀害被继承人、遗弃或虐待被继承人等，但也有发生在继承开始之后，如继承人篡改、销毁遗嘱等。根据继承法的基本原理，继承权丧失的事由无论发生在继承开始前还是继承开始后，继承权丧失的法律效力均应溯及到继承开始之时。如果继承权的丧失是由人民法院判决确认的，则人民法院对继承人丧失继承权的确认也应自继承开始之时发生效力。

2. 继承人丧失法定继承权

继承人如果有可导致继承权丧失的法定行为，则丧失继承权，不再享有法定继承权。但是，如果继承人是因为遗弃、虐待被继承人或者针对其遗嘱实施了不法行为而丧失继承权的，经被继承人宽恕后，不丧失法定继承权。

3. 继承人丧失遗嘱继承权

遗嘱继承权属于继承权的一种，继承人因法定事由丧失继承权后，同样不再享有遗嘱继承权。但是，如果继承人是因为遗弃、虐待被继承人或者针对其遗嘱实施了不法行为而丧失继承权的，经被继承人宽恕后，不丧失原有的遗嘱继承权；被继承人事后在遗嘱中将其列为继承人的，取得新的遗嘱继承权。

4. 继承人的晚辈直系血亲丧失代位继承权

继承人丧失继承权后，对于其晚辈直系血亲能否代位继承，世界各国有两种立法模式：①固有权说认为，代位继承权是继承人晚辈直系血亲的固有权利，继承人丧失继承权的不影响其晚辈直系血亲的代位继承权；②代表权说认为，代位继承权是继承人晚辈直系血亲代表继承人所享有的权利，如果继承人丧失继承权，其晚辈直系血亲自然也就丧失代位继承权。《民法典继承编司法解释（一）》第17条采代表权说，即"继承人丧失继承权的，其晚辈直系血亲不得代位继承。如该代位继承人缺乏劳动能力又没有生活来源，或者对被继承人尽赡养义务较多的，可以适当分给遗产"。

八、继承恢复请求权

继承恢复请求权又称继承权恢复请求权，是指在继承权受到非法侵害时，继承人有请求恢复到继承开始时的状态的权利。《民法典》继承编并未规定继承恢复请求权，但是根据第179条的规定，当继承权遭受侵害时，我们可以推导出继承人享有此种权利。

关于继承恢复请求权的性质，学界有三种观点：①继承资格确定说，该学说认为继承恢复请求权是确认合法继承人的继承权；②返还遗产说，该学说认为继承恢复请求权就是遗产返还请求权；③综合说，该学说认为，继承恢复请求权包括确认继承人资格请求权和遗产返还请求权两个方面。本书作者认为，继承恢复请求权是一种具有包括性的请求权，继承人的继承资格确认请求权与遗产返还请求权紧密结合在一起，前者是继承权实现的前提，后者是继承权实现的目的，二者缺一不可。

现实生活中，继承权遭受非法侵害的表现形式多种多样，如相对人否认继承人的继承资格，共同继承人无正当理由而多分得遗产，继承人以外的人非法侵占遗产，遗产管理人未公允分配遗产，遗嘱执行人未严格执行遗嘱的内容，继承人的代理人所发生的道德风险或所实施的越权代理行为等等。继承权受到非法侵害时，继承人可以向侵害人请求恢复，也可以向人民法院请求予以保护，人民法院根据案件的实际情况判决确认继承权、返还财产、清偿遗产债务或者损害赔偿。

第五节 遗产

一、遗产的概念

遗产，是指自然人死亡时所遗留的个人合法财产权益。遗产的存在是继承法律关系存在的基础，现代继承法的核心内容是遗产继承。

世界各国对于遗产的理解不同，也有着不同的立法模式。①权利义务说，遗产应当包括积极财产和消极财产两部分，其中，积极财产是死者遗留的财产和财产权利，消极财产是被继承人的债务。《德国民法典》第1967条规定，继承人对遗产债务负责任。

《日本民法典》第896条规定，继承人自继承开始时，承受属于被继承人财产的一切权利义务。《瑞士民法典》第560条规定，继承人因被继承人死亡取得全部遗产，被继承人的债务即为继承人的债务。坚持权利义务说的国家，其继承法都采取概括继承原则，被继承人死亡时，包括债务在内的整个财产自动转移给继承人，继承人对遗产债务承担无限责任。[①] ②财产权利说，遗产专指继承人、受遗赠人净得的财产和财产权利，不包括债务。英国继承法规定，从死者财产中扣除了债务和费用后，才是可继承的遗产。坚持财产权利说的国家，其继承法采取了限定继承原则，继承人对于被继承人所欠债务和税款，限定在继承人所继承的遗产范围内予以清偿。

我国《民法典》第1122条规定："遗产是自然人死亡时遗留的个人合法财产。依照法律规定或者根据其性质不得继承的遗产，不得继承。"根据该条规定，遗产分为可以继承的遗产和不得继承的遗产两类，本书只分析可以继承的遗产。

遗产具有以下法律特征：

第一，时间上的特定性。遗产是自然人死亡时遗留的财产。自然人生前对其个人财产享有处分权，即便订立了遗嘱，也可以对之变更或者撤回。只有在自然人死亡时，其生前财产才转为遗产。

第二，内容上的财产性。遗产只能是自然人死亡时遗留的个人财产，包括姓名权、肖像权在内的人身权利不得继承。因侵害自然人的人身权利致其死亡时，近亲属所得的死亡赔偿金具有精神损害赔偿性质，不属于遗产。利用死者肖像、隐私等人格利益而产生的财产利益，其近亲属可作为保护人予以保护，但不能继承。

第三，范围上的概括性。凡是自然人死亡时遗留的个人财产都是遗产，无论是所有权、建设用地使用权，还是债权、知识产权中的财产权、虚拟财产权等，均可继承。

第四，权利上的个人性。遗产只能是自然人死亡时遗留的个人财产。共同所有的财产，遗产分割时，应当先分出他人的财产。被继承人生前租赁、借用或者保管的财产，财产权利人有取回权。

第五，性质上的合法性。自然人死亡时遗留下来的财产，只有依法可以由自然人拥有的，并且有合法取得根据的财产，才能成为遗产。

第六，归属上的非专属性。遗产只能是财产，不得具有人身专属性，专属于被继承人的财产，如奖章、奖杯、最低生活保障金等，不得继承。此外，采矿权、海域使用权等国有自然资源使用权，依照法律规定不得继承，作为权利人的自然人死亡后，其继承人只有重新申请并获得批准，方可从事被继承人原来的事业。

二、遗产的范围

对于遗产范围，世界各国有三种立法模式：①排除式，法律仅规定什么财产不能继承，将不能继承的财产排除在遗产范围之外，未被排除的财产都属于遗产；②列举式，法律一一列举出遗产所包括的财产范围，未被列举的财产均不属于遗产；③综合式，将

---

① ［德］雷纳·弗兰克、托比亚斯·海尔姆斯：《德国继承法》（第六版），王葆莳、林佳业译，中国政法大学出版社2015年版，第177页。

列举式与排除式相结合，法律既列举出可以作为遗产的财产范围，又规定了哪些财产不属于遗产。我国 1985 年《继承法》第 3 条采取综合式立法模式，《民法典》第 1122 条改用排除式立法模式，即把依照法律规定或者按照其性质不得继承财产排除在外，自然人死亡时遗留的其他个人合法财产均属于遗产。

关于遗产的范围，《民法典》第 1122 条规定："遗产是自然人死亡时遗留的个人合法财产，依照法律规定或者根据其性质不得继承的遗产，不得继承。"可见，只要不是法律规定或按照性质不得继承的财产，都属于遗产的范围。遗产的具体形式包括物权、债权、知识产权中的财产权利以及其他财产权利。

根据我国的相关法律规定，下列财产不属于遗产。

1. 法律规定不得继承的财产

继承是财产权继受取得方式之一，法律规定不得转让的财产一般不得继承，因而不能属于遗产。法律规定不得继承的财产和财产权利主要有：①探矿权、采矿权，《中华人民共和国矿产资源法》第 6 条规定，探矿权、采矿权不得转让；②取水权，根据《取水许可和水资源费征收管理条例》第 27 条规定，自然人可以依法有偿转让其节约的水资源，但是取水权本身不得转让；③捕捞权，《中华人民共和国渔业法》第 23 条规定，捕捞许可证不得买卖、出租和以其他形式转让；④居住权，《民法典》第 369 条规定，居住权不得转让、继承；⑤特殊文物，根据《中华人民共和国文物保护法》的相关规定，非国有不可移动文物不得转让、抵押给外国人，国家禁止出境的文物不得转让、出租、质押给外国人，因而非国有不可移动文物和国家禁止出境的文物不能被外国继承人继承。

2. 根据其性质不得继承的财产

具有人身属性的财产和财产权利只能由本人享有和行使，不能转让，也不得继承。这类财产主要是指以特定身份为基础的财产权利，包括抚恤金、补助金、残疾补助金、救济金、最低生活保障金、抚养费请求权、赡养费请求权、扶养费请求权等。当然，如果被继承人生前根据这些权利已经实际取得或者应当取得的财产，可以作为遗产继承。需要特别指出的是，被继承人的勋章、奖章、证书等，其继承人只能保存，不得继承。

3. 宅基地使用权

《中华人民共和国土地管理法》第 62 条规定，农村村民一户只能拥有一处宅基地。因此，宅基地使用权人应当是农村承包经营户，而不是农村集体经济组织的成员个人，如果农村承包经营户中的某个家庭成员死亡，农户的宅基地使用权不能作为个人的遗产继承。由于我国不动产物权变动上采取了房地一体主义，既然宅基地使用权不可继承，那么与宅基地使用权不可分离的农村房屋所有权在理论上也不得继承，但是国家为了促进城市化发展与乡村振兴，在政策上确认农村房屋所有权可以继承。

4. 土地承包经营权

土地承包经营权人也是农村承包经营户，如果农村承包经营户中的某个家庭成员死亡，农户的土地承包经营权不属于遗产，但是农作物等承包收益可以继承。《中华人民共和国农村土地承包法》第 32 条、第 54 条规定了两种特殊的土地承包经营权的继承问题，即林地承包的承包人死亡，或者通过招标、拍卖、公开协商等方式取得土地经营权的承包人死亡，其继承人可以在承包期内继续承包。此处的"继续承包"，既可以理解为原承包经营合同主体的变更，也可以理解为林地、四荒地等土地承包经营权的继承，本书采纳后一种理解。

5. 有限责任公司与合伙企业中的出资

有限责任公司与合伙企业的投资人之间具有一定的人身属性，因而自然人对这两类企业的出资是带有身份属性的财产权益。如果投资人死亡，这些出资虽然也是遗产，但其继承人不能当然继承投资人的身份，也就是不能继承有限责任公司的股权和合伙企业的财产份额，只有经其他股东过半数同意，或者经其他合伙人一致同意，继承人才能取得股东或者合伙人的地位，否则继承人只能继承股权或财产份额的价值部分。

第六节 继承的开始

一、继承开始的原因

古代社会的继承是身份与财产的双重继承，其中尤以身份继承为重，因而身份权的丧失是当时继承开始的原因。历史上曾经有过以不治之恶疾、沦为奴隶、被俘虏、隐居、出家为僧、收养终止、男子入赘、丧失户主权、丧失国籍等所引起的身份权的丧失，作为继承开始的原因。现代社会的继承只是财产继承，继承开始的原因只能是自然人的死亡。我国《民法典》第1121条也以被继承人死亡作为继承开始的唯一原因。

二、继承开始的时间

继承开始后，继承人享有的客观意义上的继承权转为主观意义上的继承权，继承人的范围、遗产的范围、继承权的丧失、遗产所有权的转移等，就此确定。我国《民法典》第1121条第1款规定："继承从被继承人死亡时开始。"这里的被继承人死亡，包括自然死亡和宣告死亡。

（一）自然死亡的时间

关于自然死亡的时间，《民法典》第15条规定，自然人的死亡时间，以死亡证明记载的时间为准；没有死亡证明的，以户籍登记或者其他有效身份登记记载的时间为准；有其他证据足以推翻以上记载时间的，以该证据证明的时间为准。

（二）宣告死亡的时间

关于宣告死亡的时间，《民法典》第48条规定："被宣告死亡的人，人民法院宣告死亡的判决作出之日视为其死亡的日期；因意外事件下落不明宣告死亡的，意外事件发生之日视为其死亡的日期。"

（三）同一事故中数人死亡的时间

《民法典》第 1121 条第 2 款规定："相互有继承关系的数人在同一事件中死亡，难以确定死亡时间的，推定没有其他继承人的人先死亡。都有其他继承人，辈份不同的，推定长辈先死亡；辈份相同的，推定同时死亡，相互不发生继承。"

三、继承开始的地点

继承开始的地点是继承人参与继承法律关系、行使继承权、取得遗产的场所。继承开始的地点既是决定诉讼管辖法院的准据点，也是决定财产价值评估的标准地。《民事诉讼法》第 33 条第 3 项规定："因继承遗产纠纷提起的诉讼，由被继承人死亡时住所地或者主要遗产所在地人民法院管辖。"据此，继承开始的地点一般为被继承人生前最后的住所地；被继承人生前最后的住所地与主要遗产所在地不一致的，以主要遗产所在地为继承开始的地点；遗产为不动产的，以不动产所在地为继承开始的地点。

四、继承开始的通知

被继承人死亡时，有的利害关系人可能不知道继承开始的事实，因而需要将被继承人死亡的事实通知给继承人和遗嘱执行人，以便继承人及时行使继承权，遗嘱执行人及时履行职务，此谓继承开始的通知。

《民法典》第 1150 条规定："继承开始后，知道被继承人死亡的继承人应当及时通知其他继承人和遗嘱执行人。继承人中无人知道被继承人死亡或者知道被继承人死亡而不能通知的，由被继承人生前所在单位或者住所地的居民委员会、村民委员会负责通知。"依照该规定，负有通知义务的人是知道被继承人死亡的继承人和遗嘱执行人，只有在继承人中无人知道被继承人死亡或者知道被继承人死亡而不能通知的情况下，被继承人生前所在单位或者住所地的居民委员会、村民委员会才负有通知义务。

现实中可能存在通知义务人知道有继承人但因缺乏具体联系方式而无法通知的情形。对此，遗产管理人和遗嘱执行人如果知道有继承人而无法通知的，在分割遗产时应保留其应继承的遗产，并协商确定或者直接指定该遗产的保管人。倘若形成诉讼，人民法院如果知道有继承人而无法通知的，分割遗产时，要保留其应继承的遗产，并确定该遗产的保管人或者保管单位。

第十二章 法定继承

第一节 法定继承概述

一、法定继承的概念和特征

所谓法定继承,是指在无遗嘱继承和遗赠扶养协议时,继承人范围、继承顺序、继承份额、遗产分配原则及继承程序等均按照法律规定由继承人继承被继承人遗产的方式。法定继承具有以下三个方面的特点。

(一) 法定性

法定继承具有法定性是指法定继承的继承人范围、继承顺序、遗产的分配原则都是由法律直接规定的,而不是由被继承人意志决定的,更不是法定继承人协商确定的。法定继承是立法者从一般人的观念推定被继承人的意愿而规定的。

(二) 强制性

法定继承具有强行性是指法定继承的规范大多属于强行性规范,如法定继承人的范围与继承顺序由法律明确规定,其他人无权改变,完全排除了当事人的意志,属于典型的强制性规范,但在法定继承中如遗产分割的时间、分割的办法和继承份额,可以由继承人按照法律规定的原则协商确定,体现了一些任意性规范的特点,但总体而言,法定继承中的强制性规范的色彩非常浓厚。

(三) 身份性

法定继承的身份性是指法定继承各项规则的确立是和亲属身份关系有关,《民法典》继承编对法定继承人范围、继承顺序、继承份额的规定都是建立在继承人和被继承人具有一定的身份关系的基础上并作为前置性条件。身份关系来源于血缘关系、婚姻关系及收养关系等,基于血缘、婚姻及收养形成的亲属关系都是法定继承产生的基础性因素,正因如此,古今中外,绝大多数国家都把法定继承人的范围限制在一定范围内的亲属之间,从这个角度而言,法定继承具有较强的身份属性。

二、法定继承的适用范围

《民法典》第1123条规定:"继承开始后,按照法定继承办理;有遗嘱的,按照遗嘱继承或者遗赠办理；有遗赠扶养协议的，按照协议办理。"该条确立了继承的适用顺序。

（一）法定继承的适用序位

根据《民法典》的规定，遗赠扶养协议排序最前，其次是遗嘱继承和遗赠，最后才是法定继承。因遗赠扶养协议体现了双方当事人的意志，也符合当事人之间权利与义务的对等性，因而最优先适用。又因遗嘱体现了被继承人的愿望，遗嘱继承和遗赠排序第二，优先于法定继承而适用。只有在没有遗赠扶养协议又没有遗嘱时才能适用法定继承。法定继承适用上虽然排序在最后位次，但法定继承对遗嘱继承也有一定的限制，如《民法典》第1141条规定："遗嘱应当为缺乏劳动能力又没有生活来源的继承人保留必要的遗产份额。"必留份的设置表现出法定继承对遗嘱继承的限制。

（二）法定继承的适用情形

根据《民法典》第1154条规定，"有下列情形之一的，遗产中的有关部分按照法定继承办理：（一）遗嘱继承人放弃继承或者受遗赠人放弃受遗赠；（二）遗嘱继承人丧失继承权或者受遗赠人丧失受遗赠权；（三）遗嘱继承人、受遗赠人先于遗嘱人死亡或者终止；（四）遗嘱无效部分所涉及的遗产；（五）遗嘱未处分的遗产。"

三、法定继承人的范围

《民法典》第1127条、第1129条规定了法定继承人的范围，包括配偶、子女、父母、兄弟姐妹、祖父母、外祖父母、对公婆、岳父母尽了主要赡养义务的丧偶儿媳或丧偶女婿。

（一）配偶

配偶是基于男女双方结婚之后而形成的亲属关系，是一方对另一方的称谓，夫妻互为配偶。作为法定继承人的配偶须是被继承人死亡前婚姻关系仍然存续的夫或妻。换言之，被继承人死亡以前已经离婚的夫或妻不属于法定继承人的范围，此外配偶是基于合法婚姻关系的夫妻双方，如果男女之间不存在合法有效的婚姻关系，如无效婚姻、非婚同居的男女不能以配偶的身份作为法定继承人。

（二）子女

子女包括婚生子女、非婚生子女、养子女和有抚养关系的继子女。

1. 婚生子女

婚生子女，是指具有合法有效婚姻关系的夫妻所生育的子女。无论该子女的生父母婚姻关系是否存续，生子女对其生父、生母的遗产都享有继承权。

2. 非婚生子女

非婚生子女，是指没有合法婚姻关系的男女所生育的子女，既包括未婚男女所生子女,也包括已有配偶者与他人所生子女。我国《民法典》第1071条第1款规定:"非婚生子女享有与婚生子女同等的权利,任何组织或者个人不得加以危害和歧视。"

3. 养子女

养子女是指被继承人生前依据法律规定的条件和程序收养他人子女作为自己的子女。养父母子女是一种拟制血亲关系。我国《民法典》第1111条规定:"自收养关系成立之日起,养父母与养子女间的权利义务关系,适用本法关于父母子女关系的规定;……养子女与生父母以及其他近亲属间的权利义务关系,因收养关系的成立而消除。"基于此,养子女如同生子女一样,是养父母的法定继承人,不是生父母的法定继承人,但可以作为酌情分得遗产人分得适当的遗产,《民法典继承编司法解释(一)》第10条规定:"被收养人对养父母尽了赡养义务,同时又对生父母扶养较多的,除可以依照民法典一千一百二十七条的规定继承养父母的遗产外,还可以依照民法典第一千一百三十一条的规定分得生父母适当的遗产。"养父母子女关系因收养而成立,也可因解除收养关系而终止。当收养关系解除后,未成年子女自动恢复与生父母之间的权利义务关系,成为生父母的法定继承人;成年之后的养子女在和养父母解除收养关系后是否与生父母恢复权利义务关系取决于双方的意愿。

4. 继子女

继子女是针对再婚夫或妻而言,夫与前妻或妻与前夫所生的子女,为继子女。继子女与继父或继母没有血缘关系,但如果继父母和继子女形成了抚养关系则可以作为法定继承人。《民法典》第1072条第2款规定:"继父或者继母和受其抚养教育的继子女间的权利义务关系,适用本法关于父母子女关系的规定。"继子女和继父母之间彼此成为法定继承人的前提是未成年的继子女受到继父或继母的抚养教育这一客观事实。与继父或继母有抚养关系的继子女享有双重的继承权,既是继父或继母法定继承人,也是生父母的法定继承人。《民法典继承编司法解释(一)》第11条第1款规定:"继子女继承了继父母遗产的,不影响其继承生父母的遗产。"

(三) 父母

父母包括生父母、养父母和有抚养关系的继父母。根据《民法典》第1070条、第1127条第4款的规定,父母和子女有相互继承遗产的权利。此处的父母,包括生父母、养父母和有抚养关系的继父母。

1. 生父母

生父母是其亲生子女的法定继承人,无论该子女是婚生还是非婚生子女。生父母对生子女的财产享有继承权是以血缘关系为前提,不以生父母对生子女尽过抚养义务为条件,无论生父母是否抚养过生子女,生父母对生子女的财产都享有继承权。如果生子女被他人收养,在收养关系存续期间,生父母与生子女的权利义务消灭,生子女与收养人成立了养父母子女关系,此时,生父母不是生子女的法定继承人,不得继承该子女的遗产。

2. 养父母

养父母子女的关系在收养关系存续期间如同亲生父母子女关系,养父母是养子女的法定继承人。养父母子女关系因收养行为而成立也可因解除收养而解除,一旦双方当事人解除了收养关系,无论解除收养关系的原因为何,双方的权利和义务关系都随之终止,彼此不再互享继承遗产的权利。

3. 有抚养关系的继父母

继父母能够成为继子女的法定继承人,不仅仅是基于继父母与继子女的生父或生母再婚的事实,还要取决于继父母是否与继子女形成了抚养关系。如果形成了抚养关系,继父母是继子女的法定继承人。继父母有生子女的,则享有双重继承权,既是继子女的法定继承人,又是生子女的法定继承人。《民法典继承编司法解释(一)》第11条第2款规定:"继父母继承了继子女遗产的,不影响其继承生子女的遗产。"

(四)兄弟姐妹

兄弟姐妹包括同父母的兄弟姐妹、同父异母或者同母异父的兄弟姐妹、养兄弟姐妹、有扶养关系的继兄弟姐妹。《民法典》第1127条第5款明确予以了规定。

1. 同父母的兄弟姐妹

同父母的兄弟姐妹属于全血缘的兄弟姐妹,彼此间互享平等的继承权。

2. 同父异母或者同母异父的兄弟姐妹

同父异母、同母异父的兄弟姐妹属于半血缘的兄弟姐妹,有些国家的立法对半血缘的兄弟姐妹的继承权会作一定的限制,但我国《民法典》坚持继承权平等原则,不区分全血缘还是半血缘的兄弟姐妹,均相互享有相同的继承遗产的权利。

3. 养兄弟姐妹

收养关系一经成立,养父母与养子女之间形成了拟制血亲关系,被收养人就与生父母及生父母方亲属之间法律上的权利和义务关系随之消灭,养子女如同亲生子女一样,则养子女与生子女关系也如同同父同母的兄弟姐妹关系,相互有继承遗产的权利。只要收养关系不解除,养兄弟姐妹之间的法律地位如同同胞兄弟姐妹的法律地位,《民法典继承编司法解释(一)》第12条明确规定:"养子女与生子女之间、养子女与养子女之间,系养兄弟姐妹,可以互为第二顺序继承人。被收养人与其亲兄弟姐妹之间的权利义务关系,因收养关系的成立而消除,不能互为第二顺序继承人。"

4. 继兄弟姐妹

《民法典》第1127条规定有扶养关系的继兄弟姐妹之间才享有相互继承遗产的权利。值得注意的是,此处的有扶养关系是指继兄弟姐妹之间形成了扶养关系,不是指继父母与继子女之间有抚养关系。《民法典继承编司法解释(一)》第13条规定:"继兄弟姐妹之间的继承权,因继兄弟姐妹之间的扶养关系而发生。没有扶养关系的,不能互为第二顺序继承人。继兄弟姐妹之间相互继承了遗产的,不影响其继承亲兄弟姐妹的遗产。"

(五) 祖父母、外祖父母

我国《民法典》规定了祖父母、外祖父母分别是孙子女、外孙子女的第二顺序继承人，秉承权利与义务相一致的基本原则及《民法典继承编司法解释（一）》第15条所规定的代位继承人的范围来看，祖父母、外祖父母的继承权，既包括其对亲生子女的亲生子女和养子女的继承权、对养子女的亲生子女和养子女的继承权，也包括其对形成抚养关系的继子女的亲生子女和养子女的继承权。

(六) 对公婆、岳父母尽了主要赡养义务的丧偶儿媳、女婿

我国《民法典》第1129条规定："丧偶儿媳对公婆，丧偶女婿对岳父母，尽了主要赡养义务的，作为第一顺序继承人。"在司法实践中，丧偶儿媳对公婆，丧偶女婿对岳父母的生活提供了主要经济来源会被认定为尽了主要赡养义务，丧偶儿媳对公婆，丧偶女婿对岳父母如果在劳务上给予了主要照顾义务，其他继承人没有对被继承人提供主要经济来源的，也会被认定为尽了主要赡养义务。《民法典继承编司法解释（一）》第19条规定："对被继承人生活提供了主要经济来源，或者在劳务等方面给予了主要扶助的，应当认定其尽了主要赡养义务或主要扶养义务。"只要丧偶的儿媳对公婆或者丧偶女婿对岳父母尽了主要赡养义务，不论其在丧偶后是否再婚，也不论其是否有代位继承人代位继承，都作为第一顺序的法定继承人。

四、法定继承人的继承顺序

法定继承人的继承顺序是指法律直接规定的法定继承人参加继承的先后次序。法定继承人的继承顺序由法律直接规定，属于强制性规范，不能由继承人予以改变。

(一) 继承顺序的法律依据

世界各国关于法定继承人的继承顺序主要依据血缘关系的远近，我国《民法典》继承编所规定的继承顺序除了依据继承人与被继承人之间的血缘关系的亲疏外，还要依据家庭成员之间生活的依赖程度，如继子女是否能成为继承人要取决于继父母与继子女之间是否形成了抚养关系，丧偶的儿媳、女婿能否成为第一顺序的继承人要取决于是否对公婆或岳父母尽了主要的赡养义务等。

(二) 继承顺序的具体规定

我国《民法典》第1127条、第1129条规定，第一顺序的继承人为配偶、子女、父母、对公婆和岳父母尽了主要赡养义务的丧偶儿媳、丧偶女婿，第二顺序继承人为兄弟姐妹、祖父母、外祖父母。如前所述，《民法典》明确规定祖父母、外祖父母是孙子女、外孙子女的第二顺序继承人，但并没有相对应地规定孙子女、外孙子女是祖父母、外祖父母的第二顺序继承人，而是通过当父母死亡时，孙子女、外孙子女代位继承祖父母、外祖父母的遗产的方式确立了孙子女、外孙子女的继承权。

(三）继承顺序的效力

第一顺序继承人优先于第二顺序继承人继承遗产。《民法典》第 1127 条第 2 款规定："继承开始后，由第一顺序继承人继承，第二顺序继承人不继承；没有第一顺序继承人继承的，由第二顺序继承人继承。"

第二节　代位继承

一、代位继承的概念

代位继承，是指被继承人的子女或兄弟姐妹先于被继承人死亡时，由被继承人子女的晚辈直系血亲或兄弟姐妹的子女代替先死亡的长辈直系血亲继承被继承人遗产的一项法定继承制度。先于被继承人死亡的子女或兄弟姐妹称为被代位继承人，代替被代位继承人取得遗产的晚辈直系血亲或兄弟姐妹的子女叫代位继承人。我国《民法典》第1128 条规定："被继承人的子女先于被继承人死亡的，由被继承人的子女的直系晚辈血亲代位继承。被继承人的兄弟姐妹先于被继承人死亡的，由被继承人的兄弟姐妹的子女代位继承。代位继承人一般只能继承被代位继承人有权继承的遗产份额。"《民法典》通过代位继承制度，赋予了孙子女，外孙子女等晚辈直系血亲对祖父母、外祖父母的继承权。在没有第一顺序继承参与继承，兄弟姐妹作为第二顺序继承人先死亡的情况下，通过赋予兄弟姐妹的子女作为代位继承人参与继承，一定程度上避免被继承人的遗产出现无人继承的情况。理解代位继承的概念时要注意代位继承只能发生在法定继承中，遗嘱继承中不能适用代位继承。

从世界各国各地区的立法情况来看，代位继承的发生原因有宽有窄，一种是仅以被代位继承人先于被继承人死亡作为代位继承发生的原因，如我国、法国等。一种是把被代位人先于被继承人死亡或丧失继承权作为代位继承发生的原因，如日本、我国台湾地区等。还有一种是把被代位人先于被继承人死亡、丧失继承权和抛弃继承权三种情形作为代位继承发生的原因，如德国、瑞士、我国澳门地区等。[①] 各国立法上的差异与对代位继承性质的认识有关，如果认为代位继承是代位人本身所享有的权利，代位继承发生的原因就会包括被代位继承人放弃继承、丧失继承权。如果立法者采用了代表权说，则代位继承发生的原因仅限于被代位继承人先于被继承人死亡这一种情形。

二、代位继承的性质

理论上对于代位继承人的继承权的性质大体有固有权说和代表权说两种不同的观点。固有权说认为代位继承是代位继承人本身所享有的权利，无论被代位继承人的继承权是否丧失均不影响代位继承人的代位继承权。代表权说则认为代位继承是代表了被代位继承人的继承权，如果被代位继承人丧失继承权，则被代位继承人的子女或兄弟姐妹

[①] 郭明瑞、房绍坤、关涛：《继承法研究》，中国人民大学出版社 2003 年版，第 78 页。

的子女则不能代位继承。我国《民法典》没有明确规定代位继承权的法律性质,但在司法实践中长期采取了代表权说,《民法典》出台后有所折中,原则上仍然是代表权说,但也赋予了符合一定条件的代位继承人可以分得适当的遗产。《民法典继承编司法解释(一)》第16条规定:"代位继承人缺乏劳动能力又没有生活来源,或者对被继承人尽过主要赡养义务的,分配遗产时,可以多分。"第17条规定:"继承人丧失继承权的,其晚辈直系血亲不得代位继承。如该代位继承人缺乏劳动能力又没有生活来源,或者对被继承人尽赡养义务较多的,可以适当分给遗产。"可见,继承人丧失继承权,其晚辈直系血亲不得代位继承。如果代位继承人因缺乏劳动能力且也没有生活来源或者因自己对被继承人尽了较多赡养义务而适当分得遗产。

三、代位继承的适用要件

代位继承的适用要符合一定的条件,这些条件具体有以下四个方面。

(一)被代位继承人先于被继承人死亡

我国《民法典》第1128条明确规定,被继承人的子女或兄弟姐妹先于被继承人死亡才能发生代位继承,而且是代位继承发生的唯一原因。如果被代位继承人后于被继承人死亡,则当被继承人死亡时即开始了继承,被代位继承人因继承而取得了被继承人的遗产,如果该遗产尚未分割,此时发生转继承,即被代位继承人应得的遗产转而由其继承人继承。

实践中存在被继承人与被代位继承人同时死亡的情形,如被继承人与被代位继承人是兄弟姐妹,因交通意外同时死亡,此时也不会发生代位继承。根据我国《民法典》第1121条第2款的规定:"相互有继承关系的数人在同一事件中死亡,难以确定死亡时间的,推定没有其他继承人的人先死亡。都有其他继承人,辈份不同的,推定长辈先死亡;辈份相同的,推定同时死亡,相互不发生继承。"对此类在同一事件相互有继承关系的人在同一事件中死亡,难以确定死亡先后顺序的,推定长辈先死亡的情况下不会发生代位继承,推定同辈同时死亡的情形,如果死亡的同辈各自有子女的,彼此不会发生第二顺序的继承,当然也不会发生代位继承。如果死亡的兄(姐)没有其他继承人时则会推定兄(姐)先死亡,也不会发生代位继承。

(二)被代位继承人须为被继承人的子女或兄弟姐妹

关于被代位继承人的范围,各国和不同地区的立法规定有较大差异,大体有以下几种立法例:(1)被代位继承人限于被继承人的子女;(2)被代位继承人限于被继承人的直系卑亲属;(3)被代位继承人限于被继承人的直系卑亲属、兄弟姐妹及其子女;(4)被代位继承人限于被继承人的直系血亲卑亲属、兄弟姐妹及其直系卑亲属;(5)被继承人的直系卑亲属、父母及其直系卑亲属、祖父母及其直系卑亲属都可以作为被代位继承人;(6)被继承人的直系卑亲属、兄弟姐妹及其直系卑亲属、祖父母外祖父母及其直系卑亲属可作为被代位继承人。① 我国《民法典》规定的被代位继承人的范围比较狭窄，只包括被继承人的子女和兄弟姐妹两类。

（三）代位继承人为被代位继承人的直系晚辈血亲或子女

被代位继承人如果是被继承人的子女，代位继承人则是被代位继承人的晚辈直系血亲，晚辈直系血亲无辈数限制。《民法典继承编司法解释（一）》第14条规定："被继承人的孙子女、外孙子女、曾孙子女、外曾孙子女都可以代位继承，代位继承人不受辈数的限制。"被代位继承人包括被继承人的亲生子女、养子女和形成抚养关系的继子女，代位继承人只能是上述子女的亲生子女和养子女，不包括继子女。《民法典继承编司法解释（一）》第15条规定："被继承人的养子女、已形成扶养关系的继子女的生子女可以代位继承；被继承人亲生子女的养子女可以代位继承；被继承人养子女的养子女可以代位继承；与被继承人已形成扶养关系的继子女的养子女也可以代位继承。"被代位继承人如果是被继承人的兄弟姐妹，则代位继承人仅为被继承人兄弟姐妹的子女，有辈数的限制。此处的兄弟姐妹包括全血缘和半血缘兄弟姐妹、养兄弟姐妹和形成扶养关系的继兄弟姐妹，根据上述司法解释的立法精神，上述兄弟姐妹的子女包括亲生子女和养子女，不应包括继子女。

（四）代位继承的份额限于被代位继承人有权继承的遗产份额

如前所述，我国《民法典》对代位继承的性质仍然采取的是代表权说，即代位继承人是代替被代位继承人行使继承权，因此，代位继承的遗产应是被代位继承人应该继承遗产的份额。如果代位继承人有数人的，即由数个代位继承人共同取得被代位继承人有权继承的遗产份额。在特殊情况下，如代位继承人缺乏劳动能力又没有生活来源，或者对被继承人尽过主要赡养义务的，分配遗产时，可以多分。《民法典继承编司法解释（一）》第16条对此作了明确规定。

第三节　转继承

一、转继承的概念和性质

转继承，是指继承开始后，继承人在遗产分割前死亡，继承人没有放弃继承权也没有丧失继承权的，继承人应继承的遗产转归给他的继承人的制度。已死亡的继承人称为被转继承人，接受已死亡继承人遗产的继承人称为转继承人。《民法典》第1152条规定："继承开始后，继承人于遗产分割前死亡，并没有放弃继承的，该继承人应当继承的遗产转给其继承人，但是遗嘱另有安排的除外。"

学术上对于转继承的性质有不同的认识，主要有两种不同的观点。一种观点认为，

---

① 房绍坤、范李英、张洪波：《婚姻家庭继承法》，中国人民大学出版社2020年版，第193页。

转继承是继承遗产权利的转移,被转继承人继承的遗产不能作为夫妻共同财产处理;[1] 另一种观点认为继承权的严格人身属性决定了它不能移转,转继承只是对遗产份额的再继承,转继承的遗产份额应为其与配偶的共同财产。[2] 本书作者认为转继承是转继承人对被转继承人继承的遗产转给其继承人承受,不是对继承人继承遗产权利的继承,而是接受、取得遗产权利的移转。继承权主要包括了接受继承、放弃继承的权利和接受、取得遗产的权利两个方面的内容,接受继承、放弃继承的权利带有人身属性,但继承开始之后,继承人没有放弃继承的权利就自然享有接受、取得遗产的权利,接受、取得遗产的权利并不具有人身属性,在继承人还没有来得及行使该权利时死亡的,该继承人接受、取得遗产的权利转归给其继承人享有,所以转继承人取得的遗产份额不能作为夫妻共同财产。虽然根据《民法典》第230条的规定,因继承取得物权的,自继承开始时发生效力,此时遗产属于物权的,自继承开始时物权发生变动,即由继承人取得了物权,但该条规定属于物权取得的特殊形式,避免被继承人死亡时所遗留的遗产(物权)没有权利人而出现物权悬置状态,在没有出现转继承的情形时,当然属于《民法典》第1062条所规定的夫妻共同财产,但一旦出现转继承的情况,要适用《民法典》第1152条的规定,从该条的文义来看,被转继承人应继承的遗产直接转给了转继承人,排除了《民法典》第1062条所规定的夫妻在婚姻关系存续期间所得的财产作为夫妻共同财产的适用。

从《民法典继承编司法解释(一)》第38条的规定来看,继承开始后,受遗赠人表示接受遗赠,并于遗产分割前死亡的,也认同是接受遗赠的权利转移给了他的继承人,并不认为是受遗赠人已经取得了遗产从而作为受遗赠人与其配偶的共同财产。转遗赠和转继承的原理相同,《继承法意见》第52条规定也承认了继承开始后,继承人没有表示放弃继承,并于遗产分割前死亡的,其继承遗产的权利转移给他的合法继承人。《民法典》第1152条规定没有继续沿用"继承遗产的权利"而是表述为"继承人应当继承的遗产转给其继承人"。相较于《继承法意见》的表达更为直接明确,即将继承人应当继承的遗产转给其继承人,直接排除了作为继承人与其配偶的夫妻共同财产来处理的情况。

二、转继承与代位继承的区别

转继承与代位继承相同之处都存在两个死亡事实,都是被继承人的遗产由继承人的继承人取得。转继承与代位继承是完全不同的法律制度,二者差别甚大,主要体现在以下几个方面。

(一) 性质不同

转继承性质为本位继承,表现为两个本位继承的连续。首先,继承开始后,被转继承人在没有放弃继承或丧失继承权的情况下,享有继承的权利进而享有取得遗产的权

---

[1] 巫昌祯主编:《婚姻与继承法学》,中国政法大学出版社2017年版,第310页。
[2] 郭明瑞、房绍坤、关涛:《继承法研究》,中国人民大学出版社2003年版,第87页。

利，如果是遗产属于物权，则转继承权人取得了被继承人的遗产。其次，被转继承人应继承的遗产转而由转继承人继承。可见，转继承是两个本位继承的连续。而代位继承与本位继承相对应，是由代位继承人代替被代位继承人直接继承被继承人的遗产，代位继承不具有连续性，而是表现为替补性质的。

（二）发生条件不同

转继承发生条件是被继承人先死亡，继承人在遗产分割前死亡的情形。代位继承发生的条件是继承人先死亡，被继承人后死亡的情形。

（三）权利主体范围不同

在发生转继承的情况下，转继承权的人范围包括第一顺序继承人也包括第二顺序的继承人。即被转继承人的配偶、直系晚辈血亲、父母、兄弟姐妹、祖父母、外祖父母；代位继承人包括被继承人的子女的直系晚辈血亲或者被继承人的兄弟姐妹的子女。

（四）适用范围不同

转继承适用范围比代位继承要广，不仅适用于法定继承，也适用于遗嘱继承，还适用于遗赠；而代位继承只适用于法定继承。

第四节　应继份与酌情分得遗产

一、应继份的含义及分配规则

（一）应继份的含义

应继份是指在法定继承中，继承人根据法律规定可以继承的份额。从立法例来看，应继份的确定和配偶的继承顺序有关，有的规定配偶的应继份与同一顺序的其他继承人的应继份相同；有的规定配偶的应继份因参与不同的继承顺序而不同等。[①] 我国把配偶和其他直系血亲都作为同一顺序的继承人，采取的是应继份相同原则。

（二）应继份的分配规则

我国《民法典》第1130条第1款确立应继份的分配原则。即在没有法律规定的特殊情况下，同一顺序的继承人的应继份额相同，特殊情况下继承人的继承份额可以不均等。具体可以分成以下几种类型。

1. 照顾型

《民法典》第1130条第2款规定："对生活有特殊困难又缺乏劳动能力的继承人，

---

① 陈苇：《改革开放三十年（1978—2008）中国继承法研究之回顾与展望》，中国政法大学出版社2010年版，第456页。

分配遗产时,应当予以照顾。"构成这种类型的继承人必须同时满足下面两个条件,缺一不可。一是生活有特殊困难;二是缺乏劳动能力。继承人是否符合上述两个条件的时间点是以遗产分割时为准,并不是继承开始之时。此外,予以照顾的目的是为了保障生活有特殊困难又缺乏劳动能力的继承人的基本生活需要,如果各继承人采取均等分配的遗产也足以保障生活有特殊困难又缺乏劳动能力的继承人的基本生活需要的,则不需予以照顾,各继承人仍可以采取均等分配。

2. 可以多分型

《民法典》第1130条第3款规定:"对被继承人尽了主要扶养义务或者与被继承人共同生活的继承人,分配遗产时,可以多分。"构成这种类型的继承人必须满足下面两个条件中的任意一个即可。一是对被继承人尽了主要扶养义务。所谓尽了主要扶养义务是对被继承人生活提供了主要经济来源,或者在劳务等方面给予了主要扶助的。[①] 二是与被继承人共同生活。如果有扶养能力和扶养条件的继承人虽然与被继承人共同生活,但对需要扶养的被继承人不尽扶养义务,分配遗产时,不是可以多分,而是可以少分或者不分。[②] 另外本条款规定的可以多分不是一定要多分,即使满足了上述条件的也可以不多分,是否多分要根据个案的具体情况来综合认定。如兄弟三人共同赡养父母,长兄的家庭经济条件最为优裕,对父母提供了主要经济来源,最小的弟弟与父母共同生活,对父母在劳务上尽到主要的照顾义务,在父母去世后,对父母的遗产,长兄不一定多分,对劳务付出最多且家庭条件最差的弟弟可以多分。

3. 应当不分或少分型

《民法典》第1130条第4款规定:"有扶养能力和有扶养条件的继承人,不尽扶养义务的,分配遗产时,应当不分或者少分。"这一条款带有一定的惩罚性,有扶养能力和扶养条件的继承人对被继承人不尽扶养义务的行为不仅违反了法定义务,也不符合我国的传统美德,这种破坏公序良俗的行为应该被谴责,因此在分配遗产时应当不分或少分。这种类型的继承人不能分得遗产或少分遗产要符合以下几个条件:

(1) 被继承人需要扶养,既包括经济上的供养也包括劳务上的扶助,一般是指缺乏生活来源或缺乏劳动能力的人。《民法典继承编司法解释(一)》第22条规定:"继承人有扶养能力和扶养条件,愿意尽扶养义务,但被继承人因有固定收入和劳动能力,明确表示不要求其扶养的,分配遗产时,一般不应因此而影响其继承份额。"

(2) 继承人有扶养能力和扶养条件。如果继承人客观上就缺乏扶养能力和扶养条件,没有尽到扶养义务的,不能因此少分或不分。

(3) 继承人不尽扶养义务。一般要求继承人长期不尽扶养义务,如果是暂时或偶尔不尽扶养义务,也不能适用这一条款。

4. 协商不均等型

《民法典》第1130条第5款规定:"继承人协商同意的,也可以不均等。"各继承人

---

① 参见《民法典继承编的司法解释(一)》第19条的规定。
② 参见《民法典继承编的司法解释(一)》第23条的规定。

协商一致不均等分配遗产是各继承人意思自治的体现,也体现了继承人互谅互让、团结和睦的精神。只要继承人协商同意分配遗产时份额不均等就应该尊重。值得注意的是协商不均等型须是能够参与遗产继承和分配的继承人全部同意遗产份额不均等,而不能由继承人采取多数决的方式决定遗产分配不均等。

二、酌情分得遗产

(一) 酌情分得遗产权的概念和性质

酌情分得遗产权是指不能作为继承人参与继承,但和被继承人生前形成扶养关系的人可以酌情分得一定遗产的权利。我国《民法典》第1131条规定:"对继承人以外的依靠被继承人扶养的人,或者继承人以外的对被继承人扶养较多的人,可以分给适当的遗产。"

酌情分得遗产权不同于继承权,也不同于受遗赠权,是我国《继承法》所规定的一种特殊性质的权利。[1]《民法典》沿袭了原《继承法》的规定,赋予了符合一定条件的人可以享有酌情分得适当遗产的权利,本质上属于法定债权。

(二) 酌情分得遗产人的范围

根据《民法典》的规定,酌情分得遗产人包括两类:一是依靠被继承人扶养的人;二是对被继承人扶养较多的人。对于酌情分得遗产人范围在学术上有不同的观点。第一种观点认为酌情分得遗产人是指法定继承人以外的人。[2] 第二种观点认为酌情分得遗产的人不限于继承人以外的人,法定继承人中不能继承遗产的继承人,如第二顺序继承人,在不能继承遗产时也可以成为酌情分得遗产人。[3] 本书作者赞同第二种观点,酌情分得遗产人既可以是法定继承人之外的人,也可以是法定继承人但继承顺序排在后位的继承人。如被继承人长兄与继承人弟妹相互属于第二顺序的继承人,弟妹依靠长兄扶养,当长兄死亡时有第一顺序的继承人时,弟妹作为第二顺序的继承人不能继承长兄的遗产,但由于弟妹依靠被继承人扶养从而作为酌情分得遗产人而分得适当的遗产。反之亦然,如果成年的弟妹扶养兄姐较多,在兄姐死亡时作为第二顺序的弟妹在有第一顺序继承人的情况下不能继承,但可作为酌情分得遗产人而分得适当遗产。采取这种观点更能保护依靠被继承人扶养人或对被继承人尽了较多扶养人的利益,也符合我国养老育幼,互帮互助的传统习惯。

(三) 酌情分得遗产的份额

《民法典》第1131条对酌情分得遗产的份额表述为"适当的遗产"。司法实践中,根据《民法典继承编司法解释(一)》第20条的规定,酌情分得适当遗产的人,分给他们遗产时,按具体情况可以多于或者少于继承人。所谓具体情况包括依靠被继承人扶养

---

[1] 马俊驹、余延满:《民法原论》,法律出版社2007年版,第926页。
[2] 巫昌祯:《婚姻与继承法学》,中国政法大学出版社2017年第6版,第308页。
[3] 房绍坤、范李英、张洪波:《婚姻家庭继承法》,中国人民大学出版社2020年版,第197页。

的人是否属于缺乏劳动能力又没有生活来源的人、依靠被继承人生前扶养的程度、对被继承人扶养较多的人的经济状况、遗产的价值及数量多少等等。

(四) 酌情分得遗产权的保护

酌情分得遗产权是一项独立的权利,权利人有权取得被继承人适当的遗产。根据《民法典继承编司法解释(一)》第21条的规定,分给适当遗产的人,在其依法取得被继承人遗产的权利受到侵犯时,本人有权以独立的诉讼主体资格向人民法院提起诉讼。司法实践中也承认了酌情分得遗产权的独立性,该权利本质上属于债权,应该适用《民法典》第188条所规定的诉讼时效期间,即诉讼时效期间为3年,自知道或者应当知道酌情分得遗产权被侵害以及义务人之日起算。

第十三章　遗嘱继承

第一节　遗嘱继承概述

一、遗嘱继承的概念

遗嘱继承，是指在被继承人死亡后，依照被继承人生前所立的有效遗嘱，由该遗嘱指定的法定继承人继承被继承人的全部或部分遗产的继承制度。

需要注意的是：在遗嘱中，虽然可以指定将全部或部分遗产分配给法定继承人，也可以指定将遗产分配给法定继承人之外的人，但遗嘱继承仅指法定继承人范围内的人由遗嘱取得全部或部分遗产，法定继承人之外的人依照遗嘱取得遗产称为接受遗赠，而非传统的遗嘱继承范畴。

立遗嘱处分自己身故后财产的人，为遗嘱人；依照遗嘱取得遗嘱继承权的人为遗嘱继承人；依遗嘱取得遗赠的人为受遗赠人，也称为遗赠受领人。

二、遗嘱继承的特征

遗嘱继承是遗嘱人凭借自己意志对法定继承的排斥，是民法上意思自治原则在继承法范围内的集中体现。具体体现为在遗嘱内容中对法定继承的变更，这种变更包括人的变更、顺序的变更、份额的变更、财产范围的变更、继承方式的改变、条件的改变等，若被继承人无改变法定继承的意思，也就无需立所谓遗嘱。

与法定继承相比，遗嘱继承具有以下特征：
（1）遗嘱必须是遗嘱人亲自设立，体现的是其真实意思。
（2）设立遗嘱的时间为被继承人生前而非死亡之时，被继承人生前任意时间均可设立遗嘱，也可以随时否定自己原先的遗嘱设立新的遗嘱。
（3）遗嘱的生效为被继承人死亡之时。
（4）遗嘱继承中，指定的继承人必须是法定继承人。
（5）遗嘱继承中涉及的遗产范围，可以是全部遗产，也可以仅为部分遗产。
（6）遗嘱继承的效力要高于法定继承，具有优先性。

三、遗嘱继承的历史发展

(一) 西方社会遗嘱继承的历史发展

1. 古代社会遗嘱继承之滥觞

现代遗嘱继承制度发源于罗马法。在古代西方,遗嘱继承则是极其重要的继承制度。正如梅因所说:"……在所有法律媒介中,没有一种历史媒介的产物要比人们用书面意志来控制其死后的财产处分更为复杂的了。"①

古代社会中,遗嘱继承尤其为古罗马人所重视。因古罗马人笃信宗教,宗教性的祭祀活动则以家庭为基本单位,因此其继承制度的核心在于家族的延续与宗教上的义务,财产继承只是其中的一部分。所谓"家庭是国家的法定单位,家庭的首脑家父是唯一为法律所承认的'完人'"。因此,继承人继承的不仅为财产,而且包括人格和身份。其继承财产也并非个人之财产,而是家族之财富。若家族无家长,则祭祀将会断绝、财富将会流散,乃是一个家族最大的不幸。所以继承人的指定,涉及家长是否确定、家族是否存续、祭祀是否绵延、财富是否外流,故为家族中的头等大事,以至于"无遗嘱而死"成了争吵时诅咒他人的粗鄙之语。

古罗马的遗嘱继承开始仅限于贵族之中,为贵族之特权,又因其意义重大,故有极强的要式性。起初遗嘱之设立必须经贵族大会审查并公开宣告,即贵族大会遗嘱。后因其程序繁琐,且适用者范围过窄,当广大平民一方面无从享受贵族大会特权,另一方面担心自己坠入无遗嘱而死的诅咒焦虑之时,便开始创造了新的遗嘱形式如信托遗嘱等,绕过贵族大会的固定程序和仪式。

信托遗嘱,即家长以买卖的形式,将全部家产"卖"给自己所信赖的"买受人"。买受人应在家长死亡后,将家产再转移给指定的继承人。但这种形式风险较大,因"买受人"有背信弃义之可能。故此,又产生了信托加宣告的要式买卖遗嘱,即在信托时,邀请一定数量的证人到场,见证这场"买卖",并将其内容公开宣告。要式买卖遗嘱虽能防范信托遗嘱的风险,但却因公开宣告丧失了遗嘱的保密性,可能会提前引发继承人资格争夺和遗产继承的纠纷。因此,又发展出了不必公开宣告内容,仅将遗嘱内容由几位见证人密封,交由专人、法官、地方长官甚至皇帝保管,或由专门机关登记备案等方式。在帝国时期,由于人口激增,公民制订遗嘱也越来越频繁,程序进一步简化,罗马帝国数位皇帝都专门颁布敕令承认公民可以自书遗嘱,只要证明其真正为公民自己书写,即可承认其效力。

在罗马社会,遗嘱继承具有极强的概括性,其范围不仅包括财产,而且包括人格。继承的核心也非个人财富的转移,而是家族延续与宗教信仰。因此遗嘱继承在古罗马社会早期,采用的是遗嘱绝对自由原则,对于继承人的指定,遗嘱人有绝对的自由。但随着罗马疆域的扩大、经济的发展和社会财富的增加,原先的家族关系变得松散,遗嘱中家族和宗教的成分不断淡化,财产的地位不断提高,遗嘱的形式也变得多样,遗嘱的内

---

① [英] 亨利·萨姆奈·梅因:《古代法》,沈景一译,商务印书馆1996年版,第99页。

容也从公开转为秘密。在此情况下,家长因感情因素或受人欺诈,将家产遗赠与外人(如姘居者、通奸者、合伙人等),反而使家人无法维持生计的情形不断增多,由此引起了政府对遗嘱继承绝对自由主义的反思。对此,罗马先后确立了"废除继承人""遗嘱逆伦之诉""特留份"等制度,认为遗嘱的设立也应基于善良风俗,不得违背人伦道德,对遗嘱继承中继承人范围的指定进行了限制,对将财产全部遗赠给外人的行为加以排斥。甚至有裁判官认为这种遗嘱可以推定为是在"精神错乱"中所立,因其意思表示具有瑕疵,故不能发生效力。

罗马帝国灭亡之后,欧洲大陆各国经过了漫长而又反复的融合与分化,最终将罗马法与本民族的习惯法相结合,普遍采用了遗嘱相对自由主义。但与此同时,英国因孤悬海外,却走上了另一条不同的道路。马克斯·韦伯认为:"在历史上只出现过两次完全或几乎完全是实质性的遗嘱自由,一次是在古罗马,另外一次便是在英国。"[①]

2. 中世纪后遗嘱自由主义的演变

遗嘱自由,指的是遗嘱人可以自由决定其遗嘱的内容,在遗嘱中自由处分其财产和身后事务。

但是,英国历史上的遗嘱绝对自由主义也并非天然的、一贯的,而是走过了一条从相对自由主义到绝对自由主义最后又回到相对自由主义的曲折道路。

中世纪时,对于动产继承和不动产继承,英国所采取的态度是不同的。动产受到罗马法特留份的影响,并非绝对自由主义;而当时不动产的情况更为复杂,为了避税,许多封建领主将其名下的不动产采用遗嘱的方式交由他人"托管"。对此英国国会先后颁布了多部法律:1536年《托管法》禁止托管,对遗嘱自由进行了限制;但1540年《遗嘱法》又承认了大部分土地可以依照遗嘱自由处分。对于不动产遗嘱自由原则的反复拉锯其背后是国王与贵族之间利益的博弈,最终1660年的《保有废除法》将所有土地都纳入了可以依照遗嘱自由处分的范畴。

同时,当时的教会也对绝对的遗嘱自由主义进行了积极的推动,因绝对的遗嘱自由主义可以让遗嘱人不受限制地将自己所有财产捐赠给教会。动产的遗嘱继承也逐渐由相对自由主义转变为绝对自由主义,与不动产合龙,并且随着英国的殖民活动传播到了后来的各个英美法系国家。

但是,到了1900年后,各英美法系国家都开始了对遗嘱绝对自由主义的反思,此时英国遗嘱绝对自由主义赖以诞生的封建关系基础业已崩溃,但在理论上的主要阻力变成了对于意思自治的理解:权利的产生与变动基于人的自由意思,遗嘱人的意思理应得到立法者尊重。

经过多次争论之后,1938年英国在《继承法》中最终明确了遗嘱相对自由主义。在现代社会,遗嘱相对自由主义已是各国继承法对于遗嘱的普遍态度。

但我们也应该注意到:不论在古罗马还是英国,其所谓绝对的遗嘱自由其实在当时仍然是存有事实上的局限的,即使在罗马的遗嘱绝对自由主义时期,继承人的选择因涉及未来的家父权,奴隶和女性也都仍然被排除在继承人范围之外;在英国,即便是遗嘱

---

① [德]马克斯·韦伯:《经济与社会》,阎克文译,上海人民出版社2010年版,第833页。

绝对自由主义时期，也仍然有"寡妇产""鳏夫产"等传统制度和习惯的存在。遗嘱自由，从来都不是完全彻底的绝对自由。

3. 近代社会以来相对遗嘱自由主义的确立

近代以来，遗嘱自由已成为继承法的基本原则之一，是私法中意思自治在继承法领域的集中体现，也是对法定继承的反动。法定继承是立法者根据亲属关系的远近来自行设定的继承顺序和范围，这种设定的本质是立法者代替被继承人进行的意思推定，并非被继承人真正的意思；若被继承人通过遗嘱表示出了自己的真实意思，自然应将这种推定加以否定，这是法律对私权的尊重和保护。但各国的历史实践又证明：遗嘱自由会导致遗嘱人滥用权利，造成继承人被不当剥夺继承权而陷入生活困难，或导致违背公序良俗的情形发生，因此，又必须对遗嘱自由加以必要的限制，这基本上是现代各国继承法的通例。

在现代继承法中，遗嘱自由的主要内容包括以下五点。①符合法律规定的自然人有依照自己意思设立遗嘱的权利。②自然人有在法律规定的范围内自由选择遗嘱形式的权利。③自然人有在法律规定的范围内自由决定遗嘱内容的权利。④遗嘱继承有优先性，优先于法定继承。⑤遗嘱自由具有相对性，受到法律的限制。

相对的遗嘱自由主义体现的是遗嘱人意思自治和继承人利益之间的博弈，其目的是在保证意思自治和实现社会公平之间实现平衡。

（二）中国遗嘱继承的历史发展

西方将遗嘱视为人的自然权利，把法定继承看作是遗嘱继承的特别方式。但在中国古代情形恰恰相反，虽有遗诏、遗命、遗表等形式，但在整体上实行的是封建宗法制下的嫡长子继承制。这种法定继承制度作为宗祧继承的基石根深蒂固，贯穿于整个中国封建社会，是为古代中国继承制度的主流，一直挤压着遗嘱继承制度发展的空间和土壤。遗嘱继承呈现出碎片化、非固定化、非制度化、非稳定化和非体系化的特点。在这种情形下，虽然死者临终前可能留下"遗言"，但就整个国家的立法、司法实践和社会环境而言，并未形成和建立完整的、系统的遗嘱制度，甚至也未形成遗嘱的习惯。

直到清朝末年，在西方法律思想的影响下，遗嘱继承才真正开始在中国的制度化立法过程。但因历史传统之下人民群众对遗嘱制度了解和接纳的有限性，整个社会也未形成完善的遗嘱意识和遗嘱习惯。以至于直到今天，我国司法实践中的遗嘱继承的适用比例仍然远远低于法定继承，不过，随着社会的不断发展，国人对于遗嘱继承的接受程度也在不断增加。

新中国建立后，我国在1950年就颁布了《婚姻法》，但直到1985年才颁布了《继承法》，即便同在婚姻家庭法体系之内，民众对婚姻法的关注也远远超过继承。在1985年的《继承法》中，对遗嘱继承的法条设计采取的就是遗嘱相对自由主义，这一思路也被《民法典》所继承。一方面承认遗嘱人在法律规定范围内设立遗嘱和处分财产等自由，一方面又对其进行了限制。这种限制主要体现在：

1. 遗赠扶养协议的优先性

《民法典》第1123条规定："继承开始后，按照法定继承办理；有遗嘱的，按照遗嘱继承或者遗赠办理；有遗赠扶养协议的，按照协议办理。"也就是说，遗赠扶养协议、遗嘱继承和法定继承的优先级是依次降低的。

2. 对缺乏劳动能力又没有生活来源的继承人的保留份额

《民法典》第1141条规定："遗嘱应当为缺乏劳动能力又没有生活来源的继承人保留必要的遗产份额。"我国这一制度与西方的特留份制度存在着一些差异，其范围并非由身份确定，而是由本人状况确定，只有缺乏劳动能力又没有生活来源的继承人才有权依此取得遗产，且其取得遗产的份额也并非固定份额，而是根据实际情况确定。

第二节 遗嘱与遗嘱能力

一、遗嘱的概念

遗嘱是自然人依照法定形式，在其生前作出的对其死亡后财产如何处分的意思表示。

遗嘱是遗嘱人的单方意思表示，遗嘱人立遗嘱的时间、方式和内容不受任何人干涉，也无需征得继承人同意。

遗嘱是遗嘱人对自己死后财产处分作出的最后意思表示，所谓"最后意思表示"，并非"临终意思表示"或"最终意思表示"，也不是必须在临终前才能作出的意思表示，而是指遗嘱人在作出该意思表示后，直到其死亡之时，并未再作出任何相反的意思表示。

遗嘱是要式行为，设立遗嘱必须按照法律所规定的方式进行，不符合法定形式的遗嘱无效。其根本原因就在于遗嘱是在遗嘱人死亡后才发生效力，若无法定形式之要求，易为人篡改或假冒，也容易引起继承人之争议。

二、遗嘱的特征

（一）遗嘱是单方行为

遗嘱自由原则是继承法的基本原则，遗嘱人依自己的单方意思表示即可设立遗嘱。这一过程无需任何人同意，也不受任何人的干涉。所立遗嘱只要符合法律规定的要件，即可在其死亡时生效。

（二）遗嘱是不可代理行为

遗嘱权是专属于遗嘱人本人的权利，遗嘱具有强烈的人身性，是遗嘱人对自己财产所作的最终处分，具有不可代理性。为确保遗嘱为遗嘱人本人的真实意思，遗嘱必须由遗嘱人本人设立。但要注意的是，遗嘱虽可代书，但代书并非代理。一旦遗嘱人死亡，遗嘱生效后，任何人也无权再对遗嘱撤回或进行变更。

(三) 遗嘱是死因行为

遗嘱做成后，即便符合法律规定的形式，也必须等到遗嘱人死亡时方可生效，这是遗嘱生效的前提。也正是因为遗嘱为死因行为，其生效条件明确，在其生效前，遗嘱人可以随时改变自己的意思，撤回或变更遗嘱。

(四) 遗嘱是终意行为

这是由遗嘱的单方行为和死因行为特征决定的，遗嘱依遗嘱人单方意思表示即可自主设立，但只能在遗嘱人死亡时方可生效，在遗嘱设立后到遗嘱人死亡的这段时间内，遗嘱人随时可以依照自己的意愿对遗嘱进行修改和撤回，或者设立新的遗嘱。因此，当遗嘱人的意思发生变化时，应以最后的意思为准，也即当存在数个相互抵触的遗嘱时，应以最后的遗嘱为准。

(五) 遗嘱是要式行为

从罗马法开始，遗嘱的形式就是强制的，罗马法中的遗嘱具有一定公法性，故而在形式上受到政府的严格的限制和干涉。后世的遗嘱强调要式性，则是因其本质上是对法定继承的否认和改变，涉及法定继承人的重大利益。同时遗嘱本身又极易被伪造、篡改和曲解，引起争议，因此各国都在立法上对遗嘱的形式加以严格的限制。遗嘱人生前对死亡后财产处理，可能会随时随地随着心情的改变做出过多种不同的意思表示，但并非所有的遗嘱人生前意思表示都可以被认定为遗嘱，只有符合法定形式的遗嘱人对死亡后财产处理的意思表示才是法律意义上的遗嘱，违反法定形式的遗嘱无效。

三、遗嘱能力

遗嘱能力是自然人依照法定形式依法设立自己遗嘱的能力，也就是法律规定的设立遗嘱的资格，具有此资格者，方能依法设立遗嘱。

在历史上，遗嘱能力的内涵发生过很大的变化。古罗马时期，遗嘱能力的范围更大，包括立遗嘱能力、受遗嘱能力和证遗嘱能力三个方面。立遗嘱能力是指设立遗嘱之能力，需要有罗马市民资格且没有被剥夺遗嘱权；受遗嘱能力即接受遗嘱赠与之遗产的能力，当事人须未被剥夺财产权；证遗嘱能力是指为他人遗嘱作证的能力，妇女、奴隶、精神病人、依法丧失作证能力之人等都被排除在外。

现代各国继承法中的遗嘱能力一般仅指立遗嘱能力。在设立遗嘱时，遗嘱人应当能够理解自己行为的后果，能够对自己的财产进行合理使用和处分，同时应能以适当手段对自己的决策和意思进行清晰的表达。现代各国继承法对遗嘱能力的规定一般从年龄和精神状况两方面入手。

我国《民法典》第1043条第1款规定："无民事行为能力人或者限制民事行为能力人所立的遗嘱无效。"将遗嘱能力限定在了完全民事行为能力人范围之内，只有完全民事行为能力人才具有遗嘱能力，无行为能力人和限制行为能力人没有遗嘱能力，所立遗嘱均为无效。确定遗嘱能力的时间，应以立遗嘱之时为准，即便立遗嘱后遗嘱人丧失了行为能力，也不影响遗嘱的效力。

我国对遗嘱能力的规定与行为能力紧密结合，《民法典》中的规定与原《继承法》一脉相承。但是早在《继承法》时期，这一规定就已经被质疑过于笼统，比如：间歇性精神病人在神志清醒时其遗嘱能力如何？对于精神耗弱、赌博成性、浪费或有其他恶习者，遗嘱能力如何？我国没有禁治产和保佐等制度的传统，对于遗嘱能力的认定，仍存在一些争议。

另外，我国《民法典》第18条第2款规定："十六周岁以上的未成年人，以自己的劳动收入为主要生活来源的，视为完全民事行为能力人。"因此，十六岁以上以自己的劳动收入为主要生活来源的未成年人，亦有遗嘱能力。

第三节　遗嘱的内容与形式

一、遗嘱的内容

罗马法中的遗嘱具有一定的公法性，现代社会的遗嘱已经纯粹是私法性质。古代社会的遗嘱，涉及财产继承和身份继承，现代社会的遗嘱，法律仅承认财产继承的部分，而不包括身份的继承。实践中，有的遗嘱千言万语，有的遗嘱却只有寥寥数文，遗嘱的内容虽千差万别，但并非所有的内容都能发生法律效力，继承法上所指遗嘱的内容，并非遗嘱中的每字每句，而仅指遗嘱中能发生法律效力的内容。

一般来说，遗嘱的内容主要包括以下四个方面。

（一）指定继承人或受遗赠人

古代社会，用遗嘱指定继承人是为了保证家族和某种特定身份（如祭祀、爵位、贵族头衔等）的延续，被指定的继承人不仅会继承财产，还会继承遗嘱人的人格，接替遗嘱人的身份。现代继承法的继承人指定，仅有财产方面的意义，并不涉及身份的继承，更没有人格的继承。遗嘱人还可指定法定继承人之外的人作为受遗赠人。一份遗嘱中，可以既有遗嘱继承人，也有受遗赠人，此外，遗嘱人还可以在遗嘱中指定补充继承人或补充受遗赠人。

（二）遗产分配

遗嘱继承事实上是遗嘱人依照自己的意志，对法律规定的继承人、继承顺序和继承份额进行的变更或否认。根据遗嘱自由原则，遗嘱人可以根据自己感情，不按法律规定的范围、顺序和份额，对自己死后的财产进行处分，给予指定的人以额外的利益。指定之人可以是法定继承人，也可以是法定继承人之外的人，若指定的是法定继承人之外的人，即为遗赠。在分配遗产时，可以是对将来全部遗产的处分，也可以仅涉及部分遗产；指定的遗嘱继承人或受遗赠人可以是单数，也可以是复数。

（三）指定遗嘱保管人、遗产管理人和遗嘱执行人

遗嘱人可以在遗嘱中指定遗嘱保管人、遗产管理人和遗嘱执行人，指定的遗嘱保管人、遗产管理人和遗嘱执行人可以是自然人，也可以是律师事务所或其他法人等组织。

（四）其他事项

实践当中的遗嘱，通常不仅有继承人指定和遗产分配等事项，还会包含大量的其他内容，如对家事的安排、对配偶的叮咛、对子女的嘱托等。这些内容大多仅涉及道德伦理层面，并不具有法律上的约束力。但有些内容，如对债务的免除、对非婚生子女的承认、对因虐待遗弃等原因丧失继承权的人的原谅等，一经表达则会发生法律上的效力，需要具体甄别区别对待。

二、遗嘱的形式

遗嘱必须是遗嘱人真实的意思表示。遗嘱虽然是单方行为，但遗嘱的内容会直接影响继承人的利益，因此必须有清晰准确的表现形式。同时，遗嘱又是死因行为，其生效在遗嘱人死亡之时，此时已无法对遗嘱的真意进行确认。因此，为了保证遗嘱的真实性和可靠性，减少对遗嘱的争议和纠纷，遗嘱必须具有严格的形式要件。遗嘱的形式是随着社会的发展而发展的，遗嘱人在设立遗嘱时，可以自由选择法律规定的遗嘱形式，但也必须在法律规定的形式之内进行选择。虽然从日常普通人的角度来看，遗嘱的内容似乎和遗嘱的形式无关，遗嘱的形式并不影响遗嘱的具体内容，也不会影响遗嘱内容表达的意思。但对于继承法来说，遗嘱只要不符合法律规定的形式，哪怕其表达的是遗嘱人的真实意思，也一律会归于无效，比如近年来随着网络发展出现的电子遗嘱、微博遗嘱、朋友圈遗嘱等，都并非法律承认的真正遗嘱形式，不能产生相应的法律效力。简言之，遗嘱的形式是法定的，我国对于遗嘱的立法遵循的是遗嘱形式的严格法定主义。

按照《民法典》的规定，我国目前法律上承认的遗嘱形式有以下六种：自书遗嘱、代书遗嘱、打印遗嘱、录音录像遗嘱、口头遗嘱和公证遗嘱。

（一）自书遗嘱

自书遗嘱，是由遗嘱人亲笔书写的遗嘱。这是最古老的一种遗嘱形式，也是最主要的遗嘱形式，还是最为常见的遗嘱形式。《民法典》第1134条规定："自书遗嘱由遗嘱人亲笔书写，签名，注明年、月、日。"自书遗嘱由遗嘱人自己亲笔书写，真伪易为确定，因此无需见证人到场见证即可确定其意思表示的真实性，简便易行，灵活方便，易于保密。自书遗嘱需要满足以下条件方为有效：

1. 自书遗嘱必须为遗嘱人亲自书写

所谓亲自书写，是指遗嘱人必须亲自用笔书写遗嘱的全部内容。自书遗嘱是遗嘱人对自己意思的亲笔纪录，不得由他人代为书写，也不得用打印等方式记录。遗嘱人亲笔书写的范围应当是遗嘱的全部内容。书写所用的语言，可以是中文，也可以是遗嘱人所掌握的其他语言。

2. 自书遗嘱必须由遗嘱人亲笔签名

亲笔签名是遗嘱人对遗嘱内容为真实意思表示的确认，同时也是对遗嘱人身份的确认，同时也是对遗嘱本身性质的确认。若无签名，则无法判断遗嘱人是真实确定地表达自己意思，还是仅为虚构或草拟（如用第一人称构思或撰写小说）。

自书遗嘱的亲笔签名不需在每一页上进行，也不需见证人到场见证。但要注意的是：在其他民事行为中，当事人最后的确认形式一般是"签章"，也即签名、盖章或签名加盖章。但自书遗嘱要求的是"签名"，而不承认盖章的效力。其原因就在于遗嘱是死因行为，其生效时遗嘱人已死亡，无从考察盖章的真实性，这就使得遗嘱极易被伪造或篡改。同时，实践中经常出现遗嘱上遗嘱人会捺指印的情况，但捺指印不能代替亲笔签名，仅有指印而无签名不能构成完整有效的自书遗嘱。原因同样在于遗嘱是死因行为，遗嘱人在无意识、无反抗能力甚至死后都存在有被强行捺指印的可能，且无从考察其真实性。在遗嘱人死亡火化后，若事先并未保存其指纹样本，更是无从对比。因此，盖章和捺指印都不具有可靠性，不能以此来确定自书遗嘱的真实性。

3. 自书遗嘱必须注明日期

自书遗嘱中必须注明书写遗嘱的具体时间，年、月、日。其作用一是确定立遗嘱时遗嘱人是否具有遗嘱能力的依据；二是确定遗嘱设立的时间，若在遗嘱设立后，遗嘱人撤回或以实际行动撤回了遗嘱，则该遗嘱的部分或全部内容将不能生效；三是在遗嘱人死亡后存在数个内容相互抵触的遗嘱之时，日期是确定遗嘱人最终意志的依据，此时应以最后设立的遗嘱为准。

但是，如果仅存在一份遗嘱，且遗嘱人到死亡时都并不存在丧失行为能力的情形，日期还是否是自书遗嘱的必备有效要件？日常生活中，并不是每一个自然人都精通继承法，忘记书写日期的情形是较为普遍的，对此应如何处理，存在不同的意见。

（二）代书遗嘱

代书遗嘱是根据遗嘱人自己表达的遗嘱内容，由他人代为书写的遗嘱。《民法典》第1135条规定："代书遗嘱应当有两个以上见证人在场见证，由其中一人代书，并由遗嘱人、代书人和其他见证人签名，注明年、月、日。"

代书遗嘱是书面遗嘱，是以文字记载的内容表示遗嘱人意思的遗嘱。一般情况下，遗嘱应当由遗嘱人自己书写，但遗嘱人因年老、疾病、残疾、文盲等情况，无法自行书写遗嘱的情形在实践中大量存在，因此，代书遗嘱仍然有其存在的重要意义。

但必须明确的是："代书"，绝非"代理"。遗嘱本身因其极强的身份性而具有不可代理性。不仅代书人，任何人都不能取得代理遗嘱人去设立遗嘱的权限。代书人的职责仅为如实记录遗嘱人的意思，遗嘱人真实的意思是代书遗嘱的内容，代书人也不得对其进行干涉、扭曲和篡改。代书遗嘱过程中，代书人其实起到的是一个"工具"的作用，代书遗嘱排斥代书人自身的意志。

代书遗嘱的有效要件包括：

1. 代书遗嘱必须有符合法律规定的见证人

代书遗嘱并非遗嘱人本人亲笔书写,因此必须有资格和数量符合法律要求的见证人证明其真实性和可靠性,明确其确实为遗嘱人的真实意思表示。

2. 代书人为见证人之一

代书人本人也是见证人之一,因此,也必须符合见证人的条件。代书人在代书遗嘱时,也必须采用书写的形式,而不能采用其他形式。代书人的代书必须遵守诚实信用原则,忠实、准确地纪录,严格忠实于遗嘱人的意思,确保遗嘱的内容准确无误。

3. 遗嘱人、代书人和见证人都必须签名

代书人纪录完成后,遗嘱必须经遗嘱人确认,经其他见证人核实,确定纪录的真实性和可靠性。各人的签名,既是对自己身份的确认,也是对遗嘱内容的确认。

4. 注明日期

代书遗嘱的日期对于确定遗嘱的真实性和有效性具有重要的作用,未注明年月日的,遗嘱不能生效。

(三)打印遗嘱

打印遗嘱,是指内容由打印机打印而成的遗嘱。《民法典》第 1136 条规定:"打印遗嘱应当有两个以上见证人在场见证。遗嘱人和见证人应当在遗嘱每一页签名,注明年、月、日。"

在《民法典》颁布之前,我国《继承法》中并未将打印遗嘱规定为遗嘱的法定形式,这是由当时的历史条件决定的。随着社会发展,电脑和打印机的普及程度越来越高,越来越多的人也更习惯于用电脑来处理文件。在大部分地区,已经事实上取代了传统的书写方式,实践中以打印形式设立遗嘱的情形也越来越普遍。而我们的继承法立法却出现了极大的滞后性,一直未能及时做出改变,在司法实践中引起了很多不必要的纠纷。

《民法典》颁布之前,对于打印遗嘱还存在一些理论上的争议,例如打印遗嘱有无必要成为一种独立的遗嘱形式,有人认为打印遗嘱和自书遗嘱、代书遗嘱都可归为"书面遗嘱",打印也是书写的一种形式。但应该看到:打印和用笔书写还是存在明显差异。书写时,每个人的笔迹不同,也易于鉴定;而打印则任何一个打印机都可做出,无从辨别。其伪造和篡改的难度极低,因此不应混淆。

打印遗嘱作为一种区别于自书遗嘱、代书遗嘱的书面遗嘱形式,其特点在于:第一,打印遗嘱的制作人身份难以确认,并不像自书遗嘱、代书遗嘱那样有笔迹可以作为明显的证据。也正因如此,像区分书写遗嘱的"自书"和"代书"一样去区分打印遗嘱的"自打"和"代打"也无甚必要,没有太大的意义。第二,打印遗嘱的真实性确定难度较大,相反伪造和篡改却极为容易,因此,必须在形式上做出更为严格的限制。

打印遗嘱的有效要件有以下三点。

1. 打印遗嘱必须有符合法律规定的见证人

与前面的代书遗嘱一样,打印遗嘱也必须有见证人进行见证,并且其数量和资格也必须符合法律规定的见证人要求。

2. 遗嘱人和见证人必须签名

签名的意义前面已述，但对于打印遗嘱，其签名的要求应比书写的遗嘱更加严格。打印遗嘱有多页的，遗嘱人和见证人应在每一页上都签名确认，以确保遗嘱内容的真实可靠，以防止其内容被篡改或替换。若打印遗嘱仅像书写遗嘱一样只在最后一页签名，是很难保证其真实性的，这种打印遗嘱不应承认其效力。

3. 注明年、月、日

和其他书面遗嘱一样，打印遗嘱也必须标明日期。

（四）录音录像遗嘱

和打印遗嘱一样，这一遗嘱形式也是社会发展的集中缩影。录音录像设备发明之前，这种遗嘱形式自然不可能存在；而在《民法典》颁布以前，我国原《继承法》第17条仅规定了录音遗嘱，而未规定录像遗嘱。这是因为当时录像设备尚未普及，但随着社会科技水平的提高，尤其是电脑和智能手机的普及，使得录像已成为司空见惯的普遍行为，在通常情况下，录像甚至比录音更加方便和快捷。因此，在制定《民法典》时对此进行了扩充。《民法典》第1137条规定："以录音录像形式立的遗嘱，应当有两个以上见证人在场见证。遗嘱人和见证人应当在录音录像中记录其姓名或者肖像，以及年、月、日。"

录音录像遗嘱虽然一直存在立法的滞后，但与打印遗嘱不同，录音录像遗嘱的立法滞后则是国际性的，许多国家都未将其列为法定的遗嘱形式。究其原因，不外乎其极易被篡改和伪造，尤其是在各种电脑软件的辅助之下，伪造录音录像的便捷程度是空前的。但我们也应该看到，在智能手机和各种短视频全面覆盖的当今社会，录音录像的遗嘱形式已是历史潮流，是符合现实需要和人民利益的。

录音遗嘱，是遗嘱人口述其遗嘱内容，并用录音设备予以记录的遗嘱形式。录像遗嘱是遗嘱人用录像的形式纪录其遗嘱内容，并用录像设备予以记录的遗嘱形式。录音遗嘱和录像遗嘱是存在一些差异的，最明显的就是聋哑人无法使用录音遗嘱的方式来设立遗嘱，也不可能在录音遗嘱中作为见证人；但在录像遗嘱中，聋哑人却可以以手语或文字来表达自己的意思。

录音录像遗嘱的有效要件有以下四点。

1. 录音录像遗嘱应当有符合法律规定的见证人见证

录音录像遗嘱容易被伪造和篡改，目前又无有效的科技手段加以遏制，只能以最古老的见证人手段予以限制，以保证其真实性。见证人的资格要求与其他遗嘱见证人资格要求相同，唯有录音遗嘱之见证人，也不得为聋哑人。

2. 遗嘱人和见证人均应在录音录像中纪录其姓名或者肖像

录音录像遗嘱并非书面形式，遗嘱人和见证人无法签名，因此需以其他方式来表明身份，确定核实遗嘱的内容。根据录音和录像自身的特点，录音遗嘱中遗嘱人和见证人需以口述的方式表达和记录自己的姓名和身份；录像遗嘱中遗嘱人和见证人需在视频画面中显示自己清晰、完整的肖像并表明姓名和身份。

3. 录音录像过程都必须是完整的，不得剪切和加工

不管是录音还是录像，通过软件都很容易进行修改，因此，为保证录音录像的真实性，不应对录音录像遗嘱进行剪切和加工，以免恶意拼接修改，扭曲或篡改遗嘱内容。在录音录像时，也不应使用各种变声软件和设备，以及各种滤镜等能够对遗嘱人或见证人声音、外貌等进行混淆的装置和软件，以确保该行为是由本人为之。

4. 遗嘱中必须纪录日期

遗嘱的设定时间具有重要的意义，在以录音录像方式设立遗嘱时，同样需要在遗嘱中明确表明设立遗嘱的年、月、日。

（五）口头遗嘱

口头遗嘱，是遗嘱人以口头的方式表达其遗嘱内容的遗嘱形式。口头遗嘱与其他遗嘱形式相比，具有最大的便捷性，也具有最大的风险性，因此，也必须给予最为严格的限制。《民法典》第1138条规定："遗嘱人在危急情况下，可以立口头遗嘱。口头遗嘱应当有两个以上见证人在场见证。危急情况消除后，遗嘱人能够以书面或者录音录像形式立遗嘱的，所立的口头遗嘱无效。"

与其他遗嘱形式相比，口头遗嘱具有以下特点。

1. 口头遗嘱的适用条件受限

口头遗嘱并非在通常条件下遗嘱人可以自由选择的遗嘱形式，在普通日常生活中，遗嘱人不能选择口头遗嘱作为遗嘱形式，即便遗嘱人在日常生活中口头上表达了对自己死亡后财产的处分意思，也不能将其视为遗嘱。

口头遗嘱是遗嘱人处在危急情况下才可采用的遗嘱形式。危急情况，一般是指遗嘱人生命垂危或者遭遇重大自然灾害或者面临重大危险，随时可能结束生命，同时又来不及或没有条件设立其他形式的遗嘱的情况。当且仅当遗嘱人处于危急状态时，才可采用口头遗嘱形式，否则不得采用。遗嘱人在非危急情况下设立的口头遗嘱一律无效。

2. 口头遗嘱须要依法见证

同前面的代书遗嘱、录音录像遗嘱一样，口头遗嘱也需要有符合法律要求的见证人进行见证，以保证其真实性。

3. 口头遗嘱无需签名和记载日期

但与其他遗嘱见证人不同的是：口头遗嘱只有表达的载体，而无纪录的载体。口头遗嘱本身并无书面和录音录像等记载形式，所以见证人也无法签名确认。相应的，遗嘱人本人也无需签名和为遗嘱注明年、月、日。

4. 口头遗嘱的自动失效

口头遗嘱实质上是在危急状态下不得已采取的权宜措施，其效力存在瑕疵。口头遗嘱不存在纪录的载体，极易被扭曲和篡改。即便有见证人存在，但见证人对遗嘱内容的记忆也会存在偏差，随着时间的推移，更会出现遗漏和模糊，实践中也出现数个见证人

回忆的遗嘱内容相互矛盾的情况，口头遗嘱内容的准确性和可靠性都存在巨大缺陷。

因此，当危急情况下，遗嘱人设立遗嘱后随即死亡的，因无法补救，故不得不承认其效力。但若遗嘱人并未死亡，在危急情况解除后，口头遗嘱已失去其成立的条件，因此不应再承认其效力，若遗嘱人仍坚持原来的遗嘱意思，自然可以用其他法定形式来设立遗嘱，而不应再使用口头遗嘱的形式。也即是说，当危急情况解除后，遗嘱人仍然生存，则口头遗嘱自动失效，即便遗嘱人之后再未设立新的遗嘱，也不再承认口头遗嘱的效力，视为遗嘱人未立遗嘱。

不过，我国《民法典》对口头遗嘱失效的规定过于笼统，危急情况解除的瞬间，遗嘱人未必即刻便有条件和时间去设立新的遗嘱。许多国家的立法都给予了遗嘱人一定的宽限期，即在危急情况解除后，口头遗嘱并非立即失效，而是经过一定期限之后才归于无效。我国《民法典》在草案中曾为口头遗嘱的失效设定了三个月的期限，但最终未能通过。

（六）公证遗嘱

公证遗嘱是经公证机构办理的遗嘱。公证遗嘱的设立除了要符合《民法典》的相关规定外，还必须符合有关公证的法律规定。

遗嘱行为具有不可代理性，因此办理公证遗嘱的遗嘱人必须亲自到公证机构办理，不得委托他人代理。如果遗嘱人确有困难不能亲自去公证处的，公证员可以到遗嘱人所在地办理。居住在国外的中华人民共和国公民若要设立公证遗嘱，可以到我国驻外大使馆、领事馆办理遗嘱公证。

在《民法典》颁布之前，我国《继承法》规定公证遗嘱具有优先效力，即便后来遗嘱人又设立了新的遗嘱，也仍然以公证遗嘱为准。这一规定的关注点在于公证遗嘱能最大限度地保证遗嘱的真实性，但同时也损害了遗嘱自由原则。当时的规定，公证遗嘱只能由新的公证遗嘱推翻，为当事人设立新的遗嘱造成了极大不便。因此，在《民法典》编纂过程中，最终取消了公证遗嘱的优先性规定，公证遗嘱在《民法典》实施后，已经不再具有特别的优先效力。

其他国家的遗嘱制度中，还规定有一些特殊的遗嘱形式，如军人遗嘱、海上遗嘱、航空遗嘱等。以海上遗嘱来说，海商法上，船长不仅有私法上的权利，还有公法上的权利，有准司法权和行政管理权，船长的证明因而具有准公证的效力。我国《海商法》第37条："船长应当将船上发生的出生或者死亡事件记入航海日志，并在两名证人的参加下制作证明书。死亡证明书应当附有死者遗物清单。死者有遗嘱的，船长应当予以证明。死亡证明书和遗嘱由船长负责保管，并送交家属或者有关方面。"

但这是否为我国《民法典》规定的遗嘱形式之外的特别遗嘱形式，还有不同看法。也有人认为就我国《海商法》上的海上遗嘱相关规定而言，其仍然要符合《民法典》中规定的遗嘱形式，仍属于普通的遗嘱。

三、遗嘱见证人

为了保证遗嘱的真实性，除自书遗嘱之外，其他形式的遗嘱都必须有符合法律规定资格和数量的见证人的存在。法律之所以认可无见证人的自书遗嘱的有效性，是因为每个人的教育程度、书写习惯、身体状况的差异，决定了亲笔书写具有独特性，在现代笔迹鉴定的科学手段下，易于判定真伪；同时自书遗嘱一般是在私密情况下，也应保护遗嘱人的隐私。但自书遗嘱之外的其他形式，都必须通过无利害关系的见证人来进行证明，以确定遗嘱人是在自愿的情况下，自主地做出了相应的意思表示，以保证意思的真实性。

见证人应符合一定的资格条件，一方面要有能力，另一方面要保持中立。也就是一方面见证人必须有见证遗嘱过程和内容的能力，另一方面见证人要与遗嘱的内容没有利害关系，这两个条件缺一不可。

见证人不得为无民事行为能力人和限制行为能力人，继承人、受遗赠人本人及与继承人、受遗赠人有利害关系的人，也不能成为见证人。但是，我国现行法律对见证人的限制性规定仍然过于笼统，不免仍有遗漏，如盲聋哑人能否作为见证人？盲聋哑人受自身条件所限，其见证能力存在瑕疵，其对遗嘱的真实性的确认存在不足。再如不通晓遗嘱所用语言之人，能否作为见证人？此处的语言，不仅包括外语，还包括少数民族语言和地方方言。见证人需要见证的范围，不仅包括遗嘱是遗嘱人亲自做出，不仅包括遗嘱是遗嘱人的真实意思表示，还包括遗嘱的内容准确可靠，若见证人根本不通晓遗嘱所用语言，又如何能够见证遗嘱内容的真实性？

见证人的见证必须到场，亲自参与，在场全程见证遗嘱的设立过程，并当场签名确认。不能中途到场或中途离开，更不能事后补签。否则，见证无效，若该见证无效导致见证人数不符合法律要求，则会导致遗嘱无效。

见证人也有数量要求，这是为了增强遗嘱的证明力，防止见证人的心意出现变数，发生道德上的风险。《民法典》中对于代书遗嘱、打印遗嘱、录音录像遗嘱、口头遗嘱的见证人人数规定都是"两人以上"。根据《民法典》第1259条的规定，"以上"一词，包括本数。所以，遗嘱见证人至少应为两人。根据相关公证法律法规，公证机构在办理公证遗嘱时，也应由至少两名以上的公证人员办理。

第四节　遗嘱有效与遗嘱生效

一、遗嘱的有效

遗嘱的有效，是指遗嘱人设立遗嘱的过程和形式、内容等符合法律规定，具有有效性。遗嘱为单方行为，遗嘱人作出遗嘱的意思表示时即可成立。但并非所有的遗嘱都可成为继承法中的有效遗嘱，正如前面章节所述，继承法中对遗嘱的形式和内容等方面都进行了必要的限制。根据我国目前的相关法律规定，遗嘱的有效要件有以下五个方面。

（一）遗嘱人须有遗嘱能力

从各国立法来看，遗嘱能力与民事行为能力相关联，但并非完全重合，如精神耗弱者、有赌博、浪费、酗酒等恶习者其遗嘱能力会受到限制。但我国并无禁治产和保佐等制度，对遗嘱能力的设计完全是以完全民事行为能力为基础的，即：完全民事行为能力人则全部具备遗嘱能力，限制行为能力人和无民事行为能力人不具有遗嘱能力。另外前面章节已经提到：按我国《民法典》第 18 条之规定，十六岁以上以自己的劳动收入为主要生活来源的未成年人视为完全民事行为能力人，亦有遗嘱能力。

（二）遗嘱须由遗嘱人亲自设立

遗嘱只可代书，不可代理。遗嘱是遗嘱人对个人财产做出的最终处分，具有极强的身份性和不可代理性，必须由遗嘱人亲自为之，他人代理设立的遗嘱无效。即便是监护人，也不得代理被监护人设立遗嘱；即便存在委托契约，其契约亦应归于无效。"遗嘱能力惟有遗嘱能力和无遗嘱能力之别，而无限制遗嘱能力人之存在，盖以遗嘱为自主独立的行为，性质上不适用代理之规定也。"[①]

（三）遗嘱是遗嘱人的真实意思表示

遗嘱制度的核心就在于确定遗嘱的真实性，确定遗嘱是遗嘱人之真实意思，并按照遗嘱人的真实意思处分其遗产。广而言之，法定继承都可以看作是法律对被继承人意思的推定，推定其愿意按照亲属关系的远近来分配遗产，而遗嘱则是遗嘱人以自己的独立意志对这种推定的否认，而这种否认必须是自愿的、独立的、真实的。

《民法典》第 1143 条第 2 款至第 4 款规定："遗嘱必须表示遗嘱人的真实意思，受欺诈、胁迫所立的遗嘱无效。伪造的遗嘱无效。遗嘱被篡改的，篡改的内容无效。"但按照《民法典》第 148 条和第 150 条规定：在被欺诈、胁迫下实施的民事法律行为为可撤销行为，而非当然无效。之所以将欺诈、胁迫情形下所立遗嘱不像其他民事法律行为一样规定为可撤销而是直接规定为无效，原因在于：①撤销是针对已生效的民事法律行为实施的。而遗嘱生效时，遗嘱人已经死亡，撤销权的主体已不存在，无人可以行使撤销权，这样会使欺诈、胁迫之下设立的遗嘱永无撤销之可能。②欺诈、胁迫下设立的遗嘱违背了遗嘱人的真实意思，都是对意志自由的破坏，使得遗嘱缺乏有效性基础。③欺诈、胁迫下设立的遗嘱通常会损害其他合法继承人的权利和权益，有违社会伦理和公序良俗。

（四）遗嘱必须符合法定形式

遗嘱为要式行为，其形式由法律明确规定，必须按照法律规定的形式做成。遗嘱的形式是确定遗嘱为遗嘱人真实意思表示的法定判断标准，从古罗马时代起，就代表了国家和社会对遗嘱真实性的认可，符合法定形式的遗嘱，如无法律规定的情形不得推翻、不得任意否定其效力。不符合法律规定形式的遗嘱，即便表现的是遗嘱人的真实意思，也仍然归于无效。

法律对遗嘱形式的承认，并非以"存在"为标准，而是以"真实"为标准，也即遗嘱所采取之形式在通常情况下可以合理推断出立遗嘱之人为真实的遗嘱人本人以及遗嘱

---

① 史尚宽：《继承法论》，中国政法大学出版社 2000 年版，第 407 页。

为遗嘱人之真实意思。尤其是遗嘱生效时遗嘱人已经死亡，此时对遗嘱真实性的完全查明已无事实上的可能。因此，为防止欺诈和裁判成本的增加，也为了防止法官自由裁量权的扩大，对遗嘱真实性的判断标准必须是收敛的、固定的，而非发散的、扩大的。例如近年来随着网络和智能手机的普及出现的"电子遗嘱"，虽有很多年轻人参与，但电子遗嘱并非符合我国法律规定的遗嘱法定形式，仍然是无效遗嘱。而电子遗嘱之所以未能获得立法上的承认，其根本原因即在于在现有的科技条件下无法准确判断该遗嘱的真实性，使得其极易伪造，从而具有极大的社会风险。

(五) 遗嘱的内容合法

遗嘱的内容合法，包括以下几个方面的要求：一是遗嘱内容不得违反法律的强制性规定；二是遗嘱仅能处分自己的财产，而不能处分自己无权处分的财产；三指遗嘱内容不得违背公序良俗；四是遗嘱必须为缺乏劳动能力又没有生活来源的继承人保留必要的遗产份额。

遗嘱的内容可能发生部分有效的情形，如遗嘱内容中既包括财产继承又包括身份继承的，则仅财产继承部分有效，身份继承部分无效。再如《民法典》第1155条规定的胎儿特留份："遗产分割时，应当保留胎儿的继承份额。"虽然法条中并未要求在遗嘱中保留胎儿继承份额，但为了保护胎儿利益，一般认为完全剥夺胎儿特留份的遗嘱内容应是部分无效的。

此外，在其他国家和地区还存在对特定继承人的遗嘱特留份制度，特留份制度起源于罗马法，目前不论在英美法系还是大陆法系都普遍存在。特留份涉及的法定继承人范围和遗产份额大小各国规定略有出入，其内容可以简要概括为：遗嘱中必须为特定的法定继承人保留必要的遗产份额，否则会导致遗嘱无效或部分无效。也即仅在法定的遗嘱特留份之外遗嘱人才能自由地设立遗嘱内容，特留份不得随意剥夺。这就排除了通常情况下遗嘱人将自己全部财产交由"外人"继承，或者将某些法定继承人排除在继承之外的可能，也是遗嘱相对自由主义的体现。特留份设立的理论基础在于维护社会伦理、维持家庭存续和保护社会利益。

我国《民法典》第1159条中为缺乏劳动能力又没有生活来源的继承人保留必要的遗产份额之规定，与传统的特留份制度存在较大差异。其存在的主要问题在于：①"缺乏劳动能力"和"没有生活来源"的表述都过于笼统，标准缺乏客观性。②继承人范围和"必要的"遗产份额也都不明确，缺乏实践操作的稳定性和可期待性。③另外，对"缺乏劳动能力又没有生活来源"这一标准的判断是在遗嘱生效之时，若遗嘱生效后被排除于遗嘱之外的继承人丧失了劳动能力和生活来源，将无从获得救济。④若无法定特留份的限制，根据遗嘱自由原则，遗嘱人可以任意设定遗嘱继承人及其继承范围，会出现将全部遗产交由家庭成员之外的人继承的情况，有违社会伦理，实践中已经有多起类似案例，在社会上引起了很大争议。

二、遗嘱的生效

遗嘱的有效是对遗嘱的价值评价，但有效的遗嘱并不一定能够现实地发生其所期待的结果。遗嘱依法定形式做成之后，即便符合所有的有效要件，仍然不能生效，而是必须待其生效要件成就后方可生效；而不具有效性的遗嘱即便条件发生，也不能生效。即遗嘱有效性是遗嘱生效的前提，但遗嘱的生效并非有效遗嘱的必然结果。遗嘱的生效要件主要有以下两个方面。

（一）遗嘱人死亡

遗嘱是死因行为，遗嘱也只能在遗嘱人死亡后方可生效，这是遗嘱生效的法定条件，也是刚性条件，并无缓和的余地和可能。在此之前，无论如何遗嘱都不可能生效。

此处所指的遗嘱人的死亡，包括遗嘱人的自然死亡和宣告死亡。遗嘱从遗嘱人死亡之日起生效。

（二）遗嘱记载了遗嘱人的最终意思

如前面章节所述，遗嘱是单方行为，并且虽然遗嘱以死亡为生效条件，但设立遗嘱是生前行为。在遗嘱人生存期间，其对他人的感情也会不断发生改变。而在遗嘱人生存期间的任意时刻，遗嘱人均可随时依自己的意志对自己已经设立的遗嘱进行撤回或变更，也可随时设立新的遗嘱。而当遗嘱人设立新的遗嘱时，即可推定遗嘱人依自己的意思对旧遗嘱进行了否定，以新的意思取代了旧的意思，此时自当以新的意思为准。因此，当遗嘱人死亡后，数份有效遗嘱同时存在的情况下，应以遗嘱人的最终意思为准。即在内容相互冲突时，只有在时间顺序上距离遗嘱人死亡时间最近的遗嘱可以生效。

三、遗嘱附条件和附期限

在遗嘱制度诞生初期，罗马人曾禁止遗嘱附带条件或期限，原因在于当时的遗嘱继承不仅涉及财产，而且涉及人格。若遗嘱附带期限或条件，那么在期限到来或条件成就前，不仅财产会处于无主状态，家父的地位也会发生中断。

现代的继承法已不涉及人格和身份的继承，对于遗嘱的附条件和附期限也并未禁止，在实践中，附条件或期限的遗嘱也较为常见，其处理思路概况如下：

(1) 遗嘱附停止条件时，待条件成就，遗嘱方可生效。

(2) 遗嘱附解除条件时，若遗嘱人死亡时条件尚未成就，则遗嘱生效；若遗嘱人死亡时条件已成就，则遗嘱不生效，视为未立遗嘱。

(3) 遗嘱附始期时，若遗嘱人死于期限到来之前，则遗嘱在期限到来时生效；若遗嘱人死于期限到来之后，则视为未附期限，遗嘱在遗嘱人死亡时生效。

(4) 遗嘱附终期时，若遗嘱人死于期限到来之前，则遗嘱在遗嘱人死亡时生效，在期限到来时消灭（但此消灭有无溯及力，需考察遗嘱人的意思）；若遗嘱人死于期限到来之后，则遗嘱不生效，视为未立遗嘱。

第五节　遗嘱的撤回和变更

遗嘱是单方行为，且在遗嘱人死亡时才发生效力，因此，在遗嘱设立后遗嘱人死亡前的期间内，遗嘱人可以随时凭自己的意思对原遗嘱撤回或加以变更，此之谓遗嘱的可撤回性。

一、遗嘱的撤回

遗嘱的撤回，是遗嘱人设立遗嘱后，又以自己的意思对该遗嘱加以取消，令有效遗嘱将来不生效力的行为。若原遗嘱本身就不具备有效要件，则无所谓撤回。

遗嘱的撤回，是意思自治原则和遗嘱自由原则的体现，遗嘱在设立到生效这段时间内，遗嘱人会因各种原因改变其当初据以设立遗嘱的心意，产生新的意思。遗嘱撤回权为形成权，仅遗嘱人单方意思表示即可发生撤回之效力。现在，遗嘱的变更和撤回在各国立法中都有体现，在遗嘱人生前，随时可以对自己的全部或部分遗嘱内容加以变更或撤回。《民法典》第1142条规定："遗嘱人可以撤回、变更自己所立的遗嘱。立遗嘱后，遗嘱人实施与遗嘱内容相反的民事法律行为的，视为对遗嘱相关内容的撤回。立有数份遗嘱，内容相抵触的，以最后的遗嘱为准。"

我国《民法典》与原《继承法》相比，对遗嘱撤回作了如下的完善：

首先，原《继承法》第20条的用词是"撤销"，《民法典》第1142条中将其改为"撤回"。相比之下，《民法典》的修改，用词更为精准，在民法上，撤销和撤回并非同一概念。"撤回"对应的是未生效的意思，效果是使其不发生法律效力；"撤销"对应的是已生效的意思，效果是使其有溯及力地消灭。根据遗嘱本身的特征，遗嘱作为死因行为，遗嘱人生效时遗嘱人已经死亡，且遗嘱具有身份性，仅能由遗嘱人本人做出，故一旦遗嘱生效，从客观实际上已无法撤销。所以，遗嘱仅能在生效前撤回，而不能在生效后撤销，这是由其客观的自然性质决定的。

其次，取消了公证遗嘱效力优先规则。原《继承法》中规定的公证遗嘱效力优先规则，使得公证遗嘱只能被公证遗嘱变更，也不得被其他形式的遗嘱撤回。这实际上是混淆了公证遗嘱的证明力和真实性的关系，公证遗嘱的证明力更强，但不代表其代表的遗嘱人意思更真实，因为此时遗嘱人的心意可能早已改变，此时公证遗嘱的优先性，恰恰违背了遗嘱人的真实意思，使得其真实意思无从实现。在遗嘱自由原则下，无论遗嘱形式如何，都应以遗嘱人的最终意思为准，也就是时间在最后的遗嘱为准。

遗嘱的撤回，可以分为明示撤回和推定撤回。明示撤回，即明确表示撤回原遗嘱。这种明确表示，可以是以语言，即明确以言语或书面形式表示撤回；也可以是行为，如故意将遗嘱本身损毁、涂销、抛弃、删除等，也有人称其为遗嘱的物质撤回。推定撤回又称法定撤回，是指遗嘱人虽然没有以明示的意思表示撤回遗嘱，但其行为可以依法推定为将原遗嘱撤回。如在设立遗嘱后，又将遗嘱所涉财产转让或毁弃；或在设立遗嘱后，又设立新的遗嘱，其内容与原遗嘱相互抵触等。

此外，对于遗嘱撤回的意思，能否再加以撤销？我国并未有详细规定，但其他国家有复活主义与非复活主义两种不同立法。复活主义即遗嘱撤回的意思可以撤销，一旦撤销，遗嘱也随之恢复效力。非复活主义则认为遗嘱的撤回一旦生效，即不可再加以撤销；或者即便遗嘱人主张撤销，遗嘱也不会因撤回行为之撤销而恢复效力。

二、遗嘱的变更

遗嘱的变更是指遗嘱人在遗嘱设立后又改变意思，对该遗嘱做出修改。从理论上说，遗嘱人有立遗嘱的自由，也有变更遗嘱的自由。遗嘱人可以对原遗嘱进行修改、删减、涂销或增加。但是，为了确保遗嘱的真实性，在立法上则应对遗嘱变更的形式和变更后遗嘱有效性的确认加以细化。

很多国家立法中都对遗嘱的变更方式进行了详细的规定，如遗嘱人必须在变更处表明自己变更的意思并专门签名；此外有些遗嘱依其性质实际上是无法、也不应允许变更的，如口头遗嘱、录音录像遗嘱、公证遗嘱。口头遗嘱是因其性质，录音录像遗嘱是因其变更后无法确认其真实性，公证遗嘱是因其权威性。此类遗嘱，只能撤回或用新遗嘱替代，不应允许其变更。

不论遗嘱的撤回还是变更，其共同的要求是：①遗嘱人必须有遗嘱能力；②遗嘱人必须亲自进行；③必须按照法定方式；④必须是遗嘱人真实的意思表示。

第六节　遗嘱的执行

一、遗嘱执行的概念

遗嘱的执行，是遗嘱人死亡、遗嘱生效后对遗嘱内容的实现。遗嘱的执行是实现遗嘱内容而履行的程序。一般包括从确认遗嘱的存在开始到遗产分配完毕终结的整体过程。遗嘱人在遗嘱生效时已经死亡，遗嘱人自己不可能执行遗嘱，因此，遗嘱的执行必须借助遗嘱执行人来完成。

二、遗嘱执行人

（一）遗嘱执行人的概念

遗嘱执行人，是依遗嘱人之指定或法律规定或法院指定，有权执行遗嘱之人。

遗产管理人和遗嘱执行人是相互关联的概念。遗产管理人，是遗嘱生效后依照遗嘱指定或法律规定，负责管理遗产之人。

我国现行相关法律中对遗嘱执行人的规定非常笼统。法定继承中自然无遗嘱执行人，而仅可能出现遗产管理人。但遗嘱继承中，遗嘱执行人的身份与遗产管理人通常是重合的。因而遗产管理人的相关法律规定应当同样适用于遗嘱执行人，遗嘱执行人的职责设计，也可参照遗产管理人。但若遗嘱中明确了遗产管理人和遗嘱执行人的不同职责，则应以遗嘱为准。

遗嘱执行人有指定的遗嘱执行人、选任的遗嘱执行人和法定的遗嘱执行人，指定的遗嘱执行人是遗嘱人在遗嘱中指定或委托的遗嘱执行人；选任的遗嘱执行人是由法院选任的遗嘱执行人；法定的遗嘱执行人是由法律直接规定的遗嘱执行人。《民法典》第1145条规定："继承开始后，遗嘱执行人为遗产管理人；没有遗嘱执行人的，继承人应当及时推选遗产管理人;继承人未推选的,由继承人共同担任遗产管理人;没有继承人或者继承人均放弃继承的,由被继承人生前住所地的民政部门或者村民委员会担任遗产管理人。"第1146条规定:"对遗产管理人的确定有争议的,利害关系人可以向人民法院申请指定遗产管理人。"

遗嘱执行人可以是一人,也可以是数人,可以是自然人,也可以是法人和其他组织。一般来说,自然人遗嘱执行人不仅要有完全民事行为能力,也应有一定的管理和分配遗产的能力。非自然人的遗嘱执行人,除了参照遗产管理人规定的民政部门或村民委员会之外,随着市场经济的发展和法律意识的加强,越来越普遍的是由各种专业机构承担。

(二)遗嘱执行人的职责

《民法典》并未详细规定遗嘱执行人的职责,从理论上说,遗嘱执行人的职责实质上就是接受遗嘱人的委托,严格按照遗嘱的要求执行遗嘱。并且因为此时遗嘱人已经死亡,遗嘱执行人在执行遗嘱时可以自行决定采取必要措施,排除他人干涉,独立处理有关遗嘱执行的事务。

遗嘱执行人的权利一般包括:①遗嘱的执行权。遗嘱执行人是唯一有权按照遗嘱人的设定而执行遗嘱的人,其必须严格按照遗嘱处分遗嘱人的遗产,实现遗嘱人的意志。②对遗产的占有和管理。遗嘱生效后,遗产分割前,遗嘱执行人可以以执行人身份对遗嘱进行占有并进行必要管理。③独立的诉权。为执行遗嘱,遗嘱执行人得独立行使遗嘱执行权,为确保遗嘱的执行,在必要时可以独立提起诉讼。例如执行遗嘱时受到他人干涉,遗嘱执行人可请求法院排除妨害。④取得报酬权。我国并未规定遗嘱执行人可以取得报酬,但遗嘱执行人为执行遗嘱付出了劳动,自可请求必要的报酬。

遗嘱执行人有对遗嘱的独立执行权,相应地也应履行相应的义务:①忠实义务。遗嘱执行人必须履行忠实义务,忠于职守。②注意义务。遗嘱执行人应妥善管理和分配遗产,不得疏忽。③报告义务。接受遗嘱继承人、受遗赠人的监督,并在遗嘱继承人、受遗赠人行使知情权时向其报告遗嘱执行情况。若遗嘱执行人在执行遗嘱时怠于行使自己职责。若遗嘱执行人有违背遗嘱,故意或过失造成遗产损失,与部分继承人或受遗赠人传统损害其他继承人、受遗赠人利益等情况,遗嘱继承人、受遗赠人可以请求人民法院解除其执行人身份。遗嘱继承人因自己的过错给继承人、受遗赠人造成损失的,应当赔偿损失。

三、遗嘱的解释

实践中,受遗嘱人法律意识、文化水平和外部环境的影响,遗嘱中模糊晦涩的表达或者笔误等瑕疵在所难免,进而产生歧义,则遗嘱执行中必须加以解释。遗嘱的解释是遗嘱执行中无法回避的话题,我国没有对遗嘱的解释做出明确规定,理论也并不完善,有权进行解释的主体也并不明确,实践中法院因遗嘱表达不明或表达错误而直接认定遗嘱无效的比例较高。从理论上说,遗嘱无效的条件也是法定的,内容的模糊不等于内容的违法,而并非遗嘱的无效条件;即便内容严重不明的遗嘱不可执行,也不应视为无效。

在西方，从古罗马时代就已经对遗嘱的解释极为重视，仅就遗嘱中可能出现的表达瑕疵，《优士丁尼法典》中就将其归纳为主体、客体、原因、名称、身份等五个类别并区别了处理方法。之后的西方国家对遗嘱解释规则的理论研究和实践探讨一直延续，对遗嘱内容瑕疵、遗嘱外证据对遗嘱的证明、遗嘱的文义歧义等都有较为完善的解释体系。

遗嘱的解释除了应遵守法律行为的一般解释规则外，还应遵循有效解释原则，尽量作出使遗嘱有效的解释。作为单方行为和死因行为，执行遗嘱并必须对遗嘱进行解释之时，遗嘱人业已死亡，且遗嘱本身又非合意，也不涉及交易安全问题，此时更应尽量维护遗嘱的有效性，保护遗嘱继承人的利益，以使遗嘱人的最后意志能够得以实现，而不应机械僵化地以轻微瑕疵轻易否定遗嘱的效力。所以，对于遗嘱的解释，更应以意思主义为主，尽量探寻遗嘱人之真意。

四、遗嘱的不可执行

遗嘱的不可执行是指遗嘱虽符合法律规定的有效条件，但因客观原因，在生效时无法达成遗嘱人预期效果，无法执行的情形。此时的遗嘱，并非不能生效，而是生效后因为某些客观事实的存在而无法执行。

（一）遗产已不存在

遗嘱是对遗嘱人死亡后其财产的处分，若在遗嘱人死亡时该财产已不复存在，则遗嘱也无法执行。遗产的消灭可以是因自然原因，也可以是因人为原因。若遗产是遗嘱人生前故意损毁、抛弃或转让，则可视为遗嘱的撤回。

（二）遗嘱继承人、受遗赠人在遗嘱生效前已死亡

遗嘱继承与法定继承不同，遗嘱继承中不存在代位继承，遗嘱继承人、受遗赠人的地位具有极强的身份性，也不能为其他人所替代。因此，若遗嘱继承人、受遗赠人先于遗嘱人死亡的，也不会发生代位继承，而是不再执行相关遗嘱。遗嘱中没有指定补充继承人、补充受遗赠人，也没有指定其他遗嘱继承人和受遗赠人的，即不再执行遗嘱，遗产适用法定继承。

（三）遗嘱继承人或受遗赠人丧失继承权或受遗赠权

继承权、受遗赠权的剥夺，使得遗嘱继承人、受遗赠人丧失了遗嘱继承或接受遗赠的资格，遗嘱自然也无法再继续执行。

（四）遗嘱与遗赠扶养协议相冲突

遗赠扶养协议涉及遗嘱人的养老和殡葬，不论从契约还是公序良俗的角度来看，其位阶均应高于遗嘱。因此，在同时有有效的遗嘱和遗赠扶养协议存在的情况下，应以遗赠扶养协议为准。也即遗赠扶养协议具有优先性，当遗嘱与遗赠扶养协议全部或部分相

互冲突时,应优先执行遗赠扶养协议。

(五)遗嘱内容严重模糊

为方便执行、定分止争,遗嘱的内容本应明确。但实践中遗嘱人受自身能力或外部情形(如文化水平、情况紧急、病情危重等)所限,经常发生所立遗嘱内容存在歧义或表述不清的情况。此类遗嘱在执行时即必须对遗嘱进行解释,但若遗嘱内容严重模糊,依照相关解释规则仍未能澄清遗嘱人真意或消除遗嘱内容歧义时,遗嘱也就无法真正执行。遗嘱并不以清晰性和内容确定性为有效要件或生效要件,故此时遗嘱仍为有效遗嘱,但却不具有可执行性。

五、附义务的遗嘱

在遗嘱继承中,遗嘱继承人、受遗赠人并非只可享受权利,若遗嘱为其设立了义务,遗嘱继承人、受遗赠人还需履行相应的义务,方可取得遗产。

附义务的遗嘱,是遗嘱人在遗嘱中为遗嘱继承人、受遗赠人设定了附加的特定义务,遗嘱继承人、受遗赠人必须履行义务才可依照遗嘱取得遗产。

遗嘱所附的义务,附随于遗嘱继承权和受遗赠权。其可以是作为的义务,也可以是不作为的义务,只要此义务不违反法律的强制性规定,不违背公序良俗,即可随遗嘱生效。

遗嘱是单方行为,其所附义务并未经过遗嘱继承人、受遗赠人的认可,遗嘱人生前也并未与其达成合意。因此,遗嘱生效后,遗嘱继承人、受遗赠人可以以自己的意志自由选择是否接受。同时因为该义务的附随性,遗嘱继承人、受遗赠人一旦决定接受继承或遗赠,就必须履行遗嘱所附义务;若遗嘱继承人、受遗赠人不接受继承或遗赠,也不得要求其履行遗嘱所附之义务。

若遗嘱继承人、受遗赠人不接受或不履行遗嘱所附义务,则丧失依照遗嘱取得相应财产的资格。其他法定继承人、遗嘱执行人或其他利害关系人可以请求人民法院取消其取得与所附义务对应的相关遗产的权利。

第十四章　遗赠与遗赠扶养协议

第一节　遗赠

一、遗赠的概念与特征

(一) 遗赠的概念

遗赠，是指自然人以遗嘱的方式将其个人合法财产的一部分或全部赠送给国家、集体组织或者法定继承人以外的自然人，并于遗赠人死亡后才发生法律效力的单方法律行为。立遗嘱的自然人为遗赠人，被指定接受赠与财产的人为受遗赠人，遗嘱中指定赠与的财产为遗赠财产或遗赠物。《民法典》第1133条第3款规定："自然人可以立遗嘱将个人财产赠给国家、集体或者法定继承人以外的组织、个人。"

(二) 遗赠的特征

遗赠与遗嘱继承一样，也是通过遗嘱的方式将死亡的自然人遗留的财产转移给他人所有的一项制度。遗赠具有以下法律特征。

1. 遗赠是一种单方民事法律行为

遗赠是遗赠人以遗嘱的方式将财产赠给他人。遗赠的成立，并不以受遗赠人的意思表示为必要，也不受其他人意志的制约，只需有遗赠人单方的意思表示就可以成立。

2. 遗赠是无偿的民事法律行为

遗赠是遗赠人给予他人财产利益的行为。这种财产利益可以是给予财产的权利，也可以是免除他人的财产债务，但是不能通过遗赠给他人设定债务。虽然遗赠人可以对遗赠附加某种负担，但所附加的负担并不是遗赠的对价。根据《民法典》第1144条规定，遗赠负有义务的，受遗赠人应当履行义务，没有正当理由不履行义务的，经利害关系人或者有关组织请求，人民法院可以取消其接受附义务部分遗产的权利。受遗赠人不履行所附义务，仅仅是取消其接受附义务部分遗产的权利，而并非直接取消接受遗产的权利。

3. 遗赠是死因行为

遗赠是遗赠人生前作出的意思表示，一旦作出，遗赠即成立，但只有在遗赠人死亡后才能发生法律效力，遗赠人的死亡是遗赠生效的要件。受遗赠人在遗赠人生前无权请求执行遗赠。因此，遗赠人在做出遗赠的意思表示后，在其生前仍可以单方随时撤回或变更其遗嘱。

4. 受遗赠人只能是法定继承人以外的人

受遗赠人只能是国家、集体或者法定继承人以外的组织或个人，但不能是法定继承人范围以内的人。如果立遗嘱人指定财产由法定继承人中的一人或数人承受，则属于遗嘱继承。

5. 受遗赠权只能由本人享有

遗赠是以特定的受遗赠人为受益主体的，受遗赠的主体具有不可替代性。受遗赠权只能由受遗赠人自己亲自享有，而不得转让。如果受遗赠人先于遗嘱人死亡或者遗赠人死亡后，受遗赠人作出接受遗赠的意思表示前死亡的，遗赠均不能发生。

二、遗赠的分类

根据不同的标准，可以对遗赠做不同的分类。

（一）概括遗赠与特定遗赠

概括遗赠，是指遗赠人将其全部财产权利义务一并遗赠给受遗赠人。遗赠财产既包括财产权利，也包括财产义务。受遗赠人负有清偿遗赠人生前债务的义务。《法国民法典》第1003条、《日本民法典》第964条承认概括遗赠。特定遗赠，是指遗赠人将某一特定的积极财产遗赠给受遗赠人，而不能将财产义务一并遗赠。我国《民法典》规定的遗赠仅指特定遗赠，而不包括概括遗赠。

（二）单纯遗赠与附负担遗赠

单纯遗赠，是指不附加任何条件和义务的一种遗赠。附负担遗赠，又称为附义务遗赠，是指附加了某种条件和义务的一种遗赠。

（三）补充遗赠与后位遗赠

补充遗赠，是指遗赠人在遗嘱中表示，如果受遗赠人抛弃遗赠、丧失受遗赠权或者先于遗赠人死亡，则将其应取得的受遗赠利益给予他人的遗赠。后位遗赠，是指遗赠人在遗嘱中规定，受遗赠人在某一时刻到来之时或某一事件发生之时，应将其所得的遗赠利益转归另一受遗赠人的遗赠。《德国民法典》第2190条规定了补充遗赠，第2191条规定了后位遗赠。我国《民法典》对补充遗赠和后位遗赠均没有明确规定。

三、遗赠与遗嘱继承、赠与的区别

（一）遗赠与遗嘱继承的区别

遗赠和遗嘱继承都是自然人用遗嘱的方式处分遗产，两种制度具有相似性，同时又存在着以下的区别。

1. 接受权利的主体范围不同

受遗赠人是国家、集体或法定继承人以外的组织和个人。而遗嘱继承人只能是法定继承人范围以内的自然人。

2. 客体范围不同

受遗赠权的客体仅仅是遗产中的财产权利，不包括财产义务。如遗赠人生前欠有债务的，应先用遗产清偿债务，剩余的财产再执行遗赠，即受遗赠人并不承受被继承人的债务。而遗嘱继承权的客体是遗产，而且遗嘱继承人对遗产的继承是概括承受，在承受遗产的同时，还担负着清偿被继承人债务的义务。

3. 权利的行使方式不同

根据《民法典》第1124条的规定，受遗赠人应当在知道受遗赠后六十日内，作出接受或者放弃受遗赠的表示；到期没有表示的，视为放弃受遗赠。而在遗嘱继承中，继承开始后，继承人放弃继承的，应当在遗产处理前以书面形式作出放弃继承的表示；没有表示的，视为接受继承。

4. 取得遗产的方式不同

受遗赠人享有的是请求遗嘱执行人或者继承人给付遗产的请求权，性质上属于债权。因此，受遗赠人不能直接支配遗产，无权直接参与遗产的分配。遗嘱继承人对遗产享有的是支配权，性质上属于物权。因此，遗嘱继承人可以直接参与遗产的分配。

（二）遗赠与赠与的区别

遗赠与赠与都是无偿的民事行为，两者的区别在于以下五点。

1. 法律行为的性质不同

遗赠是单方行为，无需经受遗赠人同意，仅凭遗赠人单方的意思表示即可成立；而赠与是双方行为，需赠与人与受赠人双方意思表示一致，方可成立。

2. 生效时间不同

遗赠是死因行为，遗赠人死亡后遗赠才能发生法律效力；而赠与是生前行为，赠与人与受赠人意思表示一致，赠与合同成立即生效。

3. 主体民事行为能力的要求不同

遗赠人需具备遗嘱能力，即必须是完全民事行为能力人。而赠与人既可以是完全民事行为的人，也可以是限制民事行为能力人。限制民事行为能力人可以进行与其年龄、智力和精神健康状况相适应的赠与行为。

4. 形式要求不同

遗赠是通过遗嘱的方式进行的，因此，遗赠的设立必须符合法律对遗嘱特别规定的形式要求，属于要式行为。而赠与采用合同方式，没有形式要件的要求，属于不要式行为。

5. 处分财产的范围不同

遗赠人以遗嘱的方式处分其死后的遗产，在法律上要受到一定的限制。第一，要受必留份的限制，根据《民法典》第1141条的规定，遗嘱应当为缺乏劳动能力又没有生活来源的继承人保留必要的遗产份额。第二，遗赠人的其他债权人的债权优先于遗赠权而得以实现，根据《民法典》第1162条的规定，执行遗赠不得妨碍清偿遗赠人依法应当缴纳的税款和债务。而赠与是赠与人对其生前个人财产的处分，法律对其处分财产的范围未予以限制。

四、遗赠的有效要件

遗赠须具备以下几个条件才能有效。

第一，遗赠人需具有遗嘱能力。遗赠是以遗嘱的形式进行的，遗赠人当然应当具有遗嘱能力。只有具有遗嘱能力的完全民事行为能力人才可以进行遗赠，无遗嘱能力的无民事行为能力人和限制民事行为能力人不能为遗赠。

第二，遗赠人须为缺乏劳动能力又没有生活来源的继承人保留必要的遗产份额。这是对遗嘱自由的必要限制。如果继承人中有缺乏劳动能力又没有生活来源的人，而遗赠人没有为其保留必要的份额，则涉及这一必要份额的遗赠无效。应从遗产总额中扣减一定的遗产份额交于该继承人，剩余的部分才能按照遗嘱中确定的遗产分配规则进行分配。

第三，遗赠人所立的遗嘱须符合法律规定的形式。遗赠人设立的遗嘱不符合法定形式的，该遗嘱无效。

第四，受遗赠人须为在遗赠人的遗嘱生效时生存之人。先于遗赠人死亡，或者与遗赠人同时死亡的自然人，不能成为受遗赠人。遗赠人死亡时已受孕的胎儿可以作为受遗赠人，但应以活着出生的为限。

第五，受遗赠人未丧失受遗赠权。受遗赠权也会因一定事由的发生而丧失。我国《民法典》第1125条第3款规定了丧失受遗赠权的事由，与继承权的丧失事由相同。

五、遗赠的执行

遗赠的执行，是指在受遗赠人接受遗赠后，遗嘱执行人按照遗嘱人的指示，将遗赠物移交给受遗赠人的制度。遗赠符合其生效要件即发生法律效力，但是遗赠发生法律效力并不意味着受遗赠人实际取得遗赠物，受遗赠人要取得遗赠物，需要通过遗赠的执行才能实现。遗赠执行的义务人为遗嘱执行人，遗赠执行的权利人为受遗赠人。

受遗赠人在知道受遗赠后60日内向遗嘱执行人作出接受遗赠的意思表示，即享有请求遗嘱执行人依遗赠人的意愿将遗赠物交付其所有的请求权。遗嘱执行人应依受遗赠人的请求交付遗赠物。根据我国《民法典》第1162条的规定，执行遗赠不得妨碍清偿遗赠人依法应当缴纳的税款和债务。因此，遗嘱执行人不能先以遗产用于执行遗赠。遗赠执行人应于清偿完成遗赠人生前所欠的税款和债务后，在遗产剩余的部分中执行遗赠。如果在清偿遗赠人生前所欠的税款和债务后，已经没有剩余的遗产，遗赠则不能执行，受遗赠人的权利即消灭，遗赠执行人也就不再负有执行遗赠的义务。

第二节　遗赠扶养协议

一、遗赠扶养协议的概念和特征

（一）遗赠扶养协议的概念

遗赠扶养协议，是指遗赠人与扶养人订立的，由扶养人承担遗赠人生养死葬的义务，在遗赠人死亡后取得约定遗产的协议。我国《民法典》第1158条规定："自然人可以与继承人以外的组织或者个人签订遗赠扶养协议。按照协议，该组织或个人承担该自然人生养死葬的义务，享有受遗赠的权利。"需要他人扶养并愿意将自己的遗产全部或部分遗赠给扶养人的人是遗赠人，也称为受扶养人；对遗赠人尽扶养义务并接受遗赠的人为扶养人。受扶养人只能是自然人，而扶养人既可以是自然人，也可以是有关的组织。

遗赠扶养协议制度具有重要的现实意义。充分体现了尊老、养老的优良传统，借助组织或个人的力量帮助扶养孤寡病残老人，激励其近亲属尽法定扶养义务，充分保护老年人的利益，使其能够安度晚年。同时减轻社会负担，弥补社会救济之不足。

（二）遗赠扶养协议的特征

遗赠扶养协议具有以下四个方面的法律特征：

1. 遗赠扶养协议是双方法律行为

遗赠扶养协议属于合同，只有在遗赠人与扶养人双方意思表示一致时方可成立。属于双方法律行为。而遗赠是单方法律行为，只需遗赠人一方的意思表示即可成立。

2. 遗赠扶养协议是双务有偿的法律行为

遗赠扶养协议的双方当事人互享权利、互负义务。扶养人对受扶养人负有生养死葬的义务，并享有接受遗赠财产的权利。受扶养人享有接受扶养的权利，也有将自己的财产遗赠给扶养人的义务。任何一方享受权利都以履行一定的义务为对价，扶养人不履行对受扶养人生养死葬的义务，则不能享有受遗赠的权利，受扶养人不将自己的财产遗赠给扶养人，也不享有要求扶养人扶养的权利。

3. 遗赠扶养协议是生前行为与死因行为的统一

遗赠扶养协议生效后，遗赠人与扶养人双方实现其权利的时间有先后的不同。扶养人必须在遗赠人生前履行扶养义务，使遗赠人在生前实现受扶养的权利。因此，称为生前行为。而扶养人取得遗赠人遗产的权利只有在遗赠人死亡后才能够发生。因此，又称为死因行为。

4. 遗赠扶养协议具有效力优先性

我国《民法典》第1123条规定："继承开始后，按照法定继承办理；有遗嘱的，按照遗嘱继承或者遗赠办理；有遗赠扶养协议的，按照协议办理。"遗赠扶养协议是一种双务有偿合同，扶养人承担了遗赠人生养死葬的义务，应享有接受遗赠的权利。而法定继承人和遗嘱继承人或者受遗赠人取得遗产都是无偿的，所以，在遗产的分配上，如果遗赠扶养协议与遗嘱继承、遗赠并存，应当优先执行遗赠扶养协议。

二、遗赠扶养协议的效力

遗赠扶养协议的效力，是指遗赠扶养协议的法律约束力。遗赠扶养协议一经签订即具有法律效力，双方当事人均应严格遵守协议的各项约定，履行协议约定的义务并享有协议约定的权利。

（一）遗赠扶养协议对扶养人的效力

遗赠扶养协议生效后，扶养人应当按照遗赠扶养协议的约定履行对受扶养人扶养义务，在受扶养人生前给予生活上的照料和扶助。具体的扶养标准按协议的约定确定，协议未约定的，应当不低于当地的最低生活水平标准。鉴于扶养义务的特殊性，扶养人对受扶养人的扶养义务应当是持续性的，不得在受扶养人死亡前中断履行扶养义务。在受扶养人死亡后，扶养人应当负责办理完成受扶养人的丧葬事宜。扶养人按遗赠扶养协议的约定履行完毕生养死葬的义务以后，有权取得受扶养人遗赠的遗产。

扶养人不履行扶养义务的，受扶养人有权解除遗赠扶养协议，扶养人不再享有接受遗产的权利，已支付的扶养费用，一般不予补偿。对于扶养人不认真履行扶养义务，致使受扶养人经常处于生活缺乏照料状况的，或受扶养人死亡后，扶养人不履行死葬义务的，扶养人应当承担相应的违约责任。人民法院可以酌情剥夺扶养人的受遗赠权或者对扶养人受遗赠的财产数额予以一定的限制。另外，扶养人虽然尽了生养死葬义务，但在履行协议的过程中实施了导致受扶养人死亡的行为时，应当参照继承权丧失的规定，剥夺其接受遗产的权利。

（二）遗赠扶养协议对受扶养人的效力

按照遗赠扶养协议的约定，受扶养人有权要求扶养人履行扶养义务，并负有将约定财产遗赠给扶养人的义务。对于协议中指定遗赠给扶养人的财产，受扶养人生前虽然享有所有权，但为保证将来扶养人能够顺利取得该遗产的权利，受扶养人一般不得擅自处分。如果受扶养人擅自处分该部分财产，致使扶养人将来无法实现受遗赠权利的，扶养人有权解除遗赠扶养协议，并有权要求受扶养人补偿其已经付出的扶养费用。

（三）遗赠扶养协议对第三人的影响

遗赠扶养协议并不以遗赠人没有法定扶养义务人为前提，如果遗赠人存在法定扶养义务人的，遗赠扶养协议并不免除遗赠人的子女等赡养义务人的赡养义务。即使遗赠人与扶养人签订了一份遗赠扶养协议，遗赠人的赡养义务人仍应基于法定的身份关系及法律的规定，而依法承担赡养义务，不能以遗赠人已有扶养人扶养为由而拒不承担法定赡养义务。遗赠人死亡后，即使存在法定继承人或遗嘱继承人，有遗赠扶养协议的，应该先执行遗赠扶养协议，占有约定遗赠财产的继承人，有将遗赠财产转移给扶养人的义务。

　　遗赠扶养协议并不发生收养关系的法律效力，扶养人与受扶养人之间并不形成拟制血亲关系，因此，扶养人与自己的近亲属之间并不因此解除法律上的权利义务关系。扶养人对自己的父母仍负有赡养的义务，扶养人取得受遗赠的财产，也不影响其继承父母及其他近亲属的遗产。

第十五章 遗产的处理

第一节 遗产处理概述

一、从共有财产中分离遗产

遗产是自然人死亡时遗留的个人合法财产，现实中被继承人的财产很少保持独立存在的状态，通常情况下遗产是与夫妻共同财产或者家庭共同财产的有机组成部分，因而在遗产分割之前需要把它们从共同财产当中分离出来。

（一）从家庭共有财产中分离遗产

我国目前的家庭结构虽然趋于核心家庭与夫妻家庭，但是仍然存在一些三世同堂或者四代同堂的情况。对于人员较多的家庭，每个家庭成员对于家庭共同共有财产的贡献各不相同，当某一家庭成员死亡时，其遗产范围与份额多寡的确定，学术界存在两种观点：一种观点认为，家庭成员死亡后，其遗产应当按照死者生前在家庭中的贡献大小以及所创造的财富多少来确定，如果对家庭共同财产贡献较大，则应当多分；[①] 另一种观点认为，家庭共同财产在性质上属于财产的共同共有，某一家庭成员死亡后，其遗产应当按照共同共有财产的分割办法，在所有家庭成员间实现等额均分。

本书作者认为，家庭共同财产在权利属性上的确属于共同共有，共同共有人对共有的不动产或者动产共同享有所有权，某一家庭成员死亡导致其共有的基础丧失，可以从家庭共同财产中分离遗产。然而，家庭成员是动态变化的，一个家庭成员死亡，其遗产不能从全部的家庭共同财产中进行分离，而只能从其有所贡献的家庭共同财产中予以分离。在这里需要注意三个问题：其一，家庭成员的遗产只能是死者生前归属于该家庭的期限内所取得的共同财产，之前或死后的家庭共同财产不属于该死者遗产的分离范畴；其二，死者生前必须对家庭共同财产有所贡献，作为子女的被抚养人或者被扶养人一般不对家庭共同财产享有所有权，死后也不能从家庭共同财产中分离遗产；其三，生活于家庭之中但死亡前的较长时间里对家庭共同财产没有直接贡献的家庭成员，比如老年人、残疾人等，只要家庭成员彼此之间没有签订财产分别所有的协议，他们对于家庭共有财产也应享有共同所有权，死后也应从家庭共同财产中分离其遗产。

对于老年人的遗产也应从家庭共同财产中分离的问题，我们应当这样理解：家庭是

[①] 刘春茂：《中国民法学·财产继承》，中国人民公安大学出版社1990年版，第523页。

具有持续性的，老年人曾经的贡献是现在家庭存在和发展的基础，况且老年人还要从事一些力所能及的家务劳动，在很多家庭里，老年热还是家庭的精神核心与精神象征，因而对于他们失去劳动能力后的家庭新得财产，老年人也应当享有共同权益，死后也应从中分离遗产。

（二）从夫妻共有财产中分离遗产

当夫妻一方先于另一方死亡，婚姻关系存续期间属于其个人的财产自然全部转变为遗产，但是属于夫妻共同财产的，并不都是死者的遗产，因而需要从夫妻共同共有财产中分离出属于被继承人的那部分财产。具体分离办法如下：有夫妻财产约定的，按照约定分离遗产；根据法律规定属于个人特有财产的，凡是不具有人身属性的财产全部转为遗产；属于夫妻共同共有财产的，一般应当对其进行等额分离。

应当指出的是，在夫妻共同财产制下，夫妻各方对于夫妻共同财产的直接贡献有大有小，但是这并不影响夫妻各方作为共同共有人对于夫妻财产所共同享有的所有权。因此，从事家务劳动的夫妻一方，甚至是已经失去劳动能力的夫妻一方，死后也应当从夫妻共同财产中分离其遗产。

（三）从其他共有财产中分离遗产

财产共有关系除家庭共同财产和夫妻共同财产之外，还存在其他形式的财产共有，如合伙财产等。当合伙人之一死亡时，应当对合伙财产进行评估，按照出资比例或者合伙协议约定的比例，将死者的财产份额从中分离出来，列入遗产进行继承。

二、共同继承遗产的共同共有权

继承开始后，被继承人的财产权益，除了不能转移的以外，均属于继承人、受遗赠人以及其他遗产受益人所有。当继承人或者受遗赠人仅为一人时，所有遗产皆为一人继承或者受遗赠；当继承人、受遗赠人为数人时，则会发生共同继承、共同受遗赠甚至二者混合并存的情况。下面仅以共同继承为例，探讨从继承开始后到遗产分割前这一阶段的遗产权属状态。

（一）共同继承遗产权利归属的立法模式

在共同继承中，从继承开始至遗产分割这段时间内，不论其时间长短，遗产在此过渡期内都有一种临时的权利状态。世界各国的继承立法在对待共同继承遗产的问题上，有三种不同的立法模式。

1. 分别共有制

分别共有制来自罗马法，又称罗马法主义。根据分别共有制，各共同继承人按其应继份享有各自独立的应有部分遗产；如果遗产标的物可以分割，在分割前各继承人对于具体标的物可以单独处分，如设定担保物权、租赁权等；如果遗产标的物是债权，按其应继份分属于各继承人；如果遗产标的物不可分割，则成立共有物权或者连带债权。法国、奥地利、日本、韩国等国采取此种立法模式，以充分地表达其个人主义思想。

2. 共同共有制

共同共有制又称日耳曼主义，是以家族共同体为前提的。根据共同共有制，各共同继承人仅就其继承的全部遗产享有应继份，这种应继份是潜在的，不确定的，各共同继承人就其各个财产的应有部分不得处分，只能处分其继承遗产的全部应继份。德国、瑞士等国采取此种立法模式。

3. 代表人清算主义

英国在继承法上实行信托制度，被继承人死亡后，其遗产由受托人负责管理并进行遗产清算，清算完毕后的剩余财产交给继承人继承，因此各继承人之间彼此不发生继承遗产的共同共有关系。

（二）共同继承遗产的权利内容

根据我国《民法典》的有关规定，各继承人对于共同继承的遗产享有共同共有权，其具体内容包括以下几个方面：

第一，共同继承人对遗产的共同共有权以遗产分割为目的，这不同于其他原因产生的共有以维系共同基础的存续为目的；

第二，各共同继承人对于遗产的全部享有应继份，而对于遗产的具体标的物并无应继份；

第三，遗产的共同共有具有非法人财团属性，应设置遗产管理人，代为履行遗产的使用、收益、处分等管理职责。

三、继承遗产的接受与放弃

（一）继承遗产的接受

根据继承法的一般原理，财产所有人一旦死亡，其财产权利在法律上均应归属于继承人。这种物权变动不需要继承人作出意思表示，也无须办理任何手续，更不要求继承人是否知道继承已经开始，这在学理上称为当然继承主义。《民法典》第1124条第1款规定："继承开始后，继承人放弃继承的，应当在遗产处理前，以书面形式作出放弃继承的表示；没有表示的，视为接受继承。"可见，我国民法典在继承遗产的接受方面，也采取了当然继承主义。

《民法典》第1124条第1款规定的当然继承主义与物权变动规则有机衔接。根据《民法典》第230条规定，因继承取得物权的，自继承开始时发生效力。换言之，自继承开始时，继承人即取得遗产的所有权，其中的动产不需要交付，不动产也不需要办理产权转移登记手续，只要存有被继承人死亡的事实，其遗产即完成物权变动，继承人随即成为遗产的所有人。与继承的特殊物权变动规则相适应，继承遗产的接受改采当然继承主义，实现了物权变动与遗产继承的规则统一。

（二）继承遗产的放弃

继承遗产的放弃，是继承人明确表示不接受被继承人遗产的真实意思。继承权是继承人享有的一项民事权利，继承人享有充分的处分权，可以根据自己的意愿予以放弃。

1. 放弃继承的期限

放弃继承的意思表示必须在继承开始以后作出，因为继承人只有在继承开始时才能取得被继承人的财产权利，继承人对遗产取得财产权利后才能行使其处分权，即根据自己的意思表示予以放弃。被继承人死亡以前，继承尚未开始，不存在放弃继承权的问题，即便某继承人在被继承人生前曾向其他继承人作出放弃继承的意思表示，但在被继承人死亡后没有重申这一意思表示，在法律上应当视为接受继承，并不发生放弃继承的法律效力。

继承人放弃继承的意思表示，应当在继承开始后、遗产分割前作出。遗产分割后表示放弃的不再是继承权，而是所有权。

2. 放弃继承的方式

继承人放弃继承意味着失去其针对遗产的全部财产权利，因而各国法律对于继承人放弃继承的方式都有明确规定。《德国民法典》第1945条第1款规定，遗产的拒绝，以对遗产法院的表示为之；该表示必须以遗产法院的记录或以公证认证的形式做出。《法国民法典》第784条规定，放弃继承不得推定，仅得向继承开始地的大审法院书记室提出，并且专门为此设立的登记簿上进行登记。《瑞士民法典》第570条规定，抛弃继承权，由继承人以口头或书面向主管官厅作出，不得附加任何条件或保留，主管官厅应将抛弃之情形作成备忘录。

《民法典继承编司法解释（一）》第33条对于继承人放弃继承的形式有着明确规定，即继承人放弃继承应当以书面形式向遗产管理人或者其他继承人表示。根据该条规定，书面形式应当是继承人放弃继承的效力性强制规定，如果继承人仅以口头形式表示放弃继承的，并不发生继承放弃的法律效力。但是，考虑到现实中很多人仍然习惯采用口头形式放弃继承，为了严肃继承人放弃继承的形式要求，《民法典继承编司法解释（一）》第34条对口头形式采取了有限承认的态度。在诉讼中，继承人向人民法院以口头方式表示放弃继承的，法院要制作笔录，并由放弃继承的人签名，即完成了继承权的放弃。

3. 放弃继承的反悔

放弃继承系单方民事法律行为，继承人一经作出即具有法律效力，本无反悔的可能。但是考虑到继承人放弃继承考虑因素的多样性和复杂性，完全否定放弃继承人的反悔权并不适合我国的实际情况。对此，《民法典继承编司法解释（一）》第36条有限地承认了放弃继承人的反悔请求权，即在遗产处理前或者在诉讼进行中，继承人对放弃继承反悔的，由人民法院根据其提出的具体理由，决定是否承认。遗产处理后，继承人对放弃继承反悔的，不予承认。

4. 放弃继承的限制

虽然是否放弃继承是继承人的民事权利，但也受到以下限制：

首先，继承人放弃继承权不得附加条件。《民法典》没有规定继承人放弃继承权不得附加条件，但是在学术界和司法实践中都倾向于不允许继承人附加条件。如果继承人在放弃继承时提出了附加条件或者保留意见，应当视为继承人在接受继承以后对自己的继承份额所作的处分,并不属于继承权放弃的范畴。

其次,继承人不得部分放弃继承。继承的放弃具有不可分性,应及于全部继承财产,如果继承人部分放弃继承权的,应当视为继承人接受继承后,对自己继承的遗产份额所作的处分。

最后,继承人不得通过放弃继承的方法规避其所应履行的法定义务。继承人享有自由决定是否放弃继承的权利,但是继承人基于其他身份可能还负有赡养义务、抚养义务和扶养义务,如果继承人因放弃继承权致其不能履行这些法定义务的,其放弃继承权的行为无效。

5. 放弃继承的法律效力

继承人放弃继承后,产生以下法律效力:

第一,放弃继承的效力,追溯到继承开始的时间,并非自作出放弃继承的意思表示之时。

第二,继承人放弃继承权,即丧失了参加继承法律关系的资格,应当退出继承法律关系,不得继承被继承人生前的财产权利。

第三,继承人放弃继承的,其晚辈直系血亲不得代位继承。

第四,继承人放弃继承权的,其放弃的应继份应当按照法定继承处理。第一顺序继承人放弃继承权的,其放弃的应继份归属于同一顺序的其他继承人;没有同一顺序继承人的,放弃的应继份归属于第二顺序继承人;两个顺序的继承人均放弃继承权的,按照无人继承的遗产处理。

第五,继承人放弃继承的,对被继承人依法应当缴纳的税款和债务可以不负清偿责任。

四、受遗赠遗产的接受与放弃

(一) 受遗赠遗产的接受

遗赠是遗赠人与特定受遗赠人之间的法律关系,受遗赠人具有不可替代性,受遗赠权只能由受遗赠人亲自享有,不得转让。受遗赠人应当在知道受遗赠后六十日内,作出接受遗赠的表示。受遗赠人是国家或者社会组织的,由国家或者社会组织的代表机构或者负责人予以接受;受遗赠人为自然人的,该自然人应当亲自接受遗赠。继承开始后,受遗赠人表示接受遗赠,并于遗产分割前死亡的,其接受遗赠的权利转移给他的继承人。

(二) 受遗赠遗产的放弃

受遗赠人应当在知道受遗赠后六十日内,作出放弃受遗赠的表示;到期没有表示的,视为放弃受遗赠。如果受遗赠人在遗赠人死亡后抛弃受遗赠权的,其效力追溯到遗赠人死亡之时。

五、适当分得遗产的接受与放弃

（一）适当分得遗产的接受

依照《民法典》的相关规定，对继承人以外的依靠被继承人扶养的人，或者继承人以外的对被继承人扶养较多的人，可以分给适当的遗产。如果被继承人生前曾将子女送养，被收养人对养父母尽了赡养义务，同时又对生父母扶养较多的，除可以继承养父母的遗产外，还可以分得生父母适当的遗产。此外，继承人丧失继承权的，其晚辈直系血亲虽然不得代位继承，但是如果该代位继承人缺乏劳动能力又没有生活来源，或者对被继承人尽赡养义务较多的，也可以适当分给遗产。上述适当分得遗产人，分给他们遗产时，按具体情况可以多于或者少于继承人。

适当分得遗产，既是对那些适当分得遗产人的帮扶与照顾，也是他们所享有的合法权利。这种权利虽然直接来源于法律规定，但是也需要本人明确作出接受的意思表示，表示的方式既可以是口头的，也可以是书面的。在其依法取得被继承人遗产的权利受到侵犯时，本人有权以独立的诉讼主体资格向人民法院提起诉讼。遗产因无人继承又无人受遗赠归国家或者集体所有制组织所有时，他们有权提出取得遗产的诉讼请求，人民法院应当视情况适当分给遗产。

（二）适当分得遗产的放弃

适当分得遗产是本人的民事权利，权利人可以根据自己的真实意思表示予以放弃。适当分得遗产人可以通过两种方式放弃权利：一种方式是明示，即适当分得遗产人于继承开始时明确表示放弃权利，具体形式既可以是口头的，也可以是书面的；另一种方式是默示，即在继承开始后至遗产分割前，适当分得遗产人明知自己享有权利而未提出请求的，一般视为放弃权利。

第二节　遗产管理人

一、遗产管理概述

（一）遗产管理的概念

从被继承人死亡时起到遗产分割完毕时止，必然要发生对死者遗产的管理问题。特别是在有数位继承人或受遗赠人，或者虽有继承人或受遗赠人但是他们都放弃继承权或受遗赠权，或者是在无人继承又无人受遗赠的情况下，更加需要对遗产进行管理。如果没有遗产管理制度，被继承人的遗产势必因各种原因遭受损坏或散失，直接损害了债权人、继承人、受遗赠人和其他利害关系人的合法权益。1985年《继承法》仅规定了遗产保管制度，《民法典》首次确立了遗产管理制度，为遗产事务的处理提供了较为明确的行为规范。所谓遗产管理，是指继承开始后至遗产分割前，管理人对被继承人的遗产进行财产保管、清理被继承人债权债务、分割遗产等活动的制度。

遗产管理具有以下法律特征：

第一，遗产管理的期间自继承开始后至遗产分割前。如果继承尚未开始，被继承人生前自行管理自己的财产；如果遗产已经分割，每一特定财产皆有确定的具体权利人；唯有在继承开始后至遗产分割前这段时期，遗产的最终归属尚不明确，需要设立特殊的管理制度。

第二，遗产管理的执行主体是遗产管理人。遗产管理人是遗产管理制度的核心，负有全面管理遗产的职责。

第三，遗产管理的主要内容是对被继承人的遗产进行管理。具体管理措施有清理遗产、编制遗产清册、追偿遗产债权、清偿遗产债务、分割遗产等内容。

(二) 遗产管理与相关制度的区别

1. 遗产管理与遗产保管

遗产保管是指保管人占有并保存被继承人遗产的制度。遗产保管的功能较为单一，遗产保管人仅对遗产进行临时保管，不得处分遗产。遗产管理不仅涵盖遗产保管的内容，而且遗产管理人还要对遗产进行清理、管理、分配等多项管理措施。

2. 遗产管理与遗嘱执行

遗嘱执行以存在合法有效的遗嘱为前提，以实现被继承人生前的意思为目的，部分遗嘱可能涉及遗产的处分与分配，因而有的遗嘱执行人实际上执行了遗产管理人的职责。遗产管理与遗嘱执行的差异十分明显。遗嘱执行人只能根据遗嘱产生，其遗产管理职权仅限于遗嘱继承，并且应严格遵从遗嘱内容处理相关遗产。而遗产管理人的产生途径多种多样，存在于包括法定继承、遗嘱继承在内的所有遗产管理事务当中，在职责执行过程中，遗产管理人具有更加独立的法律地位。

3. 遗产管理与遗嘱信托

遗嘱信托是被继承人在遗嘱中指定将其特定财产设立信托，受托人依据遗嘱而对遗产进行管理和处分，并根据遗嘱或信托合同将信托财产及其收益分配给受益人。尽管遗嘱信托也涉及遗产的管理和处分，但是与遗产管理存有明显的区别。遗产信托是为受益人而持有并管理遗产，其权利来自遗嘱或信托合同，可于继承开始前存在，并能持续数年乃至数十年之久。而遗产管理是为所有的利害关系人管理遗产，其权利来自法律规定和遗嘱指示，并于遗产分割完毕后终止。

二、遗产管理人的确定

遗产管理人，是指对被继承人的遗产负有保存和管理职责的人。遗产管理人既可能是自然人，也可能是组织；既可能是一人，也可能是数人。

1. 遗产管理人确定的立法模式

许多国家的继承法对于遗产管理人的确定都有明确规定，概括起来主要有以下几种立法模式：①主管官厅管理模式，《瑞士民法典》第551条规定，被继承人最后住所所在地的主管官厅，为遗产的归属应依职权进行必要的保全处分，包括遗产的封存、财产清单的制作、管理遗产的命令以及开启遗嘱等内容。②遗产法院管理模式，《德国民法典》第1960条规定，遗产法院必须致力于保全遗产，直至遗产被接受之时。遗产法院可以命令存放印章，提存金钱、有价证券和贵重物品，编制遗产目录，并有权根据权利人的申请以发布命令的方式，选任遗产保佐人或遗产管理人。③法院依职权任命模式，《日本民法典》第926条至第936条的规定，限定承认人是遗产管理人，继承人有数人时，家庭法院应从继承人中选任继承财产的管理人。④综合模式，《法国民法典》第803条和第812条对于遗产管理人的确定，按照遗产是否有人继承采取了两种方式，对于有人继承的遗产，有限责任继承人负责管理遗产财产，并且向债权人与受遗赠人提出管理账目；对于无人继承的遗产，大审法院应利害关系人的请求，或者应王国初级检察官的请求，任命一名财产管理人。

我国《民法典》坚持意思自治原则，由被继承人指定或者继承人推选遗产管理人。

2. 遗产管理人确定的顺序

根据《民法典》第1145条规定，继承开始后，应当按照下列顺序确定遗产管理人：

（1）有遗嘱执行人的，遗嘱执行人为遗产管理人；

（2）没有遗嘱执行人的，继承人应当及时推选遗产管理人；

（3）继承人未推选的，由继承人共同担任遗产管理人；

（4）没有继承人或者继承人均放弃继承的，由被继承人生前住所地的民政部门或者村民委员会担任遗产管理人。

上述四种遗产管理人的产生方式存在先后顺序，只有前一顺序的人不存在或者没有遗产管理能力的，才能由下一顺序的人担任。如果利害关系人对遗产管理人的确定有争议的，可以向人民法院申请指定遗产管理人。需要注意的是，基层群众性自治组织中只有村民委员会才能担任遗产管理人，城市中的被继承人遗产若有管理需要，可由民政部门担任遗产管理人。

三、遗产管理人的地位

（一）有人继承时遗产管理人的地位

从法理上讲，遗产管理人的地位应当取决于遗产的权利主体。被继承人死亡后，原财产权利主体已经消灭，遗产随即转移到继承人名下，在遗产分割前，虽然继承人对遗产的实际权利还有待具体认定，但是继承人在法律上已成为遗产的所有人或共有人。此时，遗产管理人保存和管理遗产的行为应当是继承人的代理行为，简言之，遗产管理人是继承人的代理人。遗产管理人通常是委托代理，民政部门或者村民委员会担任遗产管理人的是法定代理，经利害关系人申请由人民法院指定遗产管理人的则是指定代理。

（二）无人继承时遗产管理人的地位

在无人继承又无人受遗赠的情况下，遗产管理人的地位十分复杂，各国继承法有不同规定，主要有三种立法模式：①遗产管理人是特殊法定继承人的代理人。《德国民法典》第 1936 条规定，在继承开始时，不存在被继承人的任何血亲、配偶或同性生活伴侣的，遗产由被继承人在继承开始时的最后住所地州继承；如果被继承人的最后住所地不可予以确定的，由其最后惯常居所地州继承；除此之外，遗产由联邦继承。在无人继承又无人受遗赠的情况下，德国的州或联邦政府享有法定继承权，此时的遗产管理人应当是国家或政府这一特殊法定继承人的代理人。②遗产管理人是遗产法人的代理人。《日本民法典》第 951 条规定，继承人有无不明时，继承财产为法人。此时，遗产自成财团法人，家庭法院因利害关系人或检察官的请求所选任的遗产管理人，是遗产法人的代理人。③遗产管理人是国家的代理人。《法国民法典》第 768 条规定，无人继承时，遗产由国家取得。虽然国有财产管理部门应当按照有限责任继承的方式接受遗产，但是法律只是规定了遗产的处理办法，并未明确规定国家就是继承人，此时的遗产管理人应当是国家的代理人。

根据我国《民法典》的有关规定，在无人继承又无人受遗赠的情况下，由被继承人生前住所地的民政部门或者村民委员会担任遗产管理人。死者生前是集体所有制组织成员的，遗产归所在集体所有制组织所有；死者生前不是集体所有制组织成员的，遗产归国家所有。而村民委员会之于集体所有制组织，民政部门之于国家，在法理上应当是代表人，而非代理人。

四、遗产管理人的职责

根据《民法典》第 1147 条规定，遗产管理人应当履行下列职责。

(一) 清理遗产并制作遗产清单

遗产管理人应当将自己所保管的遗产进行清点，并登记造册，制作遗产清单，在此过程中务必做到认真、细致、无遗漏、无差错。通常情况下，遗产清单主要包括以下内容：被继承人生前享有的所有权、用益物权、知识产权、股权等财产权利的数量及价值；被继承人生前享有的债权；因被继承人死亡而应获得的保险金、赔偿金、补偿金、抚恤金等；被继承人生前所欠债务和应交税款；被继承人的葬丧费用、继承费用；遗产上的担保物权和其他负担；存有争议的物权、债权和债务等。

(二) 向继承人报告遗产情况

继承人是遗产的概况承受人、遗产债务的清偿义务人和遗产分割的请求权人，遗产分割前的存在状况、价值多寡、灭失与否等，皆与其关系最为密切，因而对于遗产情况享有知情权，对于遗产管理事务享有监督权，遗产管理人有义务向其报告遗产情况。遗产情况报告分为定期报告和临时报告两种，遗产管理人应当定期向继承人报告遗产情况，如果遇有重大情况或紧急情况，遗产管理人应当随时向继承人报告。

(三) 采取必要措施防止遗产毁损、灭失

为能妥善保管遗产，遗产管理人必须有权对不同遗产的具体情况采取相应的必要处置措施，以保护遗产免受损毁甚至灭失。遗产管理人可以采取的必要措施主要有以下几种：①为保存遗产所作出的处理遗产的行为，如维修危旧房屋以免房屋倒塌；②为防止遗产损坏或价值减少所作出的变价行为，如及时变卖易腐败、不宜保存的遗产以保存价款；③为减少遗产带来的长期损耗所作出的变价行为，如及时变卖那些需要持续耗费租金或保管费的遗产；④为维持被继承人生前的营业所进行的必要营业行为，如收取营业收益、支付劳动者工资等。需要注意的是，遗产管理人所采取的必要措施应以维持遗产的财产权利归属为限，超出这个范围则是单纯的遗产处分行为，并不属于管理上的必要措施。

（四）处理被继承人的债权债务

继承开始后，被继承人的债权和债务皆由继承人所承受，继承人和受遗赠人只有在实现债权后才有充足的遗产可供分配，只有在清偿债务后才能进行遗产分割，因而处理被继承人的债权债务也是遗产管理人的主要职责。遗产管理人在处理被继承人债权债务时主要有三部分内容，即追偿债权、清偿债务和交付遗赠财产，在此过程中，遗产管理人要分别对被继承人的债权人、债务人或受遗赠人进行通知或者发布公告，以便及时处理完毕相关事宜。

（五）按照遗嘱或者依照法律规定分割遗产

分割遗产是遗产处理的重要环节，也是继承权实现的主要过程，遗产管理人应当妥善履行相关职责。遗产管理人在为继承人分割遗产时，应当按照被继承人的合法有效遗嘱或者法律的明确规定进行。

（六）实施与管理遗产有关的其他必要行为

遗产管理人除应履行上述职责外，凡是与管理遗产有关的其他必要行为，遗产管理人都应积极履行自己的职责，如妥善保管遗产账簿、及时保全濒于损失的遗产、积极通过诉讼救济被损坏的遗产等。

五、遗产管理人的权利

遗嘱管理人为继承人提供遗产管理服务，可以是有偿服务，有权依照法律规定或者按照约定获得报酬。遗产管理人的报酬确定方法如下：如果是律师担任遗产管理人的，按照当地律师收费标准约定服务报酬的具体金额；如果是继承人委托其他人员担任遗产管理人的，双方签订合同，按照约定支付报酬。遗产管理人获得报酬的权利受法律保护，并在遗产中优先支付，继承人拒不给付报酬的，遗产管理人可以向法院请求救济。

六、遗产管理人的义务与责任

（一）遗产管理人的义务

遗产管理可以是有偿行为，为保障利害关系人的合法权益，根据民法的一般性规定，遗产管理人应当履行自己的义务。首先，遗产管理人负有善良管理的义务，不得因管理不当而损害继承人和受遗赠人的合法权益；其次，遗产管理人负有忠实管理的义务，不得为自己谋取不正当利益，不得为他人利益而进行利益输送；第三，遗产管理人负有谨慎管理的义务，在管理期间应以保存遗产和维持遗产价值不减少为首要任务，不可积极实施具有风险的遗产管理行为；第四，遗产管理人负有勤勉管理的义务，在管理遗产过程中不可懈怠，不得拖延。

（二）遗产管理人的责任

在管理遗产过程中，遗产管理人如果违反善良管理的义务，会导致遗产损毁；如果违反忠实义务，会导致遗产减少；如果违反勤勉义务，会导致遗产损毁甚至灭失。遗产管理人应当依法履行职责，因故意或者重大过失造成继承人、受遗赠人、债权人损害的，应当承担民事责任。这既是继承人和受遗赠人的权利保护，也是对遗产管理人的警示，督促其忠实勤勉地履行义务。

遗产管理人违反法定义务，应当根据过错责任原则承担民事责任。根据权利义务相一致原则，如果遗产管理人是无偿管理，仅就其故意或者重大过失所造成的损害承担责任；如果遗产管理人是有偿管理，只要有一般过错就应承担民事责任；如果遗产管理人是律师、注册会计师等专家的，即便有轻微过错也应承担民事责任。

第三节 遗产债务的清偿

一、遗产债务的概念

遗产债务又称被继承人债务，是指被继承人死亡时遗留的，根据法律规定或者依据合同约定应由被继承人承担的债务。遗产债务主要包括被继承人生前因为合同、侵权行为、无因管理、不当得利、投资等所产生的各种债务，以及依法应当由被继承人缴纳但尚未实际缴纳的税款。

遗产债务具有以下特征：

第一，遗产债务是被继承人生前所欠的债务。继承开始后所产生的债务，如葬丧费用、遗产管理费用、公告通知费用等，不应列入遗产债务。但是有学者认为，被继承人死亡后，因料理其后事、处理继承事务所产生的债务，也属于遗产债务。[①] 对此，本书作者认为把继承开始后所发生的债务归入遗产债务的做法并不妥当。葬丧费用、遗产管理费用等发生在继承开始之后，此时被继承人已经死亡，其民事权利能力业已终止，自然不能对这些债务承担清偿责任。葬丧费用是死者近亲属因为祭奠、安葬等所产生的费用，应由继承人承担。遗产管理费用和遗产继承费用等是因遗产管理、分割和执行医嘱等所发生的共益费用，应当在遗产中优先清偿。

第二，遗产债务是被继承人欠下的应由其个人承担清偿责任的债务。有学者认为，遗产债务是被继承人以个人名义欠下的用于被继承人个人需要的债务，只有以被继承

---

① 刘春茂：《中国民法学·财产继承》，中国人民公安大学出版社1990年版，第552页。

名义欠下的债务才为遗产债务。[①] 本书作者认为此种观点过于谨慎。遗产债务由两部分组成：一是为满足被继承人生前个人需要并以其个人名义所欠下的债务；二是非以被继承人个人名义所欠，且非为其个人生活所需，但是根据法律规定或者合同约定应由被继承人承担清偿责任的债务，如为抚养子女、赡养老人、扶养家庭成员以及根据夫妻共同债务约定应由被继承人一方承担的部分。

需要注意的是，遗产债务是被继承人生前的个人债务，如果是为夫妻或家庭共同生活需要、为增加夫妻或家庭共同财产或者是为偿还夫妻或家庭共同债务所产生的债务，无论以谁的名义欠下的，都是夫妻或家庭共同债务，都应由夫妻或家庭共同财产来清偿。

二、遗产债务的范围

遗产债务主要包括以下几种类型：
（1）被继承人生前依照我国税法规定应当缴纳但尚未实际缴纳的税款；
（2）被继承人生前因合同之债而欠下的债务；
（3）被继承人生前因侵权行为所应承担损害赔偿责任而欠下的债务；
（4）被继承人生前因不当得利而承担的返还不当得利的债务；
（5）被继承人生前因无因管理而承担的补偿管理人必要费用的债务；
（6）其他属于被继承人个人的债务，如被继承人作为保证人所应承担的债务、被继承人在合伙中所应承担的个人债务、被继承人作为公司发起人所应承担的个人债务等。

三、遗产债务的清偿责任

被继承人一经死亡，其财产即发生权利变动，归继承人所享有。倘若被继承人尚有遗产债务，应当从遗产中清偿，否则债权人的权利即将落空。世界各国对于遗产债务的清偿责任有着不同的规定。

（一）按份责任主义

按份责任主义又称分割责任主义，是指共同继承人按照其应继份对遗产债务承担清偿责任。《法国民法典》第870条规定，共同继承人按照各自受领的遗产的比例，分担清偿遗产上的债务与负担。《意大利民法典》第752条规定，共同继承人应当按照各自继承的遗产份额分担遗产债务和负担。

（二）连带责任主义

连带责任主义又称共同责任主义，是指每一共同继承人对于遗产债务的全部承担清偿责任。《德国民法典》第2058条规定："继承人作为连带债务人对共同的遗产债务负责任。"《瑞士民法典》第603条和第639条第1款规定，继承人对被继承人的债务负连带责任，即便是在遗产分割后，共同继承人仍以其全部财产对被继承人的债务负连带

[①] 房绍坤等：《婚姻家庭继承法》，中国人民大学出版社2020年版，第240页。

责任。

（三）综合责任主义

综合责任主义是法律同时规定了遗产债务的按份责任和共同责任，继承人在不同情况下承担不同的清偿责任。根据《西班牙民法典》第1023条和第1084条的规定，西班牙对于遗产债务的清偿责任分为限定继承和非限定继承两种情形。无论遗产是否分割，非限定继承的继承人对于遗产债务皆承担连带责任；限定继承的继承人在遗产分割前仅就其所接受遗产的范围内对遗产债务承担清偿责任，在遗产分割后仅就其所获得遗产的范围内支付债务。《奥地利普通民法典》对于遗产债务的清偿责任，有着更加复杂的规定。根据其第547条、第548条和第550条的规定，在遗产分割之前，继承人对遗产债务负连带责任。它的逻辑依据是，在奥地利，继承人在接受遗产之后就成为被继承人的代表，在涉及第三人时，继承人和被继承人被视为一个人，数个继承人共同继承时也被视为一个人，在法院移交遗产之前，他们以此身份对遗产债务承担连带责任。在遗产分割之后，继承人又根据其是否保留了遗产清册的法律上利益，对遗产债务承担不同的责任。如果继承人没有保留遗产清册的法律上利益，根据其第820条的规定，即使遗产已经转移给继承人，他们也应对所有遗产债权人承担连带责任。如果继承人保留了遗产清册的法律上利益，则根据其第821条的规定，各个继承人对于不超过遗产总额的负担，按照其继承份额的比例负责。

根据《民法典》第1159条和第1161条的规定，我国对于遗产债务的清偿责任实际上采取了综合责任主义。在遗产分割之前，应当清偿被继承人依法应当缴纳的税款和债务，继承人承担的是共同责任。在遗产分割之后，继承人以所得遗产实际价值为限清偿被继承人依法应当缴纳的税款和债务，继承人承担的是限定责任。

四、遗产债务的清偿公告

被继承人死亡后，为及时清理债务、分割遗产，遗产管理人或者继承人可以公示催告的方式，催促未知的遗产债权人积极申报债权，便于遗产管理人或者继承人对之进行清偿。对于遗产债务的清偿公告，不同国家有着不同的制度规定。《瑞士民法典》第582条把债务催告作为遗产管理的必经环节，主管官厅在制作财产清单时，应采用适当的公告方法，催告遗产债权人在规定的期限内提出债权，申报的债权经核实后载入财产清单。对于财产清单上登载的遗产债务，继承人不仅要以其取得的遗产来偿还，而且还要以其本人的财产来承担清偿责任。对于财产清单上未登载的遗产债务，如果遗产债权人对于错过债权申报期限没有过错，继承人仅以其继承的遗产承担责任；如果遗产债权人对于错过债权申报期限存在过错，继承人既不以其个人财产清偿，也不以其继承的遗产清偿。《日本民法典》第934条把遗产债务的清偿公告或催告，作为遗产继承必须履行的义务，如果限定承认继承人怠于履行公告义务的，对因此造成的损害承担赔偿责任；而遗产债权人未于公告期内申报债权，善意继承人可根据第935条的规定，仅就遗产尚未分割的剩余部分为限对未申报的债权人承担清偿责任。

我国《民法典》对于遗产债务的清偿公告并没有明确规定，实践中也有遗产管理人或继承人比照《企业破产法》中的公告方式，催告遗产债权人及时申报债权。根据我国的现行法律规定，遗产债务清偿公告既不是遗产继承的必经程序，也不是遗产管理人所必须履行的义务，遗产债权人即便未申报债权也不会对其产生不利的法律后果。当然，如果遗产债权人超过诉讼时效后才主张债权的，遗产管理人或者继承人便取得了抗辩权，可以抗辩遗产债权人的请求权。

五、遗产债务的清偿原则

遗产债务的清偿应当遵循以下原则。

（一）概括继承原则

被继承人的遗产是一个整体，既包括遗产财产，也包括遗产权利，还包括遗产义务，当继承人表示接受继承时，就意味着他全面继承了被继承人的遗产，不仅取得了被继承人生前的各种财产权利，还要履行被继承人生前的各种财产义务。《民法典》在遗产继承和遗产债务清偿方面坚持了权利义务相一致原则，接受继承的继承人同时接受了遗产债务的清偿责任，而放弃继承的继承人则不承担这种清偿责任。对此，《民法典》第1161条第2款明确规定："继承人放弃继承的，对被继承人依法应当缴纳的税款和债务可以不负清偿责任。"当然，继承人概括继承遗产债务与旧社会的"父债子还"并不相同。在新中国成立前，继承人概括继承的是被继承人的债务，须要以自己的全部财产对之承担无限责任；而根据《民法典》，继承人概括继承的只是遗产债务，仅以遗产为限承担清偿责任。

（二）限定继承原则

所谓限定继承，是指接受继承的继承人在其继承遗产的价值范围内对遗产债务承担清偿责任，超过遗产实际价值的部分，继承人不负清偿责任。对此，《民法典》第1161条第1款规定，继承人以所得遗产实际价值为限清偿被继承人依法应当缴纳的税款和债务。

对于遗产债务的清偿，罗马王政时期施行的是继承人无限责任原则，即如果继承人所继承的遗产不足清偿遗产债务时，须以其本人的财产承担清偿责任。罗马共和时期，大法官赋予拒绝继承的继承人以不参与遗产权，即在遗产不足清偿债务时，继承人可以声明不参与处理遗产，同时同意遗产债权人以被继承人的名义处理遗产，从而免予自己对遗产债务承担无限责任。到罗马帝国时期，罗马法建立了遗产清册制度，若继承人对遗产造具了清册，可享受财产清册利益，仅就其继承的遗产对遗产债务承担责任。[①] 于是，限定继承制度正式确立，并为后世各国继承法所广泛采用。

根据限定继承原则，继承人仅以继承遗产的实际价值为限清偿遗产债务，超过遗产实际价值部分，继承人不负清偿责任。限定继承原则有利于保护继承人的利益，可以使继承人对遗产债务免予承担无限责任。当然，如果继承人自愿偿还的，不受限定继承原

---

① 周枏：《罗马法原论》（下册），商务印书馆2001年版，第472页。

则的限制。需要注意的是，如果继承人有扶养能力而不尽扶养义务，致使被继承人为满足自身基本生活需要而欠下了债务，该继承人应当对该债务以其个人财产承担清偿责任。

（三）连带责任原则

在数位继承人共同继承遗产时，各共同继承人对遗产债务应当负何种责任，我国《民法典》并没有直接规定，但是对现行规定进行推导得出，各共同继承人对遗产债务承担连带责任。《民法典》第 1159 条对遗产分割前的债务清偿问题作了明确规定，即分割遗产，应当清偿被继承人依法应当缴纳的税款和债务。由于是在遗产分割前的清偿，债务清偿导致可供分割的遗产总额减少，实际上所有继承人都承担了遗产债务。遗产分割后若还有债务未获清偿，根据《民法典》第 1161 条第 1 款的规定，继承人以所得遗产实际价值为限清偿被继承人依法应当缴纳的税款和债务。有学者可能会把该条款理解为按份责任，其实继承人在遗产分割后承担的仍然是连带责任。遗产分割后，继承人是以所得遗产实际价值为限清偿债务，并不是按照所得遗产实际价值比例承担责任，如果共同继承人甲所得遗产实际价值为 1 万元，债权人乙的遗产债权恰好也是 1 万元，乙若向甲主张权利，甲应当向乙清偿全部债务，共同继承人甲实际上对遗产债务承担了连带责任。

遗产债务清偿的连带责任原则有利于保护债权人的利益，能够有效避免遗产分割后各继承人对于遗产债务相互推诿或者债权实现过于烦琐的问题。由于我国同时采取了限定继承原则，各共同继承人对遗产债务的连带责任也必须限定在所实际分得遗产的价值范围内，共同继承人不得被强制以自己的财产承担连带责任。

根据连带责任原则，遗产债权人有权向全体共同继承人或者部分共同继承人行使请求权，任何继承人不得在其所得遗产实际价值范围内拒绝。尽管共同继承人对外应当承担连带责任，但在共同继承人内部仍有份额之分，当共同继承人中的一人或数人清偿了全部遗产债务后，有权按照各自所得遗产实际价值的比例向其他共同继承人追偿。

（四）保留必要份额原则

限定继承原则旨在协调继承人和遗产债权人之间的利益矛盾，如果继承人无劳动能力又没有生活来源，还要给予特殊照顾，以保障其基本生活需要。基于养老育幼原则和保护弱势者群体的立法精神，《民法典》第 1159 条规定，清偿遗产债务，应当为缺乏劳动能力又没有生活来源的继承人保留必要的遗产。保留必要份额是遗产债务清偿的基本原则，即便是在遗产不足以清偿债务的情况下，也应先为特定的继承人保留必要的财产，然后才能开始清偿债务。

（五）遗产债务优先清偿原则

遗产债务是被继承人生前欠下的债务，当然应由其遗产加以清偿。如果遗产事务管理中还同时存在遗赠协议，遗产债务应当先于遗赠而实现清偿。遗产债务通常对应的是价款或损害，而遗赠则是无偿的，在债务尚未清偿完毕的情况下，债务人向他人赠与财产，有逃避债务之嫌，债权人有权请求予以撤销，若债务人死亡，而死亡的原因多种多样，此时如果法律不考虑具体情况仍然赋予遗产债权人以撤销权，则显得极不合理，也不人道，而建立遗产债务优先清偿的原则便能很好地解决这一问题。因此，《民法典》第1162条规定："执行遗赠不得妨碍清偿遗赠人依法应当缴纳的税款和债务。"

若同时存有遗赠扶养协议，遗产债务是否还能获得优先清偿呢？本书作者认为，遗产债务和遗赠扶养协议中的善意供养费用应当同时获得清偿；如果遗产不足以清偿全部债务的，遗产债务和善意供养费用应当按同一比例受偿。对此，《民法典继承编司法解释（一）》第40条规定："继承人以外的组织或者个人与自然人签订遗赠扶养协议后，无正当理由不履行，导致协议解除的，不能享有受遗赠的权利，其支付的供养费用一般不予补偿；遗赠人无正当理由不履行，导致协议解除的，则应当偿还继承人以外的组织或者个人已支付的供养费用"。根据该条规定，善意供养费用也属被继承人的债务，应当与遗产债务同时受偿。

六、遗产债务的清偿时间

遗产债务的清偿时间对于遗产债权人影响甚大，在遗产价值有限而债权人众多的情况下，如果法律不对遗产债务的清偿时间加以限制，而是任由遗产管理人或者继承人随意清偿，则先受偿的遗产债权可以得到完全实现，而后受偿的遗产债权则毫无保障。在遗产债务的清偿时间上，许多国家对此作出了明确的限制性规定。《德国民法典》第2014条规定："继承人有权拒绝清偿遗产债务，直至接受遗产之后最初3个月经过时，但不超过遗产清册编制之时。"如果遗产债权人申报债权时经过公示催告程序，则根据第2015条第1款的规定，继承人已在接受遗产后一年以内提出开始对遗产债权人的公示催告程序的申请，且该申请已获得准许的，继承人有权拒绝清偿遗产债务，直至公示催告程序终结之时。《日本民法典》第928条规定，限定承认人在公告期间届满前，可以对继承债权人及受遗赠人拒绝清偿。《瑞士民法典》第586条第1款规定："在制作财产清单期间，不得要求继承人履行被继承人的债务。"可见各国对遗产债务的清偿时间均有所限制，赋予遗产管理人或者继承人在一定期间内有权拒绝清偿债务。这种规定有利于保护继承人和全体债权人的利益，防止出现不公平的现象。

我国法律没有规定遗产债务的清偿时间。因为《民法典》第1161条确立了限定继承的原则，根据民法的一般原理和司法实践中的通常做法，继承开始后，遗产管理人或者继承人首先应当清理遗产和登记债务，待基本确定遗产价值和遗产债务的总额后，再开始对遗产债务进行全部清偿或者按比例清偿，以使遗产债务的清偿做到公平合理。在此之前，遗产管理人或者继承人对于部分遗产债权人的提前清偿请求拥有予以拒绝的权利。

七、遗产债务的清偿方式

关于遗产债务的清偿方式，世界各国主要有两种立法例。一种是总体清偿方式，遗产管理人或者继承人必须先清偿遗产债务，后分割遗产，若不经过清偿遗产债务则不得分割遗产。《德国民法典》第2046条第1款规定："遗产债务必须先从遗产中予以清偿。

遗产债务尚未到期,或它处于争议中的,对于清偿为必要的数额必须予以留置。"另外一种是分别清偿方式,遗产管理人或者继承人可以不经清偿遗产债务就可分割遗产。《法国民法典》第870条规定:"共同继承人按照各自受领的遗产的比例,分担清偿遗产上的债务与负担。"

在上述两种遗产债务的清偿方式中,总体清偿方式有利于遗产债权人及时、完整地实现债权,分别清偿方式则有利于继承人迅速分割遗产。从我国的司法实践中看,总体清偿方式在全国各地应用得更为普遍。为保护遗产债权人的利益,我国应当鼓励先清偿债务后分割遗产,以便有效避免因遗产分割完毕致使债务得不到完全清偿的情况发生,对于因客观原因确实无法清偿的债务,遗产管理人或者继承人应当从遗产中预留出与其价值相当的部分,交由专人管理,以便将来随时清偿。

八、遗产债务的清偿主体

遗产债务由继承人限定继承,自然也就应由继承人负责清偿。在遗产债务的清偿过程中,遗产管理人不是清偿主体,只是继承人的代理人,代理继承人清偿债务。现实中,遗产的继承人又有法定继承人和遗嘱继承人两种,除此之外还可能有受遗赠人,他们相互之间又是如何承担遗产债务清偿责任的呢?《民法典》第1163条规定:"既有法定继承又有遗嘱继承、遗赠的,由法定继承人清偿被继承人依法应当缴纳的税款和债务;超过法定继承遗产实际价值部分,由遗嘱继承人和受遗赠人按比例以所得遗产清偿。"

九、遗产对债务的清偿顺序

当债权人仅为一人时,自不会发生债务清偿的顺序问题。即使债权人有多人,但被继承人的遗产足以清偿全部债务的,债务的清偿顺序也没有多大实际意义。只有当债权人为多人,而被继承人的遗产又不足的情况下,遗产债务的清偿原则才尤为必要。遗产债务的清偿顺序制度始于罗马法。罗马法认为,在不损害优先权人利益的限度内,应当按照一定的顺序清偿债务。这一制度后来为法国、德国、瑞士、日本等国的民法所普遍采用。

对于遗产债务的清偿顺序,学者观点不尽一致,有三顺序说[1]、四顺序说[2]、五顺序说[3]、六顺序说[4]、八顺序说[5]等观点。根据民法的一般理论和其他法律的有关规定,并结合中国传统伦理道德的要求和司法实践中的惯常做法,本书作者认为,被继承人的遗产对遗产债务及其他债务应当按照如下顺序进行清偿。

---

[1] 梁慧星主编:《中国民法典草案建议稿附理由·侵权行为编、继承编》,法律出版社2004年版,第252—262页。
[2] 杨立新、朱呈义:《继承法专论》,高等教育出版社2006年版,第255—256页。
[3] 刘春茂:《中国民法学·财产继承》,中国人民公安大学出版社1990年版,第568—570页。
[4] 郭明瑞等:《继承法研究》,中国人民大学出版社2003年版,第159页。
[5] 陈苇主编:《外国继承法比较与中国民法典继承编制定研究》,北京大学出版社2011年版,第561—568页。

（一）遗产管理费

遗产管理、清算、分割等费用的支出，包括保管费、维护费、运输费、拍卖费、诉讼费以及遗产管理人的报酬等。遗产管理费不仅是为了继承人的共同利益，也是为了遗产债权人的利益，应当最优先清偿。遗产管理费用的最优先清偿有两种办法：一是将遗产管理费用列为遗产债权清偿顺序的首位，予以最优先偿付；二是将遗产管理费用从遗产中先行拨付，即在遗产债务清偿之前，继承人根据合理测算已经从遗产中先行拨付了遗产管理费用，以便预先支付或者待遗产管理费用实际发生后再行支付。这两种做法在法律效果上是一样的，都能够保证遗产管理费用得到最优先清偿。

（二）所欠工资、劳务报酬和社会保险费

被继承人生前因生产经营活动而雇佣劳动者的，对于其所欠的工资、劳务费、社会保险费等费用，应当在遗产中优先支付，这是劳动者的基本权利。

（三）所欠税款

依法缴纳税款是每个人必须履行的义务，只有缴纳过税款的收入才能由权利人自由支配。基于税收的公益性特征，对于被继承人生前所欠缴的税款，应当优先于其他遗产债务清偿。

（四）受担保的遗产债权

遗产债权可能受抵押权、质权和留置权等担保物权所担保，也可能受所有权保留买卖、融资租赁合同、保理合同等具有担保功能的合同所担保。根据《民法典》第768条和《最高人民法院关于适用〈中华人民共和国民法典〉有关担保制度的解释》第66条的规定，担保物权和具有担保功能的合同具有同等的优先效力，受担保物权所担保的债权与受担保合同所担保的债权按照同一优先规则同时实现。在《企业破产法》中，受担保的债权不归于破产债权，而是通过别除权优先实现，但是在遗产债务的清偿过程中，《民法典》第1159条和第1161条第1款并没有区分普通债权和有担保的债权，因而受担保的债权也是遗产债权，根据遗产债务的清偿规则予以实现。受担保的遗产债权虽然没有类似于《企业破产法》中别除权那样的权利内容，但是毕竟具有优先受偿性，这是由担保物权和担保合同的法定优先效力所决定的。因此，受特定遗产所担保的债权，债权人有权就该特定遗产优先受偿，不足部分才作为普通遗产债权进行清偿。

（五）普通遗产债权

在清偿上述债权后，剩余财产可以用来清偿普通遗产债权。如果剩余财产足以清偿全部普通遗产债权的，则无须确定普通债权的清偿顺序和偿还比例，继承人逐一清偿即可。如果剩余财产不足以清偿全部遗产债权的，根据普通债权的平等性特征，各普通遗产债权人应当按照剩余财产对普通债权的比例统一清偿。

（六）未知的普通债权

对于债权人未申报的未知债权，继承人或者遗产管理人在清偿遗产债务时并不知道它的存在，因而不可能予以清偿。如果未知的普通债权是在遗产债务清偿完毕但尚未分割遗产时被发现的，以当时剩余的财产予以清偿。如果未知的普通债权是在遗产分割完毕后才发现的，则根据《民法典》第1161条和第1163条的规定，由法定继承人、遗嘱继承人和受遗赠人以实际所得遗产价值为限承担责任。

十、遗产债务清偿中的特殊问题

在遗产债务的清偿过程中，有以下三个方面的问题须要特别注意。

（一）继承人的遗产债权与遗产债务

在现实生活中，继承人可能同时又是被继承人的债权人或者债务人。由于《民法典》坚持的是限定继承原则，继承人仅以其所得遗产为限对遗产债务承担责任，为公平保护遗产债权人与继承人的权利，必须对继承人的固有财产与遗产进行分离，对继承人的固有债权与继承权进行分离，使其各自保持独立的法律地位，不得混淆继承人的债权或债务与其继承权的法律关系。继承人对于被继承人的权利义务，不得因继承而消灭。否则，如果继承人对被继承人享有债权，该债权若因混同而消灭，则不能从遗产中获得清偿，其结果无异于将继承人的固有财产用于清偿遗产债务。反之，如果继承人对于被继承人负有债务，若该债务也将因混同而不能归入遗产，则无疑会侵害遗产债权人的合法权益。因此，若继承人同时又是遗产债务人，应当积极应遗产管理人或其他继承人的请求清偿自己对被继承人的债务；若继承人同时又是遗产债权人，也应当根据遗产债务的清偿顺序，就自己的受担保债权或者普通债权和其他遗产债权人一起，同时获得受偿。

（二）有争议的遗产债务清偿

在遗产债务的清偿过程中，继承人与债权人可能会因遗产债务的有无以及金额问题发生争议，比如遗产债权人的债权被其他遗产债权人或继承人所否认，或者继承人已知的遗产债权被其他继承人所否认，或者继承人中一人或数人已知的遗产债权被其他继承人所否认。发生遗产债务清偿争议的主要原因，通常是继承人或遗产债权人怀疑有其他继承人与第三人恶意串通，虚构遗产债权，以便达到侵吞遗产或者不当减少有效遗产债务清偿金额的目的。当然，在有争议的遗产债务中，还有一些是因为债权人不能提供充分证据而尚未获得确认。对于有争议的遗产债务，继承人或遗产管理人应当暂时停止清偿，待争议解决以后再行处理。如果遗产债务争议在短时间内无法得到解决的，为了便于将来清偿可能的债务，继承人或遗产管理人可以从剩余遗产中预留出与存疑债务金额价值相当的财产，交由专人管理。

(三) 附条件与附期限的遗产债务清偿

在遗产债务的清偿过程中,可能会存在附条件或附期限的遗产债务。如果仅仅根据法学理论,附条件的遗产债务在条件成就之前,附期限的遗产债务在期限到来之前,继承人有权拒绝对这些债务提前清偿。然而,遗产债务的清偿开始于被继承人死亡这一法律事实,如果等待条件成就或期限到来再行清偿相关债务,势必会影响整个遗产债务的清偿进程。世界各国对于附条件与附期限的遗产债务清偿问题,有两种立法例。一种是附条件的遗产债务在条件成就之前不因被继承人的死亡而提前清偿,附期限的遗产债务在期限届满之前也不因被继承人的死亡而提前清偿。《德国民法典》第2046条第1款规定,遗产债务尚未到期,对于清偿为必要的数额必须予以留置。另一种是附条件的债务因债务人死亡而经过综合评估,附期限的债务因债务人死亡而加速到期,在继承开始后与其他遗产债务同时受偿。《日本民法典》第930条规定,限定承认人,对未届清偿期的债权亦应与其他遗产债权一起予以清偿;对于附条件的债权或存续期间不确定的债权,应按家庭法院选任的鉴定人的估价,予以清偿。

我国《民法典》并未规定附条件与附期限遗产债务的清偿问题,为及时清理债务并分割遗产,减少遗产债务纠纷的发生,本书作者建议根据我国的实际情况,对附条件与附期限的遗产债务按照如下办法处理:①对于附条件的遗产债务,继承人或遗产管理人可以预留部分遗产向提存机关提存,将来由提存机关根据条件成就与否的实际情况分别处理,若条件成就则予以清偿;若条件不成就,经过综合评估后或者部分清偿,或者全部返还给原继承人。②对于附期限的遗产债务,应与其他遗产债务一起清偿,但要扣除自实际清偿日到清偿期届满这段期间内的利息。当然,如果当事人对于附条件与附期限的遗产债务另有约定的,从其约定。

第四节　遗产的分割

一、遗产分割概述

遗产分割,是指继承开始后,遗产承受人按照各自的应继份分配遗产的法律行为。遗产分割是被继承人的遗产依法在继承人、受遗赠人、酌情分得遗产人等遗产承受人之间进行分配,遗产分割前,各承受人对于遗产享有共有权,只有进行了遗产分割,各承受人才对其实际分得的财产享有个人所有权。

遗产分割是财产继承的最后一个必经环节。当遗产承受人仅为一人时,自不会发生遗产分割的问题;当遗产承受人为两人以上时,必须经过遗产分割才能结束这种特殊的共有状态。遗产分割必须在各遗产承受人的地位及应继份确定以后,才能着手进行,如果共同继承人中有一人或数人下落不明,则非经宣告失踪或宣告死亡程序,不得分割遗产。若部分继承人私自分割遗产,其他遗产承受人有权请求予以撤销,受害人有权请求给予赔偿。

遗产承受人可以分割的遗产只能是现存的遗产,不得以继承开始时的遗产状况作为分割的基准，遗产分割之前因支付葬丧费、遗产管理费和清偿债务等所减少的遗产，不在分割之列。当然，如果某个继承人不是为了共同利益，而是为了个人利益挪用或侵占遗产的，应当返还财产并赔偿相应的损失。

二、遗产分割的历史发展

古代中国的继承都是宗祧继承，遗产原则上由嫡长子一人继承，一家财产集中于嫡长子之手，实为继承上的强制保存主义。① 在古代社会，通常是数代同堂，同财共居，被继承人死亡后，虽然遗产为诸子共同共有，但实际上被掌握在男性尊血亲手中，未经尊长许可，卑幼不得擅自使用与处分，而且也不得请求分割遗产。若卑幼请求分割遗产则属十恶内之不孝，《大清律例卷八·户律》别籍异财条规定："凡祖父母、父母在，子孙别立户籍分异财产者，杖一百（须祖父母、父母亲告乃坐）；若居父母丧而兄弟别立户籍分异财产者，杖八十（须期亲以上尊长亲告乃坐或奉遗命不在此律）。"强制保存主义使遗产的共同共有关系得以长期保持下去，以保障大家族制度不致因频繁分家析产而衰败。

1930年《中华民国民法》继承编通过以后，遗产继承日益趋向强制分割主义，继承人若不丧失继承权，皆可随时请求分割遗产。《民法典》把请求分割遗产的权利主体由继承人扩展到了受遗赠人、酌情分得遗产人等遗产承受人，充分保障了利害关系人的合法权益。遗产的共同共有状态对继承人来说过于拘束，强制分割主义顾全了遗产承受人的个体权益和自由，② 各遗产承受人可以根据自己的实际情况决定是否请求分割遗产。继承人的遗产分割请求权彼此是独立存在的，只要有一人提出请求，遗产管理人或其他遗产承受人必须分割遗产。

三、遗产分割的原则

为维护各遗产承受人的合法权益，公平合理分配遗产，根据《民法典》及《民法典继承编司法解释（一）》的有关规定，遗产分割应当坚持以下七个方面的原则。

（一）尊重被继承人意愿原则

尊重被继承人意愿，既是继承法的基本原则，也是遗产分割的首要原则。所谓尊重被继承人意愿原则，是指在被继承人订有遗嘱的情况下，应当按照遗嘱所指定的方法分割遗产，或者按照遗嘱所委托的遗产管理人的决定分割遗产，只要不违反法律和公序良俗，遗产分割均为有效。为了充分尊重被继承人的意愿，《民法典》建立了完善的遗嘱优先制度体系。《民法典》第1147条规定，遗产管理人应当"按照遗嘱或者依照法律规定分割遗产"。《民法典》第1152条规定："继承开始后，继承人于遗产分割前死亡，并没有放弃继承的，该继承人应当继承的遗产转给其继承人，但是遗嘱另有安排的除外。"也就是说，被继承人可以在遗嘱中决定其继承人的应继份能否转继承以及转继承给哪个

---

① 刘春茂：《中国民法学·财产继承》，中国人民公安大学出版社1990年版，第575页。
② 史尚宽：《继承法论》，中国政法大学出版社2000年版，第210页。

继承人。《民法典》第1154条规定，只有在遗嘱继承人放弃继承或丧失继承权，或者受遗赠人放弃受遗赠或丧失受遗赠权，或者遗嘱无效部分所涉及的遗产以及遗嘱未处分的遗产，才能按照法定继承办理。并且，根据《民法典继承编司法解释（一）》第4条规定，遗嘱继承人依照遗嘱取得遗产后，仍有权依照法定继承的遗产分割办法取得遗嘱所未处分的遗产。

（二）均等分割原则

《民法典》第1130条第1款规定："同一顺序继承人继承遗产的份额，一般应当均等。"均等分割原则是法定继承中遗产分割的基本准则，该原则一方面符合民法的平等思想，在结果上更加公平合理；另一方面方法简便，在实际操作上容易实行，能够有效地减少遗产分割纷争。

（三）权利义务相一致原则

遗产分割应当坚持权利义务相一致原则，在进行遗产分割时，充分考虑各共同继承人对于被继承人生前所尽义务的实际情况，在其他条件大致相同的情况下，尽义务多的应当多分，尽义务少的应当少分，完全不尽义务的可以不分。权利义务相一致原则不仅有助于公平分配被继承人的遗产，而且也有利于促进家庭成员间互助团结和发扬养老育幼的传统美德，因而普遍体现在遗产分割的各个方面。在法定继承中，《民法典》第1130条第3款和第4款规定："对被继承人尽了主要扶养义务或者与被继承人共同生活的继承人，分配遗产时，可以多分。有扶养能力和有扶养条件的继承人，不尽扶养义务的，分配遗产时，应当不分或者少分。"在遗嘱继承和遗赠中，《民法典继承编司法解释（一）》第29条规定："附义务的遗嘱继承或者遗赠，如义务能够履行，而继承人、受遗赠人无正当理由不履行，经受益人或者其他继承人请求，人民法院可以取消其接受附义务部分遗产的权利，由提出请求的继承人或者受益人负责按遗嘱人的意愿履行义务，接受遗产。"在遗赠扶养中，由于扶养人对被继承人尽了供养义务，因而在遗产分割中应当获得更为优先的法律地位。《民法典继承编司法解释（一）》第3条规定："被继承人生前与他人订有遗赠扶养协议，同时又立有遗嘱的，继承开始后，如果遗赠扶养协议与遗嘱没有抵触，遗产分别按协议和遗嘱处理；如果有抵触，按协议处理，与协议抵触的遗嘱全部或者部分无效。"

（四）照顾弱势继承人原则

继承人中可能有无生活来源的未成年人、老年人、精神病患者或者病残者，由于他们没有生活来源，同时又缺乏劳动能力，生活必然困难，以至于难以维持正常的生活条件。对于这类弱势继承人，在分割遗产时应当给予适当的照顾，分得较为优厚的遗产份额。《民法典》第1130条第2款规定："对生活有特殊困难又缺乏劳动能力的继承人，分配遗产时，应当予以照顾。"对于具体的照顾措施，《民法典继承编司法解释（一）》第25条第1款规定："遗嘱人未保留缺乏劳动能力又没有生活来源的继承人的遗产份额，遗产处理时，应当为该继承人留下必要的遗产，所剩余的部分，才可参照遗嘱确定的分配原则处理。"当然，继承人是否缺乏劳动能力又没有生活来源，应当按遗嘱生效时该继承人的具体情况确定，如果继承人没有生活来源是由于好逸恶劳或者赌博、吸毒等恶习造成的，则在分割遗产时不得以生活困难为由要求予以照顾。

（五）保留胎儿应继份额原则

在遗产分割时保护胎儿的利益是世界各国的通行做法，只是各国的具体保护方式略有不同。《德国民法典》第2043条第1款把遗产分割的时间推迟到胎儿出生之后，即"以应继份因共同继承人之一的可预料的出生而尚不确定为限，到不确定性被除去时为止，不得分割"。《瑞士民法典》第605条不仅保护了胎儿的遗产利益，还承认了孕母的抚养费请求权，即"当须考虑胎儿的权利时，应将分割推迟至其出生之时。在前款规定的限度内，母亲在其抚养费的限度内，对共同财产的收益有请求权"。

我国《民法典》在贯彻保留胎儿应继份额原则时，同时规定了两种保护措施。首先，有条件地肯定了胎儿在遗产继承时的民事主体资格。《民法典》第16条规定："涉及遗产继承、接受赠与等胎儿利益保护的，胎儿视为具有民事权利能力。但是，胎儿娩出时为死体的，其民事权利能力自始不存在。"其次，在遗产分割时保留了胎儿的应继份。《民法典》第1155条规定："遗产分割时，应当保留胎儿的继承份额。胎儿娩出时是死体的，保留的份额按照法定继承办理。"如果应当为胎儿保留的遗产份额没有保留的，根据《民法典继承编司法解释（一）》第31条第1款规定，应从继承人所继承的遗产中扣回。

（六）有利生产、方便生活原则

遗产分割应当照顾继承人的生产和生活需要。对生产资料的分割要从有利于生产的目的出发，充分考虑生产的需要和财产的用途，将生产资料尽可能地分配给具有生产经营能力的继承人。对生活资料的分割也要考虑继承人的实际需要，尽量照顾有需要的继承人。《民法典》第1156条规定："遗产分割应当有利于生产和生活需要，不损害遗产的效用。"在分割遗产中的房屋、生产资料和特定职业所需要的财产时，根据《民法典继承编司法解释（一）》第42条的规定，人民法院应当依据有利于发挥其使用效益和继承人的实际需要，兼顾各继承人的利益进行处理。受照顾分得生产资料和生活资料的继承人，应当对所分得遗产按照折价的方式对其他继承人予以适当补偿。

（七）互谅互让、协商处理原则

被继承人遗产的具体类型多种多样，保存现状千差万别，价值评估纷繁复杂，遗产分割很难实现理论上的分割结果，因而必须本着意思自治的民法精神，充分发挥继承人的自主性和遗产分割的灵活性。《民法典》第1132条规定："继承人应当本着互谅互让、和睦团结的精神，协商处理继承问题。遗产分割的时间、办法和份额，由继承人协商确定；协商不成的，可以由人民调解委员会调解或者向人民法院提起诉讼。"对于故意隐匿、侵吞或者争抢遗产的继承人，人民法院可以酌情减少其应继承的遗产。

四、遗产分割的时间

遗产继承是从被继承人死亡时开始的,继承开始后,继承人有权随时请求分割遗产,因而遗产分割的时间就是在继承人提出分割请求后进行实际分割遗产的时间。遗产分割的时间必须在继承开始之后,至于应当在继承开始后的什么时间内进行,我国没有作出明确规定。根据意思自治原则,在继承开始后的任何时间,任何一个继承人都有权要求分割遗产,具体的遗产分割时间由继承人协商确定,继承人协商不成的,可以通过调解确定,也可以通过诉讼由人民法院判定。如果继承人都不提出分割遗产的要求,那么各共同继承人对遗产的共同共有状态将持续下去。

共同继承人对遗产的共同共有权与一般的共同共有权不一样。一般的共同共有财产是与共有人之间的共同共有基础紧密相连的,除法律另有规定或共有人另有约定以外,在家庭、婚姻等共有基础消失之前,共有人一般都无权请求分割共有财产。即便要分割共同共有财产,也必须经过全体共有人同意,共有人中的一人或数人不得随时请求分割共同共有财产。而共同继承人对遗产的共同共有制度的立法初衷,并不是要将这种共有关系长期维持下去,而只是保护遗产权利转移和权利归属的临时安排,将遗产分割给各共同继承人才是该制度的最终目的。由于遗产继承是以分割遗产为目的,因而各遗产承受人均享有独立的遗产分割请求权;由于在遗产分割之前是共同共有关系,因而各遗产承受人的遗产分割请求权均受时间的限制。

遗产承受人虽然享有随时请求分割遗产的权利,但也会受到一定的限制,司法实践中,限制遗产分割的具体事由主要有以下几种。

1. 在清偿遗产债务之前不得分割遗产

在遗产债务清偿与遗产分割问题上,我国《民法典》坚持了先清偿遗产债务、后分割遗产的总体清偿方式。按照这种清偿方式,共同继承人首先清算遗产债务,并将相当于遗产债务数额的遗产交付给债权人,然后才根据各继承人的应继份额分配剩余遗产。如果遗产承受人未经清偿债务就分割遗产的,则应依照《民法典》第1163条的规定处理:"既有法定继承又有遗嘱继承、遗赠的,由法定继承人清偿被继承人依法应当缴纳的税款和债务;超过法定继承遗产实际价值部分,由遗嘱继承人和受遗赠人按比例以所得遗产清偿。"

2. 遗嘱禁止在一定期间内分割遗产

遗产分割应尊重被继承人的意愿,如果被继承人在遗嘱中明确禁止遗产承受人在一定期间内分割遗产,那么遗产承受人在该期间内就不得请求分割。被继承人通过遗嘱限制遗产分割的原因是多种多样的,有的是为了家庭成员团结和睦,有的是为了保护年幼者利益,有的是为了充分发挥遗产的财产效用,有的是为了家族企业发展壮大。不管被继承人出于何种目的,遗产承受人都应予以尊重,严格执行遗嘱的内容。但是,如果被继承人在遗嘱中禁止分割遗产的时间过长,或者无期限地禁止分割,使遗产长期甚至永远处于共同共有状态,则势必有碍于遗产的充分利用。为此,世界上有许多国家的继承立法对遗嘱禁止遗产分割的期限作了限制性规定。《法国民法典》第815-1条第5款和

《日本民法典》第908条规定，被继承人通过遗嘱维持遗产共有的时间不得超过五年。我国台湾地区"民法"第1165条第2款规定，遗嘱禁止遗产之分割者，其禁止之效力以10年为限。《德国民法典》第2210条规定，被继承人在遗嘱中限制遗嘱执行人分割遗产的指示，自继承开始起经过三十年即失去效力。我国《民法典》对于遗嘱限制遗产分割的期限没有明确规定，如果现实中遇有遗嘱限制遗产分割的纠纷，根据《民法典》第188条第2款的规定，应以二十年期限为宜。

3. 继承人一致同意在一定期间内不分割遗产

继承人协商同意是遗产分割的重要方法，也是意思自治原则在遗产分割中的具体体现。经共同继承人一致同意，不仅在法定继承中可以不均等分配遗产，而且在遗产分割中也可以确定遗产分割的时间。各共同继承人既然享有随时请求分割遗产的权利，那么也应享有经协商一致将遗产共同共有关系长期维持下去的自由，只要不违反法律的强制性规定和公序良俗原则，就应当承认其效力，继承人中的一人或数人在共同约定的期间内不得请求分割遗产。当然，各共同继承人一致协商确定不分割遗产的时间不能过于放任自由，根据《民法典》第188条第2款的规定，也应以二十年期限为宜。

4. 为发挥遗产效用而暂缓分割遗产

根据《民法典》第1156条的规定，遗产分割应当有利于生产和生活需要，不损害遗产的效用。继承人在分割遗产时不应为了迅速完成分割任务而损害遗产的价值，不宜分割的遗产，可以采取折价、适当补偿或者共有等方法处理。如果遗产管理人或继承人对遗产进行即时分割时将会严重损害遗产的价值的，其他遗产承受人可以向人民法院请求暂缓分割，待影响遗产分割的障碍消除后再恢复分割。为了充分发挥遗产的效用而暂缓分割遗产，既可适用于全部遗产的分割，也可仅适用于遗产中某一特定财产的分割。

五、遗产分割的方式

遗产分割的方法，包括遗产承受人如何取得应继份的方法和如何实际分得遗产的方法两种。其中，遗产承受人是指在特定继承关系中有权承受遗产的法定继承人、遗嘱继承人、受遗赠人以及酌情分得遗产人。遗产承受人的应继份是遗产分割的前提和依据，实际的遗产分配则是遗产分割的具体路径。

（一）遗产分割的依据

遗产的分割首先应界定遗产的范围、遗产承受人的种类和地位，进而确定各遗产承受人的应继份。遗产承受人取得应继份的方法，大致有以下三种。

1. 被继承人通过遗嘱指定

被继承人以遗嘱的方式制定遗产的分割方法，始自罗马法中亲的分配之处分，但当时被继承人关于遗产分割的遗嘱指示仅在法官审判时具有参考意义，其本身并无法律效力。近代社会以后，被继承人通过遗嘱指定遗产分割的方法才为民法所确认，并赋予强制约束力。《法国民法典》第1075条、《德国民法典》第2048条、《瑞士民法典》第608条、《日本民法典》第908条等，均赋予了被继承人以遗嘱指定遗产分割具体方法的权利。我国《民法典》第 1123 条确立了遗嘱优先的基本规则，如果被继承人用遗嘱确定遗产的分割方法，当然具有法律效力，理应遵从被继承人的意愿分割遗产。

被继承人在遗嘱中指定遗产的分割方法，通常有两种做法：一种做法是在遗嘱中直接指定了遗产分割的具体方法，遗嘱执行人和遗产承受人只需遵从遗嘱的指示执行即可；另一种做法是在遗嘱中并没有指定遗产分割的具体方法，而是委托他人代为做出相关决定。被继承人在遗嘱中指定遗产分割的办法，具体表现形式多种多样。有的被继承人仅在遗嘱中作出较为笼统的指定，如仅指定所有遗产的一半由配偶继承，另一半由两个父母和一个孩子继承，遗嘱执行人和遗产承受人还须根据该指定协商具体的遗产分割办法。有的被继承人在遗嘱中把所有遗产的归属都作了明确指定，遗嘱执行人和遗产承受人仅需按照遗嘱执行即可。还有的被继承人在遗嘱中仅对部分遗产的归属作了明确指定，遗嘱执行人和遗产承受人应当对指定的遗产按照遗嘱指示分割，对未指定的遗产按照法定继承人的协议分割。

如果被继承人在遗嘱中委托他人对遗产分割代为作出指定，根据遗嘱自由的原则，此类遗嘱应当有效。被继承人委托他人代为指定的遗嘱指示有三种类型：一是在遗嘱中仅委托他人代为指定各遗产承受人的应继份，遗产的具体分割办法由各遗产承受人协商确定；二是在遗嘱中仅委托他人代为指定遗产分割方法，各遗产承受人的应继份由被继承人亲自指定或者依照法律规定确定；三是在遗嘱中同时委托他人代为指定各遗产承受人的应继份和遗产分割办法。应继份的指定与遗产分割方法的指定虽然在法律性质上各不相同，但在实践中易于混同，甚难区分。① 本着尊重被继承人意愿的原则，受托人所为的上述两种代理指定具有法律效力。当然，受托人在代为指定时应当坚持公开、公平、公正、合理的原则，如果受托人的指定显失公平时，利害关系人有权请求撤销。

2. 遗产承受人共同协商确定

在被继承人没有订立遗嘱或者虽然订立遗嘱但是没有指定遗产分割方法的情况下，根据《民法典》第 1130 条和第 1132 条的规定，各遗产承受人可以通过协商的方式确定遗产分割方法。遗产承受人共同协商确定的方法必须经全体遗产承受人意思表示一致，倘若任何一人持有不同意见，协议便不能成立。

3. 人民法院依法判决

对于遗产分割的方法，各遗产承受人协商不成的，可以由人民调解委员会调解或者向人民法院提起诉讼。司法实践中，遗产承受人诉请法院解决遗产分割纠纷，很少有单纯的遗产分割方法的案件，绝大多数是遗产分割方法与当事人继承权的有无、遗产是否立即分割、各遗产承受人应继份的多少以及如何进行遗产给付等问题结合在一起，法院可在诉讼中一并处理，以便彻底解决纠纷。继承诉讼开始后，如继承人、受遗赠人中有既不愿参加诉讼，又不表示放弃实体权利的，应当追加为共同原告；继承人已书面表示放弃继承、受遗赠人在知道受遗赠后六十日内表示放弃受遗赠或者到期没有表示的，不再列为当事人。

---

① 史尚宽：《继承法论》，中国政法大学出版社 2000 年版，第 222 页。

（二）遗产分割的方法

《民法典》第 1156 条规定："遗产分割应当有利于生产和生活需要，不损害遗产的效用。不宜分割的遗产，可以采取折价、适当补偿或者共有等方法处理。"根据该条规定，遗产分割的具体方法主要有以下几种。

1. 实物分割

实物分割是指直接对遗产的实物在遗产承受人之间按照各自的应继份额进行分配的方法。实物分割法是最传统的遗产分割方法，也是实践中最主要的遗产分割方法，这种方法操作简单易行，经济快捷，适合于遗产中种类众多、可分物较多的情形。

2. 折价分割

折价分割是指对遗产实物进行变卖、拍卖后，遗产承受人按照各自的应继份额就其价款进行分配的方法。折价分割法适合于遗产实物不宜分割或者遗产承受人都不愿意取得遗产实物的情形。

3. 作价补偿

作价补偿是指遗产承受人中的一人或数人取得遗产实物，按照应继份额对其他遗产承受人进行价值补偿。作价补偿法适合于遗产承受人愿意取得遗产实物的情形，但实践中该方法的适用范围十分复杂，可能是遗产承受人中的一人愿意取得遗产实物，也可能是其中的数人愿意取得遗产实物，还可能是全部遗产承受人都愿意取得遗产实物但每个人所得的财产存在价值差异。如果数位遗产承受人都想取得同一件遗产实物的，应当采用竞价的方式让价高者得。如果有遗产承受人想取得某一遗产实物但是无力补偿他人的，应该以变卖或拍卖的方式对该遗产实物进行折价分割。

4. 转为按份共有

对于各遗产承受人都愿意保留的遗产，或者各遗产承受人都愿意继续保持共同共有状态的遗产，可以将其作为共同所有的财产保留下来，各遗产承受人之间由共同共有转变为按份共有，遗产承受人按照各自的应继份比例对该财产享有按份共有权。

六、遗产分割的法律效力

遗产分割后，产生以下法律效力。

（一）遗产分割的溯及效力

遗产的实际分割时间一般都是在继承开始后经过一段时间才会进行，遗产分割的效力究竟是从继承开始时呢，还是从遗产实际分割时开始？世界各国有两种立法模式。一种立法模式是溯及主义，也称宣示主义，是指遗产分割的效力应当溯及到继承开始时。《法国民法典》第 883 条规定，每一共同继承人被视为当即承受所得遗产。《日本民法典》第 909 条规定，遗产分割溯及于继承开始时发生效力，但不得侵害第三人的权利。采用溯及主义的理由是，遗产分割前，各遗产承受人之间已认定其应继份额，分割时只不过是为彼此承认遗产承受人的应继份而加以宣示或认定而已，因此遗产分割的效力应当溯及到继承开始时。另一种立法模式是转移主义，也称不溯及主义，即遗产分割的法律效力从遗产实际分割时开始，不能溯及既往。《德国民法典》第2059条第1款规定，各共同继承人的无限责任到遗产分割时为止；第2061条第1款规定，各共同继承人的限定责任自遗产分割后开始。《瑞士民法典》第602条第1款规定，共同继承人在遗产分割前共有遗产的全部权利及义务；第637条规定，共同继承人在分割终了后对遗产互负卖方及买方的义务，在分割时对归属于各自的债权互为担保。采用转移主义的理由是，在遗产分割前各遗产承受人彼此是共有关系，仅有总的共同支配权，在遗产分割时各遗产承受人才开始取得所分得遗产部分的财产权利。遗产分割是各遗产承受人相互让与应继份额对应部分的所有权，而取得分配给自己之物的单独所有权，因此遗产分割的效力不应当溯及既往。

我国《民法典》虽然没有直接规定遗产分割效力的开始时间，但是根据相关规定可以推导出来。《民法典》第230条规定："因继承取得物权的，自继承开始时发生效力。"第1123条规定："继承开始后，按照法定继承办理；有遗嘱的，按照遗嘱继承或者遗赠办理；有遗赠扶养协议的，按照协议办理。"《民法典继承编司法解释（一）》第37条规定："放弃继承的效力，追溯到继承开始的时间。"根据上述规定，遗产承受人无论是取得物权、遗产承受办理还是放弃继承，其法律效力采取的都是溯及主义，因而遗产分割的效力也应溯及到继承开始时。

（二）遗产承受人的相互担保责任

无论采取溯及主义还是转移主义，各国民法都规定了共同继承人之间相互承担担保责任。我国《民法典》虽然没有明确规定遗产分割的效力，但是为了保护各遗产承受人的合法权益，结合《民法典》第304条第2款和第662条的规定，遗产承受人相互之间也应承担担保责任。遗产承受人的担保责任主要有以下几种。

1. 对遗产瑕疵的担保责任

遗产分割采用实物分割或作价补偿时，各遗产承受人在一定期限内对于其他遗产承受人因分割所取得的遗产的瑕疵，负有担保责任。各遗产承受人承担担保责任必须具备四个条件：①遗产的瑕疵必须在分割以前就已存在，如果是在分割后产生的，其他遗产承受人不负担保责任；②遗产的瑕疵必须是非分得遗产承受人本人的过失而发生的，如果实际分得遗产的承受人对于遗产瑕疵有过错的，其他遗产承受人不负担保责任；③遗产分割时，分得该遗产的承受人不知其所分得遗产存有瑕疵，如果该遗产承受人明知该遗产有瑕疵而同意接受的，其他遗产承受人不负担保责任；④各遗产承受人对遗产的瑕疵担保责任，未经被继承人以遗嘱形式予以免除，也未被各遗产承受人以协议形式加以限制。

2. 对遗产被追夺的担保责任

遗产承受人对于被继承人遗产的确认不一定都很准确，现实中，遗产承受人所分割的某些财产可能原本就不是被继承人的财产，也可能原先是被继承人的财产但后来已被继承人进行了合法处分，而在遗产分割时，各遗产承受人对此都不知实情，误以为属于遗产就对其加以分割。在这种情况下，实际分得该财产的遗产承受人可能会被真正的权利人请求返还财产，在结果上该遗产承受人少分了遗产，其他遗产承受人对此应负担保责任。

3. 对债权的担保责任

被继承人的遗产中可能存有债权，而债权也要进行分割但却不一定能够完全实现，为公平起见，各遗产承受人对于其他遗产承受人所分得的债权应负担保责任。这通常存在于两种情况：一是对于未附停止条件而已届清偿期或不定期的债权，各遗产承受人对分得此类债权的其他遗产承受人，就遗产分割时债务人的清偿能力，负有担保责任；二是对附有停止条件或尚未到期的债权，各遗产承受人对于分得此类债权的其他遗产承受人，就清偿期到来时或条件成就时债务人的清偿能力，负有担保责任。对于上述两种债权，在债务人不能清偿全部债权的情况下，遗产承受人对未获清偿的部分按各自应继份的比例承担责任。

第五节 无人承受遗产的处理

一、无人承受遗产的概念

无人承受的遗产，又称继承人旷缺或继承人不存在，是指继承开始后，没有遗产承受人依法继承或者受遗赠的死者的财产，也即没有法定继承人、遗嘱继承人、受遗赠人承受的遗产。

无人承受遗产的形成原因是多种多样的，主要有以下几种情况：①死者既无法定继承人，又未订立遗嘱指定受遗赠人，也未签订遗赠扶养协议；②继承人放弃继承或者丧失继承权，受遗赠人放弃受遗赠或者丧失受遗赠权；③死者仅以遗嘱处分了自己的部分遗产，在无法定继承人时，未处分的另一部分遗产就成了无人承受的遗产；④死者虽用遗嘱处分了自己的全部遗产，但遗嘱无效且又无法定继承人；⑤被继承人以遗嘱形式取消了所有法定继承人的继承权，但又未指定受遗赠人，或者虽指定了受遗赠人，但该受遗赠人放弃受遗赠或丧失受遗赠权，或者该受遗赠人先于被继承人死亡，且未签订遗赠扶养协议。[①]

不论基于何种原因，只要被继承人的遗产实际上无人受领，就会形成无人承受的遗产，此种情况下，遗产不能任由他人先占取得。

二、无人承受遗产与相关概念的区别

为了全面理解无人承受遗产概念的含义，需要把无人承受遗产与其他相关财产进行比较和区别。

---

① 马俊驹、余延满：《民法原论》（第二版），法律出版社2008年版，第978—979页。

（一）无人承受遗产与无主财产的区别

无人承受的遗产与无主财产都属于暂时未确定其所有权的归属，从某种程度上讲，二者都属于无主财产。但是无人承受的遗产与无主财产又有所不同，主要有如下区别：①无人承受的遗产，原所有人明确，只不过原所有人死亡后因为种种原因而造成了无人继承又无人受遗赠的状况；而无主财产则是没有所有人或者所有人情况不明。②无人承受的遗产，由被继承人生前住所地的民政部门或者村民委员会担任遗产管理人，死者生前不是集体所有制组织成员的，归国家所有，用于公益事业；死者生前是集体所有制组织成员的，归所在集体所有制组织所有。③无人承受的遗产，如果被继承人生前有对继承人以外的依靠其扶养的人，或者继承人以外的对其扶养较多的人，可以分给适当的遗产，剩余部分才收归国家或集体所有制组织所有；而无主财产的处理不会发生酌情分得遗产的情况。

（二）无人承受遗产与古代绝产的区别

无人承受的遗产也有人称之为绝产，但这是现代意义上的绝产，与古代绝产完全不同。无人承受的遗产只是没有继承人又没有受遗赠人的遗产，而古代绝产则是指没有宗祧继承人的遗产，也就是没有男系卑血亲的被继承人的遗产。《大清律例卷八·户律》卑幼私擅用财条附例规定："户绝财产，果无同宗应继之人，所有亲女承受；无女者，听地方官详明上司，酌拨充公。"具体而言，二者有以下区别：①继承人的范围不同，古代绝产仅指没有继承宗祧的晚辈男系血亲继承并且没有所生亲女承受的遗产，而无人承受的遗产是指没有配偶、父母、子女、兄弟姐妹、祖父母、外祖父母、孙子女、外孙子女等在内的遗产承受人，无人承受遗产的继承人范围更广；②遗产归属的条件和性质不同，古代绝产只要无同宗应继人并无所生亲女即可成立，无人承受的遗产只有在没有法定继承人、遗嘱继承人、受遗赠人的情况下才能收归国家或集体所有制组织所有；③遗产处理上的不同，古代绝产的最后归属只能是充公，而无人承受的遗产除了收归国家或集体所有制组织外，还可分给酌情分得遗产人，并且收归国家的遗产只能用于公益事业；④两种绝产的含义不同，古代绝产否认女子的继承权，亲女只有遗产承受权，而无人承受的遗产坚持男女平等。总之，古代绝产是古代社会宗法制度的产物，而无人承受的遗产是现代社会财产继承的组成部分。

（三）无人承受遗产与无人承认继承遗产的区别

无人承受的遗产，是指在继承开始后没有继承人和受遗赠人，或者虽有继承人和受遗赠人但他们都放弃或丧失承受权的遗产。无人承认继承的遗产，是指继承开始后继承人的有无尚不明确的遗产。无人承认继承并不等于无人继承，法律设置无人承认继承制度的目的，在于确定悬而未决的继承关系，如果明知有遗产承受人但其详细信息尚不明确，应当为其设置遗产管理人管理遗产，待遗产承受人出现后再行分割；如果继承人处于有无不明的状态，应当为之寻找继承人，并对其遗产设置遗产管理人。无人承认继承的遗产只有在继承人终不出现的情况下，才能转化为无人承受的遗产，收归国家或集体所有制组织所有。

三、无人承受遗产制度的历史沿革

被继承人死亡后，有的可能有遗产承受人，有的可能没有遗产承受人，有的虽有遗产承受人但已放弃或丧失遗产承受权，因此，只要有遗产继承制度的存在，就可能出现无人承受遗产的情况。为了维持社会秩序的稳定性，法律必须为此设立相关处理制度。从世界范围来看，无人承受遗产的制度源于罗马法。在古罗马，死者无继承人时，其遗产为绝产，最初由城邦的金库继承，后来转归国库，由国库负责清偿遗产债务，若遗产不足以清偿债务时，由遗产债权人负责清偿。在欧洲的古代日耳曼习惯法，死者无一定近亲时，其遗产归氏族团体，或者归有裁判权的王侯、伯爵。现代大陆法系国家几乎都确立了继承人旷缺制度，并规定把无人承受的遗产收归国库。《法国民法典》第 813 条规定，无人继承的遗产，由遗产管理人负责将其中的现金以及变卖动产或不动产所得的价金存于国家信托局托管处。《德国民法典》第 1964 条至 1966 条规定，无人继承的遗产经公示催告后仍然无人申报继承权的，推定国库是法定继承人。《日本民法典》第 959 条规定，继承人不存在的，遗产归属于国库。《瑞士民法典》第 555 条规定，无人申请继承，且继承人仍不详时，遗产归属于有继承资格的国家机关。

古代中国的无人承受遗产处理制度已有上千年的历史。早在唐代就有规定，诸身丧户绝者，近亲负责转易货卖，扣除葬丧费和遗产管理费后由亲女承受遗产，无女者归次近亲，无亲戚者官为检校。清朝则取消了近亲承受遗产的权利，被继承人无女者酌拨充公。1930 年《中华民国民法》第 1177 条至第 1185 条借鉴了德国、日本等国民法的规定，建立了较为完备的无人承受遗产的法律制度。旧中国的民法虽然也规定将无人承受的遗产收归公有，但是民间对户绝遗产多由亲属会议协议处理，最终归处或移作祠堂祀产，或拨充地方慈善事业，国库承受户绝遗产的机会并不多见。

1985 年《继承法》吸取了古今中外继承立法的经验，结合我国的实际情况，设立了无人继承又无人受遗赠的遗产处理制度。根据该法第 32 条规定，对于无人继承又无人受遗赠的遗产，归国家所有；死者生前是集体所有制组织成员的，归所在集体所有制组织所有。

四、无人承受遗产的确定

被继承人的遗产是否无人承受，并不是继承开始时就能确定的。虽然有的被继承人死亡时既没有订立遗嘱，也没有法定继承人，从而能够很容易地确定其遗产属于无人承受的遗产，但是还有的被继承人死亡时其继承人和受遗赠人处于有无不明的状态，不经通知、公告等方式搜寻，难以确定死者的遗产是否属于无人承受的遗产。《民法典》第 1150 条规定："继承开始后，知道被继承人死亡的继承人应当及时通知其他继承人和遗嘱执行人。继承人中无人知道被继承人死亡或者知道被继承人死亡而不能通知的，由被继承人生前所在单位或者住所地的居民委员会、村民委员会负责通知。"如果不能直接通知的，应当发出寻找继承人、受遗赠人的公告，司法实践中公告期一般为 1 年，若公告期满仍无继承人或受遗赠人出现，则死者的遗产应被认定为无人承受的遗产。

在无人承受的遗产由于继承人放弃继承权或者受遗赠人放弃受遗赠权所造成的情况下，只要收集到充分的证据，遗产管理人即可认定被继承人的遗产是无人承受的遗产。当事人对于是否放弃继承或受遗赠存在争议，或者遗产承受人放弃承受权后又反悔的，由人民法院根据具体情况作出判决。如果法院判决遗产承受人放弃权利有效或者否定其放弃反悔权的，被继承人的遗产即是无人承受的遗产。在无人承受的遗产由于继承人丧失继承权或者受遗赠人丧失受遗赠权所造成的情况下，只能由法院判定遗产承受人是否丧失权利，进而确定被继承人的遗产是否属于无人承受的遗产。

五、无人承受遗产的管理

继承开始后，当继承人、受遗赠人有无不明时，为防止财产免受损害，应当对死者的遗产设置遗产管理人。《民法典》第1145条明确规定，没有继承人或者继承人均放弃继承的，由被继承人生前住所地的民政部门或者村民委员会担任遗产管理人。

无人承受遗产的管理人应当积极履行职责，具体职责内容主要包括：及时发出寻找继承人、受遗赠人的公告；清理遗产并制作遗产清单；采取必要措施防止遗产毁损、灭失；处理死者的债权与债务；分给酌情分得遗产人以适当的遗产；将剩余遗产移交给国家或集体所有制组织。

六、无人承受遗产的归属

《民法典》第1160条对无人承受遗产的归属，作了明确规定。

（一）归国家所有

如果死者生前是城镇居民，其遗留的无人承受的遗产归国家所有。归国家所有就是收归国库，由政府有关部门负责处理。但政府主管部门处理无人承受遗产时应当坚持一个原则，即将这些财产用于公益事业。考虑到无人承受遗产由国家无偿取得，为了充分发挥这些财产的价值，更好地体现"取之于民用之于民"的宗旨，故《民法典》第1160条明确无人承受的遗产必须用于公益事业。[①] 这里的公益事业主要是教育事业、医疗事业和慈善事业等。

（二）归集体所有制组织所有

如果死者生前是集体所有制组织成员，因其生前一般都会从集体所有制组织获得土地承包经营权、分红等经济利益，在无人继承又无人受遗赠的情况下，将其遗产归于所在的集体所有制组织，较为合情合理。况且，死者的土地承包收益、宅基地上的房屋等财产具有特殊性质，在无人继承又无人受遗赠时归集体所有制组织所有，也便于集体所有制组织根据本集体的具体情况作出妥善处理。

---

① 黄薇：《中华人民共和国民法典释义及适用指南》（下册），中国民主法制出版社2020年版，第1762页。

第十六章 涉外继承

第一节 涉外继承概述

一、涉外继承的概念

涉外继承是指具有涉外因素的财产继承法律关系。其中涉外因素包括了财产继承法律关系的主体、客体和内容，只要其一涉外，就属于涉外继承。各国法律以及国际条约都没有涉外继承的实体法律规范，涉外继承的法律适用依赖于各国法律中的冲突规范指向的准据法。如我国的《民法典》的出台废除了原《继承法》第36条和原《民法通则》第142条至第145条关于涉外继承的规定，2011年4月1日施行的《涉外民事关系法律适用法》作为冲突规范，设置一般规定、民事主体规定和继承专章对涉外继承问题进行规范指引，再进一步指向各国的实体继承法律关系进行规范。随着《民法典》的颁布，最高人民法院2020年相继修正了《最高人民法院关于适用〈中华人民共和国涉外民事关系法律适用法〉若干问题的解释（一）》（以下简称《涉外民事关系法律适用法解释（一）》）[①]。

各国法律通过冲突规范寻找准据法的方式存在一定差异，究其原因在于所维护的利益不同，但其根本目的都是保护公民合法的财产利益和维护国家利益。我国的冲突规范《涉外民事关系法律适用法》是在认真研究国际立法例、国际公约及区域性条约等法律规范文件的前提下，对涉港澳特别行政区的民事关系法律适用问题听取意见并召开了全国人大外事委员会、最高人民法院、国务院法制办、外交部、商务部以及部分国际私法专家参加的座谈会后反复研究修改最终形成的涉外民事关系法律适用法，是科学的符合我国国情的法律适用冲突规范。其中"涉外民事关系适用的法律，应当与该涉外民事关系有最密切联系""本法或者其他法律对涉外民事关系的法律适用没有规定的，适用与该涉外民事关系有最密切联系的法律"的规定，简称"最密切联系原则"，受到了国内外广泛认可和采纳，其适应了国际上解决涉外民事争议法律适用的实际需要，逐步成为国际上确定跨国民事关系法律适用的重要规则。

[①] 《涉外民事关系法律适用法》第51条规定，"《中华人民共和国民法通则》第一百四十六条、第一百四十七条，《中华人民共和国继承法》第三十六条，与本法不一致的，适用本法。"因此，《涉外民事关系法律适用法》出台后，《继承法》以及《民法通则》关于涉外继承的规定已经失效。《涉外民事关系法律适用法》将"住所地"改为"经常居住地"表达更为准确。

二、涉外继承的特点

涉外继承是指财产继承法律关系的构成要素中含有至少一个涉外因素，需要通过冲突规范指向具体的准据法加以解决。

（一）继承关系中包含涉外因素

在涉外继承中至少存在一个涉外因素包括主体涉外、客体涉外和与继承有关的法律关系涉外。

主体涉外是指继承法律关系的当事人一方或双方是外国公民、外国法人或其他组织、无国籍人。即在继承人和被继承人中，只要有一方满足涉外主体的认定条件，就是主体涉外的继承法律关系。如中国公民继承非中国公民的遗产或非中国公民继承中国公民的遗产，均属于主体涉外的涉外继承。

客体涉外是指作为继承法律关系客体的遗产标的物在中华人民共和国领域外，即不论继承人和被继承人是否满足主体涉外条件，只要被继承人所留的遗产在国外，所发生的继承就属客体涉外的继承，该继承关系就是客体涉外的继承法律关系。如中国公民继承在中国死亡的华侨遗留在外国的遗产，就属客体涉外。

继承法律关系涉外主要指法律事实涉外。继承有关的法律事实是指能够引起继承法律关系的产生、变更或消灭的客观情况。它包括被继承人死亡在国外、在国外被宣告死亡或者在国外立遗嘱等。如某华侨在国外死亡，其中国公民的亲属继承其在中国境内的遗产。

在司法实务中，涉外继承关系通常是错综复杂的。每一项涉外继承关系，往往并不只涉及一个外国因素，而常常是同时包含着数项涉外因素，从而形成具有多项涉外因素的复杂的继承关系。

（二）涉外继承需要适用冲突规范

冲突规范并非实体法律规范，其本身并不直接确定当事人具体权利和义务的内容，而是指明在某种情况下应援用何国法律。冲突规范是指明对某种涉外民事法律关系应适用哪一个国家法律的规范，它并不直接调整当事人的权利义务关系。所以，国际私法中的冲突规范只是一种起间接调整作用的规范。

涉外继承主要是通过国际私法的冲突规范进行间接调整，而各国国内的财产继承关系是按照其国内相关法律规定进行直接调整的。对于涉外继承法律关系而言各国都还缺乏直接调整的法律规范。现有的有关继承的国际公约，如1961年的《有关遗嘱处分方式法律冲突公约》、1973年的《遗产国际管理公约》、1988年的《死者遗产继承的准据法公约》等，也都属于冲突规范或管辖权的公约，而不是统一实体法的公约。因此，各国都通过国际私法的冲突规范对涉外财产继承关系进行间接调整，如通过冲突规范援引某个国家的国内法处理涉外继承问题。[①]

[①] 曹诗权主编：《婚姻家庭继承法学》，中国法制出版社2008年版，第351页。

国内法中也很少有专门处理涉外继承的实体法规范，要解决涉外继承问题须首先确定正确的指引性冲突规范。《涉外民事关系法律适用法》作为我国解决涉外民事法律关系的主要冲突规范，与其他法律规定形成有机的体系，在特别法没有明确的特殊规定的时候适用，以引导寻找到解决纠纷的准据法。

（三）涉外继承需要确定准据法

由于冲突规范并不是实体规范，涉外继承关系纠纷不能直接用冲突规范得到解决，必须通过冲突规范所指定援引的某个国家的国内法来处理。而经过冲突规范援引以调整涉外民事关系当事人的权利义务的特定国家的法律就是准据法。

准据法是涉外继承冲突规范指向的法律，是用以确定当事人之间权利义务的实体法。冲突规范只解决具体适用哪一国家的法律，冲突规范指向的准据法才最终使继承权得以实现。例如，动产适用被继承人住所地法律，不动产适用不动产所在地法律就是一种冲突规范，这一规范指向的被继承人住所地法律、不动产所在地法律等就是准据法，即处理有关涉外继承关系适用的具体法律规范。

（四）涉外继承案件实行专属管辖

由于冲突规范指向的各国法律的差异，不同国家关于继承问题的规定差别巨大，适用哪一个国家的法律会直接影响到涉外继承的处理后果。如法定继承中的继承人范围部分国家继承法中就规定的十分广泛，法国甚至规定十二等亲以内的亲属都有继承权；而我国以及东欧一些国家，法定继承人的范围则较窄，通常仅包括配偶、子女、父母、兄弟姐妹、祖父母、外祖父母，如按亲等计算不过只在二等亲以内。在继承人的顺序方面，法国、日本等国的继承顺序有四个之多，而我国则只有两个顺序。再如法国对于同一顺位继承人的遗产分配原则采取的是平均分配，而我国以平均分配为原则，还需要综合考量共同生活关系，权利义务关系，以及继承人经济状况等因素。

为保护本国公民和国家的利益，大多数国家对涉外继承案件实行专属管辖权。在国际上通行的做法是根据被继承人的国籍、住所或遗产所在地等为依据，确定涉外继承的案件的管辖权。在我国，对于涉外继承案件也实行专属管辖，《民事诉讼法》第33条规定："不动产纠纷提起的诉讼，由不动产所在地人民法院管辖……因继承遗产纠纷提起的诉讼，由被继承人死亡时住所地或者主要遗产所在地人民法院管辖。"[①]

第二节 涉外继承的法律适用

由于各国关于继承的法律规定有所不同，特别是对于涉外法定继承与涉外遗嘱继承的法律适用规则也不同。在处理涉外继承纠纷时会产生法律冲突问题，即应当适用哪国的法律来处理。因此需要确定涉外继承法律关系所应当适用的准据法问题，而如何确定涉外继承的准据法问题，目前国际上尚无统一的适用原则，也没有大多数国家都参加的

---

① 曹诗权主编：《婚姻家庭继承法学》，中国法制出版社2008年版，第352页。

国际条约作为统一标准和依据。在处理涉外继承纠纷时只能根据各国有关法律规定、判例或参考已经签订的双边的或地区性的国际条约中的规定进行处理。

一、域外涉外继承的准据法

由于继承问题涉及各国的公序良俗,各国有关继承的法律规定差别很大,难以统一,涉外继承在继承人范围、顺序、应继承份额、继承权丧失与放弃、继承方式等各方面都存在法律冲突。

继承关系是一种比较特殊的法律关系,同时兼有人身关系与财产关系。只有与被继承人有特殊人身关系的亲属才有继承权;继承最终是为了处分被继承人的遗产,本质上是一种财产权的转移方式。继承涉及国家的公序良俗与根本利益,因此国际社会处理涉外继承的法律适用主要有以下特点:第一,国际上无统一调整涉外继承关系的实体法规范,解决涉外继承,主要依靠的还是冲突法;第二,因涉及各国的公序良俗,所以各国在涉外继承上规定了很多专属管辖的内容;第三,在准据法的适用上一般采用被继承人属人法或者遗产所在地法,区别在于是采用同一制还是区别制。①

(一)法定继承的准据法

在法定继承上,不允许被继承人意思自治。各国在确定法定继承的准据法时分别适用三个冲突原则:即被继承人的住所地法、被继承人的本国法、遗产所在地法。这三个原则分别代表着三类不同国家的利益,即被继承人本国、被继承人住所地国和财产所在地国的利益。虽然各国在解决有关法定继承的法律冲突时采用不同的冲突原则,但归纳起来不外有两种做法,即所谓"单一制"和"分割制"。

1. 单一制

单一制又称同一制,是指处理涉外法定继承时,不区分动产与不动产,对被继承人所有财产的继承适用同一准据法。这种不分动产与不动产的以单一的法律作为继承的准据法,是与罗马法中的统一继承有关的。按照罗马法的观点,继承人是继承死者的人格,死者的遗产是作为一个统一的客体转移给继承人的。②

实行单一制的国家所采取的具体做法又是不同的:③

(1)适用遗产所在地法。采取这种做法的国家主张,对于涉外法定继承,不分动产和不动产,一律适用遗产所在地法解决。法定继承依遗产所在地法是一条古老的冲突规范,不过目前除拉丁美洲少数国家采用外,很少有国家采用。

(2)适用被继承人死亡时的本国法。采取这种做法的国家主张,对于涉外法定继承,不分动产和不动产,一律适用被继承人死亡时本国法。德国、日本、西班牙、葡萄

---

① 洪萍:《国际私法》,江西高校出版社2017年版,第130页。
② 1988年海牙《死者遗产继承法律适用公约》第3条规定:原则上遗产的继承适用被继承人死亡时的惯常居住地国家的法律,只要他那时也具有该国国籍,或者他在该国已至少居住了5年时间。而在其他情况下,继承则受与死者有密切联系的国籍国法律支配,除非那时死者与另一国有更为密切的联系,在这种情况下,应适用该另一国法律。该公约包含了4个连接因素:死者死亡时的惯常居所地国、死者国籍国、死者死亡时的国籍国和与死者有最密切联系的国家,将死者的遗产作为统一的整体统一适用同一个准据法。
③ 房绍坤等:《婚姻家庭与继承法》,中国人民大学出版社2007年版,第378页。

牙、希腊、荷兰、波兰等国采取这种做法。

(3) 适用被继承人死亡时的住所地法。采取这种做法的国家主张，不论是动产还是不动产，对于涉外法定继承都适用被继承人最后的住所地法，因为被继承人和最后住所地的关系最为密切。瑞士、丹麦、挪威、巴西、哥伦比亚等采取这种做法。

被继承人死亡时的本国法和被继承人死亡时的住所地法都属于被继承人属人法。不同于遗产所在地法，继承依被继承人属人法，不管死者遗产分布在多少个国家都可以被统一对待，一个遗嘱的有效无效，一个人的有无继承资格也都适用一个法律，显然可以减去许多麻烦和困难。

2. 分割制

分割制又称为区别制，是指区别遗产中的动产和不动产分别适用不同的准据法。即对遗产中的不动产继承适用不动产所在地法律，对遗产中的动产继承则适用被继承人的属人法。

目前，采取分割制的国家比较多，一般都主张不动产继承依不动产所在地法，但在动产继承上，由于对被继承人属人法有不同的理解，因而所采用的冲突原则也有所不同：①

(1) 适用被继承人死亡时的住所地法，英国、美国、法国、比利时、泰国、智利等国采取这一主张。

(2) 适用被继承人死亡时的本国法，奥地利、南斯拉夫、土耳其、卢森堡、伊朗、玻利维亚、保加利亚、匈牙利、罗马尼亚等国采取这一主张。

分割制和单一制各有利弊。由于不动产与所在国关系密切，维护财产所在地国的公共利益是采用分割制的一个重要原因，适用不动产所在地法既有利于案件的审理，又有利于判决的执行。但分割制实际运用上会使继承关系复杂化，如果遗产分布在两个以上的国家，遗产继承就要受两个以上国家的法律支配，在法律适用上可能会碰到诸多麻烦和困难。在单一制中，不论遗产的分布是动产还是不动产，遗产继承都只受被继承人属人法支配，其法律适用简单方便。但单一制缺陷也很明显，如果死者属人法与财产所在地法不同，会发生一定的困难，特别是财产所在地的国际私法采用分割制时，根据属人法作出的判决一般在不动产所在地国可能无法得到确认和执行。②

3. 法院地法的适用

处理涉外继承的准据法不论单一制还是分割制原则，通常会指向被继承人死亡时属人法或者采用遗产所在地的法律，但司法实践中往往还可能会采用法院地的法律。如遗产在法院地国家境内，而继承人中又有法院地国家公民的，该国法院必会从保护本国公民的利益考虑，可能会采用法院地法，使本国公民能够依法院地法继承遗产；其次，许多国家采用反致制度，以限制外国法的适用；再次，不少国家经常援引公共秩序保留制度排除、限制外国法的适用。③

---

① 房绍坤等：《婚姻家庭与继承法》，中国人民大学出版社2007年版，第378—379页。
② 房绍坤等：《婚姻家庭与继承法》，中国人民大学出版社2007年版，第379页。
③ 洪萍：《国际私法》，江西高校出版社2017年版，第131页。

(二) 遗嘱继承的准据法

遗嘱继承是指被继承人生前依法对其死后财产及与此有关的事宜预先作出安排的单方面的意思表示。这种意思表示要产生法律效果，前提是遗嘱有效。有效的遗嘱必须具备以下几个条件：一是立遗嘱人要有相应的民事权利能力与民事行为能力；二是立遗嘱人意思表示真实；三是遗嘱的内容不违反法律的强制性规定；四是遗嘱的形式符合法律要求。应各国遗嘱继承法律规定不同而产生的法律冲突主要包括：订立遗嘱人的行为能力，订立遗嘱的方式以及遗嘱的内容和效力等方面。

1. 订立遗嘱的行为能力

有的国家规定成年人可以立遗嘱，未成年人所立的遗嘱，没有法定代理人的同意则无效；有的国家则规定成年人、未成年人均可立遗嘱。

遗嘱能力的准据法，一般认为应由当事人的属人法解决。其中，有的国家采用立遗嘱人的本国法，如日本、奥地利、韩国、捷克、埃及和土耳其等；有的国家采用立遗嘱人的习惯居所或住所地法，如英国。此外，在一些国家，对在本国境内的不动产，遗嘱人的遗嘱能力要求适用不动产所在地法。

2. 订立遗嘱的方式

通常遗嘱的方式分为自书、公证、秘密证书、口头、特殊方式订立遗嘱。秘密证书遗嘱指写完遗嘱后，将之密封，这种遗嘱方式必须要有两名证人在场。特殊方式订立的遗嘱主要是指传染病隔离、船舶遇难等紧急情况下，尽管立遗嘱人不能满足遗嘱的必备要件，但遗嘱仍然有效。①

在遗嘱方式的准据法上，一些国家不区分动产与不动产，统一规定应适用的法律，如波兰、泰国、荷兰、奥地利等国家。这些国家一般采用属人法和行为地法为准据法，又可分为：其一，首先依遗嘱人的属人法，如果属人法不认为其遗嘱方式为有效，但立遗嘱时所在地法认为其方式为有效者，则依立遗嘱时的所在地法；其二，在属人法和立遗嘱时所在地法中，只要有一个国家的法律认为其遗嘱方式为有效，即承认其为有效。

另外一些国家则区分动产与不动产，分别规定应适用的法律，即不动产遗嘱方式适用不动产所在地法，动产遗嘱方式适用的法律则比较灵活，如英国、美国、日本、德国、匈牙利等国。这些国家的规定与1961年《遗嘱处分方式法律冲突公约》② 较为相近，该公约第1条明确规定：不动产遗嘱方式依物之所在地法；动产遗嘱方式依下列任一法律即为有效：①遗嘱人立遗嘱地法；②遗嘱人立遗嘱时或死亡时的国籍国法；③遗嘱人立遗嘱时或死亡时的住所地法；④遗嘱人立遗嘱时或死亡时的惯常居所地法。而且该公约还规定，它不妨碍缔约国现有的或将来制定的法律规定上述规则所指定的法律以

---

① 洪萍：《国际私法》，江西高校出版社2017年版，第133页。
② 1961年10月5日订立的《遗嘱处分方式法律冲突的海牙公约》中关于遗嘱方式准据法的规定："凡遗嘱处分在方式上符合下列各国内法的，应为有效：1. 立遗嘱人立遗嘱时所在地；2. 立遗嘱人作出处分或死亡时国籍国；3. 立遗嘱人作出处分或死亡时的住所地；4. 立遗嘱人作出处分或死亡时的惯常居所地；5. 在涉及不动产时，财产所在地。"

外的法律所确定的遗嘱方式之有效性。①

在涉外遗嘱继承中，遗嘱形式要件准据法的确定，是一个极为重要的问题。目前，世界上除少数国家对遗嘱形式仍采用"单一性"准据法的做法外，多数国家都趋于采取比较灵活、宽松的做法，扩大遗嘱形式准据法的范围，规定只要遗嘱方式符合继承关系有关国家之一的法律规定，遗嘱方式即为有效。可见，在遗嘱方式的法律适用上尽量使遗嘱有效的倾向是较为明显的。这不但反映在各国法律中，也反映在国际条约中。

3. 遗嘱内容和效力

遗嘱实质要件各国规定不同，例如遗嘱的内容、遗嘱的效力、遗嘱的变更和撤销等。

关于遗嘱内容和效力等实质要件的准据法，有以下几种立法例：其一，立遗嘱人属人法，包括立遗嘱人国籍国法、住所地法。其二，被继承人死亡时遗产所在地法。其三，区分动产遗嘱和不动产遗嘱，分别适用不同的准据法。

部分国家选择适用立遗嘱人立遗嘱时或死亡时的本国法，如日本、德国、奥地利、波兰、匈牙利等国采用这一做法；但是一些国家认为，继承及继承的财产是与死者的住所有密切关系的，因而主张遗嘱的内容及效力依立遗嘱人的住所地法。不过，有的国家主张适用立遗嘱人死亡时的住所地法，有的国家则主张适用立遗嘱人立遗嘱时的住所地法；有的国家有关动产的遗嘱适用被继承人属人法，有关不动产的遗嘱则适用物之所在地法。如英国、美国、法国、泰国等采用此立法例；此外，南美洲一些国家从继承是属于物权范围的观点出发，认为遗嘱继承应依遗产所在地法。

（三）无人承受遗产确定及归属的准据法

关于无人承受遗产的准据法，主要涉及两方面的问题：一是依何种法律确定财产为无人承受遗产；二是以何种法律确定无人承受财产的归属。

对于依照何种法律确定遗产无人承受，各国一般主张依继承关系本身的准据法决定。由于各国关于继承关系的准据法的规定不一，因而确定何种财产为无人承受遗产的准据法也不一致，可能是被继承人本国法，也可能是被继承人住所地法，或者是遗产所在地法。

关于无人承受遗产归属的准据法，各国立法和实践多采取如下办法加以解决：

（1）适用继承关系本身的准据法。德国采用被继承人的本国法来解决在德国的无人承受遗产的归属问题，即如果被继承人本国法把国家对无人承受遗产的权利视为继承权，则德国就把财产交给被继承人国籍所属国；如果被继承人本国法把国家对无人承受遗产的权利视为对无主财产的先占权，则德国就以无主物先占者的资格把该项财产收归德国国库。

（2）适用遗产所在地法。如1978年的《奥地利联邦国际私法法规》第29条规定：如果依死亡继承的准据法，即死者死亡时的属人法，遗产为无人承受遗产，或将归于作为法定继承人的领土当局，应以死者的财产于其死亡时所在地国家的法律，取代死者死

---

① 房绍坤等：《婚姻家庭与继承法》，中国人民大学出版社2007年版，第379—380页。

亡时的属人法。这意味着，无人承受遗产应适用该财产所在地国家的法律。

（3）将无人承受财产分为动产和不动产，分别加以处理，即无人承受遗产中动产的处理依被继承人死亡时国籍所属国法，而不动产的处理依不动产所在地法。

（四）涉外继承准据法的适用限制

在涉外继承中，作为继承准据法的外国法的适用，常因不利于本国的继承人或遗产所在地国家而会受到种种限制。其中，既有冲突法上的限制，也有实体法制度上的限制。

1. 冲突法上的限制

在涉外继承问题上，许多国家都采用反致制度。反致的结果，即以法院地法（亦即内国法）的适用代替了外国法的适用。例如，日本在涉外继承问题上是采同一制的，并且只适用死者本国法。但如死者是一个采用区别制国家的公民，则对其在日本留下的不动产，日本法院就会根据该外国死者本国的冲突规则转而适用日本法于该不动产的继承。

在涉外继承问题的处理上还常援用公共秩序保留制度。[①] 目前，内国法院援引公共秩序保留时所涉及的多是有关"非婚生子女的继承权""奸生子女的继承权"等方面的问题。一般来说，在援用公共秩序保留制度的情况下，其结果大多是以法院地法的适用取代作为准据法的外国法的适用。

2. 实体法上的限制

有些国家在涉外继承问题上，实行"优先继承制"或"先扣权"的做法。即当外国人和本国人同为继承人时，本国人享有优先继承和先扣留遗产的权利。目前采取这种做法的国家有法国、比利时、荷兰、阿根廷等。不过对此已有不少国际私法学者提出异议，指出这是一种"立法上的错误"，而且由法院在适用上使它变得更为严重。

有的国家对涉外继承关系适用外国法规定了严格的先决条件。如联邦德国法曾规定，在德国有住所的外国人死亡时，其遗产继承依被继承人本国法，但如德国人对此项遗产依德国法可主张继承权时，则不受"被继承人本国法"的约束，不过，如果该外国人的本国法规定，对于在其国内有住所的德国人，其遗产继承依德国法处理，则德国实行对等原则。[②]

二、我国涉外继承的准据法

（一）涉外遗嘱继承和法定继承的准据法

我国《民法典》继承编对继承的形式要件和实质要件都进行了明确的规定，如认定

[①] 公共秩序保留是指一国根据本国有关的法律规定，某种涉外民事法律关系本应适用外国法，但是由于被援用的外国法的内容违背了本国的公共秩序，因而拒绝适用该外国法。公共秩序的含义，一般是指国家的基本制度、国家的基本立法以及善良的道德风俗等，其本质是一国统治阶级利益在某一事件中的具体表现。采用公共秩序保留这一制度，对于维护国家主权，保护国家的根本利益等，是十分必要的。

[②] 张玉敏主编：《继承法教程》，中国政法大学出版社1998年版，第339—340页。

遗嘱的效力需要满足以下条件。

首先，遗嘱人须有遗嘱能力。遗嘱能力是指自然人依法享有的设立遗嘱，以依法自由处分其财产的行为能力。遗嘱为民事行为，设立人必须有相应的民事行为能力。依我国现行法规定，只有完全民事行为能力人才有设立遗嘱的行为能力即遗嘱能力，不具有完全民事行为能力的人不具有遗嘱能力。因此，遗嘱人须为完全民事行为能力人。我国《民法典》第1143条规定了无民事行为能力人或者限制民事行为能力人所立的遗嘱无效。由于各国的民事主体行为能力年龄规定不同，在遗嘱能力问题上依然会存在适用法律冲突。《涉外民事关系法律适用法》第12条规定，"自然人的民事行为能力，适用经常居所地法律。自然人从事民事活动，依照经常居所地法律为无民事行为能力，依照行为地法律为有民事行为能力的，适用行为地法律，但涉及婚姻家庭、继承的除外。"由此可以看出，我国关于涉外继承遗嘱能力的法律冲突统一适用立遗嘱人经常居所地法。

其次，遗嘱须是遗嘱人的真实意思表示。意思表示真实是民事行为有效的必要条件。遗嘱是否为遗嘱人的真实意思表示，原则上应以遗嘱人最后在遗嘱中作出的意思表示为准。受胁迫、欺骗所立的遗嘱无效；伪造的遗嘱无效；遗嘱被篡改的，篡改的内容无效。

最后，遗嘱的内容符合法律的规定。根据我国《民法典》规定，遗嘱中处分的财产必须是个人合法财产；必须不违反国家公序良俗；必须给无劳动能力又无生活来源的人留下应继份额，否则遗嘱无效。

关于我国涉外继承的准据法，我国立法机关制定了许多相应的法律规范，司法机关也作出许多相应的司法解释。如《继承法》《民法通则》《涉外民事关系法律适用法》①《外国人在华遗产继承问题处理原则》等。《民法典》的出台废止了《民法通则》《继承法》②的相关规定，但并没有对涉外继承作出新的规定。③ 因此，涉外继承法律冲突主要按《涉外民事关系法律适用法》第四章的规定解决。

《涉外民事关系法律适用法》第31条至第35条作为第四章专章规定了涉外继承的法律适用问题。首先，《涉外民事关系法律适用法》第31条规定了涉外法定继承适用动产、不动产分割制的原则，其中不动产由不动产所在地专属管辖，动产则由被继承人死亡时经常居所地法律管辖，属于属人法管辖的一种情况。而且我国的法定继承不允许被继承人意思自治。其次，《涉外民事关系法律适用法》第32条至第33条规定了涉外遗嘱继承的方式和效力上的法律冲突规范。其中第33条的规定是涉外遗嘱继承的内容和效力法律冲突时间和连接点上又具有一定的选择性，又倾向于让遗嘱有效。④ 因此，关

---

① 根据《涉外民事关系法律适用法》第31条规定，法定继承适用被继承人死亡时经常居所地法律，但不动产法定继承，适用不动产所在地法律。

② 根据《民法通则》第149条的规定，遗产的法定继承，动产适用被继承人死亡时住所地法律，不动产适用不动产所在地法律。根据《继承法》第36条规定，中国公民继承在中华人民共和国境外的遗产或者继承在中华人民共和国境内的外国人的遗产，动产适用被继承人住所地法律，不动产适用不动产所在地法律。外国人继承在中华人民共和国境内的遗产或者继承在中华人民共和国境外的中国公民的遗产，动产适用被继承人住所地法律，不动产适用不动产所在地法律。中华人民共和国与外国订有条约、协定的，按照条约、协定办理。

③ 根据《继承法意见》第63条的规定，涉外继承，遗产为动产的，适用被继承人住所地法律，即适用被继承人生前最后住所地国家的法律。

④ 遗嘱继承为私人处分个人财产的行为，更倾向于维护立遗嘱人的意思自治。

于涉外遗嘱继承的内容和效力规定，适用属人法，不论是立遗嘱时亦或是死亡时的属人法，都可以选择适用。最后，《涉外民事关系法律适用法》第32条规定了涉外遗嘱继承的遗嘱方式。结合《涉外民事关系法律适用法》第20条规定，"依照本法适用经常居所地法律，自然人经常居所地不明的，适用其现在居所地法律。"《涉外民事关系法律适用法》第32条关于涉外遗嘱的遗嘱方式规定了7种法律适用选择。比涉外遗嘱继承内容和效力的法律适用选择多了遗嘱行为地法律。

根据上述法律规定和司法解释可以看出：①我国的涉外继承既包括中国公民继承在中国境外的遗产或继承在中国境内的外国人的遗产，也包括外国人继承在中国境内的遗产或继承在中国境内的中国公民的遗产。②涉外继承的准据法采取区别制，即动产继承采取属人法；不动产适用不动产所在地法律。③如果中国与外国订有条约、协定，对涉外继承有不同规定的，按照条约和协定办理。这是对我国涉外继承法律适用原则的例外，是我国严守"条约必须信守"这一重要国际法原则的具体体现。

（二）无人承受遗产的准据法

无人继承的遗产又称绝产，是指无人继承又无人受遗赠的财产，即继承开始后，在法定期限内无人接受继承或无权继承，且无人受领遗赠的财产。一般发生在以下几种情况：死者既无法定继承人，又没有以遗嘱指定继承人或受遗赠人，或者仅以遗嘱处分了部分遗产；全部继承人都放弃或丧失了继承；死者以遗嘱取消了一切继承人的继承权，但又没有违反有关特留份的规定；遗赠受领人放弃受遗赠权；死者在无法定继承人和遗嘱继承人的情况下，没有实施其他遗嘱处分行为。

各国立法关于继承人的范围、应继份额、特留份、遗嘱有效性、可继承财产的范围等方面的规定差异很大，同一份遗产可能在一个国家有继承人，到另一个国家却成为无人继承的财产。

无人承受遗产的准据法，现行法律均未明确规定。司法实践中，如两国缔结或者参加的国际条约无规定时，外国人在中国境内的无人承受的遗产依遗产所在地法（即中国法律）处理。根据《涉外民事关系法律适用法》第35条规定："无人继承遗产的归属，适用被继承人死亡时遗产所在地法律。"根据最高人民法院《关于贯彻执行〈民法通则〉若干问题的意见（试行）》（失效）第191条规定："在我国境内死亡的外国人，遗留在我国境内的财产如果无人继承又无人受遗赠的，依照我国法律处理，两国缔结或者参加的国际条约另有规定的除外。"[①]

（三）涉港、澳、台的继承

1. 涉港继承关系

涉港继承关系指的是在继承法律关系中具有涉及香港的因素，即继承的主体涉及香港，或是继承的遗产涉及香港，或是继承的法律事实涉及香港等。继承关系的构成要素

---

① 《民法通则意见》第191条规定："在我国境内死亡的外国人，遗留在我国境内的财产如果无人继承又无人受遗赠的，依照我国法律处理，两国缔结或者参加的国际条约另有规定的除外。"

或法律事实涉及香港的本不属于涉外继承关系，但是由于全面准确贯彻"一国两制""港人治港"，高度自治的方针，香港原有的法律基本保持不变，也包括香港继承法的基本不变。而香港地区原有的法律，是采取英国法的英美法系，属于判例法范畴，与内地分属两个不同的法系，香港地区有着自己不同于内地的继承法律规范，在继承规定上必然与内地继承的法律规定发生不一致，因而在处理涉及香港地区的继承问题时需要特殊对待。

涉港继承关系是一国中的区际法律冲突问题，须以区际冲突的原则来处理。然而，我国的法律冲突解决原则，只涉及国际法律冲突，目前还没有关于区际冲突的制度。故而，在有特别规定以前，区际法律冲突一般也是比照国际法律冲突的处理原则来解决的，涉港继承也就应比照涉外继承来处理，作为区际法律冲突的过渡性制度。①

涉港继承关系具有以下特点：第一，在涉港继承关系中至少有一个因素是涉及香港的。即涉港继承关系所包含的主体要素涉港、遗产要素涉港，以及继承的法律事实等涉港。第二，涉港继承关系由区际法律冲突的规范来间接调整。香港与内地是两个不同的法域，对于涉港继承关系，不能直接通过国内的法律来调整，而是要通过区际冲突规范间接调整。第三，涉港继承关系的案件实行专属管辖。涉港继承关系需要通过冲突规范确定准据法，决定适用大陆法律或是适用香港法律。不同的法律适用会导致裁判结果的千差万别，对当事人各方利益产生很大的影响。我国对涉外继承案件实行的是专属管辖，作为比照涉外继承关系的涉港继承关系，自然也应实行专属管辖。第四，遗嘱赡养制度。② 遗嘱赡养是香港继承制度中的一种特有的制度，指死亡者在立遗嘱时忽视了其生前对某些遗属应负的扶养责任，而于遗产中拨出一定数额作为受扶养人生活费用的制度。受扶养人一般包括死者的合法配偶、未出嫁女儿、未成年儿子，残疾不能自立的子女、父母。③

因历史原因，香港继承英国普通法系的传统，其涉外继承的法律适用同英国的涉外继承基本相同。香港按照分割制分别适用不同的冲突规范，法定继承区分动产和不动产分别适用被继承人死亡时的住所在地法和不动产遗产所在地法。遗嘱继承而言有关不动产的部分遗嘱适用不动产所在地法，关于遗嘱形式适用属地法、立遗嘱时所在地法、死亡时所在地法、原始住所在地法等均有效。

2. 涉澳继承关系

涉澳继承关系是指在继承法律关系中，具有涉及澳门地区的因素。即继承的主体涉及澳门、继承的遗产涉及澳门、继承的法律事实涉及澳门等。

中国政府对澳门也同样实行高度自治的"一国两制"方针设立澳门特别行政区。澳门特别行政区的原有法律在实行本土化改造之后，具有相对的独立性。这种相对独立的法律包括继承法将长期基本保持不变。澳门原有的法律虽然也同属于大陆法系，但基本的渊源却是来源于葡萄牙的法律传统，与中国大陆的法律分属两种不同社会制度的法

---

① 曹诗权主编：《婚姻家庭继承法学》，中国法制出版社2008年版，第355—356页。
② 类似于《民法典》第1141条的规定，遗嘱应当为缺乏劳动能力又没有生活来源的继承人保留必要的遗产份额。
③ 曹诗权主编：《婚姻家庭继承法学》，中国法制出版社2008年版，第356页。

律，法律之间的冲突在所难免。这种冲突属于一国之内的区际法律冲突，应以区际法律冲突的原则来处理。在我国区际法律制度确立之前，应比照涉外继承法律关系来解决。①

涉澳继承关系具有以下特征：第一，涉澳继承关系中至少有一个涉澳因素出现在继承法律关系中，只要有一个因素涉及澳门，就属于涉澳继承关系。不论是主体、遗产或继承的法律事实均可。第二，涉澳继承关系主要是通过区际法律冲突规范来间接调整，澳门与内地分属于两个法域，澳门回归后，基于"一国两制"的政策，法律冲突也在所难免。只是这种冲突是同一大陆法系内不同法律的冲突，是同一国家内不同法域的冲突。第三，涉澳继承关系的案件实行专属管辖。涉澳继承不是涉外继承，其法律适用属区际法律冲突中的法律适用。目前涉澳继承的法律适用比照涉外继承的做法。在涉外继承关系上，我国实行的是专属管辖。涉澳继承关系也应比照涉外继承关系实行专属管辖。②

3. 涉台继承关系

涉台继承关系是指在继承法律关系中，具有涉及台湾地区的因素。继承法律关系涉及台湾是一国内部的继承关系。由于台湾地区实行的继承法律不同于大陆的继承法，必然在继承规定上会产生与大陆的继承法律的冲突。台湾地区的法律虽然同属于大陆法系，但基于制定的社会背景、阶级利益、时代等因素的不同，与大陆的法律有着极大的差别。

涉台继承关系具有以下特征：第一，涉台继承关系中至少有一个涉及台湾地区的因素。涉台继承关系至少有一个因素是涉及台湾的，可以是主体涉台，即继承人或被继承人是台湾人；也可以是遗产涉台，即遗产在台湾；还可以是继承的法律事实涉台，如被继承人在台湾死亡等。第二，涉台继承关系应主要通过区际冲突规范进行间接调整。台湾地区的继承法律制度与中国大陆地区的继承法律制度是不同的，两者的冲突是客观存在的。但是，这种冲突又不是国际法律的冲突，而是区际法律的冲突。不同于其他区际法律冲突，具体表现在：①台湾地区与大陆的法律冲突属于一个国家内的两个不同地区之间的法律冲突；②台湾地区与大陆的法律都同属于大陆法系。

我国的涉外继承关系在管辖上是实行专属管辖的，在没有形成区际法律冲突的相关制度之前，涉台继承关系比照涉外继承关系来处理，在案件的管辖上也应实行专属管辖。台湾地区的法律属大陆法系法律，其涉外继承的法律适用采取区别制，即动产继承适用被继承人属人法，不动产继承适用物之所在地法。③

---

① 曹诗权主编：《婚姻家庭继承法学》，中国法制出版社 2008 年版，第 357—358 页。
② 曹诗权主编：《婚姻家庭继承法学》，中国法制出版社 2008 年版，第 358 页。
③ 曹诗权主编：《婚姻家庭继承法学》，中国法制出版社 2008 年版，第 358 页。

参考书目

曹诗权. 婚姻家庭继承法学［M］. 北京：中国法制出版社，2008.
陈棋炎，黄宗乐，郭振恭. 民法亲属新论［M］. 台北：三民书局，2013.
陈苇. 澳大利亚家庭法（2008年修正）［M］. 北京：群众出版社，2009.
陈苇. 改革开放三十年（1978—2008）中国婚姻家庭继承法研究之回顾与展望［M］. 北京：中国政法大学出版社，2010.
陈苇. 婚姻家庭继承法［M］. 2版. 北京：高等教育出版社，2018.
陈苇. 外国婚姻家庭法比较研究［M］. 北京：群众出版社，2006.
陈苇. 外国继承法比较与中国民法典继承编制定研究［M］. 北京：北京大学出版社，2011.
陈苇. 中国婚姻家庭立法研究［M］. 2版. 北京：群众出版社，2010.
戴东雄. 亲属法论文集［M］. 台北：三民书局，1993.
迪特尔·施瓦布. 德国家庭法［M］. 王葆莳译，北京：法律出版社，2010.
房绍坤，范李瑛，张洪波. 婚姻家庭继承法［M］. 6版. 北京：中国人民大学出版社，2020.
费孝通. 乡土中国：生育制度［M］. 北京：北京大学出版社，1998.
高凤仙. 亲属法理论与实务［M］. 台北：五南图书出版公司，2013.
郭明瑞，房绍坤，关涛. 继承法研究［M］. 北京：中国人民大学出版社，2003.
贺小电，周利民. 婚姻继承适用新论［M］. 北京：中国政法大学出版社，2001.
洪萍. 国际私法［M］. 南昌：江西高校出版社，2017.
黄薇. 中华人民共和国民法典释义及适用指南（下册）［M］. 北京：中国民主法制出版社，2020.
蒋月. 夫妻的权利与义务［M］. 北京：法律出版社，2001.
李开国. 民法基本问题研究［M］. 北京：法律出版社，1997.
林秀雄. 婚姻家庭法之研究［M］. 北京：中国政法大学出版社，2001.
刘春茂. 中国民法学·财产继承［M］. 北京：中国人民公安大学出版社，1990.
陆静. 大陆法系夫妻财产制研究［M］. 北京：法律出版社，2011.
马俊驹，余延满. 民法原论［M］. 2版. 北京：法律出版社，2008.
马克思，恩格斯. 马克思恩格斯全集（第一卷）［M］. 北京：人民出版社，1956.
马克思，恩格斯. 马克思恩格斯选集（第四卷）［M］. 北京：人民出版社 1958.
马忆南. 婚姻家庭继承法［M］. 北京：北京大学出版社，2012.
马忆南. 婚姻家庭继承法学［M］. 北京：北京大学出版社，2007.
孟令志，曹诗权，麻昌华. 婚姻家庭与继承法［M］. 北京：北京大学出版社，2012.
石雷. 功能主义视角下外国代孕制度研究［M］. 北京：华中科技大学出版社，2020.
史尚宽. 继承法论［M］. 北京：中国政法大学出版社，2000.
史尚宽. 亲属法论［M］. 北京：中国政法大学出版社，2000.
佟柔. 民法原理［M］. 北京：法律出版社，1983.
王歌雅. 婚姻家庭继承法学［M］. 北京：中国人民大学出版社，2013.
王洪. 婚姻家庭法［M］. 北京：法律出版社，2003.
王丽萍. 亲子法研究［M］. 北京：法律出版社，2004.
王利明. 民法典体系研究［M］. 北京：中国人民大学出版社，2008.

王竹青，魏小莉. 亲属法比较研究［M］. 北京：中国人民公安大学出版社，2004.
巫昌祯. 继承法概论［M］. 杭州：浙江人民出版社，1987.
巫昌祯，夏吟兰. 婚姻家庭法学［M］. 北京：中国政法大学出版社，2007.
巫昌祯，杨大文. 走向21世纪的中国婚姻家庭［M］. 长春：吉林人民出版社，1995.
巫昌祯. 婚姻与继承法学［M］. 6版. 北京：中国政法大学出版社，2017.
现代汉语词典（2002年增补本）［M］. 北京：商务印书馆，2003
徐国栋. 民法哲学［M］. 北京：中国法制出版社，2021.
薛宁兰，谢鸿飞. 民法典评注·婚姻家庭编［M］. 北京：中国法制出版社，2020.
薛宁兰. 中华人民共和国婚姻法评注. 家庭关系［M］. 厦门：厦门大学出版社，2017.
杨大文，龙翼飞. 婚姻家庭法［M］. 8版. 北京：中国人民大学出版社，2020.
杨大文. 亲属法［M］. 5版. 北京：法律出版社，2012.
杨怀英. 中国婚姻法论［M］. 重庆：重庆出版社，1989.
杨立新，朱呈义. 继承法专论［M］. 北京：高等教育出版社，2006.
杨立新. 婚姻家庭与继承法［M］. 北京：法律出版社，2021.
杨立新. 家事法［M］. 北京：法律出版社，2013.
杨遂全，陈红莹，赵小平，张晓远，等. 婚姻家庭法新论［M］. 北京：法律出版社，2003.
杨遂全. 第三人侵害婚姻家庭的认定预处理［M］. 北京：法律出版社，2001.
杨遂全. 婚姻家庭亲属法学［M］. 北京：清华大学出版社，2011.
余提. 各国代孕法律之比较研究［M］. 北京：中国政法大学出版社，2016.
余延满. 亲属法原论［M］. 北京：法律出版社，2007.
张华贵. 家事法研究［M］. 北京：群众出版社，2009.
张伟. 婚姻家庭继承法学［M］. 北京：法律出版社，2021.
张贤钰. 婚姻家庭继承法［M］. 北京：法律出版社，2002.
张晓远. 民法典关联法规与权威案例提要·婚姻家庭编、继承编［M］. 北京：中国法制出版社，2020.
张燕玲. 人工生殖法律问题研究［M］. 北京：法律出版社，2006.
张玉敏. 继承法教程［M］. 北京：中国政法大学出版社，1998.
中华全国妇女联合会编. 蔡畅、邓颖超、康克清妇女解放问题文选［M］. 北京：人民出版社，1988.
最高人民法院民事审判第一庭. 最高人民法院民法典婚姻家庭编司法解释（一）理解与适用［M］. 北京：人民法院出版社，2021.
［德］雷纳·弗兰克，托比亚斯·海尔姆斯. 德国继承法［M］. 王葆莳，林佳业译，6版. 北京：中国政法大学出版社，2015.
［德］马克斯·韦伯. 经济与社会［M］. 阎克文译，上海：上海人民出版社，2010.
［法］孟德斯鸠. 论法的精神［M］. 许明龙译，北京：商务印书馆，2012.
［古罗马］优士丁尼. 法学阶梯［M］. 徐国栋译，3版. 北京：商务印书馆，2021.
［美］哈里·D. 格劳斯，大卫·D. 梅耶. 美国家庭法精要［M］. 陈苇等译，5版. 北京：中国政法大学出版社，2010.
［美］尼霍尔·本诺克拉蒂斯. 婚姻家庭社会学［M］. 严念慈译，北京：中国人民大学出版社，2021.
［明］冯梦龙. 智囊［M］. 北京：中华书局，2007.
［葡］威廉·德奥利维拉，弗朗西斯科、佩雷拉、科埃略. 亲属法教程［M］. 林笑云译，北京：中国法律图书有限公司，2019.
［宋］欧阳修，宋祁撰. 新唐书［M］. 北京：中华书局，1975.
［宋］司马光. 资治通鉴［M］. 北京：中华书局，1956.
［唐］长孙无忌等撰. 唐律疏议［M］. 北京：中华书局，1983.
［英］亨利·萨姆奈·梅因. 古代法［M］. 沈景一译，北京：商务印书馆，1996.